JINGJIFA XIANGMUHUA JIAOCHENG

经济法项目化教程

主编 杨俊

·广州·

图书在版编目（CIP）数据

经济法项目化教程／杨俊主编．—广州：华南理工大学出版社，2017.8
ISBN 978-7-5623-5359-1

Ⅰ.①经… Ⅱ.①杨… Ⅲ.①经济法-中国-高等职业教育-教材 Ⅳ.①D922.29

中国版本图书馆 CIP 数据核字（2017）第 186368 号

经济法项目化教程
杨俊 主编

出 版 人：	卢家明
出版发行：	华南理工大学出版社
	（广州五山华南理工大学 17 号楼，邮编 510640）
	http://www.scutpress.com.cn　　E-mail：scutc13@scut.edu.cn
	营销部电话：020-87113487　87111048（传真）
策划编辑：	毛润政
责任编辑：	王倩　毛润政
印 刷 者：	广州市穗彩印务有限公司
开 本：	787mm×1092mm　1/16　印张：21　字数：535 千
版 次：	2017 年 8 月第 1 版　2017 年 8 月第 1 次印刷
印 数：	1～3 000 册
定 价：	48.00 元

版权所有　盗版必究　　印装差错　负责调换

前　言

党的十八大提出"科学立法、严格执法、公正司法、全民守法"的依法治国新十六字方针。就"全民守法"四字方针的落实途径而言，公民具有基本的法律知识是守法的基础。党的十八届四中全会在《中共中央关于全面推进依法治国若干重大问题的决定》（下称《决定》）中提出了"把法治教育纳入国民教育体系"的要求和部署。《决定》特别指出，加强高等院校法律教育工作，提升法律教育质量和水平，是法治建设力量的重任，在全民法治教育中具有重要的地位。在大学生法律教育的内容上，既注重内容的多元性，又重点关注与社会生活密切相关领域法律（如合同法、物权法等）的学习普及；在大学生法律知识教育的方式上，既进行书面知识的传递，更注重法律学习过程中的"以案译法"，通过鲜活的案例诠释法律。

本教材以经济法基本理论和我国主要的经济法律制度为主线，项目内容在侧重管理类、经济类、财经类等专业的基础上，兼顾教材的普适性特点，去繁化简。项目具体内容涵盖经济法的基础理论、企业法、公司法、金融法、会计法和审计法、产品质量法、消费者权益保护法、竞争法、工业产权法、税法、破产法等，同时将与社会生活密切相关领域的法律——合同法、物权法、劳动和社会保障法纳入其中，为学生构建必要的、实用的经济法课程体系。

本教材作为广州工商学院质量工程资助项目之重点教材立项项目，在"互联网+"时代和"大众创业、万众创新"的背景下，为应用型本科院校经济类、管理类、财经类等专业量身打造，同时兼顾高职院校同类专业或相关专业对经济法知识的学习需求，是一部强调实用、创新的法律类专业基础教材。教材编写坚持"实用为主，够用为度"的原则，以讲清概念和相关专业术语入手，以强化相关经济法知识的应用为教学重点，以增强学生应用能力培养为本位，针对相关专业人才培养的特点及人才培养目标的要求，在吸收国内经济法理论相关研究成果和经济法教学改革成果的基础上，采用"项目导向""任务驱动"的体例设计。

具体而言，本教材具有如下四个特点。第一，应用性。本教材以应用性为主旨构建课程和教学内容体系，重视学生应用能力的培养。第二，实用性。本教材突出教学"以学生学习为中心"的思想，强调学以致用，去繁就简，所用语言浅显易懂。与此同时，本教材采用"项目导向""任务驱动"的编排体例，力图最大限度激发学生的学习兴趣，提高学习效率。教材由十三个项目构成，以"项目"设计取代传统的"章"，以明确的"任务"取代传统的"节"。教材在每一个学习"任务"中都设置"典型案例评析"，在每一个"项目"后面都附有项目思考题，便于教师教学和学生实践。第三，普适性。本教材不仅可供应用型本科院校经济类、管理类、财经类等专业的学生使用，还兼顾高职类同类专业学生对经济法知识的学习需求。此外，本教材也可作为各类成人院校及企业职工的在职培训教材，还可作为在职工作人员学习经济法知识和提高经济法应用能力的自学用书。第四，创新性。本教材着眼于加强高等院校法律教育工作、提升大学生法律教育质量和水平，从培养大学生的兴趣入手，以掌握方法论和应用能力的训练为主线，进行总体设计，力图做到思路新颖、体例独特。

本教材由石丽明教授担任主审，杨俊担任主编并负责教材的体例设计、统稿和修改工作。"编写出真正适合学生使用的经济法教材"是本书编委会各成员编写本教材的原动力。

本教材编委会成员的构成及分工如下（依照项目先后顺序）：项目一由陈程（广州工商学院）负责，项目二由刘雪萍（广州工商学院）、魏波（广东行政职业学院）负责，项目三由黄毓毅（广东行政职业学院）、郝晶（广东金融学院）负责，项目四由唐小娟（广东培正学院）负责，项目五由杨俊（广州工商学院）负责，项目六和项目七由黄毓毅（广东行政职业学院）负责，项目八由雷大刚（广州工商学院）负责，项目九由邱盛（广州工商学院）、李城洲（广州市花都区人民检察院）负责，项目十由陈化琴（广东培正学院）负责，项目十一由续荣（广州工商学院）、何群（广东都诺律师事务所）负责，项目十二由曾素梅（广州工商学院）负责，项目十三由康载平（广州工商学院）负责。

本教材在编写过程中得到广州工商学院课程及教材建设委员会在物质和精神上给予的大力支持，在此表示由衷的感谢！本教材同时也得到来自广州工商学院、广东金融学院、广东培正学院、广州市花都区人民检察院和广东都诺律师事务所众多学者、同行的鼎力支持，感谢大家的辛勤劳动与付出！此外，本教材在编写过程中参考、借鉴了国内外同行相关的研究成果，在此向各位同行一并致谢！

限于编者能力，书中错漏及不妥之处在所难免，期望各位读者、同行斧正。

编　者
2017 年 7 月

目 录

项目一　经济法概述 ·· 1
　任务一　经济法基本理论认知 ·· 1
　　一、经济法的概念和特征 ··· 1
　　二、经济法的产生和发展 ··· 5
　　三、经济法的调整对象和范围 ··· 6
　　四、经济法的基本原则 ·· 8
　任务二　经济法律关系 ·· 11
　　一、概述 ·· 11
　　二、经济法律关系的主体和客体 ··· 13
　　三、经济权利（力）和经济义务 ··· 15
　任务三　经济法律关系的保护 ·· 17
　　一、经济法律关系保护的意义 ·· 17
　　二、经济法律关系保护的途径 ·· 17
　　三、违反经济法的法律责任 ··· 17

项目二　个人独资企业法和合伙企业法 ··· 19
　任务一　个人独资企业和个人独资企业法认知 ·· 19
　　一、个人独资企业的概念和个人独资企业法 ·· 19
　　二、个人独资企业的设立 ·· 20
　　三、个人独资企业的投资人及事务管理 ··· 21
　　四、个人独资企业的解散和清算 ··· 22
　　五、违反个人独资企业法的法律责任 ·· 23
　任务二　合伙企业及合伙企业法认知 ·· 24
　　一、合伙企业的概念与合伙企业立法 ·· 24
　　二、普通合伙企业 ··· 25
　　三、有限合伙企业 ··· 33
　　四、合伙企业解散和清算 ·· 35
　　五、违反合伙企业法的法律责任 ··· 36

项目三　公司法 ··· 40
　任务一　公司与公司法概述 ··· 40
　　一、公司的概念与特征 ··· 40
　　二、公司的分类 ·· 41
　　三、公司法概述 ·· 43
　任务二　公司的设立 ·· 44

  一、公司设立概述 ·· 45
  二、公司的章程 ·· 47
  三、公司的名称与住所 ···································· 48
  四、公司的能力 ·· 48
  五、公司人格否认制度 ···································· 50
 任务三 公司资本制度 ·· 52
  一、公司资本 ··· 52
  二、公司债券 ··· 54
  三、公司财务与会计 ······································· 57
 任务四 公司的变更 ·· 59
  一、公司的合并与分立 ···································· 59
  二、公司解散和清算 ······································· 61
 任务五 有限责任公司 ·· 63
  一、有限责任公司的概念和特征 ······················· 63
  二、有限责任公司的设立 ································ 63
  三、有限责任公司的组织机构 ·························· 65
  四、一人公司 ··· 68
  五、国有独资公司 ··· 69
 任务六 股份有限公司 ·· 70
  一、股份有限公司概述 ··································· 70
  二、股份有限公司的设立 ································ 71
  三、股份有限公司的股份 ································ 72
  四、股份公司的组织机构 ································ 74

项目四 合同法 ··· 79
 任务一 合同与合同法概述 ··································· 79
  一、合同的概念和特征 ··································· 79
  二、合同的分类 ·· 80
  三、合同法的概念及适用范围 ·························· 80
  四、合同法的基本原则 ··································· 81
 任务二 合同的订立 ·· 82
  一、合同订立的程序 ······································· 82
  二、合同的形式 ·· 84
  三、合同的内容 ·· 85
  四、合同的成立 ·· 85
 任务三 合同的效力 ·· 86
  一、合同的成立与生效的关系 ·························· 86
  二、有效合同 ··· 87
  三、无效合同 ··· 88
  四、可变更和可撤销合同 ································ 89

五、效力待定的合同 ································· 89
 任务四　合同的履行 ··································· 91
　　一、合同履行的原则 ································· 91
　　二、合同履行规则 ··································· 91
　　三、合同履行中的抗辩权 ····························· 92
　　四、合同履行中债的保全 ····························· 93
　　五、对合同条款的解释 ······························· 94
 任务五　合同的变更与转让 ······························· 95
　　一、合同的变更 ····································· 95
　　二、合同的转让 ····································· 95
 任务六　合同权利义务的终止 ····························· 96
　　一、合同权利义务终止的概念及法定情形 ··············· 96
　　二、合同的解除 ····································· 96
　　三、合同债务的抵销 ································· 97
　　四、合同终止的效力 ································· 98
 任务七　合同的责任 ····································· 98
　　一、违约责任 ······································· 98
　　二、缔约过失责任 ·································· 100

项目五　金融法 ·· 103
 任务一　金融和金融法的认知 ···························· 103
　　一、金融和金融法的概念 ···························· 103
　　二、金融法的性质 ·································· 104
　　三、金融法的基本原则 ······························ 105
 任务二　金融调控与金融监管法 ·························· 107
　　一、金融调控与金融监管法概述 ······················ 107
　　二、中央银行法律制度 ······························ 108
　　三、银行业监督管理法 ······························ 114
　　四、保险业监督管理法 ······························ 120

项目六　会计法和审计法 ································ 125
 任务一　会计法 ······································· 125
　　一、会计法概述 ···································· 125
　　二、会计法的基本制度 ······························ 126
　　三、注册会计师法律制度 ···························· 133
 任务二　审计法 ······································· 136
　　一、审计和审计法概述 ······························ 136
　　二、国家审计的法律规定 ···························· 137
　　三、内部审计 ······································ 139
　　四、法律责任 ······································ 140

项目七 产品质量法和消费者权益保护法 ……………………………………… 143
任务一 产品质量法概述和产品质量监督管理制度 …………………………… 143
一、产品 ……………………………………………………………………… 143
二、产品质量 ………………………………………………………………… 143
三、产品质量法 ……………………………………………………………… 144
四、产品质量监督管理制度 ………………………………………………… 144
任务二 产品质量义务与责任 …………………………………………………… 147
一、生产者的产品质量义务 ………………………………………………… 147
二、销售者的产品质量义务 ………………………………………………… 148
三、产品质量责任与产品责任 ……………………………………………… 149
四、产品质量的民事责任 …………………………………………………… 149
五、产品质量的行政责任 …………………………………………………… 150
六、产品质量的刑事责任 …………………………………………………… 150
七、产品责任的诉讼 ………………………………………………………… 151
任务三 消费者权益保护法概述 ………………………………………………… 152
一、消费者的概念和特征 …………………………………………………… 152
二、消费者权益保护法的概念、原则和调整对象 ………………………… 153
任务四 消费者的权利和经营者的义务 ………………………………………… 154
一、消费者的权利 …………………………………………………………… 154
二、经营者的义务 …………………………………………………………… 156
任务五 消费者权益争议的解决和相关法律责任 ……………………………… 158
一、消费者权益争议的解决 ………………………………………………… 158
二、法律责任的确定 ………………………………………………………… 160

项目八 竞争法 …………………………………………………………………… 164
任务一 竞争法概述 ……………………………………………………………… 164
一、竞争的概念和特征 ……………………………………………………… 164
二、竞争法的概念和内容 …………………………………………………… 165
任务二 反不正当竞争法 ………………………………………………………… 166
一、反不正当竞争法律制度概述 …………………………………………… 166
二、不正当竞争行为的表现形式 …………………………………………… 167
三、违反反不正当竞争法的法律责任 ……………………………………… 172
任务三 反垄断法 ………………………………………………………………… 173
一、反垄断法概述 …………………………………………………………… 173
二、反垄断法的主要规制形态及其运行 …………………………………… 174
三、反垄断法的执行和适用 ………………………………………………… 180
四、违反反垄断法的法律责任 ……………………………………………… 182

项目九 工业产权法 ……………………………………………………………… 184
任务一 工业产权和工业产权法概述 …………………………………………… 184

一、工业产权概述 ·· 184
　　二、我国的工业产权法范畴 ·· 185
　　三、知识产权与工业产权 ·· 186
  任务二　专利法 ·· 186
　　一、专利和专利权概述 ··· 186
　　二、专利权的取得 ··· 187
　　三、申请专利权的程序 ··· 188
　　四、专利权申请的审批 ··· 190
　　五、专利权的保护和限制 ·· 191
　　六、专利权的强制许可措施 ·· 192
  任务三　商标法 ·· 193
　　一、商标与商标法概述 ··· 194
　　二、商标权 ·· 195
　　三、商标注册的申请和审查核准 ··· 197
　　四、注册商标专用权的保护 ·· 198

项目十　物权法律制度 ·· 203
  任务一　物权法和物权概论 ·· 203
　　一、物权法概述 ·· 203
　　二、物权概述 ··· 204
  任务二　物权变动 ··· 206
　　一、物权变动概述 ··· 206
　　二、不动产登记 ·· 207
　　三、动产交付 ··· 209
  任务三　所有权 ·· 209
　　一、所有权概述 ·· 209
　　二、所有权取得 ·· 210
　　三、所有权类型 ·· 211
　　四、建筑物区分所有权 ··· 211
　　五、不动产相邻关系概述 ·· 212
　　六、共有概述 ··· 213
  任务四　用益物权 ··· 214
　　一、用益物权概述 ··· 214
　　二、土地承包经营权概述 ·· 215
　　三、建设用地使用权概述 ·· 217
　　四、宅基地使用权概述 ··· 219
　　五、地役权概述 ·· 220
  任务五　担保物权 ··· 221
　　一、担保物权概述 ··· 221
　　二、抵押权概述 ·· 222

三、质权概述 ··· 226
　　四、留置权概述 ·· 228
任务六　占有 ·· 229
　　一、占有概述 ··· 229
　　二、占有的分类 ·· 229
　　三、占有的取得、变更和消灭 ·· 230
　　四、占有的效力和保护 ··· 230

项目十一　税法 ··· 233

任务一　税法概述 ··· 233
　　一、税收和税法 ·· 233
　　二、税法构成要素 ··· 234
任务二　实体税法 ··· 236
　　一、流转税法 ··· 236
　　二、所得税法 ··· 241
　　三、财产税法 ··· 246
　　四、行为税法 ··· 246
　　五、资源税法 ··· 247
　　六、其他实体税法 ··· 247
任务三　税收征收管理法 ··· 247
　　一、税务管理 ··· 248
　　二、税款征收 ··· 248
　　三、税务检查 ··· 249
　　四、税收征收管理机关 ··· 249
任务四　税务代理制度 ·· 250
　　一、税务代理和税务代理人 ·· 250
　　二、税务代理业务范围 ··· 250
　　三、税务代理人的权利和义务 ·· 250
　　四、税务代理关系的确立和终止 ··· 251
任务五　违反税法的法律责任 ··· 251
　　一、纳税人、扣缴义务人违反税法的法律责任 ······················ 252
　　二、税务人员违反税法的法律责任 ····································· 253

项目十二　劳动和社会保障法 ··· 256

任务一　劳动法概述 ··· 256
　　一、劳动法的概念和调整对象 ·· 256
　　二、劳动法律关系 ··· 258
任务二　劳动合同法 ··· 260
　　一、劳动合同概述 ··· 260
　　二、劳动合同的订立、履行、变更、解除与终止 ··················· 262

  三、无效劳动合同 ··· 266
  四、集体合同、劳务派遣与非全日制用工 ································· 266
 任务三 劳动基准制度 ··· 270
  一、劳动基准制度概述 ··· 270
  二、工作时间和休息、休假 ·· 270
  三、工资制度 ·· 272
  四、劳动保护制度 ··· 274
 任务四 劳动争议解决 ··· 275
  一、劳动争议的概念 ·· 275
  二、劳动争议解决机构 ··· 275
  三、劳动争议解决的方式与程序 ·· 275
 任务五 社会保险概述 ··· 277
  一、社会保险的概念 ·· 277
  二、社会保障制度的历史 ·· 278
  三、社会保险的功能 ·· 279
 任务六 社会保险制度的运行 ·· 280
  一、社会保险费收入 ·· 280
  二、社会保险费分担方式 ·· 280
  三、社会保险的财务制度 ·· 280
  四、社会保险基金的管理 ·· 281
 任务七 中国社会保险制度的主要内容 ································ 282
  一、中国社会保险制度的沿革 ··· 282
  二、中国社会保险制度 ··· 284

项目十三 破产法 ··· 298
 任务一 破产及破产法概述 ·· 298
  一、破产概述 ·· 298
  二、破产法概述 ··· 298
 任务二 破产申请的提出和受理 ··· 300
  一、破产原因 ·· 300
  二、破产申请的提出 ·· 300
  三、破产案件的受理 ·· 302
 任务三 管理人 ·· 305
  一、管理人的概念 ··· 305
  二、管理人的产生 ··· 305
  三、管理人的资格 ··· 306
  四、管理人的职责 ··· 306
  五、管理人的义务 ··· 306
 任务四 债务人财产 ··· 307
  一、债务人财产的范围 ··· 307

二、与债务人财产相关的权利 …………………………………… 308
三、破产费用和共益债务 ………………………………………… 311

任务五 债权人会议 ………………………………………………… 311
一、债权人会议概述 ……………………………………………… 311
二、债权人会议的议事规则 ……………………………………… 312
三、债权人会议的职权 …………………………………………… 312
四、债权人会议的召开 …………………………………………… 312
五、债权人委员会 ………………………………………………… 313

任务六 重整与和解 ………………………………………………… 313
一、重整概述 ……………………………………………………… 313
二、和解概述 ……………………………………………………… 316

任务七 破产清算 …………………………………………………… 317
一、破产宣告 ……………………………………………………… 317
二、破产财产的变价和分配 ……………………………………… 318
三、破产程序的终结 ……………………………………………… 320

项目一　经济法概述

【导入案例】

河北省清河县某厂假冒上海大众汽车有限公司的名义，高价出售伪冒的劣质汽车零配件，被大众汽车有限公司发现，起诉至有关部门。有关部门责令某厂登报道歉、赔偿经济损失，并处罚款。

某电子仪表厂为扩大生产能力，要在市郊建设一个分厂。在分厂工程设计任务书尚未批准时，即与某建筑公司签订了勘察设计以及建筑安装该工程的一揽子承包合同，在工商行政管理部门组织各行业经济合同检查中被发现。工商行政管理部门以违反基本建设法定程序为由，确定该建设工程承包合同为无效合同。

问题：如何理解国家经济管理法律关系？

任务一　经济法基本理论认知

经济法是19世纪末20世纪初在各国兴起、发展的新兴法律部门，伴随着西方国家解决"市场失灵"、社会主义国家纠正"行政失灵"的过程产生并且逐渐得到发展。经济法作为我国法律体系中的一个部门，它是调整经济管理关系、维护公平竞争关系、组织管理性的流转和协作关系的法；作为一个部门法，它有着独特的本质属性和重要的特征。在社会主义市场经济条件下，我国经济法调整对象的范围，具有特殊质的规定性和外延的确定性。

一、经济法的概念和特征

（一）经济法的概念

经济法的概念是经济法研究的起点，也是经济法学中最重要的关键词。我国经济法概念主要是在20世纪90年代，随着社会主义市场经济体制的确立和深入发展，市场已成为社会经济运行和资源配置的基本调节机制背景下逐步发展的。目前中国经济法学界关于经济法概念比较有影响的观点和学说主要有："国家经济调节关系说""经济协调关系说""国家干预说""经济管理与市场运行关系说"等等。

以漆多俊教授为代表的"国家经济调节关系说"认为，经济法是国家调节社会经济过程中发生的各种社会关系，以保障国家经济调节，促进社会经济协调、稳定发展的法律规范的总称。

以杨紫烜教授为代表的"经济协调关系说"认为，经济运行需要国家协调；在国家协调本国经济运行过程中发生的经济关系应由经济法调整；经济法是调整在国家协调本国经济运行过程中发生的经济关系的法律规范的总称。

以李昌麒教授为代表的"国家干预说"认为，经济法是国家为了克服市场调节的盲目性和局限性而制定的，调整需要由国家干预的、具有全局性和社会公共性的经济关系的法律规范的总称，或者更简单地说，经济法是调整需要由国家干预的经济关系的法律规范的总称。

以刘文华教授为代表的"经济管理与市场运行关系说"认为，经济法是国家为了保证社会主义市场经济的协调发展而制定的、有关调整经济管理关系和市场运行关系的法律规范的统一体系。

本书将经济法的概念定义为：经济法是调整经济管理关系、维护公平竞争关系、组织管理性的流转和协作关系的法。这是从调整对象的角度对经济法概念的基本定义或解说，对于作为一门社会科学的经济法学来说是不可少的。

（二）经济法的本质

经济法的本质具有两层涵义：一是指一般意义上的法的社会性和阶级性等；二是指经济法具有不同于其他法律部门的性质和属性。

经济法作为法的一个部门，集中体现为经济法是社会本位法，是由社会经济的社会化所导致的国家干预、参与经济之法。这是各国经济法的相同之处，是其相互借鉴以及我国在改革开放中借鉴发达资本主义国家的经济法律制度的客观依据所在。同时，中国经济法作为中国社会主义法律体系中的一个部门，在总体上和各项具体制度中必然要反映中国人民的共同意志和利益，必须为中国的社会主义现代化建设服务，以促进改革、发展和民族的振兴富强为己任，我们认为，可将经济法的本质属性概括如下：

1. 经济法是平衡协调法

所谓平衡协调，是指经济法的立法和执法从整个国民经济的协调发展和社会整体利益出发，来调整具体经济关系，协调经济利益关系，以促进、引导或强制实现社会整体目标与个体利益目标的统一，保证社会经济持续、稳定、协调地发展。

在现代市场经济社会中，经济关系复杂，利益主体多元，各类矛盾丛生。其中最重要的是要协调和处理好社会整体与社会个体之间的意志、行为和利益的矛盾。

2. 经济法是社会本位法

经济法的社会本位，是指它在经济关系的调整中立足于社会整体，在任何情况下都以大多数人的意志和利益为重。经济法以社会整体利益为最高标准，无论国家还是企业，都必须对社会负责，也就是都必须对发展社会生产力、提高社会经济效益负责，在对社会共同尽责的基础上处理和协调好彼此之间的关系。在整体上，国家代表全局利益、长远利益，但在具体的经济过程和经济关系中，它是以具体国家机关或某种经授权的组织，以特定的物质利益实体和社会组织的身份、地位出现的。在具体的经济法律关系中，国家必须依法行使权力，对社会负责，不得以不当或过度的行政权力和长官意志，妨碍和损害市场主体及非国有主体依法行使权利，不能非法损害和侵吞其他主体的物质利益。企业和个人等经济主体也要对社会负责，不能只讲权利，不讲义务；不得片面强调自身局部利益，置社会利益于不顾，借口对抗行政干预而损害他人或社会整体利益[①]。

3. 经济法是综合调整法

这是从横向、纵向过程和整体上谈经济法的调整机制属性。随着社会化和现代市场经

[①] 潘敬成、刘文华：《经济法》，中国人民大学出版社，2005年版，第64页。

济的发展，经济关系复杂多变，相互联结、相互渗透，产生了对经济关系进行综合治理、系统调整的客观要求。经济法正是反映经济关系分化与综合这两种发展趋势要求，体现法律的统、分两种调整机制功能的法律部门。一是它通过具体的制度和规范，分别细致地调整着各种经济关系；二是在总体上和全过程中对经济关系进行综合、系统的调整。因此，经济法既是国家全面调控经济、对经济实行综合治理的法律部门，同时也是体现现代法系统工程的法律部门。综合调整和系统调整是经济法等社会法固有的调整机能，也是法律现代化的一种表现。

4. 经济法是经济集中与经济民主对立统一的法

经济集中与经济民主在现代市场经济社会中是一对经常能够左右经济全局的突出矛盾。经济法在他们的对立统一中产生和发展，并由此体现着经济法的本质和功能。改革开放以来，我国颁布的经济性法律、法规，都是经济集中与经济民主对立统一的产物。一些重要的规定国家经济管理职能和活动的法律、法规，也必然确认和保护着企业等市场主体应有的地位和权益；一些重要的规定企业等市场主体自由意志、自主行为的法律、法规，也必然会规定有体现国家调控、指导、规制、监督等方面职能和活动的法律规范。

5. 经济法是"以公为主、公私兼顾"的法

按照罗马法的经典解说，"规定国家公务的为公法，如有关政府的组织、公共财产的管理等法规；规定个人利益的为私法，如调整家庭、婚姻、物权、债权和继承关系等的法规。"尽管这种划分始终不乏理论上的非议，但是，我们认为，只要不把这种划分及其概念绝对化，而是将其作为一种基本理念，还是有着理论和实践价值的。

具体而言，民商法就是私法，主要在以市场来配置资源的条件下，国有企业和其他公有制经济组织的交易活动应受其调整，且遵循当事人意思自治原则，有关实体权利、义务应不受任何国家机关直接干预；而对于直接体现国家意志的经济关系，因其含有公的因素，则应遵循协调平衡、责权利效相统一、依法行政、公开公正等经济法和行政法的原则。这对加强和完善我国经济法学研究、立法和司法实践都是有积极意义的。

当前，我国社会主义制度下维持公、私法划分的理念，更重要的是在兼顾公、私的基础上予以协调平衡。承认这种划分，就是要维护私法自治的存在和发展，反对行政权力对经济活动的不当和任意的干预、限制等。而离开了经济法的平衡协调，"公"和"私"是无法和平共处、相互协调平衡的。若将经济法单纯地归为公法和私法，都有偏颇。因此，经济法是"以公为主、公私兼顾"的法，是介于二者之间，对二者进行协调平衡的一种新型的法。经济法的这种本质在其产生之时就已显露无遗。经济法产生之后，又不断发挥自己的平衡、综合等功能，协调着公与私的关系，解决着他们之间的矛盾，促使它们各自发挥作用，保障市场经济的健康发展。

（三）经济法的特征

经济法特征是经济法存在的识别标志。经济法主要有以下特征：

1. 主体的身份和角色特定性

作为经济法律关系的主体或参加者，需要明确和强调其具体的身份与角色。例如我国的经济管理主体，不是任何国家行政机关，也不是形式化的机关法人，而是根据特定需要和专门立法成立的部门，如中国证券监督管理委员会（证监会）、中国保险监督管理委员会（保监会）、中国银行业监督管理委员会（银监会）、国有资产监督管理委员会（国资

委）等专门委员会，它们依既定的角色及权利义务设置，从事活动，接受责问。而且，经济法律关系当事人的身份、角色和地位不能如民事法律关系当事人那样，在逻辑和事实上可由他人置换。这个特征，强调经济法律关系当事人按照身份和角色要求行事，有助于克服抽象和形式化的主体性追求带来的主体价值贬抑及其对经济法治的妨害。

2. 内容的经济目的性

经济法内容具有经济目的性。经济法的经济目的不仅是经济法本质的外在反映，而且是经济法的目标和原则据以确立的基础。经济法的经济目的分为目标目的和功能目的，但其核心体现了经济法的经济目的内容。因为经济法的产生以及经济法的调整对象，均源于物质再生产领域，并具有一定的经济目的性。例如，从经济法产生宗旨来看，经济法是适应生产社会化的需求，弥补其他传统法律部门对社会经济调整不足而产生的。经济法存在的这一语境，使得经济法问题如垄断等不仅是法律问题，同时也是经济规律，是体现经济要求的经济问题。

经济法往往还把经济制度、经济活动的内容和要求直接规定为法律。如恩格斯所说，以《拿破仑法典》为代表的民法是"将经济关系直接翻译成法律原则"，则经济法对经济生活准则的表述甚至不加"翻译"，而由立法机关和其他权力机关直接将经济制度、经济技术性规范通过立法，使之具有法律效力。

3. 法益的公私融合性

经济法的产生基础、品性和制度功能的公私兼顾融合，使得经济法调整的法益不仅有经济活动主体之间的私益，也包括不特定多数的消费者、经营者及其团体的社会化利益，以及国家在维护公平竞争、实施公共经济管理中的国家利益和公共利益，这体现了经济法区别于传统法律部门法益的公私融合性特征。

法益的公私融合性，还决定了对社会经济进行整体和系统调节的必要与可能，从而导致经济法具有综合性的调整手段。首先，它兼顾公法因素和私法因素的综合协调，或者以行政、刑事等"公"的手段，去调整企业、合同、价格、利润、利率等"私"的关系，如中央银行法对利率的调控等；或者将平等对立、协调商量、等价有偿、恢复补偿等"私"的手段，引入有政府和公权力加入、为公共利益考量的"公"的关系，如国有或公共企业法、土地法、政府采购法等的调整。

其次，经济法调整采用民事的、行政的、刑事的、程序的等任何传统手段，也运用褒奖的、社会性的等公私融合的新型调整手段。褒奖手段如，中国证监会对在赢利预测方面有重大误差的上市公司，可以暂停配股资格2年，对有关联责任的会计师事务所视情况在一定期限内暂停其业务资格；并可责令违法的专业人士在媒体上公开解释或道歉，宣布某些专业人士为"市场禁入者"等。

4. 国家的意志性与管理性

经济法是国家协调经济活动、参与经济关系的产物，它调整的是直接体现国家意志的经济关系，从而与政府的管理和参与有着密切联系。作为这种特殊意志性的客观要求及其在法律上的反映，经济法在强制性、授权性和法的实现方面均体现着政府或行政主导特征。而且，经济法需适应经济体制和经济政策的要求，及时应对社会经济生活和政治形势的变化，因而具有政策性，它与行政主导性是一体两面。所以，它体现了经济法的国家意志性特征。

5. 存在形式的单行性

经济法的存在形式与以法典为核心的法律部门相比，主要为专门性立法形态，由适用领域和内容各异的诸多单行法所构成。其原因主要有二：其一，经济法对象和内容的经济性、政策性、调整手段的综合性等，决定经济法是典型的针对具体问题、具体经济活动或活动领域的专门单独立法，难以从抽象的形式展开编纂法律。进而导致经济法领域的委任立法盛行，对法官针对个案自由裁量的依赖日增，其范围和内容具有变动性、柔韧性、基准性、原则性、政策性，并有相当数量的行政法规、规章等，即使在市场经济和法治发达的国家亦然。其二，经济法面宽，上至整体经济和经济体制，下至经济各领域、各地及诸多具体经济活动，内容庞大，编纂法典既无必要，从立法技术上看也不可行。因此，经济法存在的形式以诸多的单行法形态出现。

二、经济法的产生和发展

经济法以独立法律部门的面貌出现，是始于19世纪末20世纪初，它是西方社会转型和思维指向的产物。经济法开始于20世纪初的德国，但作为普遍、典型的私人垄断及对其加以规制的法，则是出现在19世纪的美国。

19世纪60年代美国出现了初级的垄断形式"普尔"（pool），这是以生产和资本实力比较雄厚的企业为核心建立的企业间关于价格和销量等的短期协定。其后出现了生产同类商品或在生产上有密切联系的企业从生产到销售全面合并，实行股权式联合的托拉斯（Trust），形成垄断经营。此后，美国联邦于1887年制定了有关铁路管理的《州际商务法》，成立了世界上最早的垄断管制机构——州际商业委员会；并于1890年通过了参议员约翰·谢尔曼提出的《保护贸易和商业不受非法限制和垄断侵害法案》（简称《谢尔曼法》），被作为现代反垄断法之母载入经济法制史册。《谢尔曼法》的出台表明，美国已认识到"无论是普通法还是州的立法，均不足以制止强大的托拉斯滥用经济力量的行为"，并不惜以政权力量加以纠正。1914年美国联邦还颁布了《克莱顿法》和《联邦贸易委员会法》等等，这是经济法独立的先声，也是现代经济法最早的法律表现。20世纪30年代，为了摆脱经济大危机，美国的罗斯福政府更是从经济全局出发，运用财政、税收、金融等手段调节经济生活，对国民经济进行间接的宏观调控。这与"一战"时期德国实行的对经济的直接统治相比，显得更加科学和成熟。宏观调控法律体系也就初步建立起来了。至此，经济法这个全新的法律部门就完完全全地诞生了。

在美国最早的经济法，其立法领域仅限于反垄断和限制竞争，并且对当时其他各国的立法影响不大。对经济法在世界范围内的传播和发展影响最大的要数"一战"时期的德国。在经济法的"母国"——德国，在19世纪70年代，当时的生产和资本在新兴的资本主义国家迅速集中，卡特尔广泛发展致使某些经济部门被垄断组织所控制。但这并不是当时德国出现经济法的唯一原因，德国的特殊性就在于政府在社会经济发展中扮演了重要角色。由于普法战争的需要，国家强制推行经济政策，因而以国家权力通过立法来扶持卡特尔就成了德国经济法的标志之一。当然，德国在推行国家资本主义的同时，也很重视市场机制调节作用的维护。1896年制定了世界上最早的《反不正当竞争法》，以不同于民法和知识产权法的专门立法的方式，对商业竞争中违反诚实信用原则的行为，采取民事、行政和刑事的手段一并予以调整；1897年德国最高法院通过判决，否定了约束同业公会等团体而保障自由营业的法律条款；1910 年出台了扶持卡特尔的《钾矿业法》，被认为是最初的经济法[①]。

总之，从资本主义市场经济发展的历程不难看出，经济法是在经济发展产生垄断和不正当竞争现象，并且原有调整市场经济的民商法对垄断和不正当竞争行为的规划束手无策之时应运而生的，经济法的主要任务就是保证并规范国家直接干预经济的活动（反垄断、反不正当竞争）和政府间接干预或参与经济的活动（进行宏观调控），为民商法对市场经济活动的调整打造一个清洁有序的竞争环境。经济法自始就以鲜明的社会整体效益的价值取向与民商法相区别，并以社会公益原则为根本准则来指导经济法的立法、执法与司法活动。这是符合市场经济发展的内在要求的。

三、经济法的调整对象和范围

【案例讨论】

面对亚洲金融危机，香港特区政府为了应对国际投机"大鳄"的市场炒作，于 1998 年 8 月动用近千亿港元入市操作；1998 年 9 月 5 日，为了进一步巩固香港的货币发行制度，降低投机者操纵市场使银行同业市场和利率出现动荡的机会，香港金管局推出 7 项技术性措施，这 7 项措施集中在港元兑美元的兑换保证和有关银行港元流动资金贴现方面的新措施两个方面。

1998 年 9 月 7 日，为了严格治市纪律，强化金融监管，香港特别行政区财政司公布了严格香港证券及期货市场纪律的 30 条措施。这 30 条新措施的实施涉及联合交易所、期货交易所、香港中央结算有限公司、证券及期货事务监察委员会和财经事务局五个机构。香港特别行政区财政司司长曾荫权表示，特区政府将继续坚守自由经济的政策，并且不会在香港实施外汇管制。曾荫权还表示，财政司的 30 项措施与金管局的 7 项措施相互配合，以增强货币及金融系统抵御国际投机者跨市场操控的能力。

问题：如何从 1998 年香港特别行政区政府直接入市操作，推出特别措施强化金融监管一案中理解经济法的调整对象？

（一）经济法的调整对象

我们认为，经济法是调整社会市场经济关系的一个法律部门，它是以特定的经济关系为调整对象，即它是以经济管理关系、公平竞争关系、组织管理性的流转和协作关系为调整对象。经济法的调整对象不同于民法、行政法等其他部门法的调整对象，它具有特殊质的规定性，不能由其他部门法调整，必须由经济法调整。另一方面，经济法也只调整这种特定的经济关系，而不调整其他的社会关系，其他的社会关系由其他部门法调整。这就是经济法调整对象的特定性。

另外，我们对经济法的调整对象的理解也可以认为是经济和国家意志这二者之一。作为经济法调整对象的特定经济关系，可以从纵横统一说角度看。"纵"不包括非经济的管理关系，国家意志不直接参与或应由当事人自治的企业内部管理关系；"横"不包括公有

[①] [日] 丹宗昭信、厚谷襄儿：《现代经济法入门》，谢次昌，译，群众出版社，1985 年版，第 22 页。

组织自由的流转和协作关系以及其实体权利、义务不受国家直接干预的任何经济关系。这是对"纵横统一"的必要限定。

（二）经济法调整对象的范围

经济法的调整对象既然有特殊质的规定性，其外延也就具有确定性，不能随便把别的社会关系也视为由经济法调整。从调整对象的角度看，它就指明了经济法调整对象的范围，即调整以下三类经济关系：

1. 公共经济管理关系

经济法调整的公共经济管理关系，是指在国家管理的协调经济运行过程中形成的特定经济关系，包括宏观经济管理和微观经济管理两个紧密联系的方面。

国家担负宏观经济协调和微观市场管理功能而产生的公共经济管理关系，本质上仍是物质再生产领域的物质社会关系，其中的国家意志属于具体社会经济关系当事人意志的范畴，而非上层建筑关系，可谓披着行政外衣之"私"行为。按照马克思主义的经典论断，资本主义的基本矛盾表现为生产社会化与生产资料私有制之间的矛盾，换言之，就是单个企业的高度组织性与整个社会经济的无政府状态的矛盾。为解决这种矛盾，在社会的推动下，通过国家自觉或不自觉、主动或被动的行为，科学管理从微观领域逐步延伸至全社会的协作劳动，这正是经济法产生的客观依据。

国家对经济的管理可追溯到经济法和现代行政法产生之前，这种管理是外在于再生产过程的单纯的行政，属于上层建筑范畴。而在经济法形成之后，则除了内在于再生产过程、本质上属于在社会层面上开展协作劳动之经济管理关系外，那些虽然外在于再生产过程、但与之紧密相关的纯粹的经济行政关系，如企业登记管理、税收管理等，也自然被经济法吸收，纳入经济法的调整对象和范围之中。

2. 维护公平竞争关系

维护公平竞争关系是现代国家为了维持市场经济的正常运行及活力，在采取相关措施保护、促进或限制竞争的过程中形成的社会经济关系。

市场竞争是市场运行的动力和市场经济存在的前提。在市场经济条件下，买方和卖方之间、卖方相互之间、买方相互之间，为争取有利的生产和销售条件，就商品和服务的价格、质量及其他条件，无时不在进行较量，并由民商法予以日常的经济性调整。虽然，市场经济通过引导生产经营者为实现其劳动价值而开展竞争，最终达成资源优化配置，这正是市场经济的优越性之所在。然而，市场竞争也自然地具有限制竞争和损害竞争的倾向。

通常，由竞争到联合、独占，这是契约自由和市场竞争的自然倾向。一方面，在竞争中取得优势地位者则难免要利用其实力，有形或无形地迫使交易对手接受其交易条件，或单方面实施某种市场行为而损及广大中小经营者和消费者的利益，结果可能导致某一生产经营领域由一个或少数几个企业控制的垄断状态。另一方面，竞争的一个不宜之举，是不顾诚实信用和既有的商业道德、不择手段地谋取一己私利，从而损害正常的竞争，如假冒商标和标志、虚假或欺诈性的广告、窃取商业秘密、商业诽谤和贿赂等违法行为，均会损害公平竞争。某些垄断局面的形成，又会导致竞争条件的恶化，进一步诱发和加剧不正当竞争。经过长期和反复的实践，人们从正反两方面的经验中认识到，解决此问题的办法不是否定市场经济，也不能靠计划经济和行政管制来实现，相反，仍然需要依赖市场机制，采取适宜市场经济内在要求的措施，扬长避短。即通过反垄断法和反不正当竞争法，对市场主体的行为和市场竞争状态加以控制，使之符合充分适度竞争的要求；同时也可根据现实需要，通过促进垄断、限制正常竞争的方式，达到私人自治无法形成的有效垄断状态。如，联合国境内有关厂商一致对外，组建企业集团，为提高本国企业的竞争力而形成的经济关系，这也是经济法和竞争法的调整对象。因此，采取相关措施维护、促进或限制竞争过程中所形成的公平竞争的经济关系，是经济法的调整对象。

3. 组织管理性质的流转和协作关系

在市场经济条件下，国家对经济的参与，应由直接的行政命令和行政指挥，转向市场机制基础上的间接调控和公开市场操作，直接体现国家意志而具有组织性的流转和协作关系。其具体体现，就是现代国家越来越多地通过交易和投资等"商事"活动来调节经济，在法律上形成一方为政府机构或执行政府政策的机构或者双方就其缔约均对政府负责，直接体现政府意志，并由政府规定基本合同条件和政府一方主导合同履行的公私交融性质的合同。这种直接体现了国家意志而具有组织管理性的流转和协作关系，超越了民法所谓"平等主体"意思自治的财产关系的范畴，应当作为经济法的调整对象。当然，超出合同法调整范围的合同不限于此。

四、经济法的基本原则

经济法之所以能够获得独立的部门法地位，主要原因之一是其具有不同于其他部门法的基本原则。经济法的基本原则，是指规定于或者寓意于经济法律、法规之中，对经济立法、经济执法、经济司法和经济守法具有指导意义和适用价值的根本指导思想或准则。

1. 资源优化配置原则

资源优化配置是指资源在生产和再生产各个环节上的合理和有效的流动和配备。经济法将之作为首要的原则，是市场经济体制对经济法的基本要求。经济法的资源优化配置原则既适用于生产要素资源的配置，又适用于生产关系资源的配置，但是生产关系的配置应当有利而不是有碍于生产要素资源的配置，要实现资源优化配置，就不能在计划或市场两者之间走极端，还应当注重将市场调节与国家宏观调控有机结合，在确保市场机制对资源配置的基础性作用的同时，尤其不能忽视国家在资源配置中的作用。国家在资源配置中的作用可以体现为四个方面：一是通过能够反映客观经济规律的宏观调控机制，引导资源的合理配置；二是通过建立和执行市场规则，规范市场主体的市场行为；三是通过政府的职能行为，协调竞争性市场可能带来的矛盾；四是通过国家的强制，实现资源的优化配置，解决资源浪费、公共产品的提供等外部性问题。

基于这一原则，必须在各种经济法律法规中保障市场机制在资源配置中的基础作用，使多种形式的市场主体并存和发展，实现生产要素与生产关系要素的优化配置；同时也要在各种经济法律、法规中确保国家宏观调控措施在资源配置中的作用发挥，通过制定自然资源法、劳动法、财税法、金融法等，保障国家对自然资源、人力资源、财力资源的优化配置。

2. 国家适度干预原则

经济法的基本原则是体现经济法本质特征的原则。一方面有利于体现经济法的本质特征，另一方面有利于消除人们对国家干预的误解。经济法是为适应国家对社会经济生活的干预而产生的一种法律形式。适度干预应从干预正当性与谨慎性两个层面来把握。干预的正当性，在于强调干预必须基于法律的授权，即必须受制于规则的约束，在规则的框架下进行干预，而不得超越规则随意干预；干预的谨慎性，在于强调干预的合理性，着重于将"市场之手"与"国家之手"有机结合。经济法适度干预原则实际上表明了经济法必然要面对的协调规则刚性与自由载量的两难问题：既遵循规则，又不因规则的束缚而丧失对经济生活的适时回应；既承认自由载量在国家干预中的现实必要性，又不因片面追求灵活而丧失对权力滥用的警惕。国家要从总的政策上确立干预经济的范围，这宜于用法律的方法作出规定；同时，国家通过法律赋予政府官员在特定的时候和特定的情况下，可以运用行政的办法确立国家干预经济的范围的权力。但是，主导方面来讲，应当强调干预范围和方法的法律化。经济法必须首先把适度干预作为自己的一个原则，才能有效地避免干预的随意性。

3. 维护社会公共利益原则

社会公共利益、国家利益和个体利益是三个既有联系又有区别的不同范畴，它们彼此相辅相成，但又不能相互代替。就国家利益和社会公共利益而言，有时很难找出它们的区别，因为在我国社会主义条件下，国家利益和社会公共利益从根本上来讲是一致的。但是，它们之间并非没有矛盾：在有的情况下，如果从国家利益出发，就会妨碍社会公共利益，比如扩大积累、增加货币发行、加重税赋等，可能暂对国家有利，但是却对社会公共利益有损。社会公共利益就是能够为广大人民群众所享受的利益。这部分利益关系，显然不适合用以命令和服从为特征的行政法进行调整，更不适合用以保护当事人利益为出发点的民法进行调整，最适当的是由以国家适度干预为己任的经济法进行调整。然而，社会公共利益的满足程度又是与国家的宏观调控、经济个体的行为以及市场的运行和社会分配行为紧密相关的，这就决定了经济法对社会公共利益关系的调整又主要是通过对宏观经济关系、微观经济关系、市场运行关系、社会分配和社会保障关系的调控而实现的。具体而言，经济法将维护社会公共利益作为基本原则，就表明经济法在对产业调节、固定资产投资、货币发行、价格水平、垄断和不正当竞争行为、产品质量控制和消费者保护关系进行调控时，必须适度重视对社会公共利益的维护。

4. 经济民主原则

经济民主是相对于经济高度集中而言的，它的基本含义是指在充分尊重经济自由基础上经济决策应按多数意见作出的原则。就世界范围来看，在国家宏观经济调控下的经济民主，是市场经济获得发展的一个重要条件，经济民主不仅与国家行政权、国家所有权、企业经营权、法人财产权、劳动者的民主参与权以及获得物质利益的权利紧密相关，同时，这些权利本身也就是经济民主实现的法律形式。不难看出，经济民主的落实主要依靠的是民法和经济法，而经济法之所以要把经济民主作为一项重要原则贯彻始终，是因为作为国家干预经济的法律，如果不强调经济民主，那么经济法可能会以自己的规定妨害乃至窒息经济民主在我国市场经济土壤中的生长。在经济法界域，经济民主主要强调的是经济决策的公众参与，包括宏观和微观两个层面：在宏观层面，经济民主要求国家对经济进行干预时，应当广泛征求各方意见，协调各种利益冲突，将宏观调控决策构建在充分对话的基础之上，从而保障和促进国家宏观决策的顺利实施，降低社会运行成本；在微观层面，经济民主则体现为国家在充分尊重企业自由的前提下，要求企业建立一套有效的经济民主机制，保障企业职工的民主权利，促进个体企业的民主化管理。

5. 经济公平原则

经济公平是市场经济主体进行市场交易的基本条件，基本的含义是指任何一个市场经济主体，在以一定的物质利益为目标的活动中，都能够在同等的法律条件下，实现建立在价值规律基础之上的利益平衡。法律的基本价值包括正义、公平、秩序和效率，公平是其中一个重要的价值取向，同时，经济法倡导的经济公平还具有其特定的内涵。民法也将公平作为其基本的价值目标，但该种公平是形式公平，意味着机会平等，而机会平等至少具有四个方面的要求：社会资源平等地向市场主体开放；竞争的起跑线均等；市场主体同等地不受歧视；市场主体平等地拥有实现其经济的手段。经济法上的公平，是在承认经济主体的资源和个人禀赋等方面差异的前提下而追求的一种结果上的公平，即实质公平。作为调整经济关系的两个最重要的法律部门——民法和经济法，在实现市场交易的公平原则中发挥着不同的作用。民法主要通过意思自治保证实现交易公平；经济法则通过对权力主体意思自治的限制来实现结果公平。从我国现实情况来看，影响经济公平的是行政干预、差别政策、税赋不公、分配不公、价格体制不健全、权力经商、不正当竞争和垄断等因素，而要克服这些因素，民法的作用是微乎其微的，甚至是无能为力的。因此，经济法必须按照社会主义市场经济的要求，把实现经济公平作为自己的一项基本原则。

6. 经济效益原则

提高经济效益是我国全部经济工作的重点和归宿，同时也是我国加强经济立法所要追求的重要价值目标。提高经济效益是一项系统工程，需要许多要件的配合。具体来说，应通过建立宏观调控法律体系，指导和促进企业提高经济效益，使企业生产符合社会需要，否则，宏观失控，不仅会影响企业的经济效益，更会影响社会的经济效益。要通过建立和完善现代企业法律制度，转换企业的经营机制，充分发挥企业的主动性，为社会生产更多更好的产品。要通过建立和完善市场运行法律制度，逐步培育和发展市场体系，创造平等竞争的法律环境，为企业营造一个统一、开放、竞争和有序活动的舞台。应通过建立多层次的社会保障体系，使企业从沉重的社会负担中解放出来，同时，消除企业职工的后顾之忧，使企业职工为全力提高企业的经济效益而忘我奉献。总之，无论是市场主体规制法、市场秩序规制法、宏观经济调控、可持续发展保障法，还是社会分配调控法，都要把保障和促进提高企业的经济效益和社会经济效益作为重要价值目标。

7. 经济安全原则

安全一直都是法律的基本价值目标。安全具有多种内涵，其中一个重要内容便是经济安全。在多个法律部门中，民商法与经济法是实现经济安全的主要法律部门。如果说民商法关注的是个体交易的话，那么经济法关注的则是社会整体的经济安全。随着中国加入WTO，经济全球化的步伐大大加快，对我国加强经济安全的法律对策机制提出了新的要求。不仅要保障国内经济安全，还应当保障国际经济安全，尤其应当注意防范国际经济风险对我国产生的影响。就我国目前的经济状况而言，国内企业竞争力不强，民族工业较为脆弱，容易受到外来企业尤其是跨国公司的冲击，这无疑会对我国国民经济的安全构成威胁，因而提升国内企业竞争力，实施一定保护性措施实属必要。同时，经济全球化的发展趋势又迫使我国经济必须与世界经济保持更为紧密的联系，这势必使我国经济受世界经济体系的影响更加直接和显著，这要求我们必须在这一特定历史背景下寻求确保经济安全的法律对策。经济法将经济安全作为基本原则，有助于借助经济法制，尤其是宏观经济调控体系，构筑起我国的经济安全网，既分享世界经济全球化带来的利益成果，又注重防范经济风险。

8. 可持续发展原则

当前人类面临着文明加速进化与生态环境不断恶化、富裕与贫穷的差距不断拉大两大严重问题。可持续发展作为一种新的发展模式和发展观，被合乎逻辑地提出来。发展是一个内涵不断丰富的概念和范畴，传统的发展观是单纯的经济增长观，即片面强调物质财富的增长，而经济社会发展到目前这个阶段，应当强调经济、社会诸方面的协调可持续发展。可持续发展的核心即在于正确处理人与自然、人与人之间的关系，要求人类以最高的智力水平和泛爱的责任感去规范自己的行为，创造和谐的世界；要求人们在作出每一个行为选择时，不仅要考虑本代人的利益平衡，同时要考虑未来若干代人的利益平衡。可持续发展目标的实现，需要国家的干预，而这个法律体系中的主要法律形式就是经济法律。

经济法将可持续发展作为一个基本原则，可使经济法在调整社会经济关系时，始终把可持续发展放在应有的高度，综合考虑诸如人口增长的失控、资源和能源的无节制消耗、生态环境日益恶化、技术的落后以及企业和政府的短期经济行为等制约可持续发展的因素，从而有意识地通过相应的健全、完备的经济法律、法规加以遏制。

经济法各基本原则是相互联系、相互促进、缺一不可的有机整体，它们的内在联系是：寻求资源的优化配置，是经济法首先追求的目标；在寻求资源优化配置的过程中，国家干预起着不可忽视的作用；国家干预的范围并不是任意的，它必须以社会公共利益为自己的出发点和归宿；国家对经济实行干预的时候，又必须有利于促进和保障经济民主和经济公平的实现；经济民主和经济公平，是推动和提高经济效益的重要因素；在实现经济效益的同时，还必须防范经济全球化的发展背景下经济风险的产生，确保经济安全；最后，经济法所能做到的或者经济法的现代化发展的趋势，是要促进全球性的可持续发展战略在中国的实施。

任务二　经济法律关系

经济法律关系是经济法学的核心、精髓与灵魂，也是学习经济法学理论的一条主线和分析具体案件的线索。经济法律关系具有区别于其他法律关系的明显特征。这些特征表现在主体、客体、权利义务、法律保障等各个方面。

一、概述

（一）经济法律关系的概念与特点

经济法律关系是指法律主体依据经济法律规范的规定，在特定经济活动中所形成的权利义务关系，是一种具体而特殊的法律关系。

经济法律关系具有以下几个特点：

1. 经济法律关系的参加者是法律主体

任何社会关系都是主体与主体之间的关系，任何法律关系都是法律主体与法律主体之间的关系。经济法律关系的参加者必须是法律主体，凡是非法律确认和保护的主体，非依法律规定的条件和程序设立的主体均不能参加经济法律活动，其间也不能形成经济法律关系。一般而言，经济法律关系的参加者数量众多，范围广泛。经济法律关系对众多的法律主体开放，是经济法律关系区别于其他类型法律关系的一个显著特点。

2. 经济法律关系由经济法律规范所确认，并受经济法律规范的保护

一切法律关系都是由法律规范所确认的，经济法律关系也不例外，没有经济法律规范的客观存在，就不会有经济法律关系的产生。从这种意义上来讲，经济法律规范是第一位和决定性的因素，经济法律关系是第二位和被决定的因素。换句话来讲，经济法律规范是经济法律关系产生的必要条件。具体来讲，就是：经济法所调整的特定的经济关系经过经济法律规范的调整，则上升为经济法律规范所保护的权利义务关系，即经济法律关系。当然，这种上升必须有经济法律事实的介入和帮助。可以说，经济法律关系的产生是国家运用经济法手段干预经济活动的必然反映，是国家干预经济关系为经济法律规范所确认的产物。

3. 经济法律关系产生于特定经济活动中

经济法律关系产生于特定的经济活动之中，是特定的经济活动在法律上的反映。在非法律活动和非经济法律活动中不可能产生经济法律关系。经济法律关系产生的特定经济活动包括市场管理活动、宏观经济调控和可持续发展活动以及社会保障活动。

经济法律关系就是经济法主体依据经济法律规范的规定，参加上述经济活动，又依经济法律规范的规定形成的权利义务关系。

（二）经济法律关系的构成

任何法律关系都由主体、客体和内容三要素组成，这三要素缺一不可。在某具体法律关系中，其中一要素发生变更，原来的法律关系也要发生变化。

（1）主体。主体即法律关系的参与者。对于经济法律关系而言，则是指依法参与经济法律关系，并因此享有经济权利和承担经济义务的政府组织、经济组织和公民。

（2）内容。法律关系的内容即法律关系主体应享有的权利和承担的义务，它是任何法律关系要素中的核心。这是因为，法律关系主体能够做什么，怎么去做，会产生什么后果等均围绕权利义务而发，离开了权利义务，就不会有什么法律关系。对于经济法律关系而言，其内容是经济法律关系主体的经济权利和经济义务，其中，经济权利包含经济权力，即政府和经济管理机关以及社会经济团体在管理中的权利。

（3）客体。法律关系客体是法律关系主体权利义务所指向的对象。如果没有客体，主体行使权利、履行义务也就失去了依托。对于经济法律关系而言，其客体是经济法律关系主体的经济权利、经济义务所指向的对象。

（三）经济法律关系的产生、变更和终止

1. 经济法律关系的产生、变更和终止的含义

（1）经济法律关系的产生。是指经济法律关系的最初形成，也是经济法律关系变更和终止的前提和基础。具体来讲，是指法律主体依据经济法律规范的条件和程序，形成受法律保护的经济权利和经济义务关系。经济法律关系一经形成，对双方主体也就有了法律的约束力。

（2）经济法律关系的变更。是指经济法律关系主体、客体、内容的变化。经济法律关系的变更既可以是经济法律要素的部分变更，也可以是全部变更。无论是部分变更，还是全部变更，都会形成一种新的经济法律关系。

(3) 经济法律关系的终止。是指经济法律关系主体之间的经济权利和义务关系的消灭。经济法律关系可以依当事人的协议或者履行义务而终止，也可以依不可抗力、意外事件或一方当事人依法实施的单方宣告行为而终止。经济法律关系终止后，双方的权利义务关系也随之消灭。

经济法律关系的发生、变更和消灭要求具备三个条件：一是有相应的法律规范依据；二是有经济法律关系主体，这是法律权利与义务的实际承担者；三是有法律事实出现。

2. 经济法律事实

所谓经济法律事实是指一切能够引起经济法律关系产生、变更和终止的客观现象。

经济法律事实可分为经济法律事件和经济法律行为两大类：

（1）经济法律事件。经济法律事件是指不以人们的主观意志为转移，能够引起经济法律关系产生、变更和终止的客观现象。经济法律事件，人们无法或难以预见和预测，也无法或难以克服和防止。水灾、火灾、虫灾、旱灾、地震等自然灾害，战争、政府更迭、国家解体、游行、示威、罢工等人为灾难均属法律事件。这些事件的出现和发生，既可以引起经济法律关系的产生，又可以引起经济法律关系的变更和消灭。

（2）经济法律行为。经济法律行为是指能够引起经济法律关系产生、变更和消灭的人们有意识的活动。经济法律行为可分为经济合法行为和经济违法行为两大类。经济合法行为即符合法律规定条件和程序的行为，即主体具有完全行为能力、意思表示真实、内容符合法律规定、形式完备的行为。经济违法行为即没有履行法律、法规规定的义务的行为，或者实施了经济法律法规禁止的行为。在法律事实中，经济法律行为最为普遍。

二、经济法律关系的主体和客体

（一）经济法律关系的主体

经济法律关系的主体是指依法参加经济活动，享有经济权利并承担经济义务的当事人。

经济法律关系主体具有以下特征：

（1）政府及其经济管理机关具有主导性。经济法是体现国家干预经济之法，因此代表国家进行干预的政府及其经济管理机关在经济法律关系主体中具有主导性。所谓主导性是指任何一种经济法律关系中，都必然有一方为政府或政府经济管理机关，另一方可能是某个经济组织，也可能为某个公民，而且，政府及其经济管理机关对经济组织或公民具有优先权，即政府及其经济管理机关在行使经济管理权时依法享有职务上的优惠条件，如先行处置权、获得社会协助权、推定有效权等。

（2）经济组织和个人具有独立性。经济法尽管是体现国家干预经济之法，但国家之干预是在维护社会公共利益和充分尊重市场主体合法的前提下而进行的利益，政府及其经济管理机关行使经济管理权时应首先认识到相对方的独立性，企事业单位和个人不是它们的附属，而是具有相对独立利益的个体。所以，经济组织和个人在经济法律关系中不是被动者，有时甚至是主动者，他们有权依法对抗任何人、任何机关对他们合法权益的侵犯。

（3）主体的法定性。经济法是体现国家干预经济生活的法律，因此，谁有权参与经济法律关系，什么时候参与经济法律关系，如何参与经济法律关系等均应由相关法律明定。这是保证合理干预的需要，反映了经济法是规范、确认国家干预之法的本质。这一点，对于政府及其经济管理机关尤为重要，它们必须严格依法干预。

（二）经济法律关系主体的形式

1．国家及国家机关

国家机关是行使国家职能的各种机关的通称。在经济法律关系的主体范畴中，国家机关，主要是指经济管理机关——具有经济管理职能的国家管理机关，具体来讲可分为两大类：一是按不同的经济部门来划分的部门性经济管理机关，如铁道部、矿产资源部、农业部、信息产业部等；二是职能性经济管理机关，如财政部、国家工商管理总局、税务总局、物价局、海关总署等，它们体现国家计划、组织、指挥、管理和调节的职能。

2．社会组织

社会组织，是指经法定程序设立，实行独立核算或预算，拥有独立的财产权或经营管理权的企业、事业单位和社会团体等。

（1）实行独立核算的经济组织。一般是指拥有财产，从事生产经营等经济活动，以创造物质财富为目的的组织和其他经济实体。企业、公司是其中的主要主体。

（2）实行独立预算的社会组织。一般是指其财产来源主要依靠国家财政拨款的事业单位或社会团体。它们不专门从事生产经营管理活动，不直接创造物质财富。它们在履行职责过程中，与经济组织发生经济关系时，成为经济法律关系的主体。

3．经济组织内部的职能机构或下属单位

经济组织内部一般都有职能部门和下属的分支机构或基层单位，表现为一定的隶属层次，如企业内部的职能科室，工厂中的车间、班组等。一个企业的经济效益在一定程度上取决于内部经济关系调整的好坏，在于内部各种机构所属成员的能力是否得到了充分发挥。因此，对内部机构实行法律保护，确认其地位和权限是非常重要的。当社会组织内部机构的关系用经济法律规范来调整时，主体就成为经济法律关系的主体。

4．个体户与承包户

（1）城乡居民从事个体经营活动，一般要在经济法律规范允许的范围内进行，他们依法申请营业执照后，从事工商经营的为个体户。

（2）城乡居民与其他经济组织签订承包合同，进行承包经营的为承包户。

5．自然人

自然人在特定情况和条件下，也可以成为经济法律关系的主体。如在税收法律关系中。

（三）经济法律关系的客体

1．经济法律关系客体的含义

经济法律关系的客体，指经济法主体所享有的经济权利和所应承担的经济义务共同指向的对象或事物。

客体是确立权利义务关系和具体内容的依据，也是确定权利行使与否和义务是否履行的客观标准。权利和义务只有通过客体才能得到体现和落实，如果没有客体，权利就失去了依附的目标和载体，无所指向，也就不可能发生权利义务。因此，客体是法律关系不可缺少的三要素之一。

2．经济法律关系客体的分类

经济法律关系客体的内容和范围是由法律规定的，概括起来，主要包括以下三类：

（1）财物。财是指停留在货币形态上的物品，如货币及有价证券。物是指能为人们控制的，具有一定经济价值和实物形态的生产资料和消费资料。物可以是自然物，如土地、矿藏、水流、森林；也可以是人造物，如建筑物、机器、各种产品等。

（2）智力成果。智力成果是指人们运用脑力劳动创造的能够带来经济价值的精神财富，如发明、商标等。智力成果是一种精神形态的客体，是一种思想或者技术方案，不是物，但通常有物质载体，如书籍、图册、文字图形、录像录音等，就是记录、承载智力成果的物质形式。

（3）经济行为。经济行为是进行经济活动，能发生一定经济后果的行为。作为经济法律关系客体的经济行为，是引起经济权利、义务的发生、变更和终止的经济活动。作为经济法律关系的客体的行为，是经济权利（权力）和经济义务所共同指向的作为（积极行为）或不作为（消极行为）。作为经济法律关系客体，经济行为既包括经济组织等主体的经济行为，也包括国家和国家机关的经济行为。

此外，在经济生活中，权利也可能成为经济法律关系的客体。权利本来是经济法律关系的内容，但是，当某种权利成为某一法律关系主体权利和义务所指向的对象时，该权利就成为经济法律关系的客体。如：用专利权进行质押担保时，用作担保的专利权就成为质押权法律关系的客体。

三、经济权利（力）和经济义务

（一）经济权利

经济权利是一种法律资格。其意义是：经济法主体凭借这种资格，可调节或进行一定的经济活动，参加具体的经济法律关系；凭借这种法律资格，可要求义务主体为一定行为或不为一定行为，以实现自己的经济权益和要求；凭借这种法律资格，在义务主体不履行义务时，有权要求仲裁机构、司法机关作出裁定、判决，由司法机关强制执行，以保护自身利益。经济法律关系主体具体的经济权利主要包括：

（1）财产所有权。财产所有权是指经济法主体对物质财富的占有、使用、收益和处分的权利，它包括四项基本的财产权能：占有权、使用权、收益权、处分权。

（2）企业经营管理权。企业经营管理权，是指企业内部为组织和协调劳动者与生产资料相结合，以及处理本企业和外部关系的权利。

企业经营管理权的主要内容包括经营方式选择权、生产计划权、物资采购权、产品销售权、劳动管理权、物资管理权、人事管理权、科技成果转让权、横向联合权、专利权、商标权等。

（3）请求权。请求权是经济法主体在自身的经济权益受到侵害或发生经济纠纷时，要求侵权人停止侵权行为或要求有关机关运用行政的、经济的或司法手段维护其合法权益的权利。请求权主要包括要求赔偿权、请求调解权、申请仲裁权、经济诉讼权、申请破产权等。

此外，监督权、举报权和知情权等权利也是市场主体依法享有的重要权利。

（二）经济权力

1. 经济权力的特征

经济权力是基于经济管理机关或社会经济团体的地位和职能由经济法赋予并保证其行使经济管理职权的资格，其实质是经济管理职权。它具有如下特征：

（1）主体的特定性。行使经济权力的机关只能是依法成立的经济管理机关或社会经济团体，其他任何机关或团体无权为之。

（2）权力的法定性或章程规定性。对于经济管理机关而言，其经济权力只能是明确法定的；对于社会经济团体而言，其权力则来自于成员的约定而表现为他们制定的章程。权力的法定性或章程规定性强调的是经济权力的行使必须严格依法或依章程规定，不能超越，否则构成权力滥用便要承担相应法律后果。

（3）权力行使的积极性。任何权力的行使都具有天生的行使冲动性，因而权力的行使具有积极性。对于经济权力而言，它就是体现国家对经济生活的积极干预，所以，经济管理机关应积极主动行使其权力，它不是采取不告不理原则，而是要经常发现问题，主动解决问题。对于社会经济团体也是如此，它应经常协调会员之间的行动与利益冲突。

2．经济权力的种类

（1）国民经济决策权。是指国家机关对未来经济发展的目标和行为方案等有选择和决定的权力。它是国家最高层次的经济决策，亦称国家经济决策权。

（2）协调权。是指国家机关对国民经济各部门、各单位、上下、左右、内外之间的比例关系、协作关系、衔接关系等进行调节的权力。通过协调，使中央和地方之间、部门与部门之间、地区与地区之间建立起相对平衡、同步发展、协调完好的经济秩序，使国民经济能够持续、健康地发展。

（3）命令权。是指国家机关要求下属单位和社会经济组织为特定行为或不为特定行为的权力。这是国家机关单方面的意思表示，被命令方负有服从、遵守的义务，带有明显的强制性。

（4）监督权。是指国家机关对经济活动的监督和督导的权力，包括行政监督权、财政监督权、审计监督权、统计监督权等。

此外，国家机关的经济职权还包括批准权、确认权、禁止权、免除权、审核权和许可权等。

（三）经济义务

经济义务是指经济法律关系主体在经济活动中必须为一定行为或不为一定行为的责任。经济法上的经济义务，既包括对权利主体的义务，也包括对权力主体的义务。

根据权利者和权力者的不同情况，经济义务可分为国家和政府机关的义务以及市场主体的义务。

1．国家和政府机关的义务

（1）一般义务。是指政府必须正确行使权力义务。这要求政府必须正确行使权力，不得放弃或转让权力，否则就是失职行为；同时权力的行使必须符合规范，不得超越权限范围，违反法定程序，否则也是违反义务。

（2）服务性义务。是指国家和政府应当为市场主体的生产经营活动提供或创造便利条件的义务，包括向市场主体提供信息和咨询，协调经济摩擦，组织劳动就业，培育和完善市场体系，发展和完善公共设施和公益事业等。

2．市场主体的义务

市场主体的经济义务，是指经济法为市场主体设定的约束，市场主体在生产经营活动中，必须受制于这些约束。市场主体的义务主要包括：守法经营的义务；公平竞争的义务；接受监督的义务；经济组织内部的义务。

任务三　经济法律关系的保护

奖励与惩罚是经济法律保障制度的基本制度，也是经济法律关系保护的必然要求。

一、经济法律关系保护的意义

经济法律关系的保护，就是严格监督经济法律关系主体正确地行使经济权利（力）和切实履行经济义务。一方面，法律对主体合法的权益予以确认，如有侵权行为，法律要予以禁止并加以制裁；另一方面，法律严格监督主体切实履行义务，对不履行义务者实施各种强制措施。

二、经济法律关系保护的途径

（1）民间措施。所谓的民间措施，是指当事人通过协商或以经济仲裁的形式解决经济纠纷的措施。这要求当事人遵循自愿原则，采取的措施必须符合国家政策、法律、商业习惯，符合国际条约和惯例。

（2）行政手段。专指由国家行政机关依法给予的经济性质的行政处分。包括行政处分、行政处罚、行政复议。

（3）司法途径。是指经济法主体的自身合法权益遭受到不法侵害时，可以请求司法机关给予保护。

三、违反经济法的法律责任

由于经济法调整手段的综合性特征，经济法通过追究违反经济法的当事人的民事责任、行政责任和刑事责任的手段，保障经济法的实施。就是说，违反经济法的当事人因其违反的性质不同，将分别承担相应的民事责任、行政责任和刑事责任。

（1）民事责任。是指国家机关或国家授权单位对经济法主体的违法行为给予的制裁，是一种财产责任，是国家强制违法者用自己的财产补偿受害方的损失或将非法所得上交国库。这类责任对社会组织主要包括：支付违约金、赔偿金，没收财产，缴纳滞纳金，缴纳排污费，信贷制裁，结算制裁，扣减企业留利，产品包修、包换、包退。对个人而言，则主要是减发工资、降级、责令赔偿损失、没收非法所得。

（2）行政责任。是指经济法律关系主体违反了经济法律、法规，破坏了法律所要建立和维护的正常的社会秩序，国家机关或国家授权的组织将依行政程序对违法行为人给予相应的行政制裁。①对社会组织追究的行政责任主要包括：通报批评、警告、责令停产整顿、责令限期治理、吊销许可证、吊销营业执照、责令退还非法占有的土地、限期拆除非法占有土地上新建的建筑物和其他设施。②对个人追究的行政责任主要包括：警告、记过、记大过、吊销职务证书、降级、撤职、留用察看、开除、除名、罚款等经济责任。

（3）刑事责任。是指经济法律关系主体在经济活动中严重违反经济法，破坏社会主义市场经济秩序并触犯刑律，国家检察机关将对有关单位和个人追究刑事责任，给予相应的刑事制裁。

【思考题】

一、简答题

1. 简述经济法的基本定义。
2. 试述经济法的本质属性。
3. 经济法有哪些基本特征?
4. 试分析经济法的调整对象和范围。
5. 简述经济法的基本原则。
6. 什么是经济法律关系?
7. 简要论述经济法律关系的构成要素。
8. 简要论述经济法律责任。

二、案例分析

案例1:

2015年2月,某市场营销专业大学生放假回到家里,邻居聚在他家里和他闲聊,得知其刚刚学习了经济法,张大爷向他问道:"经济法是管什么的法?我到市场上去买猪,谈好价钱,最后把猪买回家,能用经济法吗?"李大爷又问:"我儿子在城里自己开了一家公司,以后这家公司的财产要给我孙子继承的话,这都能用到经济法吧?"

问题:

你认为本案中张大爷和李大爷提出的问题是否属于经济法的调整范围?

案例2:

2011年底,某市地方税务局稽查分局接到举报,称某矿建公司工程处有偷税漏税嫌疑,经调查取证,发现该工程处少缴税款226 487.01元。根据《中华人民共和国税收征收管理法》有关规定,责令该工程处除补缴所偷税款外,并处以50 000元的罚款。

问题:

分析案中所涉及的经济法律关系的构成。

项目二　个人独资企业法和合伙企业法

【导入案例】

甲出资成立某个人独资企业，为吸引更多的合作伙伴，获得更高的信誉，在设立登记时明确以其家庭共有财产的30万元作为出资。后来在经营过程中，欠下50万元债务，该企业无力偿还，债权人提出变卖甲的住房，但是甲却坚持该房屋的产权在其爱人乙的名下，属于家庭共有财产，与企业债务无关。

问题：甲的房屋是否应该作为其开设的个人独资企业债务偿债财产？

任务一　个人独资企业和个人独资企业法认知

一、个人独资企业的概念和个人独资企业法

（一）个人独资企业的概念

个人独资企业是指按照《中华人民共和国个人独资企业法》（下称《个人独资企业法》）的规定在中国境内设立，由一个自然人投资，财产为投资人个人所有，投资人以其个人财产对企业债务承担无限责任的经营实体。个人独资企业的概念是法定的，《个人独资企业法》第2条做了明确的界定。个人独资企业具有以下法律特征：

（1）个人独资企业是一个自然人投资的企业。国家机关、国家授权投资的机构或者国家授权的部门、企业、事业单位都不能作为个人独资企业的投资人。此外，外商独资企业也不能作为个人独资企业的投资人。

（2）人独资企业的投资人对企业的债务承担无限责任。当企业的资产不足以清偿到期债务时，投资人应以个人的全部财产用于清偿。

（3）个人独资企业的内部机构设置简单，经营方式灵活。投资人既是企业的所有者，又是经营者，法律对其内部机构设置和管理方式不像公司和其他企业那样有严格的规定。

（4）个人独资企业是非法人企业。个人独资企业不具有法人资格，但它是独立的民事主体，可以自己的名义从事民事活动。

（二）个人独资企业法

个人独资企业法是指在调整个人独资企业在设立、经营、解散、清算以及对内外活动中发生的社会关系的法律规范的总称。主要包括《中华人民共和国个人独资企业法》（第九届全国人大常委会第十一次会议于1999年8月30日通过，自2000年1月1日施行）、《个人独资企业登记管理办法》等法律法规。

二、个人独资企业的设立

(一) 个人独资企业的设立条件

根据《个人独资企业法》的规定,设立个人独资企业应当具备以下条件:

(1) 投资人为一个享有完全民事行为能力的自然人。但是下列人员不得作为投资人:法官、检察官、警察、国家公务员等。

(2) 有合法的企业名称。个人独资企业名称中不能使用"有限""有限责任"或者"公司"字样。

(3) 有投资人申报的出资。设立个人独资企业可以用货币出资,也可以用实物、土地使用权、知识产权或者其他财产权利出资。投资人申报的出资额应当与企业的生产经营规模相适应。投资人可以用自己个人财产出资,也可以用家庭共有财产作为个人出资。以家庭共有财产作为个人出资的,投资人应当在设立登记申请书上予以注明。

(4) 有固定的生产经营场所和必要的生产经营条件。个人独资企业必须有固定的生产经营场所和必要的生产经营条件,这是企业进行生产经营活动的物质基础和从事各种经营活动的必要条件。

(5) 有必要的从业人员。个人独资企业开展各种经营活动,应该具有一定的从业人员,否则该企业就无法正常进行经营活动。

(二) 个人独资企业的设立程序

1. 提出申请

申请设立个人独资企业,应当有投资人或者其委托的代理人向个人独资企业所在地的登记机关提出设立申请。投资人申请设立登记,应当向登记机关提交下列文件:

(1) 投资人签署的个人独资企业设立申请书。

(2) 投资人身份证明。

(3) 企业住所证明和生产经营场所使用证明等文件。

(4) 委托代理人申请设立的,应当出具投资人的委托书和代理人的合法证明。

(5) 国家工商行政管理总局规定提交的其他文件。

个人独资企业设立申请书应当载明下列事项:①企业的名称和住所;②投资人的姓名和住所;③投资人的出资额和出资方式;④经营范围及方式。个人独资企业投资人以其个人财产出资或者以其家庭共有财产作为个人出资的,应当在设立申请书中予以明确。

2. 工商登记

登记机关应当在收到设立申请文件之日起 15 日内,对符合个人独资企业法规定条件的予以登记,发给营业执照。对不符合个人独资企业法规定条件的,不予登记,并发给企业登记驳回通知书。个人独资企业的营业执照签发日期,为个人独资企业成立日期。在领取个人独资企业营业执照前,投资人不得以个人独资企业名义从事经营活动。

个人独资企业存续期间登记事项发生变更的,应当在作出变更决定之日起 15 日内依法向登记机关申请办理变更登记。

三、个人独资企业的投资人及事务管理

（一）个人独资企业的投资人

根据《个人独资企业法》的规定，个人独资企业的投资人应当为具有中国国籍的自然人，但法律、行政法规禁止从事营利性活动的人，不得作为投资人申请设立个人独资企业。根据我国有关法律、行政法规规定，国家公务员、党政机关领导干部、警官、法官、检察官、商业银行工作人员等人员，不得作为投资人申请设立个人独资企业。

个人独资企业投资人对本企业的财产依法享有所有权，其有关权利可以依法转让或继承。个人独资企业在申请企业设立登记时明确以家庭共有财产作为个人出资的，应当以家庭共有财产对企业债务承担无限责任。

（二）个人独资企业的事务管理

1. 个人独资企业事务管理的方式

《个人独资企业法》规定，个人独资企业投资人可以自行管理企业事务，也可以委托或者聘用其他具有民事行为能力的人负责管理企业的事务。投资人委托或者聘用他人管理个人独资企业事务，应当与受托人或者被聘用的人签订书面合同。合同应订明委托的具体内容，授予的权力范围，受托人或者被聘用的人应履行的义务、报酬和责任等。受托人或者被聘用的人员应当履行诚信、勤勉义务，以诚实信用的态度对待投资人，对待企业，尽其所能依法保障企业利益，按照与投资人签订的合同负责个人独资企业的事务管理。

应当注意的是投资人对受托人或者被聘用的人员职权的限制，不得对抗善意第三人。这里所称善意第三人是指本着合法交易的目的，诚实地通过受托人或者被聘用的人员，与个人独资企业之间建立民事法律关系的法人、非法人团体或者自然人。个人独资企业的投资人与受托人或者被聘用的人员之间有关权利的限制只对受托人或者被聘用的人员有效，对第三人并无约束力，受托人或者被聘用的人员超出投资人的限制与善意第三人的有关业务交往应当有效。

【典型案例评析】

甲出资设立某个人独资企业，从事水果批发业务。经营过程中甲委托乙对企业进行经营管理，并签订委托经营管理协议，但是为了加强对企业的控制，在委托经营协议中约定，凡从事标的额为10万元以上的业务，必须经过甲的批准。其后，乙在经营过程中与丙谈妥一单生意，标的额为14万元。乙准备向甲请示，但当时甲正在外地旅游，无法取得联系。为了促成这笔业务，乙便与丙签订了合同。

问题：此合同是否对该个人独资企业发生效力？

评析：

此合同对该企业发生效力。因为个人独资企业中投资人对受托人或被聘用的人员职权的限制不得对抗善意第三人。

《个人独资企业法》规定，投资人委托或者聘用的管理个人独资企业事务的人员不得有下列行为：①利用职务上的便利，索取或者收受贿赂；②利用职务或者工作上的便利侵占企业财产；③挪用企业的资金归个人使用或者借贷他人；④擅自将企业资金以个人名义或者以他人名义开立账户储存；⑤擅自以企业财产提供担保；⑥未经投资人同意，从事与

本企业相竞争的业务；⑦未经投资人同意，同本企业订立合同或者进行交易；⑧未经投资人同意，擅自将企业商标或者其他知识产权转让给他人使用；⑨泄露本企业的商业秘密；⑩法律、行政法规禁止的其他行为。

2. 个人独资企业事务管理的内容

个人独资企业事务管理的内容主要包括以下几个方面：①个人独资企业应当依法设置会计账簿，进行会计核算；②个人独资企业招用职工的，应当依法与职工订立劳动合同，保障职工的劳动安全，按时、足额发放职工工资；④个人独资企业应当按照国家规定参加社会保险，为职工缴纳社会保险费；⑤个人独资企业可以依法申请贷款，取得土地使用权，并享有法律、行政法规规定的其他权利。

任何单位和个人不得违反法律、行政法规的规定，以任何方式强制个人独资企业提供财力、物力、人力；对于任何违法强制提供财力、物力、人力的行为，个人独资企业有权拒绝。

四、个人独资企业的解散和清算

（一）个人独资企业的解散

个人独资企业的解散是指个人独资企业终止活动，使其民事主体资格消灭的行为。根据《个人独资企业法》的规定，个人独资企业有下列情况之一时，应当解散：

(1) 投资人决定解散。

(2) 投资人死亡或者被宣告死亡，无继承人或者继承人放弃继承。

(3) 被依法吊销营业执照。

(4) 法律、行政法规规定的其他情形。

（二）个人独资企业的清算

个人独资企业解散时，应当进行清算。《个人独资企业法》对个人独资企业的解散有以下规定：

(1) 通知和公告债权人。个人独资企业解散，由投资人自行清算或者由债权人申请人民法院指定清算人进行清算。投资人自行清算的，应当在清算前15日内书面通知债权人，无法通知的，应当予以公告。债权人应当在接到通知之日起30日内，未接到通知的应当在公告之日起60日内，向投资人申报债权。

(2) 财产清偿顺序。个人独资企业解散的，财产应当按照下列顺序清偿：①所欠职工工资和社会保险费用；②所欠税款；③其他债务。

个人独资企业财产不足以清偿债务的，投资人应当以其个人的财产予以清偿。

(3) 清算期间对投资人的要求。清算期间，个人独资企业不得开展与清算目的无关的经营活动，在按法律规定的财产清偿顺序债务前，投资人不得转移、隐匿财产。

(4) 投资人的持续偿债责任。个人独资企业解散后，原投资人对个人独资企业存续期间的债权人应承担偿还责任，但债权人在5年内未向债务人提出偿债请求的，该责任消灭。

(5) 注销登记。个人独资企业清算结束后，投资人或者人民法院指定的清算人应当编制清算报告，并于15日内到登记机关办理注销登记。经登记机关注销登记，个人独资企业终止。个人独资企业办理注销登记时，应当交回营业执照。

【典型案例评析】

张某于2006年3月成立一家个人独资企业。同年5月，该企业与甲公司签订一份买卖合同，根据合同，该企业应于同年8月支付给甲公司货款15万元，而后该企业一直未支付该款项。2007年1月该企业解散。2009年5月，甲公司起诉张某，要求张某偿还上述15万元债务。下列有关该案的表述哪些是错误的？

A. 因该企业已经解散，甲公司的债权已经消灭。
B. 甲公司可以要求张某以其个人财产承担15万元的债务。
C. 甲公司请求张某偿还债务已超过诉讼时效，其请求不能得到支持。
D. 甲公司请求张某偿还债务的期限应于2009年1月届满。

评析：

正确答案应该是ACD。根据《个人独资企业法》第2条："本法所称个人独资企业，是指依照本法在中国境内设立，由一个自然人投资，财产为投资人个人所有，投资人以其个人财产对企业债务承担无限责任的经营实体。"即投资人张某应以其个人财产对该个人独资企业的债务承担无限责任。同时根据《个人独资企业法》第28条："个人独资企业解散后，原投资人对个人独资企业存续期间的债务仍应承担偿还责任，但债权人在5年内未向债务人提出偿债请求的，该责任消灭。"在该企业解散后，5年中债权人都可以主张权利。

五、违反个人独资企业法的法律责任

（一）个人独资企业及投资人违法行为应承担的法律责任

（1）违反《个人独资企业法》规定，提交虚假文件或采取其他欺骗手段，取得企业登记的，责令改正，处以5000元以下的罚款；情节严重的，并处吊销营业执照。

（2）违反《个人独资企业法》规定，个人独资企业使用的名称与其在登记机关登记的名称不符合的，责令限期改正，处以2000元以下的罚款。

涂改、出租、转让营业执照的，责令改正，没收非法所得，处以3000元以下的罚款；情节严重的，吊销营业执照。伪造营业执照的，责令停业，没收违法所得，处以5000元以下的罚款。构成犯罪的，依法追究刑事责任。

（3）个人独资企业成立后无正当理由超过6个月未开业的，或者开业后自行停业连续6个月以上的，吊销营业执照。

（4）违反《个人独资企业法》规定，未领取营业执照，以个人独资企业名义从事经营活动的，责令停止经营活动，处以3000元以下的罚款。个人独资企业登记事项发生变更时，未按规定办理有关变更登记的，责令限期办理变更登记；逾期不办理的，处以2000元以下的罚款。

（5）个人独资企业违反本法规定，侵犯职工合法权益，未保障职工劳动安全，不缴纳社会保险费用的，按照有关法律、行政法规予以处罚，并追究有关责任人员的责任。

（6）个人独资企业及其投资人在清算前或清算期间隐匿或转移财产，逃避债务的，依法追回其财产，并按照有关规定予以处罚；构成犯罪的，依法追究刑事责任。

（7）投资人违反本法规定，应当承担民事赔偿责任和缴纳罚款、罚金，其财产不足以支付的,或者被判处没收财产的,应当先承担民事赔偿责任。

(二)管理人员对投资人造成损害或侵犯投资人权益的法律责任

(1)投资人委托或者聘用的人员管理个人独资企业事务时违反双方订立的合同,给投资人造成损害的,承担民事赔偿责任。

(2)投资人委托或者聘用的人员违反《个人独资企业法》规定,侵犯个人独资企业财产权益的,责令退还侵占的财产;给企业造成损失的,依法承担赔偿责任;有违法所得的,没收违法所得;构成犯罪的,依法追究刑事责任。

(三)企业登记机关及其上级部门以及有关人员的法律责任

(1)登记机关对不符合《个人独资企业法》规定条件的个人独资企业予以登记,或者对符合《个人独资企业法》规定条件的企业不予登记的,对直接责任人员依法给予行政处分;构成犯罪的,依法追究刑事责任。

(2)登记机关的上级部门的有关主管人员强令登记机关对不符合《个人独资企业法》规定条件的企业予以登记,或者对符合《个人独资企业法》规定条件的企业不予登记的,或者对登记机关的违法登记行为进行包庇的,对直接责任人员依法给予行政处分;构成犯罪的,依法追究刑事责任。

(3)登记机关对符合法定条件的申请不予登记或者超过法定时限不予答复的,当事人可依法申请行政复议或提起行政诉讼。

任务二　合伙企业及合伙企业法认知

【导入案例】

合伙企业 A 由合伙人甲、乙、丙、丁共同设立。后经合伙人全体决定,合伙企业委托甲对外执行合伙企业事务,并以合伙企业的名义将上述决定发给合伙企业的经常性业务伙伴 B 公司。在经营过程中,合伙企业对甲的权限进行了限制,规定对外签订的合同如果标的额超过 30 万元,必须经过全体合伙人的确认,但这一决定并未通知 B 公司。后合伙企业与 B 公司洽谈一笔业务,涉及标的额 60 万元,甲及时联系其他合伙人,但因某种原因没有联系上。甲考虑到商机不容错过,遂以合伙企业的名义与 B 公司签订了合同。其他合伙人知道后,都不赞成,遂以甲超越权限为由,主张该合同对合伙企业无效。

问题:A 合伙企业的其他合伙人主张该合同无效是否于法有据?

一、合伙企业的概念与合伙企业立法

(一)合伙企业的概念

合伙企业是指自然人、法人和其他组织依照《中华人民共和国合伙企业法》(下称《合伙企业法》)在中国境内设立的普通合伙企业和有限合伙企业。

合伙企业分为普通合伙企业和有限合伙企业。普通合伙企业由普通合伙人组成,合伙人对合伙企业债务承担无限连带责任。《合伙企业法》对普通合伙人承担责任的形式有特别规定的,从其规定。有限合伙企业由普通合伙人和有限合伙人组成,普通合伙人对合伙企业债务承担无限连带责任，有限合伙人以其认缴的出资额为限对合伙企业债务承担有限责任。

（二）合伙企业法

合伙企业法有广义和狭义之分。狭义的合伙企业法，是指由国家最高立法机关依法制定的、规范合伙企业合伙关系的专门法律，即《中华人民共和国合伙企业法》。该法于1997年2月23日由第八届全国人民代表大会常务委员会第24次会议通过，2006年8月27日第十届全国人民代表大会常务委员会第23次会议修订，至2007年6月1日施行。广义的合伙企业法，是指国家立法机关或者其他权力机关依法制定的、调整合伙企业合伙关系的法律规范的总称。因此，除了《合伙企业法》外，国家有关法律、行政法规和规章中关于合伙企业的法律规范，都属于合伙企业法的范畴。

二、普通合伙企业

（一）普通合伙企业的概念

普通合伙企业是指由普通合伙人组成，合伙人对合伙企业债务依照《合伙企业法》规定承担无限连带责任的一种合伙企业。普通合伙企业具有以下特点：

（1）由普通合伙人组成。所谓普通合伙人，是指在合伙企业中对合伙企业的债务依法承担无限连带责任的自然人、法人和其他组织。《合伙企业法》规定，国有独资公司、国有企业、上市公司以及公益性的事业单位、社会团体不得成为普通合伙人。

（2）合伙人对合伙企业债务依法承担无限连带责任，法律另有规定的除外。所谓无限连带责任，包括两个方面：一是连带责任。即所有的合伙人对合伙企业的债务都有责任向债权人偿还，不管自己在合伙协议中所承担的比例如何。二是无限责任。即所有的合伙人应以自己投入合伙企业的资金和合伙企业的其他资金对债权人承担清偿责任，而且在不够清偿时还要以合伙人自己所有的财产对债权人承担清偿责任。

所谓法律有其他规定的除外，是指《合伙企业法》有特殊规定的，合伙人可以不承担无限连带责任。按照《合伙企业法》中"特殊普通合伙企业"的规定，对以专业知识和专门技能为客户提供有偿服务的专业服务机构，可以设立为普通合伙企业。在这种特殊的普通合伙企业中，一个合伙人或者数个合伙人在执业活动中因故意或者重大过失造成合伙企业债务的，应当承担无限责任或者无限连带责任，其他合伙人以其在合伙企业中的财产份额为限承担责任。合伙人在执业活动中非因故意或者重大过失造成的合伙企业债务以及合伙企业的其他债务，由全体合伙人承担无限连带责任。合伙人执业活动中因故意或者重大过失造成的合伙企业债务，以合伙企业财产对外承担责任后，该合伙人应当按照合伙协议的约定对给合伙企业造成的损失承担赔偿责任。

（二）合伙企业的设立

1. 合伙企业的设立条件

（1）有2个以上合伙人。合伙人可以是自然人，也可以是法人或者其他组织。合伙人为自然人的，应当具有完全民事行为能力。无民事行为能力的人和限制民事行为能力的人不得成为合伙企业的合伙人。国有独资公司、国有企业、上市公司以及公益性的事业单位、社会团体不得成为普通合伙人。

（2）有书面合伙协议。合伙协议是指由各合伙人通过协商，共同决定相互间的权利义务，达成的具有法律约束力的协议。合伙协议应当依法由全体合伙人协商一致，以书面形式订立。合伙协议应当载明下列事项：合伙企业的名称和主要经营场所的地点；合伙目的和合伙经营范围；合伙人的姓名或者名称、住所；合伙人的出资方式、数额和缴付期限；利润分配、亏损分担方式；合伙事务的执行；入伙与退伙；争议解决办法；合伙企业的解散与清算；违约责任等。合伙协议经全体合伙人签名、盖章后生效。合伙人按照合伙协议享有权利，履行义务。修改或者补充合伙协议，应当经全体合伙人一致同意；但是，合伙协议另有约定的除外。合伙协议未约定或者约定不明确的事项，由合伙人协商决定；协商不成的，依照《合伙企业法》和其他有关法律、行政法规的规定处理。

（3）有合伙人认缴或者实际缴付的出资。合伙协议生效后，合伙人应当按照合伙协议的规定缴纳出资。合伙人可以以货币、实物、知识产权、土地使用权或者其他财产权利出资，也可以以劳务出资。合伙人以实物、知识产权、土地使用权或者其他财产权利出资，需要评估作价的，可以由全体合伙人协商确定，也可以由全体合伙人委托法定评估机构评估。合伙人以劳务出资的，其评估办法由全体合伙人协商确定，并在合伙协议中载明。合伙人应当按照合伙协议约定的出资方式、数额和缴付期限，履行出资义务。以非货币财产出资的，依照法律、行政法规的规定，需要办理财产权转移手续的，应当依法办理。

（4）有合伙企业的名称和生产经营场所。普通合伙企业应当在其名称中标明"普通合伙"字样，其中特殊的普通合伙企业，应当在其名称中标明"特殊普通合伙"字样，合伙企业的名称必须和"合伙"联系起来，名称中必须有"合伙"二字。

（5）法律、行政法规规定的其他条件。

2. 合伙企业的设立登记

根据《合伙企业法》和国务院发布的《合伙企业登记管理办法》的规定，合伙企业的设立登记应按如下程序进行：

（1）申请人向企业登记机关提交相关文件。申请设立合伙企业，应当向企业登记机关提交登记申请书、合伙协议书、合伙人身份证明、审批文件和其他法定文件。

（2）企业登记机关核发营业执照。申请人提交的登记申请材料齐全、符合法定形式，企业登记机关能够当场登记的，应予当场登记，发给营业执照。如果申请人提交的登记申请材料不齐全，也不完全符合法定形式，需要补充有关材料才能达到法定情形的，或者企业登记机关认为对有关材料需要进一步核实，当场难以发给营业执照的，企业登记机关可以不予当场登记，但应当自受理申请之日起20日内，作出是否登记的决定。予以登记的，发给营业执照；不予登记的，应当给予书面答复，并说明理由。合伙企业的营业执照签发日期，为合伙企业成立日期。合伙企业领取营业执照前，合伙人不得以合伙企业名义从事合伙业务。

合伙企业设立分支机构，应当向分支机构所在地的企业登记机关申请登记，领取营业执照。合伙企业登记事项发生变更的，执行合伙事务的合伙人应当自作出变更决定或者发生变更事由之日起15日内，向企业登记机关申请办理变更登记。

（三）合伙企业财产

1. 合伙企业财产的构成

合伙人的出资、以合伙企业名义取得的收益和依法取得的其他财产，均为合伙企业的财产。

（1）合伙人的出资。《合伙企业法》规定，合伙人可以以货币、实物、知识产权、土地使用权或者财产权利出资，也可以以劳务出资。这些出资形成合伙企业的原始财产。需要注意的是，合伙企业的原始财产是全体合伙人"认缴"的财产，而非各合伙人"实际缴纳"的财产。

（2）以合伙企业名义取得的收益。合伙企业作为一个独立的经济实体，可以有自己的独立利益，因此，以其名义取得的收益作为合伙企业获得的财产，属于合伙企业财产的一部分，主要包括合伙企业的公共积累资金、未分配的盈余、合伙企业债权、合伙企业取得的工业产权和非专利技术以及合伙企业的名称、商誉等项财产权利。

（3）依法取得的其他财产。即根据法律、行政法规的规定取得的其他合法财产，以及合伙企业接受赠予的财产。

2. 合伙企业财产的性质

合伙企业的财产具有独立性和完整性的特征。合伙人在合伙企业清算前，不得请求分割合伙企业的财产；但是，《合伙企业法》另有规定的除外。合伙人在合伙企业清算前私自转移或者处分合伙企业财产的，合伙企业不得以此对抗善意第三人。在确认善意取得的情况下，合伙企业的损失只能向合伙人进行追索，而不能向善意第三人进行追索。合伙企业也不能以合伙人无权处分其财产而对善意第三人的权利要求进行对抗，即不能以合伙人无权处分其财产而主张其与善意第三人订立的合同无效。当然，如果第三人是恶意取得，即明知合伙人无权处分而与之进行交易，或者与合伙人通谋共同侵犯合伙企业权益，则合伙企业可以据此对抗第三人。

3. 合伙人财产份额的转让

合伙人财产份额的转让，是指合伙人向他人转让其在合伙企业中的全部或者部分财产份额的行为。《合伙企业法》对合伙人财产份额的转让作了以下限制性规定：

（1）除合伙协议另有约定外，合伙人向合伙人以外的人转让其在合伙企业中的全部或者部分财产份额时，须经其他合伙人一致同意。这一规定适用于合伙人财产份额的外部转让。

（2）合伙人之间转让在合伙企业中的全部或者部分财产份额时，应当通知其他合伙人。这一规定适用于合伙人财产份额的内部转让。

（3）合伙人向合伙人以外的人转让其在合伙企业中的财产份额的，在同等条件下，其他合伙人有优先购买权；但是，合伙协议另有约定的除外。所谓优先购买权，是指合伙人转让其财产份额时，在多数人接受转让的情况下，其他合伙人给予同等条件可先于其他非合伙人购买的权利。优先购买权的发生需要两个条件：一是合伙人的财产份额的转让没有约定的转让条件、转让范围的限制。二是优先受让的前提是同等条件。同等条件主要是指受让的价格条件和其他条件。这一规定的目的在于维护合伙企业现有合伙人的利益，维护合伙企业在现有基础上的稳定。

合伙人以外的人依法受让合伙人在合伙企业中的财产份额的，经修改合伙协议即成为合伙企业的合伙人，依照《合伙企业法》和修改后的合伙协议享有权利，履行义务。

此外，由于合伙人以其在合伙企业中的财产份额出质可能使该财产份额依法发生权利转移，《合伙企业法》规定，合伙人以其在合伙企业中的财产份额出质的，须经其他合人一致同意；未经其他合伙人一致同意，其行为无效，由此给善意第三人造成损失的，由行为人依法承担赔偿责任。

（四）合伙事务执行

1. 合伙事务执行的形式

根据《合伙企业法》的规定，合伙人执行合伙企业事务，可以有两种形式：

（1）全体合伙人共同执行合伙事务。这是合伙事务执行的基本形式，也是在合伙企业中经常使用的一种形式，尤其在合伙人较少的情况下更为适宜。

（2）委托一个或数个合伙人执行合伙事务。按照合伙协议的约定或者经全体合伙人决定，可以委托一个或者数个合伙人对外代表合伙企业，执行合伙事务。委托一个或者数个合伙人执行合伙事务的，其他合伙人不再执行合伙事务。

作为合伙人的法人、其他组织执行合伙事务的，由其委派的代表执行。

合伙人可以将合伙事务委托一个或者数个合伙人执行，但并非所有的合伙事务都可以委托给部分合伙人决定。根据《合伙企业法》的规定，除合伙协议另有约定外，合伙企业的下列事项应当经全体合伙人一致同意：改变合伙企业的名称；改变合伙企业的经营范围、主要经营场所的地点；处分合伙企业的不动产；转让或者处分合伙企业的知识产权和其他财产权利；以合伙企业名义为他人提供担保；聘任合伙人以外的人担任合伙企业的经营管理人员。

2. 合伙人在执行合伙事务中的权利和义务

根据《合伙企业法》的规定，合伙人在执行合伙事务中的权利主要有：

（1）合伙人对执行合伙事务享有同等的权利。

（2）执行合伙事务的合伙人对外代表合伙企业。

（3）不执行合伙事务的合伙人的监督权利。《合伙企业法》规定，不执行合伙事务的合伙人有权监督执行事务的合伙人执行合伙事务的情况。

（4）合伙人查阅合伙企业会计账簿等财务资料的权利。

（5）合伙人有提出异议的权利和撤销委托的权利。合伙人分别执行合伙事务的，执行事务合伙人可以对其他合伙人执行的事务提出异议。提出异议时，应当暂停该项事务的执行。如果发生争议，依照有关规定作出决定。受委托执行合伙事务的合伙人不按照合伙协议或者全体合伙人的决定执行事务的，其他合伙人可以决定撤销该委托。

根据《合伙企业法》的规定，合伙人在执行合伙事务中的义务主要有：

（1）由一个或者数个合伙人执行合伙事务的，执行事务合伙人应当定期向其他合伙人报告事务执行情况以及合伙企业的经营和财务状况，其执行合伙事务所产生的收益归合伙企业所有，所产生的费用和亏损由合伙企业承担。

（2）合伙人不得自营或者同他人合作经营与本合伙企业相竞争的业务。

（3）除合伙协议另有约定或者经全体合伙人一致同意外，合伙人不得同本合伙企业进行交易。

（4）合伙人不得从事损害本合伙企业利益的活动。

3. 合伙事务执行的决议办法

根据《合伙企业法》的规定，合伙人对合伙企业有关事项作出决议，按照合伙协议约定的表决办法办理。合伙协议未约定或者约定不明确的，实行合伙人一人一票并经全体合伙人过半数通过的表决办法。《合伙企业法》对合伙企业的表决办法另有规定的，从其规定。

（1）由合伙协议对决议办法作出约定。这种约定必须合法，同时要全体合伙人一致同意。

（2）实行合伙人一人一票并经全体合伙人过半数通过的表决办法。这种方法是在合伙协议无约定或约定不明确时采取，并且这种表决和合伙人的出资多少没有关系。

（3）按照《合伙企业法》的规定作出决议。如按照《合伙企业法》规定，合伙人按照合伙协议的约定或者经全体合伙人决定，可以增加或者减少合伙企业的出资，处分合伙企业的不动产，改变合伙企业的名称，除合伙协议另有约定外，应当经全体合伙人一致同意，等等。

4. 合伙企业的损益分配

（1）合伙损益。合伙损益包括两个方面：一是合伙利润。是指以合伙企业的名义所取得的经济利益。二是合伙亏损。是指以合伙企业名义从事经营活动所形成的亏损。

（2）合伙损益分配的原则。按照《合伙企业法》的规定，合伙企业的利润分配、亏损分担，按照合伙协议的约定办理；合伙协议未约定或者约定不明确的，由合伙人协商决定；协商不成的，由合伙人按照实缴出资比例分配、分担；无法确定出资比例的，由合伙人平均分配、分担。

合伙协议不得约定将全部利润分配给部分合伙人或者由部分合伙人承担全部亏损。

5. 非合伙人参与经营管理

由于合伙人能力或经验的关系，在必要的情况下，合伙企业可以聘请合伙人以外的人担任管理者。《合伙企业法》规定，除合伙协议另有约定外，经全体合伙人一致同意，可以聘任合伙人以外的人担任合伙企业的经营管理人员。这一规定明确了三个方面的内容：一是合伙企业可以从合伙人之外聘请经营管理人员。二是聘任非合伙人担任经营管理人员，除合伙协议有约定外，应当经全体合伙人一致同意。三是被聘任的经营管理人员不具有合伙人的资格。

《合伙企业法》也规定了非合伙人经营管理人员的职责范围。被聘任的合伙企业的经营管理人员应当在合伙企业授权范围内履行职务。被聘任的合伙企业的经营管理人员，超越合伙企业授权范围履行职务，或者在履行职务过程中因故意或者重大过失给合伙企业造成损失的，依法承担赔偿责任。

（五）合伙企业与第三人关系

合伙企业与第三人的关系，是指有关合伙企业的对外关系，涉及合伙企业对外代表权的效力、合伙企业和合伙人的债务清偿等问题。合伙企业与第三人的关系属于合伙企业的外部关系。

1. 合伙企业对外代表权的效力

（1）合伙事务执行中的对外代表权。由全体合伙人共同执行合伙事务的，全体合伙人都有权对外代表合伙企业；由部分合伙人执行合伙事务的，只有受委托执行合伙企业事务的那一部分合伙人有权对外代表合伙企业，不参加执行合伙企业事务的合伙人则不具有对外代表合伙企业的权利；由于特别授权在单项合伙事务上有执行权的合伙人，依照授权范围可以对外代表合伙企业。合伙人的这种代表行为，对全体合伙人发生法律效力，即其执行合伙事务产生的收益归合伙企业所有，所产生的费用和亏损由合伙企业承担。

（2）合伙企业对外代表权的限制。合伙企业对合伙人执行合伙事务以及对外代表合伙企业权利的限制，不得对抗善意第三人。如果这种内部限制对第三人发生效力，必须以第三人知道这一情况为条件，否则，该内部限制不对第三人发生抗辩力。

这里所指的限制，是指合伙企业对合伙人所享有的事务执行权与对外代表权权利能力的一种界定；这里指的对抗，是指合伙企业对合伙人否定第三人的某些权力和利益，拒绝承担某些责任；不知情，是指与合伙企业有经济联系的第三人不知道合伙企业所作的内部限制，或者不知道合伙企业对合伙人行使权力所作限制的事实；善意第三人，是指本着合法交易的目的，诚实地通过合伙企业的事务执行人，与合伙企业之间建立民事、商事法律关系的法人、非法人团体或者自然人。

2. 合伙企业与合伙人的债务清偿

（1）合伙企业的债务清偿与合伙人的关系。合伙企业对其债务，应先以其全部财产优先进行清偿。合伙人对其债务负有无限连带清偿责任。

在合伙人之间的债务分担和追偿方面，由于合伙人承担无限连带责任，若某一合伙人清偿数额超过规定的亏损分担比例的，有权向其他合伙人追偿。

合伙人之间的分担比例对债权人没有约束力。债权人可以根据自己的清偿利益，请求全体合伙人中的一人或数人承担全部清偿责任，也可以按照自己确定的清偿比例向各合伙人分别追索。如果某一合伙人实际支付的清偿数额超过其依照既定比例所应承担的数额，依照《合伙企业法》的规定，该合伙人有权就超过部分向其他未支付或者未足额支付应承担数额的合伙人追偿。合伙人的这种追偿权，应当具备以下三项条件：一是追偿人已经实际承担连带责任，并且其清偿数额超过了他应当承担的数额；二是被追偿人未实际承担或者未足额承担其应当承担的数额；三是追偿的数额不得超过追偿人超额清偿部分的数额或被追偿人未足额清偿部分的数额。

（2）合伙人的债务清偿与合伙企业的关系。合伙人发生与合伙企业无关的债务，相关债权人不得以其债权抵销其对合伙企业的债务，也不得代位行使合伙人在合伙企业中的权利。

合伙人的自有财产不足清偿其与合伙企业无关的债务的，该合伙人可以以其从合伙企业中分取的收益用于清偿；债权人也可以依法请求人民法院强制执行该合伙人在合伙企业中的财产份额用于清偿。

人民法院强制执行合伙人的财产份额时，应当通知全体合伙人，其他合伙人有优先购买权，其他合伙人未购买，又不同意将该财产份额转让给他人的，依照《合伙企业法》的规定为该合伙人办理退伙结算，或者办理削减该合伙人相应财产份额的结算。

（六）入伙和退伙

1. 入伙

入伙是指在合伙企业存续期间，合伙人以外的第三人加入合伙，从而获得合伙人资格。

（1）入伙的条件和程序。《合伙企业法》规定，新入伙人入伙，除合伙协议约定外，应当经全体合伙人一致同意，并依法订立书面入伙协议。订立入伙协议时，原合伙人应当向新合伙人如实告知原合伙企业的经营状况和财务状况。

（2）新入伙人的权利和责任。新合伙人和原合伙人享有同等权利，承担同样的责任。但入伙协议另有约定的，从其约定。入伙的新合伙人对入伙前合伙企业的债务承担连带责任。

2. 退伙

退伙是指合伙人退出合伙企业，从而丧失合伙人资格。

（1）退伙的原因：一是自愿退伙，二是法定退伙。自愿退伙是指合伙人基于自愿的意思表示而退伙。自愿退伙又分为协议退伙和通知退伙两种。关于协议退伙，《合伙企业法》规定，合伙协议约定合伙期限的，在合伙企业存续期间，有下列情形之一的，合伙人可以退伙：合伙协议约定的退伙事由出现；经全体合伙人一致同意；发生合伙人难以继续参加合伙的事由；其他合伙人严重违反合伙协议约定的义务。合伙人违反上述规定退伙的，应当赔偿由此给合伙企业造成的损失。关于通知退伙，《合伙企业法》规定，合伙协议未约定合伙期限的，合伙人在不给合伙企业事务执行造成不利影响的情况下，可以退伙，但应当提前30日通知其他合伙人。合伙人违反上述规定退伙的，应当赔偿由此给合伙企业造成的损失。法定退伙是指合伙人出现因法律规定的事由而退伙。法定退伙分为当然退伙和除名两种。关于当然退伙，《合伙企业法》规定，合伙人有下列情形之一的，当然退伙：作为合伙人的自然人死亡或者被依法宣告死亡；个人丧失偿债能力；作为合伙人的法人或者其他组织依法被吊销营业执照、责令关闭撤销，或者被宣告破产；法律规定或者合伙协议约定合伙人必须具有相关资格而丧失该资格；合伙人在合伙企业中的全部财产份额被人民法院强制执行。此外，合伙人被依法认定为无民事行为能力人或者限制民事行为能力人的，经其他合伙人一致同意，可以依法转为有限合伙人，普通合伙企业依法转为有限合伙企业。其他合伙人未能一致同意的，该无民事行为能力或者限制民事行为能力的合伙人退伙。当然退伙以退伙事由实际发生之日为退伙生效日。关于除名，《合伙企业法》规定，合伙人有下列情形之一的，经其他合伙人一致同意，可以决议将其除名：未履行出资义务；因故意或者重大过失给合伙企业造成损失；执行合伙事务时有不正当行为；发生合伙协议约定的事由。对合伙人的除名决议应当书面通知被除名人。被除名人接到除名通知之日，除名生效，被除名人退伙。被除名人对除名决议有异议的，可以自接到除名通知之日起30日内，向人民法院起诉。

（2）退伙的效力。退伙的效力，是指退伙是退伙人在合伙企业中的财产份额和民事责任的归属变动。可以分为两类情况：一是财产继承；二是退伙结算。

关于财产继承。《合伙企业法》规定，合伙人死亡或者被依法宣告死亡的，对该合伙人在合伙企业中的财产份额享有合法继承权的继承人，按照合伙协议的约定或者经全体合伙人一致同意，从继承开始之日起，取得该合伙企业的合伙人资格。有下列情形之一的，合伙企业应当向合伙人的继承人退还被继承合伙人的财产份额：继承人不愿意成为合伙人；法律规定或者合伙协议约定合伙人必须具有相关资格，而该继承人未取得该资格；合伙协议约定不能成为合伙人的其他情形。合伙人的继承人为无民事行为能力人或者限制民事行为能力人的，经全体合伙人一致同意，可以依法成为有限合伙人，普通合伙企业依法转为有限合伙企业。全体合伙人未能一致同意的，合伙企业应当将被继承合伙人的财产份额退还该继承人。

关于退伙结算。合伙人退伙，其他合伙人应当与该退伙人按照退伙时的合伙企业财产状况进行结算，退还退伙人的财产份额。退伙人对给合伙企业造成的损失负有赔偿责任的，相应扣减其应当赔偿的数额。退伙时有未了结的合伙企业事务的，待该事务了结后进行结算。退伙人在合伙企业中财产份额的退还办法，由合伙协议约定或者由全体合伙人决定，可以退还货币，也可以退还实物。退伙人对基于其退伙前的原因发生的合伙企业债务，承担无限连带责任。合伙人退伙时，合伙企业财产少于合伙企业债务的，退伙人应当依照法律的规定分担亏损。即如果合伙协议约定分担比例的，按照合伙协议的比例办理；合伙协议未约定或者约定不明确的，由合伙人协商确定；协商不成的，由合伙人按照实际出资比例分担，无法确定出资比例的，由合伙人平均分担。

【典型案例评析】

2007年9月，A、B、C、D协商设立普通合伙企业。其中，A、B、D系辞职职工，C系一非公司制的集体所有制企业。四人共同拟定的合伙协议约定：A以劳务出资，B、D以实物出资，对企业债务承担无限责任，并由A、B负责公司的经营管理事务；C以货币出资，对企业债务以其出资额承担有限责任，但不参与企业的经营管理。经过纠正有关问题后，合伙企业得以成立。开业不久，D发现A、B的经营不符合自己的要求，遂提出退伙。在该年11月下旬D撤资退伙的同时，合伙企业又接纳E入伙。该年11月底，合伙企业的债权人甲就11月前发生的债务要求现在的合伙人及退伙人共同承担连带清偿责任。对此，D认为其已退伙，对合伙企业的债务不再承担责任；入伙人E则认为，自己对入伙前发生的债务也不承担任何责任。

2007年12月，E向丙公司借款时，在仅征得A的同意后，将其在合伙企业中的财产份额出质给丙公司。

根据以上资料，回答下列问题：（1）C是否可以成为普通合伙企业的合伙人？并说明理由。（2）在合伙企业的设立中，请指出不合规定之处。（3）对债权人甲的请求，合伙人应当如何承担责任？（4）假设合伙协议约定只有A和D有权执行合伙事务，B和C无权执行合伙事务，而B与乙公司签订一份合同，乙公司并不知道合伙协议对B的职权限制，A、D知悉后认为该合同不符合企业的利益，并明确地向乙公司表示对该合同不予承认，那么，该合同的效力如何确认？（5）E的出质行为是否有效？并说明理由。

评析：

(1) C可以成为该合伙企业中的普通合伙人。根据规定，自然人、法人和其他组织可以依照《合伙企业法》的规定，在中国境内设立普通合伙企业。因此，C作为非法人组织，可以成为合伙企业中的合伙人。

(2) 在该合伙企业的设立中，合伙人的责任约定有误。根据我国《合伙企业法》的有关规定，普通合伙企业由普通合伙人组成，合伙人对合伙企业债务承担无限连带责任。因此，合伙协议中约定C对企业债务承担有限责任是不符合规定的。

(3) 根据法律规定，退伙人对其退伙前已发生的合伙企业债务，与其他合伙人承担连带责任，入伙人对其入伙前合伙企业的债务也承担连带责任，故债权人甲公司有权向A、B、C、D、E要求偿还其债务。

(4) 该合同应该认定为有效。根据规定，合伙企业对合伙人执行合伙企业事务以及对外代表合伙企业权利的限制，不得对抗不知情的善意第三人。乙公司不知道B是权利被限制的合伙人而与之签约，因此该合同是有效的。

（5）E 的出质行为是无效的。根据《合伙企业法》规定，合伙人以其在合伙企业中的财产份额出质的，须经其他合伙人一致同意；未经其他合伙人一致同意，其行为无效，由此给善意第三人造成损失的，由行为人依法承担赔偿责任。在本案中，E 只征得了 A 的同意，没有同时获得 A、B、C 的同意，因此，E 的出质行为无效。

（七）特殊的普通合伙企业

1. 特殊的普通合伙企业的含义

特殊的普通合伙企业，是指以专业知识和专门技能为客户提供有偿服务的专业机构。特殊的普通合伙企业名称中应当标明"特殊的普通合伙企业"。

2. 特殊的普通合伙企业的责任形式

（1）责任承担。合伙企业的责任形式是有限责任与无限责任相结合。根据《合伙企业法》的规定，一个合伙人或者数个合伙人在执业活动中因故意或者重大过失造成合伙企业债务的，应当承担无限责任或者无限连带责任，其他合伙人以其在合伙企业中的财产份额为限承担责任。

（2）责任追偿。合伙人执业活动中因故意或者重大过失造成的合伙企业债务，以合伙企业财产对外承担责任后，该合伙人应当按照合伙协议的约定对给合伙企业造成的损失承担赔偿责任。

3. 特殊的普通合伙企业的职业风险防范

特殊的普通合伙企业应当建立执业风险基金，办理职业保险。执业风险又称职业责任风险，是指承包各种专业技术人员因工作上的过失或者疏忽大意所造成的合同一方或者他人的人身伤害或者财产损失的经济赔偿责任的保险。执业风险基金主要是指为了化解经营风险，特殊的普通合伙企业从其经营收益中提取相应比例的资金留存或者根据相关规定上缴之指定机构所形成的资金。执业风险基金用于偿付合伙人执业活动造成的债务。执业风险基金应当单独立户管理。

三、有限合伙企业

（一）有限合伙企业的概念

有限合伙企业是指由有限合伙人和普通合伙人共同组成，普通合伙人对合伙企业债务承担无限连带责任，有限合伙人以其认缴的出资额为限对合伙企业债务承担责任的合伙组织。有限合伙企业和普通合伙企业之间既有共同点，也有不同的地方。在法律适用上，凡是《合伙企业法》中对有限合伙企业有特殊规定的，应当适用其中有关有限合伙企业的特殊规定。无特殊规定的，适用有关普通合伙企业及其合伙人的一般规定。本部分主要介绍有限合伙企业的有关特殊规定。

（二）有限合伙企业设立的特殊规定

1. 有限合伙企业人数

《合伙企业法》规定，有限合伙企业由 2 个以上 50 个以下合伙人设立；但是，法律另有规定的除外。按照有关规定，国有独资公司、国有企业、上市公司以及公益性的事业单位、社会团体不得成为有限合伙企业的普通合伙人。有限合伙企业至少应当有一个普通合伙人。有限合伙企业仅剩有限合伙人的，应当解散；有限合伙企业仅剩普通合伙人的，转为普通合伙企业。

2. 有限合伙企业名称

有限合伙企业名称中应当标明"有限合伙"字样。

3. 有限合伙企业协议

有限合伙企业协议是有限合伙企业生产经营的重要法律文件。除符合普通合伙企业协议的规定之外，还应当载明下列事项：①普通合伙人和有限合伙人的姓名或者名称、住所；②执行事务合伙人应具备的条件和选择程序；③执行事务合伙人权限与违约处理办法；④执行事务合伙人的除名条件和更换程序；⑤有限合伙人入伙、退伙的条件、程序以及相关责任；⑥有限合伙人和普通合伙人相互转变程序。

4. 有限合伙人出资形式

有限合伙人可以以货币、实物、知识产权、土地使用权或者其他财产权利作价出资。有限合伙人不得以劳务出资。

5. 有限合伙人出资义务

有限合伙人应当按照合伙协议的约定按期足额缴纳出资；未按期足额缴纳的，应当承担补缴义务，并对其他合伙人承担违约责任。

6. 有限合伙企业登记事项

有限合伙企业登记事项中应当载明有限合伙人的姓名或者名称及认缴的出资数额。

（三）有限合伙企业事务执行的特殊规定

1. 有限合伙企业事务执行人

有限合伙企业由普通合伙人执行合伙事务。执行事务合伙人可以要求在合伙协议中确定执行事务的报酬及报酬提取方式。

2. 禁止有限合伙人执行合伙企业事务

《合伙企业法》规定，有限合伙人不执行合伙事务，不得对外代表有限合伙企业。依照规定，有限合伙人的下列行为，不视为执行合伙事务：①参与决定普通合伙人入伙、退伙；②对企业的经营管理提出建议；③参与选择承办有限合伙企业审计业务的会计师事务所；④获取经审计的有限合伙企业财务会计报告；⑤对涉及自身利益的情况，查阅有限合伙企业财务会计账簿等财务资料；⑥在有限合伙企业中的利益受到侵害时，向有责任的合伙人主张权利或者提起诉讼；⑦执行事务合伙人怠于行使权利时，督促其行使权利或者为了本企业的利益以自己的名义提起诉讼；⑧依法为本企业提供担保。

另外，《合伙企业法》规定，第三人有理由相信有限合伙人为普通合伙人并与其交易的，该有限合伙人对该笔交易承担与普通合伙人同样的责任。有限合伙人未经授权以有限合伙企业名义与他人进行交易，给有限合伙企业或者其他合伙人造成损失的，该有限合伙人应当承担赔偿责任。

3. 有限合伙企业利润分配

有限合伙企业不得将全部利润分配给部分合伙人，但是，合伙协议另有约定的除外。

4. 有限合伙人权利

（1）有限合伙人可以同本有限合伙企业进行交易；但是，合伙协议另有约定的除外。

（2）有限合伙人可以自营或者同他人合作经营与本有限合伙企业相竞争的业务，但是，合伙协议另有约定的除外。

（四）有限合伙企业财产出质与转让的特殊规定

（1）有限合伙人可以将其在有限合伙企业中的财产份额出质，但是，合伙协议另有约定的除外。

（2）有限合伙人可以按照合伙协议的约定向合伙人以外的人转让其在有限合伙企业中的财产份额，但应当提前30日通知其他合伙人。

（五）有限合伙人债务清偿的特殊规定

有限合伙人的自有财产不足清偿其与合伙企业无关的债务的，该合伙人可以以其从有限合伙企业中分取的收益用于清偿；债权人也可以依法请求人民法院强制执行该合伙人在有限合伙企业中的财产份额用于清偿。人民法院强制执行有限合伙人的财产份额时，应当通知全体合伙人，在同等条件下，其他合伙人有优先购买权。

（六）有限合伙企业入伙和退伙的特殊规定

1. 入伙

新入伙的有限合伙人对入伙前有限合伙企业的债务，以其认缴的出资额为限承担责任。

2. 退伙

（1）有限合伙人当然退伙。《合伙企业法》规定，合伙人有下列情形之一的，当然退伙：① 作为合伙人的自然人死亡或者被依法宣告死亡；② 作为合伙人的法人或者其他组织依法被吊销营业执照、责令关闭撤销，或者被宣告破产；③ 法律规定或者合伙协议约定合伙人必须具有相关资格而丧失该资格；④ 合伙人在合伙企业中的全部财产份额被人民法院强制执行。

（2）有限合伙人丧失民事行为能力的处理。作为有限合伙人的自然人在有限合伙企业存续期间丧失民事行为能力的，其他合伙人不得因此要求其退伙。

（3）有限合伙人继承人的权利。作为有限合伙人的自然人死亡、被依法宣告死亡或者作为有限合伙人的法人及其他组织终止时，其继承人或者权利承受人可以依法取得该有限合伙人在有限合伙企业中的资格。

（4）有限合伙人退伙后责任承担。有限合伙人退伙后，对基于其退伙前的原因发生的有限合伙企业债务，以其退伙时从有限合伙企业中取回的财产承担责任。

（七）合伙人性质转变的特殊规定

除合伙协议另有约定外，普通合伙人转变为有限合伙人，或者有限合伙人转变为普通合伙人，应当经全体合伙人一致同意。有限合伙人转变为普通合伙人的，对其作为有限合伙人期间有限合伙企业发生的债务承担无限连带责任。普通合伙人转变为有限合伙人的，对其作为普通合伙人期间合伙企业发生的债务承担无限连带责任。

四、合伙企业解散和清算

（一）合伙企业的解散

合伙企业的解散是指合伙人解除合伙协议，合伙企业终止活动。

合伙企业有下列情形之一的，应当解散：① 合伙期限届满，合伙人决定不再经营；② 合伙协议约定的解散事由出现；③ 全体合伙人决定解散；④ 合伙人已不具备法定人数满30天；⑤ 合伙协议约定的合伙目的已经实现或者无法实现；⑥ 依法被吊销营业执照、责令关闭或者被撤销；⑦法律、行政法规规定的其他原因。

（二）合伙企业的清算

合伙企业解散，应当由清算人进行清算。

（1）确定清算人。清算人由全体合伙人担任；经全体合伙人过半数同意，可以自合伙企业解散事由出现后15日内指定一个或者数个合伙人，或者委托第三人，担任清算人。自合伙企业解散事由出现之日起15日内未确定清算人的，合伙人或者其他利害关系人可以申请人民法院指定清算人。

（2）清算人职责。清算人在清算期间执行下列事务：①清理合伙企业财产，分别编制资产负债表和财产清单；②处理与清算有关的合伙企业未了结事务；③清缴所欠税款；④清理债权、债务；⑤处理合伙企业清偿债务后的剩余财产；⑥代表合伙企业参加诉讼或者仲裁活动。

（3）通知和公告债权人。清算人自被确定之日起10日内将合伙企业解散事项通知债权人，并于60日内在报纸上公告。债权人应当自接到通知书之日起30日内，未接到通知书的自公告之日起45日内，向清算人申报债权。债权人申报债权，应当说明债权的有关事项，并提供证明材料。清算人应当对债权进行登记。清算期间，合伙企业存续，但不得开展与清算无关的经营活动。

（4）财产清偿顺序。合伙企业财产在支付清算费用和职工工资、社会保险费用、法定补偿金以及缴纳所欠税款、清偿债务后的剩余财产，依照《合伙企业法》关于利润分配和亏损分担的规定进行分配。

（5）注销登记。清算结束，清算人应当编制清算报告，经全体合伙人签名、盖章后，在15日内向企业登记机关报送清算报告，申请办理合伙企业注销登记。合伙企业注销后，原普通合伙人对合伙企业存续期间的债务仍应承担无限连带责任。

（6）合伙企业不能清偿到期债务的处理。合伙企业不能清偿到期债务的，债权人可以依法向人民法院提出破产清算申请，也可以要求普通合伙人清偿。合伙企业依法被宣告破产的，普通合伙人对合伙企业债务仍应承担无限连带责任。

五、违反合伙企业法的法律责任

（一）合伙人违法行为应当承担的法律责任

（1）违反《合伙企业法》规定，提交虚假文件或者采取其他欺骗手段，取得合伙企业登记的，由企业登记机关责令改正，处以5000元以上5万元以下的罚款；情节严重的，撤销企业登记，并处以5万元以上20万元以下的罚款。

（2）违反《合伙企业法》规定，合伙企业未在其名称中标明"普通合伙""特殊普通合伙"或者"有限合伙"字样的，由企业登记机关责令限期改正，处以2000元以上1万元以下的罚款。

（3）违反《合伙企业法》规定，未领取营业执照，而以合伙企业或者合伙企业分支机构名义从事合伙业务的，由企业登记机关责令停止，处以5000元以上5万元以下的罚款。

（4）合伙企业登记事项发生变更时，未依照本法规定办理变更登记的，由企业登记机关责令限期登记，逾期不登记的，处以2000元以上2万元以下的罚款。

（5）合伙企业登记事项发生变更，执行合伙事务的合伙人未按期申请办理变更登记的，应当赔偿由此给合伙企业、其他合伙人或者善意第三人造成的损失。

（6）合伙人执行合伙事务，或者合伙企业从业人员利用职务上的便利，将应当归合伙企业的利益据为己有的，或者采取其他手段侵占合伙企业财产的，应当将该利益和财产退还合伙企业，给合伙企业或者其他合伙人造成损失的，依法承担赔偿责任。

（7）合伙人对《合伙企业法》规定或者合伙协议约定必须经全体合伙人一致同意始得执行的事务擅自处理，给合伙企业或者其他合伙人造成损失的，依法承担赔偿责任。

（8）不具有事务执行权的合伙人擅自执行合伙事务，给合伙企业或者其他合伙人造成损失的，依法承担赔偿责任。

（9）合伙人违反《合伙企业法》规定或者合伙协议的约定，从事与本合伙企业相竞争的业务或者与本合伙企业进行交易的，该收益归合伙企业所有；给合伙企业或者其他合伙人造成损失的，依法承担赔偿责任。

（10）合伙人违反合伙协议的，应当依法承担违约责任。

合伙人履行合伙协议发生争议的，合伙人可以通过协商或者调解解决。不愿通过协商、调解解决或者协商、调解不成的，可以按照合伙协议约定的仲裁条款或者事后达成的书面仲裁协议，向仲裁机构申请仲裁。合伙协议中未订立仲裁条款，事后又没有达成书面仲裁协议的，可以向人民法院起诉。

（二）合伙企业清算人违法行为应承担的法律责任

（1）清算人未依照本法规定向企业登记机关报送清算报告，或者报送清算报告隐瞒重要事实，或者有重大遗漏的，由企业登记机关责令改正。由此产生的费用和损失，由清算人承担和赔偿。

（2）清算人执行清算事务，牟取非法收入或者侵占合伙企业财产的，应当将该收入和侵占的财产退还合伙企业；给合伙企业或者其他合伙人造成损失的，依法承担赔偿责任。

（3）清算人违反本法规定，隐匿、转移合伙企业财产，对资产负债表或者财产清单作虚假记载，或者在未清偿债务前分配财产，损害债权人利益的，依法承担赔偿责任。

（三）行政管理机关及其工作人员违法行为应承担的工作责任

有关行政管理机关的工作人员违反本法规定，滥用职权、徇私舞弊、收受贿赂，侵害合伙企业合法权益的，依法给予行政处分。

（四）其他责任规定

违反合伙企业法的刑事责任。违反合伙企业法的规定，构成犯罪的，依法追究刑事责任。民事赔偿和缴纳罚款、罚金的承担顺序违反本法规定，应当按照承担民事赔偿责任，缴纳罚款、罚金的顺序执行，其财产不足以同时支付的，先承担民事赔偿责任。

【思考题】

一、简答题

1. 简要论述个人独资企业的设立必须具备的条件。
2. 简要说明合伙企业财产的性质。
3. 简要论述个人独资企业和合伙企业的区别。

4. 简要论述有限合伙企业设立的条件。
5. 简要论述普通合伙企业设立的条件。
6. 简要论述普通合伙企业与有限合伙企业的区别。

二、案例分析

案例1：

注册会计师甲、乙、丙投资设立A会计师事务所，该会计师事务所的形式为特殊的普通合伙企业，提供审计鉴证业务和验资业务。在2008年的审计业务中，发生了下列事项：(1) 甲在对B上市公司的年度会计报告进行审计过程中，因重大过失遗漏了一笔销售收入，经人民法院判决由该事务所向B上市公司的相关股东承担赔偿责任，甲认为自己并非故意造成的损失，该赔偿责任应该由全体合伙人共同承担连带责任。(2) 乙在对C公司设立过程的验资服务中，因疏忽大意而出具了证明不实的验资报告，该报告直接给C公司的债权人造成了一定的经济损失，经人民法院认定，乙的疏忽大意并不属于重大过失。

根据以上资料，回答下列问题：

(1) 甲的说法是否正确？并说明理由。

(2) 对于乙造成的损失，合伙企业的合伙人应该按照何种方式来承担责任？并说明理由。

案例2：

假设2008年3月，甲、乙、丙、丁按照《中华人民共和国合伙企业法》的规定，共同投资设立一从事商品流通的有限合伙企业。合伙协议约定了以下事项：①甲以现金5万元出资，乙以房屋作价8万元出资，丙以劳务作价4万元出资，另外以商标权作价5万元出资，丁以现金10万元出资；②丁为普通合伙人，甲、乙、丙均为有限合伙人；③各合伙人按相同比例分配盈利、分担亏损；④合伙企业的事务由丙和丁执行，甲和乙不执行合伙企业事务，也不对外代表合伙企业；⑤普通合伙人向合伙人以外的人转让财产份额的，不需要经过其他合伙人同意；⑥合伙企业名称为"稳信物流合伙企业"。

根据以上事实，回答下列问题，并分别说明理由：

(1) 合伙人丙以劳务作价出资的做法是否符合规定？

(2) 合伙企业事务执行方式是否符合规定？

(3) 关于合伙人转让出资的约定是否符合法律规定？

(4) 合伙企业名称是否符合规定？

(5) 各合伙人按照相同比例分配盈利、分担亏损的约定是否符合规定？

案例3：

甲、乙、丙合伙经营一家名为"满意水果店"的普通合伙企业，甲为该合伙企业的负责人。甲、乙、丙并未约定损益分配和亏损承担的比例。2005年7月的某一天，因丙外出，甲与乙协商后以该合伙企业名义与果农签订了一份标价额为16万元的水果买卖合同。因该合伙企业流动资产不足，甲决定向银行贷款10万元，银行要求提供抵押担保，甲以该合伙企业所有的一辆尼桑货车作抵押，与银行签订了抵押合同，但未办理抵押物登记，根据相关法律规定，以车辆设立抵押的，应该办理抵押物登记。后因合伙企业无力偿还贷款，银行欲行使抵押权。为此发生纠纷并诉讼至法院。经查：①满意水果店的合伙协议约定，凡5万元以上的业务须经甲、乙、丙三人一致同意；②甲曾经在一次诉讼中免除了戊对水果店的2万元债务；③水果店的财产价值10万元。

根据上述事实及有关法律规定，回答下列问题：

(1) 合伙协议中未约定损益的分配和亏损的承担，按照规定应该如何确定？

(2) 该合伙企业与果农签订的水果买卖合同及与银行签订的借款合同在效力上应如何认定？为什么？

(3) 该合伙企业与银行签订的货车抵押合同在效力上应如何认定？银行能否对该货车行使抵押权？为什么？

项目三 公司法

【导入案例】

当事人李明长期在一家婚介所打工,现在凑足了近 10 万元的启动资金,准备自己开办一家婚介所,其朋友黄磊也想一起参与。但李明不知道婚介所注册哪种企业形式好,在向咨询公司咨询中,有的人说注册成有限责任公司好,有限责任公司的投资人只承担有限责任。也有的人说办成合伙企业或个人独资企业好,认为这两种形式经营管理灵活。李明一时犯难,不知道如何判断其中的优劣。

问题:试为李明分析有限责任公司、合伙企业、个人独资企业三者的区别及各自的优点。

任务一 公司与公司法概述

一、公司的概念与特征

(一) 公司的概念

《中华人民共和国公司法》(下称《公司法》)第 2 条规定:本法所称公司是指依照本法在中国境内设立的有限责任公司和股份有限公司。我们认为,公司是依照《公司法》设立的以营利为目的的企业法人,具体而言是指股东依照《公司法》的规定,以出资方式设立,股东以其出资额或所持股份额为限对公司承担责任,公司以其全部资产对公司债务承担责任的企业法人。

(二) 公司的特征

在我国,公司具有以下法律特征:

(1) 公司以营利为目的。创造物质财富是公司的宗旨。在我国,企业组织区别于其他社会组织的根本性特征为是否以营利为目的。公司是企业法人,以营利为目的,从事经营活动,其经营活动的目的在于获取利润,并将利润分配给公司的股东。

(2) 公司为法人。公司具有独立的法律人格是公司区别于合伙企业的主要特征。《中华人民共和国民法总则》第 57 条规定"法人是具有民事权利能力和民事行为能力,依法独立享有民事权利和承担民事义务的组织。"第 58 条规定法人应当具备的条件是"法人应当依法成立。法人应当有自己的名称、组织机构、住所、财产或者经费。法人成立的具体条件和程序,依照法律、行政法规的规定"。公司应具有四个独立性,分别为独立名称、独立的财产、独立组织机构、独立承担责任。

(3) 依法设立。公司必须依据法定条件与程序设立。其一,应当依照《公司法》规定的条件设立。对于在某些特殊行业活动的公司或者从事某些特种业务活动公司的设立条件,我国的相关法律、行政法规作出了特别规定的,应依照相关法律、行政法规所规定的条件设立。其二，应当依照《公司法》规定的程序设立。此外，公司在其设立之后如发生变更、解散等事项，也应当依法进行登记。

二、公司的分类

在公司法理论上，公司有以下几种分类：

（一）无限公司、两合公司、有限责任公司、股份有限公司

这是以公司资本结构和股东对公司债务承担责任的不同为标准所作的分类。

1. 无限公司

无限公司，又称无限责任公司，指由两个或者两个以上的股东组成的，股东对公司债务负无限连带责任的公司。无限责任对于公司而言，公司对其对外债务应以其全部财产来承担责任，当其财产不足以承担全部债务时，应由其股东承担。无限责任对股东而言，表现为股东对于公司债务的清偿责任不以其出资额为限，也不以其特定财产为限，股东应当以其出资额以外的其他财产清偿公司债务。连带责任指无限公司的每个股东对公司的债务负有全部清偿的责任。公司的债权人可以就公司的财产不足以清偿的债务向无限公司的任何一个股东请求全部清偿。某个股东全部清偿了公司债务或者由其清偿的债务超过其应当负责清偿的份额后，该股东可以向其他股东追偿。

2. 两合公司

两合公司是指由承担无限责任的股东和承担有限责任的股东共同组成的公司。承担无限责任的股东必须对公司的债务承担连带无限清偿责任；承担有限责任的股东只以其出资额为限对公司承担责任（现各国公司法已基本将此种公司类型淘汰，我国公司法对此也未作规定）。

3. 有限责任公司

有限责任公司，又简称有限公司，是指由法定人数的股东依法所组成，股东以其出资额为限对公司债务承担责任，公司以其全部资产对其债务承担责任的公司形式。

4. 股份有限公司

股份有限公司，又称为股份公司，是指公司全部资本分为等额股份，股东以其所认购的股份额为限对公司承担责任，公司以其全部资产对公司债务承担责任的企业法人。

在上述公司形态中，我国《公司法》仅规定了有限责任公司与股份有限公司两种公司形态。

（二）人合公司、资合公司和人资兼合公司

这是以公司信用基础的不同为标准所作的分类。

1. 人合公司

人合公司是以股东个人的信用、地位和声望作为对外活动基础的公司。此种类型的公司，股东对外承担无限连带的清偿责任。因此，此类公司的股东以相互信任为必要，股东多为亲朋好友，故此种公司大多具有家族式特点。无限公司是典型的人合公司。

2. 资合公司

资合公司是以公司的资本数额为对外活动基础的公司，其信用基础在于公司的资本，而非股东个人的信用，股东对公司债务对外承担有限责任。该种公司股东的结合，无须彼此了解，任何人均可以成为公司的股东，因此资合公司具有大众化、团体化的特点。股份

有限公司是典型的资合公司。

3. 人资兼合公司

人资兼合公司是指具有股东信用结合与资本结合的双重属性的公司。公司的信用基础不仅在于公司的资本，股东（无限责任股东）的个人信用也非常重要。两合公司属于典型的人合兼资合公司，其内部信用和外部信用均具有人合与资合性。就有限责任公司而言，一般认为也属于人合兼资合公司，但是其与两合公司不同之处在于有限责任公司的内部信用基础是股东相互之间的信任，而外部信用基础在于公司的资本。

（三）母公司和子公司

以公司相互之间的控制与依附关系为标准，可以将公司分为母公司与子公司。

1. 母公司

母公司是指拥有另一公司一定比例以上的股份，或通过协议方式能够对另一公司的经营实行实际控制的公司。母公司在实践中也称为控股公司。

2. 子公司

子公司是指与母公司相对应，其一定比例以上的股份被另一公司所拥有或通过协议受到另一公司实际控制的公司。

母子公司关系是否形成的判断标准主要看是否在实际上形成了控制和被控制的关系。如果没有形成控制的关系，只能作为参股公司对待。母子公司间虽然具有投资关系，但均为独立法人，各自承担各自的债务，互不牵连，这是母子公司最为基本的法律特征。

母公司与子公司之间法律关系的特点：①母公司、子公司各为独立的法人；②子公司受母公司的实际控制，即母公司拥有对子公司的重大事项的决定权，尤其是能够决定子公司董事会的组成；③母公司与子公司之间的控制关系主要是基于股权的占有，而不是直接依靠行政权力。

（四）总公司和分公司

以公司内部管辖关系为标准可将公司分为总公司与分公司。

1. 总公司

总公司，又称本公司，指公司依法设立的管理其全部内部组织机构的总机构。总公司为公司机构的中心，负责统一公司的资金、人事、业务等。总公司在法律上具有独立的法人资格。

2. 分公司

分公司是总公司所管辖的分支机构，在资金、人事、业务等方面均受总公司的管理。分公司在法律上和经济上都没有独立性，不具有独立法人资格。分公司的行为视为总公司的行为；分公司占有的财产，视为总公司的财产；分公司的债务由总公司承担。

【典型案例评析】

2016年4月，宏达公司因业务发展需要，依法成立了杭州分公司。杭州分公司在生产经营过程中，因违约被起诉到法院，对方以宏达公司是杭州分公司的总公司为由，要求宏达公司承担违约责任。

问：宏达公司是否应替杭州分公司承担违约责任？说明理由。

评析：

宏达公司应替杭州分公司承担违约责任。根据《公司法》的规定，分公司只是总公司管理的一个分支机构，不具有法人资格，但可以依总公司的授权依法独立从事生产经营活动，其民事责任由设立该分公司的总公司承担。

（五）本国公司、外国公司、跨国公司

根据公司国籍的不同，可以将公司划分为本国公司、外国公司、跨国公司。

所谓本国公司，指公司的国籍根据本国法律属于本国的公司。所谓外国公司，指公司的国籍根据本国的法律不属于本国而属于他国的公司。所谓跨国公司，指以本国为总机构所在地，在不同国家或地区设立子公司、分公司或投资企业，从事国际性生产经营活动的经济组织。关于公司国籍的确定标准，我国采取认许地国籍说，即凡依照我国法律的规定批准登记的公司，不论外资占公司资本总额的比例为何，均为我国公司。

三、公司法概述

（一）公司法的概念及其调整对象

公司法是指调整公司在设立、组织、活动和解散的过程中所形成的社会关系的法律规范的总称。公司法的调整对象是公司在设立、变更、终止的过程中发生的经济关系。具体包括：

1. 公司的全部组织关系

第一，发起人相互间或股东相互间的关系。这种关系主要发生于公司的设立、变更以及解散过程中。这种关系的内容，既有股东相互间的财产关系，也有股东相互间的人身关系。

第二，股东与公司相互间的关系。公司具有独立的法人人格，则公司在成立之后，股东与公司在法律上互为独立人格。由于股东对公司享有股权，在股东与公司间就形成了密切的关系。股东通过行使股权，在股东与公司间产生以自益权为内容的财产关系，以及以共益权为内容的管理关系。

第三，公司内部组织机构相互间的关系。公司的常设机构一般有股东会、董事会、监事会以及经理。在公司运作的过程中，它们相互之间形成的种种关系也为公司法的调整对象。

第四，公司与国家经济行政机关之间所发生的社会关系。公司在运营过程中，与国家经济行政机关形成的具体行政关系，诸如公司与工商行政管理机关之间发生的登记、审批关系等。

2. 公司的部分经营关系

公司法一般只调整那些与公司组织关系有密切关系的经营关系。如股票的发行，资本的增加、减少和出资转让等。至于那些与公司组织关系无关的公司经营活动，如商品买卖关系等，则不由公司法调整。

总之，公司法对公司关系的调整侧重于组织关系、内部关系，因此，公司法基本上是组织法或主体法。

我国的《公司法》由第八届全国人大常委会第五次会议于1993年12月29日通过，自1994年7月1日起施行。后经1999年、2004年、2005年多次修订，现行版本由全国人民代表大会常务委员会于2013年12月28日发布，自2014年3月1日起施行。

（二）公司法的特征

公司法具有以下特征：

（1）公司法是组织法与行为法相结合的法律。从公司法的内容上看，公司法以公司为规范对象，规定公司的组织及其法律地位，因此公司法是组织法。另外，公司法对与公司组织密切联系的内部活动也加以规范，因此公司法还兼具行为法的性质。

（2）公司法是私法与公法相结合的法律。从公司法的性质上看，公司法兼具私法性与公法性。按照大陆法系公法与私法划分的理论，包括公司法在内的民商法属于私法范畴。公司法的私法性在公司法的具体规定中有所体现，如公司发起人可以自由设立公司、公司可以自由选定经营范围以从事各项经营活动、公司可以自由解散以及股东可以自由转让其股份等。但随着现代市场经济的发展，完全放任公司依据意思自治原则进行活动将难以防止公司滥用其独立法律人格损害交易第三人利益的情况发生。为了保证社会交易活动的安全和社会秩序的稳定，保护社会公共利益，公司法有必要对公司的运营加以强制性规制。公司法中对公司的类型、公司章程的记载事项、公司设立的条件和程序以及公司利润的分配顺序等作了强制性规定，并规定了违反此类规定所应承担的民事责任、行政责任乃至刑事责任，此即为其公法性特征的体现。

（3）公司法是实体法与程序法相结合的法律。从公司法的体例上看，公司法是一种实体法与程序法相结合的法律。公司法对公司的组织活动准则、公司的组织机构、公司的法律地位以及公司及股东的权利和义务的规定以实体规范形式出现，因此公司法主要是实体法。在规定实体性规范的同时，公司法对取得实体权利所必须履行的程序作出规定，因而其又具有程序法的特性。公司法将实体法规范与程序法规范有机结合在一起，有利于公司法的实施和运用。

（4）公司法是强制性规范与任意性规范相结合的法律。从公司法的规范属性看，公司法是强制性规范与任意性规范相结合的法律。作为组织法，公司法中规定诸多的强制性规范，以体现国家对公司组织活动的干预，具有鲜明的管理性，当事人不能以自己的意志加以改变。同时，公司法毕竟属于商法范畴，其是建立在私法自治基础之上，因此，即使处于公法化的趋势之下，公司法中仍然存在一定的任意性规范，以体现股东和公司的意志自由。公司法强制性规范与任意性规范的有机结合，体现了现代商法的二元性特征。

（5）公司法是具有一定国际性的国内法。从公司法所确认的适用范围看，公司法是具有一定国际性的国内法。虽然各国的政治、经济、社会情况不同，公司法在本质上也是属于国内法，但随着世界经济的融合以及国际商业交往的客观需要，各国公司法在保留其特性的同时，还必须概括公司组织与运营共同规则，因此，可以说公司法具有一定的国际性。随着国际经济交往的发展，以及各国在制定本国公司法时不断地相互借鉴，公司法的国际性将进一步加强。

任务二　公司的设立

【导入案例】

甲、乙国有企业与另外7家国有企业拟联合组建设立"宏达航空货运有限责任公司"

（以下简称宏达公司），公司章程的部分内容是：公司成立3年内股东缴足所有出资即可。公司股东会除召开定期会议外，还可以召开临时会议，临时会议须经代表1/4以上表决权的股东，1/2以上的董事或1/2以上的监事提议召开。在申请公司设立登记时，工商行政管理机关指出了公司章程中的不合法之处。经全体股东协商后，予以纠正。

2016年1月，宏达公司依法登记设立，甲以专利技术出资，协议作价出资1200万元，乙认缴出资1400万元，是出资最多的股东。公司成立后，由甲召集和主持首次股东会会议，设立了董事会和监事会。董事会有9名成员，分别是9家国有企业的负责人，监事会有5名成员，其中1人是公司职工代表。

问题：宏达公司设立过程中订立的公司章程中有哪些不合法之处？宏达公司的首次股东会议的召开有哪些不合法之处？说明理由。

一、公司设立概述

（一）公司设立的概念

公司设立又称公司的开办，是指发起人为促成公司成立并取得法人资格的一系列法律行为的总和。公司设立的本质在于使一个尚不存在或正在形成中的公司逐渐具备条件并取得法律上的主体资格。

正确理解公司设立的概念，有必要弄清楚公司成立与公司设立的不同。公司成立是指公司具备了法律规定的条件后，经过设立程序并经主管机关核准登记，发给营业执照，取得法人资格的一种状态或事实。所以公司成立是公司法人人格取得的结果；而公司设立则是公司取得法人人格的准备过程。即设立行为发生于公司成立之前，成立则发生于公司被核准登记之时，是设立行为被法律认可后的一种法律后果。因此，设立是成立的前提，成立是设立的继续或后果。由于存在设立无效的情况，所以公司设立并不当然导致公司的成立。

《公司法》第6条规定：设立公司，应当依法向公司登记机关申请设立登记。符合本法规定的设立条件的，由公司登记机关分别登记为有限责任公司或者股份有限公司；不符合本法规定的设立条件的，不得登记为有限责任公司或者股份有限公司。法律、行政法规规定设立公司必须报经批准的，应当在公司登记前依法办理批准手续。公众可以向公司登记机关申请查询公司登记事项，公司登记机关应当提供查询服务。

（二）公司设立的方式

根据公司设立时是否向社会公开募集资本，公司的设立方式可分为以下两种：

1. 发起设立

发起设立，又称共同设立、单纯设立，是指公司资本全部由发起人认购，公司不向发起人之外的任何人募集资本而设立公司的方式。在大陆法系国家，无限公司、两合公司及有限责任公司均不得向社会发行股份，它们的设立只能采取发起设立方式。至于股份有限公司，法律规定由其自由选择是否向社会公开发行股份，因此其设立可以采取发起设立方式。

2. 募集设立

募集设立，又称渐次设立、复杂设立，是指公司的发起人仅认购公司应发行股份的一部分，其余部分向他人募集而设立公司的方式。与发起设立相比，募集设立较为复杂，涉及的当事人较多，是一种性质复杂的多面法律关系，但募集设立在广泛地募集社会巨额资金方面有着发起设立不可比拟的优越性。因此此种设立方式多运用于资本规模需求较大的公司。当今各国公司法均规定只有股份有限公司才能采取募集方式设立。

在我国，有限责任公司采取发起设立方式设立。而股份有限公司，可以采取发起设立方式设立，也可以采取募集设立方式设立。

（三）公司设立的条件

公司设立的条件是指公司取得法人资格所必须具备的基本要素。我国《公司法》对有限责任公司和股份公司的设立条件分别作了规定。总结起来，其设立均需具备以下几个基本要件：

1. 发起人要件

发起人，又称创办人，是指为了公司的成立而从事设立行为并承担设立责任的人。发起人通常要订立发起人协议，制定公司章程，在章程上签名盖章，并向公司出资或认购股份，从事公司的设立事宜。在发起人相互之间，他们彼此通过签订发起人协议而构成合伙关系，对他们在设立公司过程中产生的后果，须承担连带法律责任。公司有效成立后，发起人即成为公司的首批股东。

在我国，除法律、法规另有规定外，国家、法人、自然人均可成为发起人。自然人作为发起人的，须具备完全民事行为能力，限制民事行为能力人、无民事行为能力人不能作为发起人。同时为了杜绝党政机关经商办企业，党政机关和国家公务员、检察官、法官、人民警察不得成为公司的发起人。在资格上，《公司法》未对有限责任公司的发起人的国籍或住所等方面作出限制，而股份有限公司的发起人，虽没有国籍的限制，但根据《公司法》第78条规定，其人数应当为2人以上200人以下且半数以上在中国境内有住所。

2. 资本要件

经2013年12月28日第十二届全国人民代表大会常务委员会第六次会议修改后的公司法规定：①将注册资本实缴登记制改为认缴登记制。也就是，除法律、行政法规以及国务院决定对公司注册资本实缴有另行规定的以外，取消了关于公司股东（发起人）应自公司成立之日起两年内缴足出资，投资公司在5年内缴足出资的规定；取消了一人有限责任公司股东应一次足额缴纳出资的规定。转而采取公司股东（发起人）自主约定认缴出资额、出资方式、出资期限等，并记载于公司章程的方式。②放宽注册资本登记条件。除对公司注册资本最低限额有另行规定的以外，取消了有限责任公司、一人有限责任公司、股份有限公司最低注册资本分别应达3万元、10万元、500万元的限制；不再限制公司设立时股东（发起人）的首次出资比例以及货币出资比例。③简化登记事项和登记文件。有限责任公司股东认缴出资额、公司实收资本不再作为登记事项。公司登记时，不需要提交验资报告。

3. 组织要件

公司设立的组织要件，是指设立公司必须订立公司章程，确定公司的名称，建立符合法律要求的组织机构，拥有固定的生产经营场所和必要的生产经营条件。

（四）公司设立的效力

公司设立行为的后果有两种体现：其一是公司经过设立程序，符合法定条件，经工商行政管理部门核准登记，取得法人资格；其二是公司虽经设立程序，但不符合法定条件，未被登记注册，公司不能成立。无论公司成立还是不成立，发起人对其设立行为，都要承担相应的法律责任，这也是设立行为效力的表现。

1. 公司成立情况下，发起人的责任

（1）资本充实责任。凡未能缴足首期发行股份的，以及认购人逾期不能缴付股金的，发起人应负连带认缴责任。

（2）损害赔偿责任。凡在设立过程中，由于发起人的过失致使公司利益受到损害的，发起人应当对公司承担赔偿责任。

2. 公司不能成立情况下，发起人的责任

（1）对设立行为所产生债务的责任。对于设立中公司的法律地位，一般认为与合伙相当，准用有关合伙的法律规定。公司不能成立时，发起人对设立行为所产生的债务和费用负连带责任。

（2）对已收股款的返还责任。采取募集方式设立的公司，公司不能成立时，对认股人已缴纳的股款，负返还股款并加算银行同期存款利息的连带责任。

二、公司的章程

（一）公司章程的概念

公司章程，是指公司必备的规范公司组织及活动的基本规则的书面文件，是以书面形式固定下来的全体股东共同一致的意思表示。其意义主要有二：第一，公司章程是公司设立时必须提交的书面文件。制定和提交公司章程，是公司设立的必备要件。第二，公司章程是规范公司事务的重要文件，是最基本的公司内部规章，是公司及相关主体的基本行为准则。

（二）公司章程的记载事项

公司章程的记载事项，依据法律是否有明文规定可以分为绝对必要记载事项、相对必要记载事项和任意记载事项。绝对必要记载事项是指章程中必须予以记载的、不可缺少的事项。绝对必要记载事项中任何一项缺乏或记载不合法，均会导致公司章程的无效。相对必要记载事项是指法律列举规定的一些事项，由制订章程的人自由决定是否载入章程。一旦章程记载该事项就发生效力，未记载或者记载不合法则该事项无效，但不影响章程其他部分的效力。任意记载事项是指法律并不列举，只要不违背法律的强行规定和公序良俗原则便可记入章程的事项。

根据我国《公司法》第25条和第82条规定，有限责任公司章程应当载明下列事项：①公司名称和住所；②公司经营范围；③公司注册资本；④股东的姓名或名称；⑤股东的出资方式、出资额和出资时间；⑥公司的机构及其产生办法、职权、议事规则；⑦公司的法定代表人；⑧股东会会议认为需要规定的其他事项。

股份有限公司章程应当载明下列事项：①公司名称和住所；②公司经营范围；③公司设立方式；④公司股份总数、每股金额和注册资本；⑤发起人的姓名或名称、认购的股份数、出资方式和出资时间；⑥董事会的组成、职权、任期和议事规则；⑦公司的法定代表人；⑧监事会的组成、职权、任期和议事规则；⑨公司利润分配办法；⑩公司的解散事由和清算办法；⑪公司的通知和公告办法；⑫股东大会认为需要规定的其他事项。

三、公司的名称与住所

(一) 公司的名称

1. 公司名称的概念

公司的名称，是公司用以与其他民事主体相区别的人格特定化的文字性标记。公司名称是公司人格要素中不可缺少的要素之一。公司以其名称参加社会交往，从事经营活动，确认属于自身的权利和义务。不仅如此，公司名称与公司的经营活动相联系，是构成公司形象的重要因素，并且是公司商誉的重要组成部分。

2. 公司名称的选定

在我国，公司通常只能使用一个名称。根据《企业名称登记管理规定》第6条规定，公司确有特殊需要的，经省级以上登记主管机关批准，可以在规定的范围内使用一个从属名称。公司的名称通常由以下四部分组成：

(1) 行政区划名称。即公司所在的省、市或县的行政区划名称。该行政区划名称通常根据公司登记机关的行政级别确定。例如，在国家工商局登记的公司，其名称前可冠以"中国""中华""全国"字样，在省工商局登记的公司，在名称前可冠以"××省"字样，依此类推。但外商投资企业、"历史悠久、字号驰名的企业"以及全国性企业，可以不冠以公司所在地的行政区划名称。

(2) 公司的字号。又称商号，是公司名称中唯一可由当事人自由选择的部分，是公司名称中的核心内容。字号由两个以上的汉字或少数民族文字组成。

(3) 公司的行业和营业特点。即公司所从事的主要业务和行业性质，应当能反映公司所从事的生产、经营、服务的范围、方式和特点。

(4) 公司的形式。即在公司的名称中标明"有限责任公司"或"股份有限公司"字样。

(二) 公司的住所

公司为法人，与自然人同样具有法律人格，有其本身的住所。根据《公司法》第10条的规定，公司以其主要办事机构所在地为住所。所谓办事机构所在地，是指公司开展业务活动，决定和处理公司事务的公司机构所在地。此外，公司住所为公司的法定住所，根据《公司登记管理条例》第12条规定，经公司登记机关登记的公司的住所只能有一个。公司的住所应当在其公司登记机关辖区内。同时还要注意的是公司无分公司时，以公司的主要办事机构所在地为公司住所；在公司设有分公司时，以总公司的所在地为住所。

四、公司的能力

(一) 公司的权利能力

公司是法人，法人具有权利能力。由于公司与自然人存在性质上的差异，加之公司法基于政策上的考虑而对公司的权利能力加以限制，因此，公司的权利能力与自然人以及其他法人的权利能力有所不同，受到了多方面的限制。

1. 公司权利能力因性质受到的限制

公司是企业法人，在本质上是一种社会组织，当然不具备自然人的生命体，因此，那些以性别、年龄、生命、身体、亲属关系等为前提的专属于自然人的权利义务，公司一概不能享有和负担。例如自然人所享有的生命健康权、肖像权、隐私权、亲属权、劳动权、选举权与被选举权等，公司均不能享有。除了上述的限制之外，公司的权利能力不受其他方面的限制，公司的权利能力与自然人的权利能力相同，例如自然人享有的名誉权、荣誉权，公司也可享有。

2. 公司权利能力因法律规定受到的限制

（1）公司不得成为其他营利性组织的无限责任股东。《公司法》第15条规定，公司可以向其他企业投资，但是，除法律另有规定外，不得成为对所投资企业的债务承担连带责任的出资人。换言之，除法律另有规定，公司应当以其出资额为限对所投资企业的债务承担责任。这表明，在我国，公司转投资时，《公司法》原则上禁止公司成为其他企业中承担无限责任的出资人。

（2）设立中的公司不得享有法人的权利能力，解散后的公司，只能在清算范围内享有权利和承担义务。公司在设立过程中其法律地位相当于合伙组织，其内外部关系应适用有关合伙的法律规定。解散后的公司，在依法进行清算的阶段，其权利能力仍然存在，但仅限于清算范围的活动，不得从事清算范围外的活动。

3. 公司权利能力因目的受到的限制

《公司法》第12条规定，公司的经营范围由公司章程规定，并依法登记。公司可以修改公司章程，改变经营范围，但是应当办理变更登记，此所谓公司章程规定的经营范围。上述规定表明：一方面，公司从事何种经营活动，取决于法律、章程所定设立该公司的具体目的及其经营范围；另一方面，公司所从事的经营活动不可超出其经营范围，而应当受到其目的的限制。

（二）公司的行为能力

公司的行为能力，是指公司以自己的意思独立进行民事活动，取得权利并承担义务的资格。我国《民法总则》明确规定法人有行为能力。公司作为企业法人，自然拥有行为能力。法人的行为能力与自然人的行为能力不同，表现在：第一，法人的行为能力与权利能力在时间上是一致的。第二，法人的行为能力与权利能力在范围上是一致的。第三，法人的行为能力是通过法人机关来实现的。我国公司的法定代表人为公司代表机关，对外代表公司。根据《公司法》第13条规定，公司法定代表人由公司章程规定，由董事长、执行董事或者经理担任，并依法登记。公司法定代表人变更，应当办理变更登记。

（三）法人的责任能力

法人的责任能力是指公司承担违约责任、侵权责任和不履行法定义务所应当承担民事责任的能力。民事责任能力不同于民事权利能力和民事行为能力，它是公司作为一个独立的法人的最终体现。民事责任能力也说明公司法人与股东的彻底分离。

我国《民法总则》第61条规定：依照法律或者法人章程的规定，代表法人从事民事活动的负责人，为法人的法定代表人。法定代表人以法人名义从事的民事活动，其法律后果由法人承受。法人章程或者法人权力机构对法定代表人代表权的限制，不得对抗善意相对人。第62条规定：法定代表人因执行职务造成他人损害的，由法人承担民事责任。法人承担民事责任后，依照法律或者法人章程的规定，可以向有过错的法定代表人追偿。

公司为法人，当然具有民事责任能力，应当对公司的法定代表人和其他工作人员以公司名义从事的经营活动，给他人造成的损害，承担相应的民事责任。

公司对其经营活动中的违法行为承担责任，应当具备以下条件：①须是公司法定代表人或公司其他工作人员的行为。公司法定代表人是公司的代表机关，他所实施的行为，即是公司本身的行为。其他工作人员，是指根据公司章程或公司其他规章制度的规定，在公司的某个特定岗位以公司名义为公司从事经营活动的人。②须是执行业务而发生的行为。所谓执行业务而发生的行为，是指以公司名义实施的为了开展公司章程范围内的经营活动而发生的行为。如果公司法定代表人和其他工作人员以其个人名义实施行为，其行为的法律后果不应由公司承担。此外，如果其行为并非为了开展公司的经营活动，而是与公司的经营活动无关，公司也不应当对其行为承担民事责任。③违法行为与他人合法权益的损害之间有因果关系。

五、公司人格否认制度

（一）公司人格否认制度的含义

公司人格否认制度，在英美法系国家通常称为"揭开公司的面纱"或者"刺穿公司的面罩"，日本习惯称作"公司法人人格形骸化"，德国习惯称为"直索责任"，是从债权人的角度来讲的。我国《公司法》第20条有此规定。公司人格否认，是指对于已经具有独立法人资格的公司，在具体的法律关系中，如果其股东出于不正当目的滥用公司法人人格，并因此对债权人造成损害的，法院可以基于公平正义的价值理念，否认该公司的独立人格，而责令公司的股东直接对公司的债务承担连带责任的一种法律制度。

（二）公司人格否认制度的适用条件

（1）公司已经具备独立的法人人格。公司人格否认制度的适用前提，是公司已按照法定条件和程序完成法人登记，成为法人。换言之，公司人格的否认是对已合法设立的公司的人格的否认。

（2）公司股东滥用了公司法人人格并给债权人利益带来了损害。公司人格否认，通常发生于股东不当利用公司人格及有限责任，侵害债权人权益及社会公共利益的情形。《公司法》明确规定股东设立公司从事经营活动时，应当维护社会交易的安全，不得侵害债权人及社会公共利益。由此可见，公司人格否认，是公司享有人格和股东有限责任原则适用的例外，是对公司人格制度和股东有限责任原则的维护和补充。

（3）公司人格否认只限于特定当事人之间。公司人格否认，是在特定的法律关系中，个案地、一时地、相对地否认公司的法律人格，并不影响公司的继续存在，也不影响同一时期公司在其他法律关系中的法律人格，可见，公司人格否认，并不是对公司人格的根本性否定。

（三）公司人格否认制度的适用范围

一般认为，公司法人人格独立、股东负有限责任，应有两个基本前提条件：公司应是独立的主体；股东的行为应是规范的。如果不具备这两个条件，公司的面纱就应揭开，股东就应负无限责任。具体适用情况一般有以下几种。

1. 公司资本显著不足

资本不足，并非是指公司资本与公司法上的最低注册资本要求不符，而是指公司资本与公司经营的业务活动及其隐含的经营风险，或者公司的经营规模相比，显著不相称。在时间上，资本不足的认定，一般以公司成立时为准。如果公司设立之初已有足额资本，只是后来在竞争中因经营不善或者其他原因而导致资本减少时,则不能认为是资本不足,但经营过程中因为支配股东的不当行为或者不法行为(诸如为自己利益经营、抽逃出资等等)而发生的不足除外。

2. 利用公司回避合同义务

通常表现在以下几个方面:①因为特定合同中负有特定的不作为义务(竞业禁止、不制造特定商品的义务等等)的当事人,回避此合同中的此项义务而新设立公司,或者利用公司掩盖其作为的行为。②负有巨额债务的公司的支配股东,通过抽逃出资、解散公司或者宣告公司破产等方式,将原有的公司消灭,再以原有公司的营业场所、董事、从业人员设立另一公司,从事与原有公司相同的营业活动,而且经营目的也相同。此所谓公司法理论中的"不死公司"。③利用公司对债权人进行欺诈活动,以逃避合同义务。

3. 利用公司规避法律义务

利用公司规避法律义务,是指受强制性法律规范制约的特定主体,负有承担作为或者不作为义务,但其利用新设的公司或者既有的公司,人为改变强制性规范的适用前提,以达到规避特定法律义务的目的,从而使法律规范原有的目的落空。

4. 公司与股东的人格、财产混同

公司形骸化,指公司与股东完全混同,使公司成为股东的另一个自我,或者成为股东的代理工具,形成股东即公司、公司即股东的情况。通常,这种形骸化有以下几个方面的表现形式:①公司与股东的人格混同。公司完全由股东控制或者支配。控股股东将自己的意思强加于公司,使公司完全丧失其自身的独立意思,而为股东个人或者母公司意思所取代,从而公司丧失了自我意志和自我决策能力。②公司与股东的财产混同。这主要包括公司与其股东、母公司、关联公司在营业场所、主要设备、办公设施、资本或者其他财产方面完全混同,两个实体均拥有完全的所有权;公司缺乏独立的财产或者与其经营风险相适应的财产,公司资本显著不足;公司财产无记录或者记录不实;股东将公司盈利在公司、自己及关联公司之间随意调用。

5. 不正当的控制

公司与其股东、母公司、关联公司之间从事相同的业务,具体交易不单独进行,而是受同一控制股东或者同一董事会指挥、支配和组织。如集团公司内部实施大量的内部交易行为,但交易行为、方式、价格均以母公司或者公司集团整体利益需要为出发点,公司自身无法开展自由竞争,其独立性丧失,其资金也因此在集团成员之间随意调用,公司对业务无真实的记录或者无连续记录。

【典型案例评析】

2010年5月,甲为筹集做生意的款项,向其好友丙借款30万元,但因没有预想中的收益,甲迟迟未归还丙的借款。丙多次要求甲还钱却没有结果,遂于2012年3月将甲起诉至法院。人民法院经审理判决借款关系有效,甲应归还向丙的借款,但甲一直没有履行,丙只好申请人民法院强制执行。

在执行过程中,执行人员发现甲已没有多少可供执行的财产,但是甲却在此之前与同学乙各自出资30万元设立了一家有限责任公司,甲还是该公司的董事。该公司成立后,经营状况并不是很好,目前能够用于清偿债务的财产也就在30万元左右。丙认为甲之所以投资30万元与乙设立有限责任公司,目的就是借公司有限责任制度来逃避自己应当承担的责任,因此要求揭开公司面纱,让甲抽回其在有限责任公司的出资用来偿还欠其的债务。

问题:(1) 丙的要求是否能够得到支持?

(2) 丙的债权如何实现?

评析:

(1) 丙要求"揭开公司面纱"、否认公司人格的请求不能得到法院的支持。在甲和丙的民间借贷法律关系中,并未涉及甲利用公司法人人格的问题,否认公司法律人格缺乏依据。

(2) 丙的债权可以通过强制执行甲的个人财产和强制甲转让其出资(股份)的方式实现。

任务三 公司资本制度

【导入案例】

华能股份有限公司属于募集设立的股份有限公司,注册资本为人民币5000万元,在设立过程中,经有关部门批准,以超过股票票面金额1.2倍的发行价格发行,实际所得人民币6000万元。溢价款1000万元当年被股东作为股利分配。两年后,由于市场行情发生变化,华能股份有限公司开始亏损,且连续亏损两年,共计亏损人民币1200万元。股东大会罢免了原董事长,重新选举了新的董事长。经过一年的改革,公司盈利人民币600万元,公司考虑到各股东多年来经济利益一直受损,故决定将该利润分配给股东。自此以后,公司业务蒸蒸日上,不仅弥补了公司多年的亏损,而且发展得越来越快。2012年,公司财务状况良好,法定公积金占公司注册资本的55%。鉴于公司良好的财务状况,公司决定不再提取法定公积金。为了增大企业规模,公司股东大会决定把全部法定公积金转为公司资本。

问题:(1) 华能股份有限公司将股票溢价发行款作为股利分配正确与否?说明理由。
(2) 2012年华能股份有限公司决定不再提取法定公积金的理由是否充分?说明理由。
(3) 公司股东大会能否决定将公司的法定公积金全部转为公司资本?说明理由。

一、公司资本

(一) 公司资本的含义

公司资本是指公司成立时由公司章程所确定的由股东出资构成的公司财产总额。公司资本不同于公司财产。公司财产,又称公司资产,是公司存续过程中可供支配的全部财产权利的总称。其形态包括公司所享有的物权、债权、知识产权及商誉等。其来源有二:一是公司股东向公司出资的各项财产,二是公司在其经营过程中通过各种途径(如生产、销售、购买、举债、受赠等)取得的财产。在公司的存续过程中,公司财产额随时处于变动之中,而公司资本为某一确定的计算上的数额。一般而言,公司财产大于公司资本,但如果公司经营不善而致亏损时,公司财产也可能小于公司资本。在公司存续一段时期后,公司资本实际上已成为纯粹的计算上之数额。

(二)可供出资的财产

尽管公司的注册资本在公司章程及登记机关的登记资料中均以一定数量的货币表示,但是这并不意味着股东向公司的出资,必须以货币形式表现。根据我国《公司法》第27条、第83条规定,有限责任公司的股东或者股份有限公司的发起人,均可以用货币出资,也可以用实物、知识产权、土地使用权等可以用货币估价并可以依法转让的非货币财产作价出资,除非法律、行政法规规定不得用于出资。

(三)资本的变动

1. 增资

所谓增资,又称资本增加,是指公司为筹集资金、扩大经营,而依照法定的条件和程序增加公司的资本总额的行为。公司增加资本,可以提高公司的信用,增强公司的实力,扩大公司的经营规模,不会对社会交易安全和债权人的利益造成威胁,因此各国均较少限制公司的增资行为。

增加公司资本的方法,对股份有限公司而言,可以发行新的股份或者不增加公司股份总额而增加每股金额;有限责任公司可以邀请新的股东向公司出资,也可以增加股东的出资额,还可以将前两种方法结合起来使用。

无论公司采取何种方法增资,均应当履行相应的增加资本程序。根据我国《公司法》的有关规定,公司增资时,应当履行如下程序:①董事会制订公司增资方案及修改公司章程的方案(第47条、第109条)。②股东会作出决议通过公司增资方案和修改公司章程方案(第44条、第104条)。③交付新增资本的出资或认购新股的股款。《公司法》第179条规定,有限责任公司增加注册资本时,股东认缴新增资本的出资,按照《公司法》设立有限责任公司缴纳出资的有关规定执行。股份有限公司为增加注册资本发行新股时,股东认购新股应当按照《公司法》设立股份有限公司缴纳股款的有关规定执行。④依法向公司登记机关办理变更登记并公告(第180条)。

2. 减资

所谓减资,又称公司资本的减少,是指公司资本过剩或公司出现严重亏损而无力弥补亏损时,根据生产经营的实际情况,依照法定条件和程序减少公司的资本总额的行为。为保护公司债权人的利益,公司资本不得任意减少,但当公司资本过剩时,如果不允许其减少资本,将造成公司资本的浪费,影响公司资本的收益最大化,不利于充分发挥社会财富的经济效益。

减少公司资本的方法,就股份有限公司而言,既可以减少公司现有的股份总额,也可以在不减少公司股份总额的情况下减少每股金额。就有限责任公司而言,既可以在减少股东出资额的同时调整每个股东的出资比例,也可以在不调整原有股东的出资比例情况下,等比例地减少每个股东的出资额。

根据我国《公司法》的有关规定,公司减资时,应当履行如下程序:①董事会制订公司减资方案及修改公司章程的方案(第47条、第109条)。②股东会作出决议通过公司减资方案和修改公司章程方案(第44条、第104条)。③编制资产负债表和财产清单,并公告通知债权人。《公司法》第178条规定,公司需要减少注册资本时,必须编制资产负债表及财产清单。公司应当自作出减少注册资本决议之日起10日内通知债权人,并于

30日内在报纸上公告。债权人自接到通知书之日起30日内,未接到通知书的自公告之日起45日内,有权要求公司清偿债务或者提供相应的担保。④依法向公司登记机关办理变更登记并公告(第180条)。

二、公司债券

(一)公司债券的概念与种类

1. 公司债券的概念

在我国,股份有限公司和有限责任公司,为筹集生产经营资金,均可发行公司债券。《公司法》第154条规定,公司债券是指公司依照法定程序发行的、约定在一定期限还本付息的有价证券。公司债券是一种要式有价证券,其票面上应当载明公司名称、债券票面金额、利率、偿还期限等事项,并由法定代表人签名,公司盖章。在《公司法》上,公司债券是公司债的法定表现形式,公司债券所反映的实质内容被称为公司债,其实质是公司依照法定程序,通过发行有价证券的方式,向社会公开募集资金并约定在一定期限内还本付息的债务。

2. 公司债券的种类

根据不同的标准,对公司债券可作不同的分类。

(1)记名公司债券与无记名公司债券。以票面上是否记载债权人的姓名或名称为标准,公司债券可分为记名公司债券和无记名公司债券。凡在票面上记载债券持有人姓名或名称的为记名公司债券,反之,则是无记名公司债券。

这种区分的法律意义主要在于:两者的转让方式不同。例如,《公司法》第161条规定,记名公司债券应以背书方式或法律、行政法规规定的方式转让,转让后由公司将受让人的姓名或名称及住所记载于公司债券存根簿。否则,该项转让对公司不发生对抗效力。无记名公司债券的转让,由债券持有人将该债券交付给受让人后即发生转让的效力。

(2)担保公司债券与无担保公司债券。以是否提供偿还本息的担保为标准,公司债券可分为担保公司债券和无担保公司债券。担保公司债券是公司以其特定财产设定偿还本息的物上担保或以第三人保证偿还本息的债券。无担保公司债券是仅凭公司信用而没有提供任何担保的公司债券。

这种区分的法律意义在于这两种公司债的法律后果不同,担保公司债券在发行公司到期不能还本付息时,债券持有人可依法处分担保物以实现债权或要求第三人(保证人)偿还。而无担保公司债券持有人只能以普通债权人的身份提出其权利要求。

(3)可转换公司债券与非转换公司债券。以公司债券能否转换为股份为标准,公司债券可分为可转换公司债券和非转换公司债券。债券持有人可在一定条件下将其持有的债券转换为股份的,为可转换公司债券。非转换公司债券不能转换为公司股份。

区分可转换公司债券与非转换公司债券的意义在于可转换公司债券持有人享有将公司债转换为公司股份的选择权,而非转换公司债券的持有人则不享有此种选择权。

除上述主要分类外,公司债券还可依利率确定方法的不同,分为固定利率公司债券和浮动利率公司债券;依付息方法的不同,分为附息公司债券和贴息公司债券;依债券持有人是否有权参加股息分配,分为参加公司债券和非参加公司债券;依是否附有新股认购权,分为附新股认购权的公司债券和不附新股认购权的公司债券;等等。

(二) 公司债券的发行与转让

1. 公司债券的发行条件

根据我国《证券法》第 16 条规定，公开发行公司债券，应当符合如下条件：

(1) 主体限制。股份有限公司的净资产额不低于人民币 3000 万元，有限责任公司的净资产额不低于人民币 6000 万元。净资产指公司实有总资产减去全部负债后的余额。对公司最低净资产额的要求，可保证发行债券的公司具有一定的经营规模和偿债能力。

(2) 数额限制。公司发行债券的累计总额不超过公司净资产的 40%。此所谓"累计债券总额"，指公司已实际发行且尚未偿还的债券累计金额与本次拟发行的债券累计金额的总和。

(3) 信用限制。公司最近 3 年平均可分配利润足以支付公司债券 1 年的利息。可分配利润指公司依法纳税、弥补亏损、提取公积金之后的可用于向股东分配的利润。以最近 3 年平均可分配利润来衡量公司的盈利状况，可排除某些特殊因素对公司盈利水平的影响，从而可反映出公司实际的盈利能力。

(4) 目的限制。筹集的资金投向符合国家的产业政策，必须用于核准的用途，不得用于弥补亏损和非生产性支出。发行公司债券所筹集的资金，其用途符合国家产业政策，可保证公司所筹集的资金能发挥其应有的经济效用，最终有利于公司顺利地还本付息。

(5) 利率限制。债券的利率水平不得超过国务院限定的利率水平。根据国务院 1993 年 8 月颁布的《企业债券管理条例》第 18 条规定，企业债券的利率不得高于银行同期居民储蓄定期存款利率的 40%。限定公司债券的利率水平可稳定整个金融市场的利率，保证国家金融市场的有效运行。

(6) 国务院规定的其他条件。此规定为授权条款，为国务院进一步管理和规范发行公司债券提供法律依据。据此规定，国务院可针对特殊情况颁布某些有关发行公司债券的专门性规定。

对于可转换公司债券，我国《公司法》第 162 条规定，其发行主体为上市公司。上市公司在发行可转换公司债券时，除具备以上发行公司债券的条件外，还应当符合股票发行的条件（《中华人民共和国证券法》，下称《证券法》第 16 条）。

除上述各项发行条件外，为充分保证公司债券持有人的利益，根据我国《证券法》第 18 条的规定，如出现如下三种情况，公司不得再次公开发行公司债券：①前一次发行的公司债券尚未募足。据此规定，无论公司是因其信用差而未能按期募足还是其他原因未能按期募足，公司均不得再次发行公司债券。②对已发行的公司债券或其债务有违约或迟延支付本息的事实，且仍处于继续状态的。公司如具有上述情形，说明该公司的信用及经营状况较差，丧失商业信誉，如允许此类公司发行公司债券，将严重侵害公司债权人的利益，因此法律禁止此类公司再次发行公司债券。③违反《证券法》规定，改变公开发行公司债券所募资金的用途。公司改变发行公司债券所募资金的用途，不仅使资金用途不符合国家产业政策，难以保证资金发挥其应有的经济效用，还会最终影响公司顺利地还本付息，损害公司债权人的利益，因此法律禁止此类公司再次发行公司债券。

2. 公司债券的发行程序

根据我国《公司法》《证券法》的相关规定，公司发行公司债券应当遵循下列程序：

(1) 作出决议或决定。股份有限公司、有限责任公司发行公司债券，上市公司发行可转换公司债券,应由董事会制订方案(《公司法》第47条、第109条),股东会作出决议(《公司法》第37条、第100条);国有独资公司发行公司债券,应由国有资产监督管理机构作出决定(《公司法》第67条)。

(2) 向主管部门提出申请。在我国,公司债券的发行采取核准制,即公司债券发行必须经国务院证券监督管理机构或者其授权部门的核准。公司作出发行公司债券的决议或决定后,应当向国务院授权的部门申请核准(《公司法》第155条)。在申请核准时,应当提交如下文件:公司营业执照、公司章程、公司债券募集办法、资产评估报告和验资报告、核准机关或者机构规定的其他文件(《证券法》第17条)。申请人向国务院授权的部门或者国务院证券监督管理机构报送的申请文件,必须真实、准确、完整(《证券法》第20条)。

(3) 主管部门核准。国务院授权的部门或者国务院证券监督管理机构对发行公司债券的申请,应当自受理债券发行申请文件之日起3个月内,依照法定条件和法定程序作出予以核准或者不予核准的决定(《证券法》第24条)。国务院证券监督管理机构或者国务院授权的部门对已作出的核准证券发行的决定,发现不符合法定条件或者法定程序,尚未发行证券的,应当予以撤销,停止发行;已经发行尚未上市的,撤销发行核准决定,发行人应当按照发行价并加算银行同期存款利息返还证券持有人;保荐人应当与发行人承担连带责任,但是能够证明自己没有过错的除外;发行人的控股股东、实际控制人有过错的,应当与发行人承担连带责任。(《证券法》第26条)。

(4) 公告募集办法。发行公司债券的申请经核准后,公司应当公告公司债券募集办法。公司债券募集办法中应载明如下主要事项:公司名称;债券募集资金的用途;债券总额和债券的票面金额;债券利率的确定方式;还本付息的期限和方式;债券担保情况;债券的发行价格、发行的起止日期;公司净资产额;已发行的尚未到期的公司债券总额;公司债券的承销机构(《公司法》第155条)。上市公司经股东大会决议可以发行可转换为股票的公司债券,并在公司债券募集办法中规定具体的转换办法。上市公司发行可转换为股票的公司债券,应当报国务院证券监督管理机构核准。(《公司法》第162条第一款)。

(5) 募集公司债券。公司债券通常由证券经营机构承销。发行公司与证券经营机构应当根据《证券法》的相关规定签订承销协议,就承销方式、承销期限、承销费用等事项作出规定。认购人认购并缴纳认购款后,发行公司应当如数向认购人交付公司债券。发行可转换为股票的公司债券,应当在债券上标明可转换公司债券字样,并在公司债券存根簿上载明可转换公司债券的数额。(《公司法》第162条第三款)。

(6) 制备公司债券存根簿。公司发行公司债券应当置备公司债券存根簿。发行记名公司债券的,应当在公司债券存根簿上载明下列事项:债券持有人的姓名或者名称及住所;债券持有人取得债券的日期及债券的编号;债券总额,债券的票面金额、利率、还本付息的期限和方式;债券的发行日期。发行无记名公司债券的,应当在公司债券存根簿上载明债券总额、利率、偿还期限和方式、发行日期及债券的编号。(《公司法》第158条)

【典型案例评析】

ABC股份有限公司2011年5月获准发行3年期公司债券6000万元,1年期公司债券3000万元。2013年8月,该公司鉴于到期债权已偿还且具备再次发行公司债券的条件,拟再次发行公司债券。经审计该公司净资产为 2 亿元。试分析该公司此次发行公司债券额最多为多少万元？

评析：

最多为 2000 万元。公司累计债券余额不超过公司净资产的 40%，即 2 亿元的 40%，为 8000 万元，该公司尚有未到期债券 6000 万元，因此最多可发行 2000 万元。

3. 公司债券的转让

我国《公司法》第 160 条规定，公司债券可以转让，转让价格由转让人与受让人约定。至于转让的场所，一般是依法设立的证券交易场所。该证券交易场所可以是证券交易所，也可以是证券交易所以外的其他证券交易场所。公司债券如果在证券交易所上市交易，应当按照证券交易所的交易规则转让。此外，对于记名公司债券和无记名公司债券的转让方法，我国《公司法》也作出了不同的规定。《公司法》第 161 条规定，记名公司债券，由债券持有人以背书方式或法律、行政法规规定的其他方式转让；转让后由公司将受让人的姓名或名称及住所记载于公司债券的存根簿。无记名公司债券的转让，由债券持有人将该债券交付给受让人后即发生转让效力。

三、公司财务与会计

（一）公司财务与会计制度概述

1. 公司财务与会计制度的含义

公司财务与会计，是公司在其经营活动过程中必不可少的经济管理活动。公司财务是有关资金的筹集、运用和收益分配等事务的总称。公司会计是以货币为主要计量单位，按照一定的会计规则制定一系列的会计表册，以反映和监督公司各种经营活动及其结果的活动。我国《公司法》第 164 条规定，公司应当依照法律、行政法规和国务院财政部门的规定建立公司的财务、会计制度。《公司法》第 172 条规定，公司除法定的会计簿外，不得另立会计账簿。对公司的资产，不得以任何个人名义开立账户储存。

2. 公司财务会计制度的基本内容

我国《公司法》第 165 条规定，公司应当在每一会计年度终了时编制财务会计报告，并依法经会计师事务所审计。财务会计报告应当依照法律、行政法规和国务院财政部门的规定制作，通常包括资产负债表、损益表、财务状况变动表、财务情况说明书、利润分配表等财务会计报表及附属明细表。其中，资产负债表是反映公司在某一特定日期财务状况的报表，其项目按照资产、负债和所有者权益的类别，分项列示；损益表是反映公司在一定期间的经营成果及其分配情况的报表，其项目按照利润的构成和利润分配各项目分项列示；财务状况变动表是综合反映一定会计期间内营运资金来源和运用及其增减变动情况的报表，其项目分为营运资金来源和营运资金运用，营运资金来源和营运资金运用的差额为营运资金增加（或减少）净额，营运资金来源分为利润来源和其他来源，并分项列示，营运资金运用分为利润分配和其他用途，并分项列示；财务情况说明书，主要说明公司的生产经营状况，利润实现和分配情况，资金增减和周转情况，税金缴纳情况，各项财产物资变动情况，对本期或者下期财务状况发生重大影响的事项，资产负债表制作日后至报出财务报告前发生的对企业财务状况变动有重大影响的事项，以及需要说明的其他事项；利润分配表是反映公司利润分配和年末未分配情况的报表，它是损益表的附属明细表，通常按税后利润、可供分配的利润、未分配利润分项列示。

《公司法》第 166 条规定，有限责任公司应当按照公司章程规定的期限将财务会计报告送交各股东。股份有限公司的财务会计报告应当在召开股东大会年会的 20 日以前置备于公司，供股东查阅。公开发行股票的股份有限公司必须公告其财务会计报告。对于上市公司而言，《公司法》第 146 条规定，上市公司必须按照法律、行政法规的规定，定期公开其财务状况和经营情况，在每个会计年度内半年公布一次财务会计报告。此外，对于一人有限责任公司，《公司法》第 64 条特别规定，如果其股东不能证明公司财产独立于股东自己财产的，应当对公司债务承担连带责任。

（二）公司的利润分配

股东将其财产出资于公司后，依法享有资产收益权。因此，公司在实现利润后，应当依法向股东分配利润，以保证公司股东资产收益权的实现。

1. 公司利润分配的顺序

依照《公司法》第 167 条的规定，公司当年实现利润后，应当先缴纳依法应纳的各项税金，之后所产生的当年税后利润可用于分配。但在分配税后利润时，如公司法定公积金不足弥补以前年度公司亏损，应当以该利润弥补以前年度公司亏损。在弥补以前年度公司亏损后，应当提取利润的 10% 列入公司法定公积金。如公司法定公积金累计额达到公司注册资本的 50% 以上的，可不再提取。此外，如经股东会决议，公司还可从当年税后利润中提取任意公积金。公司弥补亏损、提取公积金之后所余的利润，学理上称之为可分配利润，可向股东分配。

2. 公司利润分配的方式

依照《公司法》第 167 条第四款的规定，在将可分配利润向股东进行分配时，有限责任公司按照股东实缴的出资比例分配，但是全体股东约定不按照出资比例分配利润的除外；股份有限公司按照股东持有的股份比例分配，但公司章程规定不按照持股比例分配的除外。此外，公司持有的本公司股份不得分配利润（第 167 条第六款）。

3. 违法分配利润及其后果

根据《公司法》第 167 条第五款的规定，如果公司的股东会、股东大会或董事会违反《公司法》的规定，在公司未弥补亏损和提取法定公积金之前向股东分配利润的，股东必须将违反规定分配的利润退还公司。如果公司不按照《公司法》规定提取法定公积金，由县级以上人民政府财政部门责令如数补足应当提取的金额，并可对公司处以 20 万元以下的罚款（第 204 条）。

（三）公积金

公积金又称储备金，是指公司为了增强自身财力，扩大业务范围和预防意外亏损，依照法律和公司章程的规定以及股东会决议而从公司税后利润中提取的累积资金。

根据我国《公司法》的规定，公积金有三种：一是法定公积金，即上述的从公司税后利润中依法定比例强制提取的公积金。从其来源看，该种公积金，实际上是法定盈余公积金。二是任意公积金，即上述的根据公司股东会、股东大会的决议（或公司章程的规定）从公司税后利润中按一定的比例提取的公积金。该公积金的提取并非依法强制提取，而是由公司自行决定是否提取，故称之为任意公积金。从其来源看，该种公积金应准确地称为任意盈余公积金。三是资本公积金，指从公司营业利润以外的其他收入中提取的公积金。根据《公司法》第 168 条的规定，股份有限公司以超过股票面值金额的发行价格发行股份所得的溢价款以及国务院财政主管部门规定列入资本公积金的其他收入，应当列为公司资本公积金。《企业会计准则》第 40 条规定，资本公积金包括股本溢价、法定财产重估增值、接受捐赠的资产价值等。

根据我国《公司法》第 169 条的规定，公司公积金只能用于弥补公司的亏损，扩大公司生产经营或者转为增加公司资本，但是资本公积金不得用于弥补公司亏损。如果是股份有限公司，在经股东大会决议将公积金转为资本时，考虑到股东在公司中的比例利益，应当按股东原有股份比例派送新股或增加每股面值。但法定公积金转为资本时，所留存的该项公积金不得少于转增前公司注册资本的 25%。

任务四　公司的变更

【导入案例】

甲有限责任公司于 2011 年 10 月从乙厂购入一批原材料，货款 50 万元，一直未付。乙厂在 2012 年 11 月催要时，才发现甲公司已分立为 A、B 两个小公司，甲公司已经解散。当乙厂找 A 公司追要时，A 公司以原公司分立时 B 公司分得 80% 的资产为由拒绝支付，认为应由 B 公司承担所有债务。当乙厂找 B 公司追要全部货款时，B 公司以按原公司财产分配比例承担责任为由，只愿意偿付 80% 的债务。

问题：试分析 A、B 两个公司的做法有无法律依据？

一、公司的合并与分立

广义上的公司变更是指公司组织要素的变化和公司组织形式的更改。狭义上的公司变更仅指公司组织形式的更改，包括公司的合并、分立、组织形式的转换。公司变更实际上是原有公司的消亡和新公司的成立，尤其是组织形式的更改。

（一）公司的合并

1. 公司合并概述

公司合并，是指两个或两个以上的公司依照法定程序组合为一个公司的法律行为。公司合并有两种形式：其一为新设合并，又称解散合并，是指合并各方解散而共同组合为一个新的公司。其二为吸收合并，又称存续合并，是指合并一方存续，其他各方解散并归属于存续公司。从制度比较的角度看，吸收合并较之于新设合并更具有概括性。例如，在新设合并中，消亡公司组合为新的公司，实际上也有吸收和归并的属性。另外，从实践上看，吸收合并较之于新设合并有更多的优越性。例如，合并完成之后，原公司的商标、商号等无形资产可以继续不变地使用，原公司的一些优惠甚至特权可以继续保持，等等。

公司合并有以下几个特点：①公司合并是参与合并的公司之间的契约行为，而不是股东之间的契约行为。公司合并以公司之间的自愿契约为基础。②公司合并不经过清算程序直接进行，并由此导致公司的废存、改变公司的财产状况和股权结构等。③公司合并前后具有一定的承接关系。因合并而消灭的公司的股份全部转换为存续公司或新设公司的股份，其股东自然成为合并后存续公司或新设公司的股东；因合并而消灭的公司的资产及债权债务等，一并归入合并后的公司。

2. 公司合并的程序

公司的合并，不仅涉及参与合并公司的股东及职工的利益，而且涉及公司债权人利益和社会公共利益，因此公司合并必须严格按照法定程序进行。我国公司合并必须履行以下程序：①签订合并协议。公司的合并，应当由合并各方签订书面合并协议。②股东会通过公司合并决议。公司合并为股东会决议事项，由于公司合并为事关公司存亡的大事，所以，股东会的议决，应采取特别决议的方式进行，即由2/3以上的表决权通过。③编制表册。公司合并时，应当编制资产负债表和财产清单。④通知、公告债权人。公司应当自作出合并决议之日起10日内通知债权人，并于30日内在报纸上公告。债权人自接到通知书之日起30日内，未接到通知书的债权人自公告之日起45日内，有权要求公司清偿债务或提供相应的担保。如果不清偿债务或提供相应担保，公司不得合并。⑤办理合并登记。公司合并应当自合并决议或决定作出之日起90日后申请登记，提交合并协议和合并决议或决定，以及公司在报纸上登载公司合并公告至少3次的证明和债务清偿或债务担保情况的说明。因合并而存续的公司，其登记事项发生变化的，应当申请变更登记；因合并而解散的公司，应当申请注销登记；因合并而新设的公司，应当申请设立登记。

3. 公司合并的法律后果

根据我国《公司法》的有关规定，公司合并发生以下法律后果：参与合并公司主体资格发生变化；合并公司的权利义务概括承受；合并公司的股东成为合并后公司的股东。

（二）公司的分立

1. 公司分立概述

公司的分立，是指一个公司依照法律的规定分为两个或两个以上的公司的法律行为。公司分立有新设分立和派生分立两种形式。新设分立，又称为分解分立，是指原公司解散，而分别设立两个或两个以上新公司的分立方式。派生分立，又称为存续分立，是指原公司存续，而其一部分分出设立为一个或数个新公司的分立方式。

2. 公司分立的程序

公司分立也涉及公司主体资格的取得和消灭，涉及股东、债权人及社会多方利益。因此，公司分立也应当严格按照法律规定的程序进行。我国《公司法》第176条规定，公司分立时应编制资产负债表及财产清单，在作出分立决议之日起10日内通知债权人，并于30日内在报纸上公告。另依照《公司法》第177规定，公司分立前的债务由分立后的公司承担连带责任。但是，公司在分立前与债权人就债务清偿达成的书面协议另有约定的除外。此外，公司分立也要办理相应的批准和登记手续。由此可见，公司分立的程序与公司合并的程序基本相同。

3. 公司分立的法律后果

根据我国《公司法》及相关法律的规定，公司分立发生以下法律后果：

(1) 公司主体资格发生变化。在新设分立的情况下，原公司解散，并成立新的公司；在派生分立的情况下，原公司发生变更，并成立新的公司。

(2) 公司股东发生变化。公司分立后，原公司的股东可以选择是否加入分立后的新公司。但无论其选择如何，公司的股东均发生变更。

(3) 财产和营业的分割。公司分立，原公司的财产和营业将在分立后存续的公司和新设的公司之间或者新设公司相互之间根据分立决议或决定进行分割。此种分割原则上无需进行特别的转移行为。但根据规定，权利义务的转移需要进行登记以生效或发生对抗效力的，应当进行登记。例如不动产所有权的转移等。

（4）原公司的债权债务由分立后的公司承担。我国《公司法》规定，公司分立前的债务由分立后的公司承担连带责任。但是，公司在分立前与债权人就债务清偿达成的书面协议另有约定的除外。

二、公司解散和清算

（一）公司的解散

1. 公司解散的概念

公司的解散是指公司因法律或章程规定事由的出现而停止营业活动并消灭其主体资格的行为。其特点有：①主体资格的消失；②组织解体；③永久性停止营业。

2. 公司解散的原因

公司解散的原因可分为自愿解散、强制解散两种。

（1）自愿解散。自愿解散是指公司依照自己的意愿自行关闭。根据我国《公司法》第181条的规定，公司有下列情形之一的，可以自愿解散：①公司章程规定的营业期限届满或者公司章程规定的解散事由出现；②公司股东会决议解散；③因公司合并或分立需要解散的。其中，股东会决议解散的，须经股东会特别决议，即由2/3以上的表决权通过。

（2）强制解散。强制解散是指公司因违法而由有权机关依职权予以解散。根据《公司法》第181条规定，表现为依法被吊销营业执照、责令关闭或者被撤销。

从广义上讲，公司的强制解散还包括判决解散。判决解散是指法院依当事人的请求裁定解散公司。此外，依照《公司法》第183条规定，公司经营管理发生严重困难，继续存续会使股东利益受到重大损失，通过其他途径不能解决的，持有公司全部股东表决权10%以上的股东，可以请求人民法院解散公司。

（二）公司的清算

1. 公司清算的概念

公司清算又称清盘，是指处理公司未了事务，终结其法律关系，从而消灭公司法人资格的法律程序。

2. 清算组

清算组，又称清算人，是公司清算事务的执行人。其使命为对内主持清算事务，对外代表解散中的公司。清算组的职权有：①清理公司财产，编制资产负债表和财产清单；②通知或者公告债权人；③处理与清算有关公司未了结的业务；④清缴所欠税款；⑤清理债权、债务；⑥处理公司清偿债务后的剩余财产；⑦代表公司参与民事诉讼活动。同时，清算组应当忠于职守，依法履行清算义务。清算组成员不得利用职权收受贿赂或者其他非法收入，不得侵占公司财产。清算组成员因故意或重大过失给公司或债权人造成损失的，应当承担赔偿责任。

3. 清算程序

根据《公司法》的规定，公司清算依下列程序进行：

（1）成立清算组。《公司法》第184条规定，公司应在出现解散事由15日内成立清算组。其中，有限责任公司的清算组由股东组成，股份有限公司的清算组由董事或股东大会确定其人选。逾期不成立清算组的，债权人可以请求人民法院指定有关人员组成清算组进行清算。清算组成立后，董事会、经理的职权立即停止。清算期间，公司不得开展新的经营活动。

（2）通知、公告债权人，登记债权。为了保障债权人的合法权益，《公司法》第186条规定，清算组应自成立之日起10日内通知债权人，并于60日内在报纸上公告。债权人应当自接到通知书之日起30日内，未接到通知书的自公告之日起45日内，向清算组申报债权。

（3）制定清算方案，清理公司财产，清偿债权债务并分配剩余财产。《公司法》第187条规定，清算组应当在清理公司财产、编制资产负债表和财产清单的基础上，制定清算方案，并报股东会、股东大会或者人民法院确认。公司财产在分别支付清算费用、职工工资、社会保险费用和法定补偿金，缴纳所欠税款，清偿公司债务后的剩余财产，有限责任公司按照股东的出资比例分配，股份有限公司按照股东持有的股份比例分配。另依照《公司法》第188条规定，清算组发现公司财产不足以清偿公司债务的，应当立即向法院申请宣告破产。

（4）报送清算报告，办理注销登记。《公司法》第189条规定，公司清算结束后，清算组应当制作清算报告，报股东会、股东大会或者人民法院确认，并将其报送公司登记机关，申请注销公司。登记机关应依法收缴营业执照和公章，并公告公司终止。

【典型案例评析】

甲公司因为经营管理不善，不能清偿到期债务，依法被宣告破产。经查，甲公司财务状况如下：现有现金、实物共100万元，房地产500万元。其中，有一处房地产200万元抵押给A银行贷款150万元；另一处房地产100万元抵押给B银行贷款130万元。有两家公司分别欠该公司70万元、30万元。负债情况如下：除上述两笔贷款外，尚分别欠乙、丙、丁公司100万元、200万元、300万元，欠国家税收250万元，欠职工工资、劳动保险费50万元。破产费用共计20万元。

问：该如何进行破产清算？

评析：

（1）确认破产债权：欠乙、丙企业为100万元、200万元，欠丁企业300万元，总和为600万元；加上无担保的银行贷款30万元，共630万元。（2）破产财产：现有现金100万元，房地产500万元，加上两企业分别欠该企业70万元、30万元，扣除银行贷款担保150万元+100万元，100+500+70+30-150-100=450（万元）。（3）破产清算依照下列顺序进行：支付破产费用20万元；支付职工工资、劳保费50万元；支付国家税款250万元；剩余财产130万元按比例平均分配给无担保债权人：乙：$100 \times 130/630 = 20.63$（万元）；丙：$200 \times 130/630 = 41.27$（万元）；丁：$300 \times 130/630 = 61.91$（万元）；A银行：$30 \times 130/630 = 6.19$（万元）（注意：最后一步用倒挤法）。

任务五　有限责任公司

【导入案例】

某市有甲、乙、丙三家国有企业，经市政府有关部门批准，共同出资组建某有限责任公司。该公司以生产经营为主，甲企业以货币出资，乙企业以厂房、设备等出资，丙企业以商标权和专利权出资。各方约定，公司董事会由7人组成。

问题：该有限责任公司应在哪级工商行政管理部门办理设立登记手续？

一、有限责任公司的概念和特征

有限责任公司，又简称有限公司，是指由法定人数的股东依法所组成，股东以其出资额为限对公司债务承担责任的公司形式。有限责任公司的特征如下：

（1）封闭性。有限责任公司资本只能由全体股东认购，公司不向社会公开募集股份和发行股票。发起人出资完成后，证明其出资的权利证书称为出资证明书，不能在证券市场上自由流通。由于有限责任公司不公开发行股份，其经营状况及财务会计信息也无须向社会公开。

（2）股东出资的非股份性。股份有限责任公司的资本，要划分成若干金额相等的股份，股东以其所持股份对公司负责。而有限责任公司的资本不分为股份，每个股东只有一份出资，且其数额可以不同，股东以其出资额为限对公司负责。

（3）人合性和资合性的统一性。有限责任公司虽然从本质上说是一种资本的集合，具有资合性特征，但是因其股东人数有上限的规定，资本又具有封闭性特点，决定了在有限责任公司的内部，股东相互间又具有人身信任因素，具有人合性色彩。

（4）设立程序较为简单。由于有限责任公司具有封闭性，且其公司内部人合性因素的存在，因此，有限责任公司的设立采取发起设立方式，各国对其设立的立法原则也基本上为准则主义，除经营特殊行业外，只要符合法律规定的设立条件，公司登记主管机关均给予注册登记，相对于股份有限公司而言，没有复杂的审查审批程序。

（5）组织机构的简便性。由于有限责任公司股东的人数较少，且公司具有人合性和封闭性，因此各国法律对有限责任公司的内部组织管理机构的设置，较少干预，而允许公司有一定的灵活性。依照我国《公司法》的有关规定，规模小且人数少的有限责任公司可以不设立董事会，而仅设立1名执行董事（第51条）；可以设立监事会，也可以不设立而仅设立1～2名监事（第52条）。

二、有限责任公司的设立

（一）有限责任公司的设立条件

根据我国《公司法》第23条规定，设立有限责任公司应当具备以下5项具体条件：

（1）股东人数符合法定人数。我国《公司法》对有限责任公司的股东人数存在上限的规定。根据《公司法》第24条规定，有限责任公司由50个以下股东共同出资设立。一个自然人或者一个法人可以单独设立有限责任公司。其中，一个自然人只能设立一个一人有限责任公司，该一人有限责任公司不能投资设立新的一人有限责任公司。

（2）有符合公司章程规定的全体股东认缴的出资额。最新《公司法》修订了强制的法定注册资本，改为认缴资本，对投资人的认缴资本一般没有最低额的限制，但法律、行政法规以及国务院决定对有限责任公司注册资本实缴、注册资本最低限额另有规定的，从其规定。

（3）股东共同制定公司章程。根据《公司法》第25条规定，有限责任公司章程应当载明下列事项：①公司名称和住所；②公司经营范围；③公司注册资本；④股东的姓名或名称；⑤股东的出资方式、出资额和出资时间；⑥公司的机构及其产生办法、职权、议事规则；⑦公司的法定代表人；⑧股东会会议认为需要规定的其他事项。

（4）有公司的名称，建立符合有限责任公司要求的组织机构。有限责任公司应当具有自己的名称，该名称通常由有限责任公司的发起人自由选定，但需严格依照有关法律、法规的规定。有关有限责任公司的内部组织机构的建立，参见本节有关有限责任公司组织机构部分的内容。

（5）有公司住所。依《公司法》第10条规定，公司的住所是公司的主要办事机构所在地。

（二）有限责任公司的设立程序

根据我国《公司法》第6条规定，有限责任公司的设立原则主要采用准则制，即除了那些法律、行政法规规定设立公司须经批准机关批准的外，只要具备有限责任公司的设立条件即可向公司登记机关直接办理公司设立的注册登记。在我国，设立有限责任公司一般应经如下程序：

（1）发起人发起。发起人发起是有限责任公司设立的预备阶段。当股东有数人时，股东之间应签订书面的发起协议，以明确各股东在设立公司过程中的权利和义务。在法律上，发起协议被视为合伙协议。

（2）制定公司章程。《公司法》第23条规定，有限责任公司股东应当共同起草章程条款，商定章程的内容，章程条款起草完毕后，应当由全体股东共同同意通过。全体股东应当在公司章程上签名、盖章。如果设立一人有限责任公司，其章程由股东制定。

（3）必要的行政审批。股东如设立那些法律、行政法规规定对其设立需要报经批准的有限责任公司，则应当按照有关的法律、行政法规的规定，办理必要的审批手续。

（4）缴纳出资。根据我国《公司法》的有关规定，设立有限责任公司，股东可以用货币出资，也可以用实物、知识产权、土地使用权等可以用货币估价并可以依法转让的非货币财产作价出资；但是法律、行政法规规定不得作为出资的财产除外。

有限责任公司的股东缴纳其认购的出资额时，可以一次性足额缴纳，也可以分期缴纳。法律、行政法规以及国务院决定对有限责任公司注册资本实缴、注册资本最低限额另有规定的，从其规定。以货币出资的，应当将货币出资足额存入准备设立的有限责任公司在银行开设的临时账户；以非货币财产出资的，应当依法办理其财产权的转移手续。股东全部缴纳出资后，须经依法设立的验资机构验资并出具证明。

对作为出资的非货币财产应当评估作价，核实财产，不得高估或者低估作价。法律、行政法规对评估作价有规定的，从其规定。

有限责任公司成立后，股东不得抽逃出资，但是可以转让股权。有限责任公司股东之间可以自由转让其全部或者部分股权。如果是股东向本公司股东以外的人转让其全部或者一部分股权时，须取得其他股东过半数同意。股东应当就其股权转让事项书面通知其他股东征求同意，其他股东自接到书面通知之日起满30日未答复的，视为同意转让。其他股东过半数以上不同意转让的，不同意的股东应当购买该转让的股权，不购买的，视为同意转让。如果其他股东同意转让，在同等条件下，其他股东有优先购买权。两个以上股东主张行使优先购买权的，协商确定各自的购买比例。如果协商不成，则应当按照转让时各自的出资比例行使优先购买权。需要指出，对于上述的股权转让事项，公司章程另有规定的，应当遵守。

（5）申请设立登记。股东认足公司章程规定的出资后，由全体股东指定的代表或者共同委托的代理人向公司登记机关报送公司登记申请书、公司章程等文件，申请设立登记。

（6）登记机关签发营业执照。公司登记机关对设立登记申请进行审查，对符合《公司法》规定条件的，予以登记，发给公司营业执照，对不符合《公司法》规定条件的，不予登记。

三、有限责任公司的组织机构

（一）股东与股东会

1. 股东的含义

有限责任公司的股东是指持有有限责任公司股权的人。股东是有限责任公司的存在基础，股东不仅向公司出资以形成公司财产，使得公司具有从事经营活动的物质基础，而且股东是股东会的构成人员，形成了有限责任公司的最高权力机关，从而使有限责任公司得以形成自己的独立意志。虽然股东与有限责任公司之间存在如此密切的关系，但在《公司法》上，股东与有限责任公司本身是彼此相互独立的两个民事主体。

2. 股东的法律地位

关于股东的法律地位，主要反映在如下两个方面：

（1）股东享有股权并承担有限责任。依照我国《公司法》的有关规定，有限责任公司股东的法定权利主要包括：①参加股东会并行使表决权；②选举和被选举为董事、监事的权利；③查阅、复制公司章程、股东会会议记录、董事会会议决议、监事会会议决议和财务会计报告，查阅公司会计账簿，监督公司经营的权利；④分取红利的权利；⑤优先认购公司新增资本的权利；⑥依法转让出资的权利；⑦在同等条件下优先购买其他股东转让的股权的权利；⑧请求公司收购其股权的请求权；⑨对公司董事、监事、高级管理人员以及其他侵害公司利益的人依法提起派生诉讼的权利；⑩对公司董事、高级管理人员提起直接诉讼的权利；⑪对股东会、董事会决议提起宣告无效或者撤销之诉的权利；⑫公司解散时依法分配公司剩余资产的权利；等等。

在有限责任公司中，股东以其出资额为限对公司承担有限责任。由于股东出资义务是其承担有限责任的基础，因此，股东应当按照法律规定或者公司章程的规定认缴出资额并按期足额缴纳出资。

（2）股东法律地位平等原则。有限责任公司中，股东平等原则意味着，基于其股东资格而依法享有平等的待遇，即同股同权。股东根据其持有的股权比例行使权利和承担义务。例如，根据《公司法》规定，在有限责任公司中，股东在股东会会议中的表决权，按照出资比例行使，除非公司章程另有规定。

3. 股东会的性质和职权

有限责任公司的股东会由全体股东组成，股东会是公司的意思形成机构和最高权力机构。股东会是公司的非常设机构，对内不能执行公司业务，对外不能代表公司。

股东会是公司依法必设的机构。依照《公司法》第38条的规定行使下列职权：①决定公司的经营方针和投资计划；②选举和更换非由职工代表担任的董事、监事，决定有关董事、监事的报酬事项；③审议批准董事会的报告；④审议批准监事会或监事的报告；⑤审议批准公司的年度财务预算方案、决算方案；⑥审议批准公司的利润分配方案和弥补亏损方案；⑦对公司增加或减少注册资本作出决议；⑧对发行公司债券作出决议；⑨对公司合并、分立、解散、清算或者变更公司形式作出决议；⑩修改公司章程；⑪公司章程规定的其他职权。对以上事项股东以书面形式一致表示同意的，可以不召开股东会会议，直接作出决定，并由全体股东在决定文件上签名、盖章。

4. 股东会会议

股东会会议分为定期会议和临时会议。定期会议应当按照公司章程的规定按时召开。代表1/10以上表决权的股东，1/3以上的董事、监事会或者不设监事会的监事，可以提议召开临时会议。股东会的首次会议由出资最多的股东召开和主持。除首次会议以外，有限责任公司设立董事会的，股东会会议由董事会召集，董事长主持，董事长因特殊原因不能履行职务时，由董事长指定的副董事长或者其他董事主持。召开股东会会议，应当于会议召开的15日以前通知全体股东。

股东会会议由股东按照出资比例行使表决权。股东会对公司增加或者减少注册资本、分立、合并、解散或者变更公司形式作出决议，以及修改公司章程的决议，必须经代表2/3以上表决权的股东通过。

股东会应当对所议事项或决定做成会议记录，出席会议的股东应当在会议记录上签名。

股东会的议事方式和表决程序，除《公司法》有规定的以外，由公司章程规定。

【典型案例评析】

水晶官有限责任公司是一家经营电器批发的企业，注册资本100万元。近年来由于市场不景气，公司资本总额与其实有资产悬殊，2013年4月，水晶官有限责任公司决定减少注册资本。5月，股东会以代表1/2以上表决权的股东通过决议，将公司注册资本减至人民币40万元；公司自作出减少注册资本决议之日就向公司登记机关办理变更登记。

问题：依据《公司法》，水晶官有限责任公司在减少注册资本的过程中存在哪些问题？

评析：

（1）水晶官有限责任公司的减资决议仅有代表1/2以上表决的股东通过，决议程序不合法。依《公司法》规定，股东会对公司增减资本作出决议，必须经代表2/3以上表决权的股东通过。（2）水晶官有限责任公司在作出减资决议后立即申请变更登记不符合《公司法》规定。依照《公司法》，水晶官有限责任公司在作出减资决议后应履行通知、公告债权人程序。

（二）董事、董事会和经理

1. 董事

董事是有限责任公司董事会的组成人员。在有限责任公司中，董事的设置必不可少，即使股东人数较少和规模较小的有限责任公司不设立董事会的，也需设置1名执行董事。执行董事的职权由公司章程规定，执行董事可兼任经理，并且根据公司章程的规定，可以担任公司的法定代表人。

2. 董事会的组成

（1）董事会的地位和性质。董事会是有限责任公司依法设立的由全体董事集体进行经营决策和业务执行的机关，全面负责公司业务的经营管理活动，由股东会选举产生，因此向股东会负责。董事会是有限责任公司的必设机关，也是公司的常设机关。

（2）董事会的组成。有限责任公司设立董事会，其成员为3人至13人。董事长1人，可以设副董事长，董事长、副董事长的产生办法由公司章程规定。国有独资公司董事会成员中应当有职工代表，董事会中的职工代表由公司职工代表大会选举产生。

（3）董事会的职权。根据《公司法》第47条的规定，董事会对股东会负责，行使下列职权：①召集股东会会议，并向股东会报告工作；②执行股东会的决议；③决定公司的经营计划和投资方案；④制订公司的年度财务预算方案、决算方案；⑤制订公司的利润分配方案和弥补亏损方案；⑥制订公司增加或者减少注册资本的方案以及发行公司债券的方案；⑦制定公司合并、分立、解散或者变更公司形式的方案；⑧决定公司内部管理机构的设置；⑨决定聘任或者解聘公司经理，并根据经理的提名决定聘任或者解聘公司副经理、财务负责人以及其报酬事项；⑩制定公司的基本管理制度；⑪公司章程规定的其他职权。

（4）董事任期。董事任期由公司章程规定，但每届任期不得超过3年。董事任期届满，连选可以连任。董事在任期届满以前，股东会不得无故解除其职务。

（5）董事会的议事规则。董事会会议由董事长召集和主持；董事长不能履行职务或者不履行职务的，由副董事长或其他董事召集和主持；副董事长不能履行职务或者不履行职务的，由半数以上董事共同推举一名董事召集和主持召开董事会会议，应当于会议召开10日以前通知全体董事。

董事会决议的表决，实行一人一票。董事会应当对所议事项的决定做成会议记录，出席会议的董事应当在会议记录上签名。董事会的议事方式和表决程序，除《公司法》有规定的以外，由公司章程规定。

3. 经理

经理是公司章定机关，非必设机关，属于董事会的业务执行辅助机关，负责有限责任公司日常经营管理工作。

有限责任公司可以设经理一职，由董事会聘任和解聘。经理对董事会负责，列席董事会会议，依法行使下列职权：①主持公司的生产经营管理工作，组织实施董事会决议；②组织实施公司年度经营计划和投资方案；③拟订公司内部管理机构设置方案；④拟订公司的基本管理制度；⑤制定公司的具体规章；⑥提请聘任或解聘公司副经理、财务负责人；⑦聘任或解聘除应由董事会聘任或解聘以外的负责管理的人员；⑧董事会授予的其他职权。公司章程对经理职权另有规定的，从其规定。

（三）监事与监事会

1. 监事

监事是为了防止董事、经理、高级管理人员滥用职权，损害公司及股东的利益，而于公司内部设立的专门监督机关的组成人员。因此，不得由公司的董事、经理、财务负责人以及其他高级管理人员兼任，以保证监事会工作的独立性，有效行使监督职权。

2. 监事会

（1）监事会的组成和任期。关于监事会的监事数目，我国《公司法》规定，有限责任公司，经营规模较大的，设立监事会，其成员不得少于3人；股东人数较少和规模较小的，可以设1～2名监事。关于监事的组成，我国《公司法》规定监事会由股东代表和适当比例的公司职工代表组成，具体比例由公司章程规定，但不得低于1/3。监事会中的职工代表由公司职工民主选举产生。监事会设主席1人，由全体监事过半数选举产生。监事会主席召集和主持监事会会议。监事的任期每届为3年，连选可以连任。

（2）监事会的职权。《公司法》第54条规定，监事会或监事依法行使下列职权：①检查公司财务；②对董事、高级管理人员执行公司职务的行为进行监督，对违反法律、行政法规、公司章程或者股东会决议的董事、高级管理人员提出罢免的建议；③当董事、高级管理人员的行为损害公司的利益时，要求董事、高级管理人员予以纠正；④提议召开临时股东会会议，在董事会不履行《公司法》规定的召集和主持股东会会议职责时召集和主持股东会会议；⑤向股东会会议提出提案；⑥根据《公司法》的相关规定对董事、高级管理人员提起诉讼；⑦公司章程规定的其他职权。

四、一人公司

（一）一人公司的概念与特征

1. 一人公司的概念

一人公司，指仅一个股东持有公司全部出资或股份的有限责任公司或股份有限公司，简言之，指股东仅为一人的公司。我国《公司法》仅允许设立一人有限责任公司。

在学理上，一人公司有形式意义上的一人公司和实质意义上的一人公司之分。形式意义上的一人公司指无论形式上和实质上均只有一名股东的公司，其又可分为设立时的一人公司和设立后的一人公司。前者指在设立时股东仅一人的公司；后者指公司设立时符合《公司法》上关于股东最低人数的规定，但在公司成立后因出资额或股份转让等原因而致使股东仅剩一人的公司。实质意义上的一人公司，指公司股东的人数在形式上符合公司法上关于股东最低人数的规定，但出资或股份的真正所有人仅一人，其他的名义股东是真正的唯一股东的出资或股份的受托人。

2. 一人公司的特征

（1）股东仅为一人。一人公司的股东无论自然人还是法人都仅为一人。

（2）具有法人资格。一人公司的股东虽只为一人，但是其仍然属于公司，具有法人资格。这点与个人独资企业相区别。

（3）股东控制着公司的经营。无论是形式意义上的一人公司还是实质意义上的一人公司，均由实质唯一股东控制着公司的运营。

（二）我国《公司法》对一人公司的规定

根据我国《公司法》的规定，一个自然人只能投资设立一个一人有限责任公司，该一人有限责任公司不能投资设立新的一人有限责任公司。同时规定了股东严格的责任，一人有限责任公司的股东不能证明公司财产独立于股东自己财产的，应当对公司债务承担连带责任。

五、国有独资公司

（一）国有独资公司的概念与特征

1. 国有独资公司的概念

国有独资公司是指国家授权投资的机构或者国家授权的部门单独投资设立的有限责任公司。

2. 国有独资公司的特征

（1）股东的单一性与特定性。在我国，国有独资公司的投资主体为国家，公司成立后其股东仅一人。因此国有独资公司属于一人有限责任公司的范畴。

（2）股权的国有性。国有独资公司的投资主体是国家，但是履行出资人职责的是国务院或者地方人民政府授权的本级人民政府国有资产监督管理机构。

（3）适用范围的特定性。通常，国有独资公司仅适用于生产特殊产品的公司或属于特定行业的公司。一般是关系到国家安全或国计民生的国有企业，采用国有独资公司形式。

（二）国有独资公司的设立

国有独资公司设立的条件与程序和其他有限责任公司基本相同。但基于其投资主体的单一性和独特性，其设立也有自己的特殊之处。

（1）投资主体的单一性。国有独资公司由国家单独出资设立。此外，在《公司法》实施以前已设立的投资主体单一的国有企业，符合有限责任公司设立条件的，可改建为国有独资公司。

（2）公司章程由国有资产监督管理机构或董事会制定。其章程分为两种：一种是由国有资产监督管理机构依照《公司法》制定，另外一种是由董事会制定，报国有资产监督管理机构批准。

（三）国有独资公司的组织机构

国有独资公司仅有一个股东，因此无须设立股东会。国有资产监督管理机构构成了公司的实际权力机构，成为国有独资公司的权力机关。

国有独资公司设董事会，执行公司业务。董事会成员部分由国有资产监督管理机构按照董事会的任期委派，部分由公司职工代表出任，由公司职工代表大会选举产生。董事长和副董事长，均由国有资产监督管理机构从董事会成员中指定。与其他有限责任公司不同，国有独资公司的董事会除行使属于有限责任公司董事会应有的职权外，还可基于国有资产监督管理机构的授权，行使部分属于有限责任公司股东会的职权，决定公司的重大事项。《公司法》规定，国有独资公司设经理，经理由董事会聘任或解聘。因此，经理是国有独资公司的必设机关，具体负责公司的日常经营管理工作，作为董事会执行公司业务的辅助机构，与其他有限责任公司的经理行使相同的职权。经国有资产监督管理机构同意，董事会成员可兼任经理。董事长、副董事长、董事和高级管理人员，未经国有资产监督管理机构同意，不得在其他有限责任公司、股份有限公司或其他经济组织兼职。

国有独资公司设监事会，作为专门的监督机构。监事会成员不得少于 5 人，其中职工代表的比例不得低于 1/3，具体比例由公司章程规定。监事会成员部分由国有资产监督管理机构委派，部分由职工代表担任，由公司职工代表大会选举产生，但公司的董事、经理及财务负责人等高级管理人员不得兼任监事。

任务六　股份有限公司

【导入案例】

昆阳股份有限公司是一家于 2010 年 9 月上市的上市公司。该公司董事会于 2014 年 10 月 14 日召开会议，有关会议情况如下：（1）该公司董事会成员共 7 位，出席本次会议的有甲、乙、丙、丁 4 人，董事李某因出国不能参加会议，电话委托甲代为出席并表决，董事王某因病不能出席，书面委托其朋友（非昆阳公司董事）代为出席。（2）出席本次董事会的董事一致通过三项决议：一是增设公司人力资源部；二是改选了一名董事；三是因公司经理为他人经营与本公司同类的业务，决定罢免现任经理。（3）为完善公司经营管理制度，董事会通过了修改公司章程的决议，并决定从通过之日起执行。

问题：试分析本案例中董事会的各项事务是否符合法律规定。

一、股份有限公司概述

1. 股份有限公司的概念

股份有限公司，又称为股份公司，是指公司全部资本分为等额股份，股东以其所认购的股份额为限对公司承担责任，公司以其全部资产对公司债务承担责任的企业法人。

2. 股份有限公司的特征

（1）股份有限公司具有典型的资合性。股份有限公司是典型的资合公司，公司的信用在于财产。在公司内部，股东彼此之间的联合是以各自出资的财产为基础，一般不存在人身信任因素。在公司外部，股份有限公司所拥有的全部财产是公司对外信用的唯一基础。

（2）股份有限公司的全部资本分为等额股份，股份采取股票的形式。这是股份有限公司与有限责任公司最主要的区别。

（3）股份有限公司组织机构规范。股份有限公司各内部组织机构的设置、职权、议事方式及议事规则，均受到《公司法》的严格规范。在股份有限公司中，应当设置股东会、董事会、监事会，依法行使其法定职权，并按照法律的规定召集、议事、决议。

（4）股份有限公司的经营活动具有公开性。股份有限公司是开放性公司，股份有限公司的股份一般公开发行并可自由转让。股份有限公司的经营公开，因此，法律一般要求公司公开公司章程、股东大会决议、董事会会议记录、监事会会议记录及公司的财务会计报告等公司经营信息，以便公司股东查阅和监督。

（5）股份有限公司的设立程序较为复杂。法律对股份有限公司的设立程序规范较为严格，干预程度也较大。尤其股份有限公司采取募集设立方式时，因涉及的利害关系人较多，设立程序更加复杂。

二、股份有限公司的设立

（一）股份有限公司的设立条件

根据《公司法》的有关规定，设立股份有限公司，应当具备下列条件：

（1）发起人符合法定人数。《公司法》对发起人人数的上下限作出规定，要求设立股份有限公司的发起人，应当为2人以上200人以下，并且其中半数以上在中国境内有住所。

（2）有符合公司章程规定的全体发起人认购的股本总额或者募集的实收股本总额。新《公司法》对股份有限公司注册资本的最低限额没有限制性规定，但法律、行政法规对股份有限公司注册资本的最低限额有较高规定，从其规定。

股份有限公司采取发起设立方式设立的，注册资本为在公司登记机关登记的全体发起人认购的股本总额。在发起人认购的股份缴足前，不得向他人募集股份。股份有限公司采取募集方式设立的，注册资本为在公司登记机关登记的实收股本总额。

法律、行政法规以及国务院决定对股份有限公司注册资本实缴、注册资本最低限额另有规定的，从其规定。

（3）股份发行、筹办事项符合法律规定。

（4）发起人制定公司章程。采用募集方式设立的公司，其章程须经创立大会通过。根据《公司法》第82条的规定，股份有限公司章程应当载明下列事项：①公司名称和住所；②公司经营范围；③公司的设立方式；④公司股份总数、每股金额和注册资本；⑤发起人的姓名或名称、认购的股份数、出资方式和出资时间；⑥董事会的组成、职权、任期和议事规则；⑦公司的法定代表人；⑧监事会的组成、职权、任期和议事规则；⑨公司的利润分配办法；⑩公司的解散事由与清算办法；⑪公司的通知和公告办法；⑫股东大会会议认为需要规定的其他事项。

（5）有公司名称，建立符合股份有限公司要求的组织机构。

（6）有固定的生产经营场所和必要的生产经营条件。

（二）股份有限公司的设立方式

股份有限公司的设立，可以采取发起设立或者募集设立的方式。发起设立，是指由发起人认购公司应发行的全部股份而设立公司的形式。募集设立，是指由发起人认购公司应发行股份的一部分，其余部分向社会公开募集而设立公司。《公司法》第85条规定，以募集设立方式设立股份有限公司的，发起人认购的股份不得少于公司股份总数的35%，其余股份应当向社会公开募集。

1. 发起设立程序

（1）以书面形式认缴公司章程规定发行的全部股份。

（2）缴纳所认缴股份的股款。

（3）选举董事和监事、组成董事会和监事会。

2. 募集设立的程序

（1）由发起人和社会公众分别认购不得少于法定数额的公司章程规定发行的股份。

（2）公开募集股份。经证监会核准、制定并公开招股说明书，由证券公司承销所发行的股份。

（3）缴纳股款。出资形式与有限责任公司相同。对作为出资的非货币财产，须进行评估作价，核实财产，并折合为股份，不得高估或低估作价。认股人在认股书中所填写的股份数经发起人分派后，发起人分派的股份数额即为认股人的认股数额，认股人对之负有缴纳股款的义务。

（4）召集创立大会。发起人应当在发行股份的股款缴足之后30日内召开创立大会，主要是讨论与决定与公司设立有关的重大事项，及公司是否设立。创立大会应有代表股份总数1/2以上的认股人出席方可举行，有的国家则对出席会议的认股人比例不作限制。发起人应当在创立大会召开前15日通知各认股人，如果认股人地址不详，应当予以公告。创立大会审议发起人对公司筹办的情况、通过公司章程、选举董事和监事、公司的设立费用和发起人出资的财产进行审核。

（5）发生不可抗力或者经营条件发生重大变化，直接影响公司设立的，可以作出不设立公司的决议。如果发行的股份超过招股说明书规定的截止期限尚未募足，或者所认购股份的股款缴足后、发起人在30日内未召开创立大会，公司均不得成立。

3. 申请设立登记

发起设立的股份有限公司申请设立登记由选举产生的董事会进行。募集设立的股份有限公司的董事会应当于公司创立大会结束后30日内申请登记并报送登记申请书、批准文件、公司章程、验资证明、创立大会会议记录、筹办公司的审计报告、董事会和监事会的名单及其住所等。

4. 登记机关签发营业执照及公司成立公告

公司登记机关自接到股份有限公司设立登记申请之日起30日内作出是否予以登记的决定。对符合《公司法》规定条件的，予以登记，发给公司营业执照，对不符合《公司法》规定条件的，不予登记。公司营业执照签发之日，为股份有限公司成立之日。

（三）发起人的法律责任

根据《公司法》第95条的规定，股份有限公司的发起人应当承担下列责任：

（1）公司不能成立时，对设立行为所产生的债务和费用负连带责任。

（2）公司不能成立时，对认股人已缴纳的股款，负返还股款并加算银行同期存款利息的连带责任。

（3）在公司设立过程中，由于发起人的过失致使公司利益受到损害的，应当对公司承担赔偿责任。

三、股份有限公司的股份

（一）股份的概念和特征

1. 股份的概念

股份是股份有限公司股东持有的、均分公司全部资本的基本构成单位，也是划分股东权利义务的基本构成单位。

2. 股份的特征

（1）不可分性与平等性。首先，股份是公司资本的最小构成单位，股份不得再行分割,这点是与有限责任公司的出资额最大的不同点。其次,股份有限公司的每一股份代表相等金额,其所代表的股东权利和义务也一律相等。股东行使其权利、承担义务均以其持有的股份多少决定。

(2) 证券性与可转让性。股份有限公司股份的外在表现形式为股票,股票为有价证券,可依法转让。

(二) 股份的发行

1. 股份发行的概念

股份的发行指发起人设立股份有限公司或者股份有限公司为了筹集资本依法分配或出售股份的行为。其中,发起人在股份有限公司的设立阶段发行股份,通常称为设立发行。股份有限公司成立后发行股份称为新股发行。股份有限公司发行新股时,可以是向社会募集资金而发行新股,也可以是为了将公积金转为资本或者将公司债转换为股份而发行股份等。

2. 股票发行的价格

关于股票发行的价格,存在平价发行、溢价发行和中间价发行三种不同的定价方式。根据我国《公司法》第128条的规定,股票的发行价格只能采取平价发行或者溢价发行的定价方式。即股票发行价格可按照票面金额即平价发行,也可以超过票面金额即溢价发行,但不得低于票面金额即折价发行。如以超过票面金额为股票发行价格时,超过票面金额发行股票所得的溢价款列入公司资本公积金。中间价发行只适用新股发行。

3. 新股发行的条件与程序

股份有限公司公开发行新股应当具备如下条件:①具备健全且运行良好的组织机构;②具有持续盈利能力,财务状况良好;③最近3年财务会计文件无虚假记载,无其他重大违法行为;④经国务院批准的国务院证券监督管理机构规定的其他条件。另外,上市公司非公开发行新股,应当符合经国务院批准的国务院证券监督管理机构规定的条件,并报国务院证券监督管理机构核准。

股份有限公司发行新股,应当由股东大会就发行新股事宜作出决议。如股份有限公司经国务院证券监督管理机构核准向社会公开发行新股的,须公告新股招股说明书和财务会计报表,制作认股书,并应当与依法设立的证券公司签订承销协议,与银行签订代收股款协议。公司发行新股募足股款后,须向公司登记机关办理变更登记,并公告。

(三) 股份的转让

1. 股份转让的含义

股份转让是指股份有限公司的股东就其持有的股份依照法定程序转让给他人,使他人取得公司股份而成为公司股东的法律行为。

2. 股份转让的方法

(1) 记名股票的转让。记名股票,由股东以背书方式或者法律、行政法规规定的其他方式转让,并在转让后由公司将受让人的姓名或名称及住所记载于公司股东名册,但股东大会召开前20日或公司决定分配股利的基准日前5日内,不得进行上述股东名册的变更登记。

(2) 无记名股票的转让。无记名股票的转让,由股东将该股票交付给受让人即可。该交付行为完成后即发生转让的效力。

3. 股份转让的限制

（1）发起人转让股份的限制。发起人持有的本公司股份，自公司成立之日起1年内不得转让。公司公开发行股份前已发行的股份，自公司股票在上市交易之日起1年内不得转让。

（2）公司董事、监事、高级管理人员转让股份的限制。任职期间每年转让的股份不得超过其所持有本公司股份总数的25%；所持本公司股份自公司股票上市交易之日起1年内不得转让；离职后半年内，不得转让其所持有的本公司股份；公司章程对公司董事、监事、高级管理人员转让股份作出的其他限制规定。

（3）公司收购本公司股份的限制。公司不得收购本公司股份，但是，有下列情形之一的除外：①减少公司注册资本；②与持有本公司股份的其他公司合并；③将股份奖励给本公司职工；④股东因对股东大会作出的公司合并、分立决议持异议，要求公司收购其股份的。

公司因第①项原因收购本公司股份的，应当经过股东大会决议，且应当自收购之日起10日内注销。公司因第③项原因收购本公司股份的：a. 应当经股东大会决议；b. 不得超过本公司已发行股份总额的5%；c. 用于收购的资金应当从公司的税后利润中支出；d. 所收购的股份应当在1年内转让给职工。公司因第②项和第④项原因收购本公司股份的，应当在6个月内转让或者注销。

（4）记名股票转让的限制。记名股票由股东以背书方式或者法律、行政法规规定的其他方式转让；转让后由公司将受让人的姓名或者名称及住所记载于公司股东名册。股东大会召开前20日内或者公司决定分配股利的基准日前5日内，不得进行前款规定的股东名册的变更登记。但是，法律对上市公司股东名册变更登记另有规定的，从其规定。

四、股份公司的组织机构

（一）股东与股东大会

1. 股东

（1）股东的概念与资格。股份公司的股东是指取得公司股份，作为公司成员的出资人，即公司股份的持有者。我国法律对股东的资格并无积极限制。

（2）股东的权利与义务。股东的权利分为自益权和共益权两种。自益权是指股东以自己的利益为目的而行使的权利，为财产权利。如新股认购权、股利分派请求权、剩余财产请求权等。共益权是指股东以自己的利益并兼以公司的利益为目的而行使的权利，多为管理权利。如出席股东大会的表决权、任免董事等管理人员的请求权等参与权或监督权。股东的义务包括遵守公司章程、缴纳股金、对公司债务承担有限责任。

2. 股东大会

（1）股东大会的性质与地位。同有限责任公司相同，为公司的最高权力机构，非常设机构。

（2）股东大会的职权。依照《公司法》第100条的规定，股份有限公司股东大会的职权同有限责任公司的股东会相同。

（3）股东会议的种类、召集以及决议的产生。股东大会可分为股东大会年会和临时股东大会。股东大会年会每年召开一次，其召开时间由章程规定。临时股东大会是在一定情形发生时召开的股东大会。《公司法》第 101 条规定，如发生如下情况之一的，应当在 2 个月内召开临时股东大会：①董事人数不足《公司法》规定的人数或者公司章程所定人数的 2/3 时；②公司未弥补的亏损达实收股本总额的 1/3 时；③单独或者合并持有公司 10% 以上股份的股东请求时；④董事会认为必要时；⑤监事会提议召开时。此外，公司章程也可以规定公司在上述情形以外的其他情形发生时，公司召开临时股东大会。

股东大会会议由董事会负责召集，由董事长主持。如董事长不能履行职务或者不履行职务时，由副董事长主持。副董事长不能履行职务或者不履行职务时，由半数以上董事共同推举一名董事主持。董事会不能履行或者不履行召集股东大会会议职责的，监事会应当及时召集和主持。监事会不召集和主持的，连续 90 日以上单独或者合计持有公司 10% 以上股份的股东可以自行召集和主持。

股份有限公司召开股东大会，应当于会议召开 20 日以前将会议召开的时间、地点和审议的事项通知各股东。临时股东大会应当于会议召开 15 日前通知各股东。如股份有限公司发行无记名股票的，则应当于股东大会会议召开 30 日前将会议召开时间、地点和审议的事项作公告。

我国《公司法》第 104 条规定，股东出席股东大会，其所持有的每一股份均有一表决权，但是公司持有的本公司股份除外。股东大会会议实行股份多数决定的原则，即股东大会依持有多数股份的股东的意志作出决议。另外，对公司特别重大的事项作出决议时，需要出席会议的股东所持表决权的特别多数通过。《公司法》第 103 条规定，下列决议事项须经出席会议的股东所持表决权的 2/3 以上通过：①对公司合并、分立、解散或者变更公司形式作出决议；②修改公司章程的决议；③增加或者减少注册资本的决议。

【典型案例评析】

A 股份有限公司拟召开 2013 年度股东大会年会，审议批准董事会报告，审议批准监事会报告，审议批准年度财务预算方案、决算方案，审议批准公司的利润分配方案。公司在国务院证券管理部门指定的报纸上登载了召开股东大会年会的通知。通知内容如下：

《A 股份有限公司关于召开 2013 年度股东大会年会的通知》

兹定于 2013 年 5 月 15 日在公司本部办公楼二层会议室内召开 2013 年度股东大会年会，特通知如下：(1) 凡持有本公司股份 50 万股以上的股东可向本公司索要本通知，并持通知出席股东大会会议。(2) 持有本公司股份不足 50 万股的股东，可自行组合，每 50 万股选出一名代表，向本公司索要本通知，并持通知出席股东大会会议。(3) 持有本公司股份不足 50 万股的股东，5 月 10 日前不自行组合产生代表的，本公司将向其寄送"通信表决票"，由其通信表决。

A 股份有限公司董事长×××
2013 年 5 月 5 日

问题：阅读材料，指出该通知有哪些违法之处？根据是什么？

评析：

(1) 通知发出时间违反《公司法》。根据《公司法》规定，召开股东大会，应于会议召开 20 日以前通知各股东。(2) 通知中未将审议的四个事项列出。根据《公司法》规定，召开股东大会，应将审议事项通知各股东。《公司法》第 103 条规定：召开股东大会会议，应当将会议召开的时间、地点和审议的事项于会议召开20日前通知各股东；临时股东大会应当于会议召开15日前通知各股东；此外，发行无记名股票的，应当于会议召开30日前公告会议召开的时间、地点和审议事项。(3)通知中(1)、(2)项均违反《公司法》，剥夺了部分股东表决权。根据是，违反股东平等原则，即《公司法》关于"股东出席大会，所持每一股份有一表决权"的规定。第104条：股东出席股东大会会议，所持每一股份有一表决权。但是，公司持有的本公司股份没有表决权。(4)通知的第(3)项，强行股东选择通信表决形式，剥夺了股东的质询权。根据是，违反了《公司法》关于股东"对公司经营提出建议或者质询"的规定。(5)通知由董事长署名，违反了股东大会应由有召集权的人召集的规定。根据是，《公司法》规定，股东大会由董事会依《公司法》规定负责召集。

(二) 股份有限公司的董事和董事会

1. 董事

董事是股份有限公司董事会的组成人员。在股份有限公司中，董事由股东大会选举产生，职工代表担任的董事由公司职工通过职工代表大会、职工大会或者其他形式民主选举产生。董事任期由公司章程规定，但每届任期不得超过3年。董事任期届满，连选可以连任。董事在任期届满以前，股东大会不得无故解除其职务。

2. 董事会的组成

股份有限公司董事会的地位与性质与有限责任公司董事会的地位与性质相同。在董事会的人员构成上，股份有限公司的董事会由5～19名董事构成。董事会设董事长一人，并可以设副董事长。董事长和副董事长由董事会以全体董事的过半数选举产生。董事长可以根据公司章程的规定成为公司的法定代表人。

3. 董事会的职权

根据我国《公司法》第109条第四款之规定，股份有限公司的董事会对股东大会负责，行使与有限责任公司董事会相同的职权。

4. 董事会的议事规则

股份有限公司的董事会会议可分为定期会议和临时会议两种。董事会的定期会议每年至少召开两次，每次会议应当于会议召开10日前通知全体董事和监事。临时会议可以随时召开，其召集的通知方式和通知时限可由公司自行决定，通常由公司章程加以规定。代表1/10以上表决权的股东、1/3以上董事或者监事会，可以提议召开董事会临时会议。董事长应当自接到提议后10日内，召集和主持董事会会议。

董事会会议应当有过半数的董事出席方可举行。董事会会议的表决，实行一人一票。董事会作出决议，也实行多数决的原则，须经全体董事的过半数通过。

(三) 监事与监事会

股份有限公司的监事的范围与监事会的组成、任期和职权与有限责任公司的相同。

股份有限公司的监事会与有限责任公司的监事会相比，比较特殊的地方是：股份有限公司的监事会可分定期会议和临时会议。定期会议的召开时间可以由公司章程规定，但每6个月至少召开一次会议。

【思考题】

一、简答题
1. 简要论述公司与公司法的特征。
2. 简要论述公司设立的条件。
3. 简要论述股份的概念和特征。
4. 简要论述公司人格否认制度。
5. 简要论述公司债券的种类。
6. 简要论述公司利润分配的顺序和方式。
7. 简要论述公司分立的法律后果。
8. 简要论述公司清算的程序。
9. 简要论述有限责任公司的设立条件和程序。
10. 简要论述股份有限公司的设立方式。

二、案例分析

案例1：

甲、乙、丙三人共同投资设立了红黄兰有限责任公司，公司章程规定：如果股东认为有限责任公司的经营令其不满意，可以抽回其出资或将其出资转让给股东以外的其他人。公司成立后，经营业绩一直不理想，因此乙在没有通知甲、丙的情况下准备将出资份额转让给丁，甲认为不能转让，但乙坚持认为其转让出资份额给第三人是公司章程赋予股东的权利。鉴于甲提出异议，乙为了避免大家关系紧张，又提出抽回出资的要求，丙认为这一要求是受公司章程保护的，应予支持。甲认为公司章程规定的内容不好，使公司的经营很被动，自己马上修改了公司章程。

问题：

（1）甲认为乙未通知其他股东便转让出资份额给第三人的行为是无效的看法是否正确？

（2）丙认为乙抽回出资的行为受公司章程的保护的看法是否正确？

（3）甲自己迅速修改公司章程的行为是否合适？

案例2：

甲公司欲作为发起人募集设立一股份有限公司，其拟定的基本构想包括以下内容：①为了吸引外资，开拓国际市场，7个发起人中有4个住所地在境外，这为公司的国际化打下良好的基础；②公司的注册资本是人民币8000万元，其中7个发起人认购2500万元，由于公司所选项目有非常好的发展前景，其余的5500万元向社会公开募集；③由于是募集设立的股份有限公司，因此所有的出资必须是货币；④由于发起人认为发行工作很重要，因此决定成立专门股票发行小组，自己发行股份；⑤认股人在缴纳股款后，在任何情况下，都不可以要求发起人返还股款；⑥创立大会可以根据需要，结合市场情况由发起人决定召开的时间；⑦如果公司不能设立，发起人和缴足股款的认股人共同承担相应的法律责任。

问题：
甲公司拟定的基本构想中哪些不符合法律规定？为什么？

案例3：

甲、乙、丙拟共同出资设立一家有限责任公司（以下简称公司），并共同制定了公司章程草案。该公司章程草案有关要点如下：

（1）公司注册资本总额为600万元。各方出资数额、出资方式以及缴付出资的时间分别为：甲出资180万元，其中货币出资70万元、计算机软件作价出资110万元，首次货币出资20万元，其余货币出资和计算机软件出资自公司成立之日起1年内缴足；乙出资150万元，其中机器设备作价出资100万元、特许经营权出资50万元，自公司成立之日起6个月内一次缴足；丙以货币270万元出资，首次货币出资90万元，其余出资自公司成立之日起2年内缴付100万元，第3年缴付剩余的80万元。

（2）公司的董事长由甲委派，副董事长由乙委派，经理由丙提名并经董事会聘任，经理作为公司的法定代表人。在公司召开股东会会议时，出资各方行使表决权的比例为：甲按照注册资本30%的比例行使表决权；乙、丙分别按照注册资本35%的比例行使表决权。

（3）公司需要增加注册资本时，出资各方按照在股东会行使表决权的比例优先认缴出资；公司分配红利时，出资各方依照以下比例进行分配：甲享有红利25%的分配权；乙享有红利40%的分配权；丙享有红利35%的分配权。

根据上述内容，分别回答下列问题：

（1）公司成立前出资人的首次出资总额是否符合《公司法》的有关规定？并说明理由。公司出资人的货币出资总额是否符合《公司法》的有关规定？并说明理由。甲以计算机软件和乙以特许经营权出资的方式是否符合有关规定？并分别说明理由。甲、乙、丙分期缴纳出资的时间是否符合《公司法》的有关规定？并分别说明理由。

（2）公司的法定代表人由经理担任是否符合《公司法》的有关规定？并说明理由。公司章程规定的出资各方在公司股东会会议上行使表决权的比例是否符合《公司法》的有关规定？并说明理由。

（3）公司章程规定增加注册资本时，不按照出资比例优先认缴出资是否违反《公司法》的有关规定？并说明理由。公司章程规定的出资各方分红比例是否符合《公司法》的有关规定？并说明理由。

项目四 合同法

【导入案例】

2014年5月20日,张某和甲公司签订了装载机买卖合同,合同约定:张某向甲公司购买一台装载机用于工程施工,价款25万元人民币,张某应于购买当天支付货款;在规定保修期内如标的物出现故障,甲公司负责48小时内赶到现场维修或者更换配件,保证标的物的正常使用;甲公司只对标的物负有保修责任,不负责因产品保修而产生的直接或间接经济损失;保修期自2014年5月20日起至2015年5月19日止。甲公司于合同签订的当天向张某交付了装载机及装载机用户档案卡等资料。2014年5月29日,装载机投入施工不到半小时即发生前桥断裂。张某当即将此事告知了甲公司,甲公司由于人手不够,直至同年6月28日才派人为张某免费更换了前桥。在此期间,张某为了不耽误工期而租用他人装载机施工,花去租金36000元。双方为损失赔偿事宜发生纠纷,张某为此诉至法院,请求判决甲公司赔偿其租金损失36000元。

问题:张某的诉讼请求能否得到法院的支持?

任务一 合同与合同法概述

市场经济离不开商品交易,而商品交易则是以合同为中介自由自愿的双向选择过程。合同法通过赋予合同当事人合意以法律效力,来促进商品生产,保障交易秩序。因此,合同法是市场经济的基本法,是现代各国民事法律制度的重要组成。为了保护当事人的合法权益,维护市场经济的正常秩序,促进社会的健康有序发展,《中华人民共和国合同法》(以下简称《合同法》)于1999年10月1日起正式实施。随后,最高人民法院先后对《合同法》作出了四次司法解释。这些法律及司法解释从合同的订立、效力、履行、保全、变更与转让、终止、违约责任的承担等方面全方位地进行了规范。

一、合同的概念和特征

依照《合同法》第2条的规定,合同是指平等主体的自然人、法人、其他组织之间设立、变更、终止民事权利义务关系的协议。婚姻、收养、监护等有关身份关系的协议适用其他法律的规定。由此可以看出,我国《合同法》所指的合同具有以下三个基本特征:

1. 合同是平等主体之间的协议

合同当事人法律地位平等,即一方当事人与他方当事人人格平等,地位对等。民事合同注重意思自治,契约自由,合同成立的基础就在于缔约各方法律地位的平等,当事人任何一方不存在凌驾于另一方之上的情形,也不存在命令与服从的上下级关系。

2. 合同是以设立、变更、终止民事权利义务关系为目的的民事法律行为

任何法律行为均有其特定目的,合同的目的在于设立、变更、终止民事权利义务关

系，即有效成立的合同的效力使当事人之间产生权利义务关系，或使该权利义务关系发生变化乃至消灭。

3. 合同反映了当事人的共同意志

合同是当事人之间的合意，合同的成立必须有两方以上的当事人，他们互为意思表示，并且意思表示要一致，即达成合意。

二、合同的分类

按照不同的标准可以对合同进行不同的分类，常见的分类主要有以下几种：

1. 双务合同与单务合同

依双方当事人是否互负义务，合同可分为双务合同与单务合同。其中，双务合同是合同的主要形态。双务合同是指当事人双方相互承担给付义务的合同，即当事人均承担合同义务，同时又相互享有债权的合同，如买卖合同。单务合同是指只有一方当事人承担给付义务的合同，即一方仅承担义务而不享有权利，另一方则仅享有权利而不承担义务的合同，如赠与合同。

2. 诺成合同与实践合同

依合同的成立是否须交付标的物或完成其他给付为标准，合同可分为诺成合同与实践合同。诺成合同是指当事人各方意思表示一致即成立的合同，如买卖合同。实践合同又称要物合同，是指除当事人各方意思表示一致外，尚须交付标的物或完成其他给付才能成立的合同，如保管合同。

3. 要式合同与不要式合同

依合同成立是否必须采取法律规定或当事人要求的形式为标准，合同可分为要式合同与不要式合同。要式合同的成立要求合同必须采用法律规定或当事人要求的形式。例如涉及不动产的合同应当采用书面形式。而不要式合同的成立则没有该形式要求。

4. 主合同与从合同

以合同相互间的主从关系为标准，合同可分为主合同与从合同。在两个关联合同中，不依赖其他合同的存在而独立存在的合同为主合同，以其他合同的存在为前提而存在的合同为从合同。如，抵押合同、质押合同、定金合同等是从合同，而被其担保的合同是主合同。

5. 有名合同与无名合同

依法律是否赋予特定名称并设有规范而进行分类，合同可分为有名合同与无名合同。有名合同又称为典型合同，是在法律上已设有规范并赋予名称的合同，如我国《合同法》分则规定的15类合同均为有名合同。无名合同也称为非典型合同，是指法律没有对其名称和内容作出专门规定的合同。

三、合同法的概念及适用范围

（一）合同法的概念

合同法是调整平等主体之间当事人的合同权利义务关系的法律规范的总称。我国调整合同关系的基本法是《合同法》，它由总则、分则和附则三部分组成，共23章428条。

（二）合同法的适用范围

《合同法》第 2 条规定，本法所称合同是平等主体的自然人、法人、其他组织之间设立、变更、终止民事权利义务关系的协议。婚姻、收养、监护等有关身份关系的协议，适用其他法律的规定。

由此可见，合同法适用平等主体之间，以财产流转为特征的社会关系。

不适用《合同法》的情形主要有：

（1）政府的管理行为，用协议形式明确管理内容的，适用有关政府管理的法律，但政府采购等以平等主体身份进行的民事行为除外。

（2）法人、其他组织内部管理关系适用有关的公司法、企业法。

（3）婚姻、收养、监护适用有关法律。

四、合同法的基本原则

合同法的基本原则是指贯穿于合同法整个领域，指导合同法的制定、解释，合同当事人的合同行为以及合同的司法行为的根本准则，是合同法的宗旨和价值判断的集中体现。

1. 平等原则

平等原则是指合同当事人的法律地位平等，一方不得将自己的意志强加给另一方。具体来说，合同当事人平等地作为合同主体，没有高低、从属之分，都必须遵守法律规定，尊重对方当事人的意志。在适用法律的时候不应以身份的不同为理由而有差别对待。任何一方没有超越该法之上主张豁免或适用特别法的特权。在合同发生纠纷时，当事人应该使用司法上的解决方法，而不得采用强制命令的方式。

2. 合同自愿原则

合同自愿原则是指合同当事人在法律许可的范围内有权根据自己的真实愿望，自由地进行合同的设立、变更和终止的活动，任何单位和个人不得非法干预。自愿原则保证了合同当事人在交易活动中的主动性、积极性和创造性，便于当事人通过协商，自愿决定和调整相互间的权利义务关系。同时，合同自由又是确保合同经济效益，追求社会资源最有效配置的基础。

当然，这种自由是一种相对的而非绝对的自由。为了保障市场经济有序发展，国家有必要对市场经济实行宏观调控和适当的干预，为此，应对合同自由作出必要的限制。

3. 公平原则

公平原则是指因合同所确立的当事人之间权利的享有与义务的分担应当公平合理，对双方都有利。

它主要表现为：①在订立合同时，应按照公平合理的标准确定合同的权利义务，不能使当事人双方的权利义务内容显失公平；②在发生合同纠纷时，法院或仲裁机构应依照公平原则对当事人的权利义务进行价值判断，公平地适用法律，确定法律责任的承担。

4. 诚实信用原则

诚实信用原则是指合同当事人从事合同行为时，应当向对方当事人承担善意、真实、守信的责任，保证不向对方实施欺诈、蒙骗、损害对方合法利益的行为。

其主要表现为：①债务人在履行合同债务时，债权人应适当受领，若债务人有要求，还要创造必要条件、提供方便；②债务人应根据合同性质、目的和交易习惯履行通知、协助、保密等附随义务；③因故不能履行或不能完全履行的应积极采取措施避免或减少损失，否则就扩大的损失自负其责。诚实信用原则的确立，有利于保护合同当事人的合法权益，促使当事人更好地履行合同。

5. 遵守法律和公序良俗原则

守法原则是指合同当事人订立、履行合同，应当遵守国家的法律、行政法规、地方性法规以及规章。但如果地方性法规及规章与国家的法律、行政法规相冲抵触，则不能作为当事人行为合法的依据。

公序良俗原则是指合同当事人订立、履行合同，应当遵守社会公德，不得扰乱社会经济秩序、损害社会公共利益。该原则是对合同自愿原则的补充和限制，确保在自由、积极发挥当事人创造性，活跃市场经济的同时，保证交易在遵守公共秩序和善良风俗的前提下进行，使市场经济有一个健康、正常的道德秩序和法律秩序。

6. 鼓励交易原则

鼓励交易原则是指法律应减少对当事人的不必要的限制、干预，减少因制度规定而为当事人带来的交易成本的增加。鼓励交易原则在《合同法》以及相关的合同法解释中得到了充分的体现，反映了市场经济的要求。具体体现为：①减少无效合同范围和种类；②限制国家干预当事人合同的权限；③区分了合同的成立与生效；④合同订立制度之中充分体现了鼓励交易的精神。

任务二　合同的订立

一、合同订立的程序

合同订立也是合同得以成立的前提。《合同法》第 13 条规定："当事人订立合同，采取要约、承诺方式。"由此可见，合同的订立一般要经过两个阶段，即要约和承诺。

（一）要约

1. 要约的概念和构成要件

要约，也称订约提议，是当事人一方向他方提出的，希望和他方订立合同的意思表示。构成一项有效要约必须符合以下条件：

（1）要约必须是特定的人所为的意思表示。要约是要约人（发出要约的人）向相对人（受要约人）所作出的含有合同条件的意思表示，旨在得到受要约人承诺并成立合同。因此，只有要约人是特定人，受要约人才能对之承诺。

（2）要约必须向合同的相对人（即受要约人）发出，并传达到受要约人。由于要约必须经过相对人承诺才能成立合同，故要约必须是对受要约人发出的。

（3）要约必须具有缔结合同的意图。凡不是以缔结合同为目的的行为，例如邀请参加典礼的请柬，尽管表达了当事人的真实意愿，也不是要约。

是否以缔结合同为目的是要约与要约邀请的主要区别。要约邀请又称要约引诱，是希望他人向自己发出要约的意思表示，其本身不发生法律效果。《合同法》明文规定，寄送的商品价目表、拍卖公告、招标公告、招股说明书、商业广告等行为一般视为要约邀请。但商业广告的内容符合要约规定的，视为要约。

（4）要约的内容必须具体确定。要约的目的是希望与他人订立合同，内容若含糊不清，对方无法了解真实含义则难以承诺。因此，要约的内容必须具体明确，要包含要约人所希望订立合同的基本条款。

（5）要约应表明一经受要约人承诺，要约人即受该意思表示约束。如果要约人并未表明愿意受自己与他人订立合同的意思表示的约束，则说明要约人根本没有订立合同的诚意，该意思表示就不成其为要约。因此，要约人必须在要约中表明经受要约人承诺，要约人即受该意思表示约束。

2．要约的生效时间

要约可以采用口头或书面形式。要约的生效时间我国法律采用到达主义，即要约到达受要约人时生效。口头要约一般自受要约人了解时生效。采用数据电文形式订立合同，收件人指定特定系统接受数据电文的，该数据电文进入该特定系统的时间，视为到达时间；未指定特定系统的，该数据电文进入收件人的任何系统的首次时间，视为到达时间。

3．要约的撤回与撤销

（1）要约的撤回。要约的撤回，是指在要约发出之后，发生法律效力之前，使要约不发生法律效力的行为。为了尊重要约人的意志和保护受要约人的利益，撤回要约的通知应当在原要约到达受要约人之前或同时到达。

（2）要约的撤销。要约的撤销，是指要约人在要约生效之后，而在受要约人作出承诺之前，欲使要约失去法律效力的意思表示。由于要约的撤销往往不利于受要约人，只有在符合一定条件下才被允许。《联合国国际货物销售合同公约》第16条规定，除法定情形外，要约被受要约人承诺之前，原则上可以撤销。

我国《合同法》第19条规定，不得撤销的要约有两种：一是要约人确定了承诺期限或者以其他形式明示要约不可撤销；二是受要约人有理由认为要约是不可撤销的，并已经为履行合同作了准备工作。

4．要约的失效

要约的失效，是指要约丧失了法律约束力，不再对要约人和受要约人产生法律约束力。根据《合同法》第20条规定，有下列情形之一的，要约失效：①拒绝要约的通知到达要约人。拒绝要约，是指受要约人没有接受要约所定的条件，属于单独行为。②要约人依法撤销要约的。③承诺期限届满，受要约人未作出承诺的。要约中规定了承诺期限的，受要约人未于此期间承诺，该期间届满即失去效力。要约中未规定承诺期限的，对于以对话方式进行的要约，受要约人未立即承诺的，即要约失效；非对话方式所为的要约，在承诺所需的合理期限内未承诺的，要约即失去效力。④受要约人对要约的内容作出实质性变更。受要约人对要约的内容作出实质性变更的，表明受要约人是拒绝要约的，但为了鼓励交易可以视其为新要约。

（二）承诺

1．承诺的概念和条件

承诺是指受要约人收到要约后按照要约所规定的时间与方式，用诺言或行动对要约表示完全同意的一种法律行为。要约一经受要约人承诺并送达要约人合同即告成立。

承诺的条件：

（1）承诺必须由受要约人（本人或其代理人）作出，并传达给要约人。要约是要约人向特定的受要约人发出的,受要约人进行承诺的权利是要约人赋予的,任何第三人不得享有承诺权。

(2) 承诺的内容必须与要约的内容一致。如果受要约人在承诺中对要约的内容加以扩张、限制或变更,就不构成承诺,而是对要约的拒绝或称为反要约、新要约。

(3) 承诺必须在要约的有效期限内到达要约人。承诺期限的确定有两种方式:一是要约中明确规定的期限;二是法定的期限。我国《合同法》第23条规定,要约以对话方式作出的,应当即时作出承诺,但当事人另有约定的除外。要约以非对话方式作出的,承诺应当在合理期限内到达要约人。

超过要约有效期的承诺,称为迟到的承诺或逾期的承诺。如果受要约人超出承诺期限发出承诺的,除非要约人通知该承诺有效外,该承诺为一项新要约。

2. 承诺的方式与生效的时间

根据《合同法》第22条规定,承诺应当以通知的方式作出,通知可以是口头形式也可以是书面形式,一般应与要约的形式一致或符合要约的要求。但根据交易习惯或者要约表明可以通过行为作出承诺的除外。这里的行为通常是指履行行为,如预付价款、装运货物或在工地上开始工作等。

对于承诺生效的时间,目前国际上主要有两种规定方式,即"投邮生效"和"到达生效"。英美法系一般采取"投邮生效",承诺发出后就不可再撤回;大陆法系国家则一般采取"到达生效",承诺在到达相对人之前是可以撤回的。

根据我国《合同法》26条规定,承诺通知到达要约人时生效。承诺不需要通知的,根据交易习惯或者要约的要求作出承诺的行为时生效。

3. 承诺的撤回

承诺的撤回是指在承诺生效前,承诺人阻止承诺发生法律效力的行为。撤回的通知必须先于或与承诺的通知同时到达要约人,才发生阻止承诺的效力。如果迟于承诺到达要约人,因承诺已经生效,合同往往随之成立,故不发生承诺撤回的效果。

二、合同的形式

合同的形式是指当事人合意的表现形式,是合同内容的外部表现,是合同内容的载体。我国《合同法》第10条规定,当事人订立合同,有书面形式、口头形式和其他形式。

口头形式是指当事人以口头的方式达成协议的合同形式。这一形式简便易行,在日常生活中经常被采用。凡当事人无约定,法律未规定采取特定形式的合同均可采用口头形式。但发生争议时,当事人必须举证证明合同的存在及其内容,而口头合同的缺点恰恰是发生纠纷时难以举证,不易分清责任。因此,非即时清结的合同或标的额较大的合同不宜采取这种方式。

书面形式是指以文字(如合同书、信件等)或数据电文等表现当事人所订立的合同的形式。这种形式的合同权利义务关系明确,容易举证,有利于防止和处理合同纠纷。法律、行政法规规定或当事人约定采用书面形式的,订立合同时当事人就应当采用书面形式。采用书面形式的合同当事人应在合同书上签名或盖章。

其他形式的合同是指除口头、书面之外的合同形式,如以实际行为承诺的形式等。如果当事人未采用书面形式但一方已经履行主要义务而对方也接受的,该合同应被推定为成立。

三、合同的内容

合同内容即通常所称的合同的条款,直接用以明确当事人双方合同权利义务。依照《合同法》第 12 条规定,当事人约定的合同内容,一般应包括下列条款:

(1) 当事人的名称或姓名和住所。当事人是合同权利义务的承受者,没有当事人,合同的权利义务就失去了存在的意义,给付和受领给付则无从谈起,因此,该条款是所有合同都必须具备的条款。

(2) 标的。标的是合同权利义务指向的对象。合同不规定标的则会失去目的,因此,该条款也是一切合同必须具备的主要条款。合同标的可以是物,也可以是行为或智力成果。

(3) 数量和质量。数量和质量是确定合同标的(物)的具体条件,是确定合同当事人之间权利义务范围和大小的一个标准,同时也是这一标的(物)区别于同类另一标的(物)的具体特征。

(4) 价款或酬金。价款是取得标的(物)应支付的代价,酬金是获得服务所应支付的代价。价款或酬金条款是有偿合同的主要条款。

(5) 履行期限。履行期限是当事人履行合同义务的起止时间,是确定违约与否的因素之一。履行期限若能通过有关规则及方式推定出来,则合同欠缺它也不影响其成立。

(6) 履行地点和方式。履行地点和方式是指当事人在什么地方,以何种方法履行自己的合同义务。履行地点是确定运费负担、风险承担及诉讼管辖的依据。履行方式可根据合同标的及交易活动的实际需要来确定。履行地点和方式若能通过有关规则及方式推定出来,则合同欠缺它也不影响其成立。

(7) 违约责任。违约责任是指合同当事人不履行合同义务或未按合同约定的标的、时间、地点、方式履行合同,依照法律规定或当事人约定应当承担的法律责任。违约责任是促使当事人履行合同义务,使守约方免受或少受损失的法律措施,也是保证合同履行的主要条款。当然,违约责任是法律责任,即使合同中没有约定违约条款,只要未依法免除违约责任,违约方仍应负责。

(8) 解决争议的方法。解决争议的方法,是指当事人如在合同履行过程中发生争议,通过什么样的途径解决这一争议。解决合同争议的途径有:①双方通过协商达成和解;②通过仲裁解决;③通过诉讼解决。

四、合同的成立

(一) 合同成立的概念及构成要件

合同的成立是指合同因符合一定的法定要件而被法律认为客观存在。

合同成立应当具备两个要件:一是订约主体应当是有权订立合同的当事人或其合法代理人;二是订约双方对合同的实质性条款达成一致。其中,当事人的名称或姓名、标的和数量是合同成立最核心的要件。

根据《最高人民法院关于适用〈中华人民共和国合同法〉若干问题的解释(二)》

(下称《合同法司法解释二》)第 1 条的规定,当事人对合同是否成立存在争议,人民法院能够确定当事人名称或姓名、标的和数量的,一般应认定合同成立。法律另有规定或当事人另有约定的除外。

(二)合同成立的时间和地点

一般合同自承诺生效时成立,承诺生效的地点为合同成立的地点。

当事人采用合同书形式订立合同的,自双方当事人签字或者盖章时合同成立,签字或者盖章的地点为合同成立的地点。当事人采用信件、数据电文等形式订立合同的,可以在合同成立之前要求签订确认书。签订确认书时合同成立。

法律、行政法规规定或者当事人约定采用书面形式订立合同,当事人未采用书面形式但一方已经履行了主要义务,对方接受的,该合同成立。

【典型案例评析】

家住北京的孟某于 2016 年 6 月 1 日在家中书写了一份要约,内容为欲将自己的手机以 5000 元出售给位于广州市的周某。孟某于 2016 年 6 月 2 日将信件投入邮筒,该信件于 2016 年 6 月 5 日到达周某住所地邮箱内。周某于 2016 年 6 月 8 日将该信件拆封后获悉该要约的内容。

根据上述案情回答下列问题:(1)孟某的要约何时生效?(2)在该要约到达周某前,如孟某后悔,是否可以撤回该要约?(3)在该要约到达周某后孟某后悔,在何种情况下可以撤销该要约?(4)在何种情况下孟某不得撤销该要约?

评析:

(1)孟某的要约于 2016 年 6 月 5 日生效。(2)孟某可以撤回要约。(3)在 2016 年 6 月 5 日后且在周某做出承诺前可以撤销要约。(4)不得撤销要约的情形:一是要约人确定了承诺期限或者以其他形式明示要约不可撤销;二是受要约人有理由认为要约是不可撤销的,并已经为履行合同作了准备工作。

任务三 合同的效力

合同的效力是指已经成立的合同在当事人之间产生的法律约束力,即通常所说的合同的法律效力。合同成立是合同生效的前提,但成立后的合同未必都会有效。

一、合同的成立与生效的关系

合同的成立与合同的生效既有联系又有区别。

(一)合同成立与生效的联系

从逻辑角度看,合同的成立在前,合同生效在后。合同的成立是合同生效的前提。合同不成立,自然不可能发生法律效力。合同成立是指合同订立过程的完成,它解决的是合同自身有无的问题。合同的生效是指已经成立的合同具备有效条件而在当事人之间产生法律约束力,它解决的是已经成立的合同有无法律效力的问题。因此,考察合同是否有效,首先必须考察合同是否成立。

（二）合同成立与生效的区别

1. 两者的要件不同

合同成立要求当事人就主要条款达成意思一致，即合同经过要约、承诺的完成而成立，承诺生效，合同即成立。但合同是否生效不完全由当事人的意志决定，合同是否生效取决于国家通过法律对当事人合意进行的评价。一般要求行为人具有相应民事行为能力，意思表示真实且不违反法律和公序良俗。

2. 法律后果不同

合同不成立，有过失的一方当事人应承担缔约过失的民事赔偿责任；而由于合同无效违反了国家的强制性规定，无效合同当事人不仅要承担民事责任，而且还可能承担行政责任，甚至刑事责任。

二、有效合同

有效合同是指具备法定条件，受到国家承认和保护的，具有法律上的约束力的合同。合同生效后，任何合同以外的第三人不得侵犯当事人的合同权利，也不得非法阻挠当事人履行合同义务。

（一）合同有效的条件

依《民法通则》和《合同法》的规定，合同生效应当具备以下条件：

（1）订立合同的当事人具有相应的民事行为能力。《最高人民法院关于适用〈中华人民共和国合同法〉若干问题的解释（一）》（下称《合同法司法解释一》）第10条规定，当事人超越经营范围订立合同，法院不因此认定该合同无效。但违反国家限制经营、特许经营以及法律、行政法规禁止经营规定的除外。

（2）双方当事人意思表示真实，不存在欺诈、胁迫或重大误解等违背当事人意愿的情形。

（3）合同的内容不违反法律或社会公共利益。违反法律、行政法规的强制性规定的合同无效。

（4）订立程序、形式合法。对于一般合同，当事人可以协商确定合同采用的形式，但对于一些特殊合同，要符合法律、行政法规的特别规定。

根据《合同法司法解释一》第9条规定，法律、行政法规规定合同应当办理批准手续，或者办理批准、登记等手续才生效，在一审法庭辩论终结前当事人仍未办理批准手续的，或者仍未办理批准、登记等手续的，人民法院应当认定该合同未生效；法律、行政法规规定合同应当办理登记手续，但未规定登记后生效的，当事人未办理登记手续不影响合同的效力，合同标的物所有权及其他物权不能转移。

（二）合同生效的时间

依照《合同法》相关规定，合同的生效时间可以有以下几种：

一是对于依法成立的合同，自合同成立时生效。

二是法律法规作出特别规定的，即法律、行政法规规定应当办理批准、登记等手续生效的，自办理批准登记后生效。

三是允许当事人订立附条件和附期限的合同。如果是附条件的合同，自条件成就时合同生效；若附生效期限的合同，自期限届满时合同生效。

三、无效合同

(一) 无效合同的概念和特征

无效合同是指合同虽然已经成立,但因为违反法律、行政法规的强行性规定或公共利益,自始不产生法律约束力的合同。无效合同具有以下特征:

(1) 合同已经成立。这是确认合同无效的前提。

(2) 无效合同具有违法性。无效合同通常是违反法律、行政法规的强行性规定或公共利益,所以不产生法律约束力,表现为该类合同不具有履行性。

(3) 无效合同是自始无效。即合同从订立时起就不具有法律约束力。无效合同不一定是全部无效。依据《合同法》第56条规定,若无效原因只存在于合同内容的一部分而该部分无效又不影响其余部分效力时其余部分仍有效。

(二) 无效合同的种类

根据《合同法》第52条规定,无效合同包括以下几种:

(1) 一方以欺诈、胁迫的手段订立合同,损害国家利益。法律上所谓的欺诈,是指以陷于错误并基于该错误而为意思表示为目的,故意陈述虚假事实或隐瞒真实情况的行为。判断一个行为是否构成欺诈,应从四方面进行考虑:①客观上是否存在欺诈行为;②主观上是否有欺诈的故意;③受欺诈人是否因欺诈而陷入错误;④受欺诈人是否因该错误作出意思表示。

胁迫是指一方向对方当事人表示施加不法的侵害,使其产生恐惧,并使其基于该恐惧而作出一定的意思表示的行为。因胁迫而订立的合同的构成要件有三个:①胁迫方具有胁迫的故意;②胁迫方实施了胁迫行为;③受胁迫方因被胁迫而订立了合同。

(2) 恶意串通,损害国家、集体或第三人利益。恶意串通是指双方当事人为实现不法目的而非法串通在一起的行为。主观表现为当事人恶意串通,这种串通可以是明示的,也可以是默示的。客观上是造成了国家、集体、第三人利益的损害。

(3) 以合法形式掩盖非法目的。以合法形式掩盖非法目的,又被称为规避法律规定的行为,是指当事人订立的合同在形式上是合法的,但订立合同的目的,以及合同的内容违法。这种情况下,合同不过是当事人实现非法目的的工具。

(4) 损害社会公共利益。社会公共利益作为一个内涵不确定的范畴,它的主要内容体现在公序良俗原则中。凡是严重危害公共秩序以及正常合理之道德风俗的合同都在这一范围的涵盖之中。例如,赌博合同、违反人格尊严的合同、危害家庭关系的合同等,均为无效合同。

(5) 违反法律、行政法规的强制性规定。当事人订立的损害国家、集体、个人或社会公共利益,违反法律强制性规定的合同都是无效合同。

(三) 合同无效的认定

无效合同的确认权由人民法院或仲裁机构行使。合同被确认无效后,视为自始没有法律效力。

合同也可能部分无效。合同部分条款无效的,不影响其他条款的效力,其他条款仍然有效。例如,根据《合同法》第53条规定,合同中的下列免责条款无效:①造成对方人身伤害的;②因故意或重大过失造成对方财产损失的。除上述无效情形外,在格式条款中提供格式条款的一方免除其责任、加重对方责任、排除对方主要权利的,该条款无效。

四、可变更和可撤销合同

(一) 可变更和可撤销合同的概念和特征

可变更和可撤销合同,是指订立合同时,因意思表示不真实,法律允许撤销权人行使撤销权而使已生效的合同归为无效,或者行使变更权使其内容变更的合同。

可变更和可撤销合同具有如下特征:第一,合同变更、撤销的原因是由于意思表示出现瑕疵,即当事人所作出的意思表示并非其真实的意思表示。第二,合同是否存在可撤销或可变更的原因由法律规定,如《合同法》规定的因重大误解、显失公平、乘人之危或一方因欺诈、胁迫订立的合同等,只有上述任何一种事由存在,一方当事人才有权请求变更或撤销合同。第三,撤销权的行使是当事人自愿的行为,必须由一方当事人主动行使,当事人不主张法院或仲裁机构不得主动干预撤销合同。第四,可变更和可撤销合同是一种相对无效的合同,即在享有撤销权的当事人一方行使撤销权前合同有效,当事人行使撤销权后才使合同归于无效。

(二) 可变更和可撤销合同的种类

根据我国《合同法》第54条规定,可变更或撤销的合同有以下几种:

(1) 因欺诈、胁迫订立的,导致国家利益以外的利益受损的合同。一方以欺诈、胁迫订立的合同,同时导致国家利益受损则为无效;否则属于可变更或撤销的合同。

(2) 乘人之危的合同。乘人之危是指一方当事人故意利用他人的危难处境,迫使他人订立对其不利的合同。乘人之危的特点在于利用他人的危难处境,而非主动实施胁迫。

(3) 因重大误解订立的合同。是指误解人在作出意思表示时,对涉及合同法律效果的重要事项存在认识上的显著缺陷,其后果是使误解人受到重大损失,以至于根本违背当事人订立合同的目的。

(4) 显失公平的合同。显失公平是指双方当事人达成合同关系时,权利义务的配置明显不对等,一方处于重大不利的境地。这是明显违反公平原则的合同,可以变更或撤销。

(三) 变更权或撤销权的行使

撤销权是一种形成权,适用除斥期间,期间为1年,自撤销权人知道或应当知道撤销事由之日起算。超过1年不行使的撤销权消灭。

必须由法院或仲裁机构行使变更或撤销权,当事人任何一方都无权单方面变更或撤销合同。当事人请求变更合同的,法院、仲裁机构予以变更但不得撤销;当事人请求撤销的,法院或仲裁机构可酌情变更或撤销。

五、效力待定的合同

(一) 效力待定合同的概念

效力待定合同是指合同虽已成立但因欠缺有效要件,能否发生当事人预期的法律效力尚不确定。该类合同须经权利人追认才能补足欠缺的有效要件,使合同发生预期的法律效力,如权利人在一定期间内拒绝追认,则合同归于无效。权利人进行的追认行为,又被称为合同效力的补正。

（二）效力待定合同的种类

1. 限制行为能力人订立的合同

由于限制行为能力人不能完全判断自己行为的后果，为保障其利益，我国《民法通则》及《合同法》规定，限制行为能力人只能与他人订立与其年龄、智力、精神健康状况相适应的合同，以及纯获利的合同。限制行为能力人从事超越其能力的行为时，应由其法定代理人代理或经其法定代理人追认才能生效。

《合同法》第 47 条规定了合同相对人的催告权和撤销权。即相对人可以催告法定代理人在 1 个月内追认，法定代理人未作表示视为拒绝追认。合同被追认前善意相对人享有撤销权，撤销应以通知的方式作出。追认要以明示的方式作出，追认生效后相对人不得再行使撤销权。所谓善意，一般是指在缔结合同时不知道或者不可能知道对方是限制行为能力人。

2. 无权代理人订立的合同

无权代理人订立的合同，是指行为人没有代理权、越权代理或代理权终止后以被代理人名义订立的合同。这种合同未经被代理人追认，对被代理人不发生法律效力，由行为人承担责任。相对人可以催告法定代理人在 1 个月内追认，法定代理人未作表示视为拒绝追认。合同被追认前相对人享有撤销权，撤销应以通知的方式作出。追认生效后相对人不得再行使撤销权。

表见代理，广义上属于无权代理，是指代理人虽无代理权，但善意第三人在客观上有充分的理由相信其有代理权，并因此与无权代理人为民事法律行为，并使该项法律行为的后果直接由被代理人承担的法律制度。根据《合同法》第 49 条规定，表见代理应视同有权代理。表见代理行为订立的合同所设定的权利、义务，由被代理人承担。被代理人因此受到损失的，被代理人可以向代理人追偿。

3. 法人或其他组织的法定代表人、负责人超越权限订立的合同

法人的法定代表人或其他组织负责人的权限依法或依其组织章程都是受限制的。为平衡公司或企业与相对人的利益关系，对法定代表人、负责人的越权行为，除非相对人知道或应当知道他们的行为超越权限，否则他们的越权行为有效。

4. 无处分权人订立的合同

我国《合同法》第 51 条规定，无处分权人处分他人财产，经权利人追认，或无权处分人事后取得处分权的，该合同有效。

然而《中华人民共和国物权法》（下称《物权法》）第 15 条规定，当事人之间订立的有关设立、变更、转让和消灭不动产物权的合同，除法律另有规定或者合同另有约定外，自合同成立时生效；未办理物权登记的，不影响合同效力。可见，在区分负担行为（合同行为）与处分行为的前提下，负担行为与处分行为是相对独立的，无权处分应当是处分行为效力待定，而负担行为当然应当是有效力。根据新法优于旧法的原则，此处应适用《物权法》的规定。

正因为如此，2012 年最高人民法院颁布的《关于审理买卖合同纠纷案件适用法律问题的解释》第 3 条规定，当事人一方以出卖人在缔约时对标的物没有所有权或者处分权为由主张合同无效的，人民法院不予支持。出卖人因未取得所有权或者处分权致使标的物所有权不能转移，买受人要求出卖人承担违约责任或者要求解除合同并主张损害赔偿的，

人民法院应予支持。

任务四　合同的履行

合同履行是指合同生效后，债务人按照约定或法律规定，全面、适当地履行其合同义务，债权人的合同债权得到完全的实现。

一、合同履行的原则

合同的履行原则是指合同当事人在履行合同过程中应当遵守的基本准则，具体包括：

（一）实际履行原则

实际履行原则是合同履行的本质要求，即履行合同时应按照合同约定的标的履行，不得以任意其他标的代替，否则合同目的难以实现。

（二）适当履行原则

适当履行原则又叫正确、全面履行，是指当事人按照合同约定的内容，以适当的方式，全面完成合同义务的履行原则，是对实际履行的扩张、补充。

实际履行是判断是否履行合同的标准；而适当履行是判断履行是否正确、当事人是否存在违约事实以及应否承担违约责任的重要准则。

（三）诚实信用原则

诚实信用原则是指当事人在履行合同义务时，应当诚实守信，不滥用权利或规避义务的原则。根据《合同法》第60条第二款的规定，合同当事人应当遵守诚实信用原则，根据合同的性质、目的和交易习惯履行通知、协助、保密等义务。

二、合同履行规则

在依法生效的合同履行期限届满以后，债务人应当根据合同具体内容和合同履行的基本原则实施履行行为。债务人在履行过程中，应当遵守以下合同履行的基本规则：

（一）履行主体

合同的履行主体是债务人和债权人，除法律规定、当事人约定以及合同性质决定必须由本人履行外，履行也可由债务人或债权人的代理人进行，或由第三人代替履行。注意，此时第三人仅仅是居于履行辅助人的地位而不因履行取得合同当事人的地位。

（二）履行标的

按标的履行合同是订立合同的目的所在，是合同履行的一项基本原则。按合同标的履行合同，在标的的质量和数量上就必须严格按照合同约定履行。如果合同对标的的质量没有约定或约定不明，当事人可以补充协议，协议不成的，按照合同条款或交易习惯来确定。仍无法确定的按国家或行业标准履行；没有国家、行业标准的，按通常标准或符合合同目的的特定标准履行。在数量上要求全面履行，但在不损害债权人的利益时也允许部分履行。

（三）履行地点

合同约定了履行地点的按约定地点履行。若对履行地点约定不明则可协议补充；不能达成补充协议的按合同有关条款或交易习惯确定；若履行地点仍无法确定，根据标的情况的不同而定。若给付货币则在接受方所在地履行，若交付不动产则在不动产所在地履行，其他的在履行义务一方所在地履行。

（四）履行方式

不同性质、内容的合同有不同的履行方式。对履行方式有约定的从约定，约定不明的可以补充协议；协议不成的，按照合同条款或交易习惯来确定。如果仍无法确定的按有利于实现合同目的的方式履行。

（五）价款或者报价

价款或者报价是合同一方当事人在取得合同标的物时向另一方支付的代价。在合同中约定不明的，按照合同条款或交易习惯来确定。还无法确定的按《合同法》第62、63条规定，应当按订立合同时履行地的市场价格履行。执行政府定价或指导价的在合同约定交付期限内政府价格调整的，按交付时价格算。逾期交付的遇价格上涨按原价执行；价格下降按新价执行。逾期提取标的物或逾期付款的，遇价格上涨时按新价；遇价格下降时按原价执行。

（六）履行期限

履行期限是合同债务人履行义务和债权人接受履行行为的时间界限。若当事人不在履行期限内履行则构成迟延履行，要承担违约责任。履行期限在不损害债权人利益的前提下可提前履行，但因此给债权人增加的费用由债务人负担。履行期限约定不明的可以补充协议，协议不成的，按照合同条款或交易习惯来确定。还无法确定的，债务人可以随时履行，债权人也可随时要求履行，但应给对方必要的准备时间。

（七）履行费用

履行费用是履行合同时所应支出的费用。合同中有约定的按约定负担。若合同中没约定或约定不明的，按照合同条款或交易习惯来确定。仍无法确定的由履行义务一方负担。因债权人变更住所或其他行为而导致履行费用增加的，增加部分由债权人承担。

三、合同履行中的抗辩权

合同履行中的抗辩权，是指符合法定条件时，当事人一方对抗对方当事人的履行请求，暂时拒绝履行其债务的权利。该抗辩权只是在一定期限内中止履行合同（延期履行），并不消灭合同的履行效力，抗辩原因消失后仍要履行债务，是当事人的一种保护手段。具体包括：

（一）同时履行抗辩权

同时履行抗辩权，是指在双务合同中，当事人互负债务，没有先后履行顺序的，应当同时履行。一方在对方履行之前有权拒绝其履行要求。一方在对方履行债务不符合约定时，有权拒绝其相应的履行请求。

同时履行抗辩权的行使条件：①只存在于双务合同中，双方因同一合同互负债务；②双方债务无先后履行顺序之分应同时履行；③双方债务期限均届满；④对方尚未履行；⑤对方给付是可能的。

同时履行抗辩权针对的是不履行主给付义务，如对方不履行从义务及附随义务的，一方不得行使履行抗辩权。除非该从义务或附随义务的不履行会导致一方合同目的不能实现。

（二）不安抗辩权

不安抗辩权是指先履行方有确切证据证明后履行方有丧失或可能丧失履行能力的情形时中止履行合同的权利，并在后履行方于合理期限内未能恢复履行能力或未提供担保时解除合同的权利。

不安抗辩权的行使条件如下：①合同双方互负债务，且债务履行有先后顺序。②订立合同后后履行一方出现了丧失或可能丧失履行债务能力的情形，如经营状况严重恶化、转移财产、抽逃资金、逃避债务、丧失商业信誉、有丧失或可能丧失履行债务能力的其他情形。③先履行的一方要有确切证据证明后履行方丧失履行基础。如没有确切证据而中止履行的，应承担违约责任。

不安抗辩权人在行使不安抗辩权时应当及时通知相对人，并有权要求对方提供适当担保。对方当事人应不安抗辩权人的要求提供适当担保后，不安抗辩权人应恢复履行合同。中止履行后，对方当事人既未在合理期限内恢复履约能力，又未提供适当担保，则中止履行合同的一方当事人可以解除合同。

（三）后履行抗辩权

在双务合同中，当事人互负债务，有先后履行顺序，先履行一方未履行，后履行一方有权拒绝其履行要求。先履行的不符合约定，后履行的有权拒绝其相应的履行要求。

四、合同履行中债的保全

合同保全又称债的保全，是指法律为防止因债务人的财产不当减少给债权人的债权实现带来危害，允许债权人代债务人之位向第三人行使债务人的权利，或请求法院撤销债务人与第三人的民事行为的法律制度。债的保全发生在合同生效后履行完毕前，都会对第三人产生效力，是合同相对性的例外。债的保全是通过债权人行使代位权、撤销权来实现的。

（一）代位权

债权人的代位权是指债权人为确保其债权的受偿，当债务人怠于行使对于第三人的财产权利而危及债权时，得以自己的名义代替债务人行使财产权利的制度。

代位权的行使通常要符合以下条件：①债务人须享有对第三人的权利。但专属于债务人的权利、不得转让的权利、非财产权利等，不是代位权行使的对象。包括基于扶养关系、抚养关系、赡养关系、继承关系产生的给付请求权和劳动报酬、退休金、养老金、抚恤金、安置费、人寿保险、人身伤害赔偿请求权等权利。②债务人怠于行使权利，即债务人应当行使且能行使而不行使权利。③债务人已经陷于迟延。债务人的履行期限已经届满，限于迟延履行，又怠于行使其对第三人的期限已届满的权利，并且无力清偿其合同债务。④债务人怠于行使自己的债权已经危及债权人的债权实现。

债权人应以自己的名义向次债务人所在地人民法院提出申请。代位权的行使范围以债权人的债权为限。代位权行使后，将产生一定的效力。对第三人而言，第三人对抗债务人的抗辩得以对抗债权人。对债务人而言，债务人仍然可以行使对第三人的权利，只是债务人的处分权受到限制，即在不损害债权人利益的前提下行使其权利。对债权人而言，第三人偿还的财产只能作为全体债权人的共同担保物，债权人并不因此而获得优先受偿债权的权利，而与其他债权人处于同等地位受偿。行使代位权支付的费用，债权人有权请求债务人偿还。

（二）撤销权

撤销权是指债权人因债务人实施减少其财产的行为对债权人造成损害的可请求法院撤销该行为的权利。

根据《合同法》第74条规定，撤销权的成立必须具备以下条件：①客观条件，具体为债务人实施了有害于债权的不当的处分行为，如放弃到期债权、无偿转让财产、以明显低价转让财产或以高价收购等。《最高人民法院关于适用〈中华人民共和国合同法〉若干问题的解释（二）》（下称《合同法司法解释二》）对价格合理性规定了认定标准，即转让价格达不到交易时交易地的市场交易价格的70%的，一般可以视为明显不合理的低价；对转让价格高于市场价格的30%的，可以视为明显不合理的高价。②主观条件，债务人实施处分行为或债务人与第三人实施民事行为时具有主观上的恶意。

撤销权的行使必须由债权人以自己名义请求法院撤销。撤销权自债权人知道或应当知道撤销事由之日起1年内行使。债权人不知道撤销事由的，自债务人行为发生之日起5年内未行使撤销权的该权利消灭。

五、对合同条款的解释

合同的解释关系到合同效力的实现，是在合同条款不清楚时，由法院或仲裁庭对合同当事人达成的模糊不清的意思或漏洞作出阐明或补充，来解决理解上的分歧。我国《合同法》第125条规定，当事人对合同条款的理解有争议的，应当按照合同所使用的词句、合同的有关条款、合同的目的、交易习惯以及诚实信用原则，确定该条款的真实意思。合同文本采用两种以上文字订立并约定具有同等效力的，对各文本使用的词句推定具有相同含义。各文本使用的词句不一致的，应当根据合同的目的予以解释。

对格式条款的理解发生争议的，应当按照通常理解予以解释。对格式条款有两种以上解释的，应当作出不利于提供格式条款一方的解释。格式条款和非格式条款不一致的，应当采用非格式条款。

【典型案例评析】

甲对乙享有100万元到期债权未还，乙对丙享有200万元到期债权也未还，现甲欲向丙提起代位权诉讼。根据案情回答下列问题：（1）甲向丙提起代位权诉讼应符合哪些要件？（2）在该案中，谁为原告？谁为被告？谁为第三人？（3）甲起诉丙的数额为100万元还是200万元？（4）甲胜诉后，应将该100万元付给乙还是直接付给甲？

评析：

（1）要件为：债权人对债务人、债务人对次债务人的债权均合法且到期；债务人怠于行使到期债权，已经危害到债权人的债权；债务人的债权非专属于债务人自身的债权。（2）债权人甲为原告，次债务人丙为被告，债务人乙为第三人。（3）甲起诉丙的数额为100万元。（4）甲胜诉后，由丙直接将100万元支付给甲。

任务五 合同的变更与转让

一、合同的变更

合同的变更有广义和狭义之分。广义的合同变更,既包括合同主体的变更也包括合同内容的变更。而狭义的合同变更仅指合同内容的变更,是指合同在成立之后尚未履行之前,当事人不变而仅就合同内容达成修改、补充协议。一般合同内容的变更适用狭义概念,而合同主体的变更称为合同的转让。合同既可以由双方当事人在协商一致的基础上作出变更,也就是协议变更;也可以依法律规定,当出现某些情况时,如因重大误解、显失公平或以欺诈、胁迫、乘人之危等手段订立的合同,请求法院或仲裁机构变更。

合同变更的效力,原则仅向将来发生效力,未变更的内容继续有效。已履行的义务、已发生的违约责任、赔偿请求权除法律规定或当事人约定,不因变更而失去效力。

二、合同的转让

合同的转让是指在不改变合同内容的前提下,合同关系的一方当事人将合同的权利、义务全部或部分转让给第三人的法律行为。

(一) 合同债权让与

合同债权让与是指不改变合同关系的内容,债权人通过协议将全部或部分债权转让给第三人的行为。

根据《合同法》第79规定,下列情形下不得转让合同权利:①依合同性质不得转让;②依当事人的约定不得转让;③法律规定禁止转让的。违反上述禁止性规定转让合同权利的,该转让行为无效。

债权人转让权利的,应当通知债务人,未通知的,该转让对债务人不发生效力,债务人向原合同债权人履行合同的行为仍有效。债权转让对受让人的效力是除非受让人同意,原债权人无权撤销转让权利的通知。除专属于原债权人之外的,债务人对抗原债权人的一切抗辩均可用于受让人。债务人接到债权转让通知时若对受让人享有债权,并且债务人的债权优先于转让的债权到期或同时到期,债务人可向受让人主张抵销。

(二) 合同债务的转让

合同债务的转让又称合同债务的承担,是指在不改变合同内容的前提下,债权人或债务人通过与第三人订立转让债务的协议,将债务全部或部分转让给第三人承担。

债务人经债权人同意,将债务转给第三人,自己脱身而出的债务承担被称为免责的债务承担。债务人本身不脱离债的关系,第三人又加入债务人行列与原债务人行列,与其一起共同承担债务,称作并存的债务承担。此时,一般通知债权人即可生效而不须非经其同意;但若第三人的加入会导致矛盾产生、妨碍债的履行、损害债权人利益,则必须经过债权人同意,转让合同方可生效。

(三) 权利义务的概括转让

权利义务的概括转让,又称债的概括承受,是指当事人将自己在合同中的权利义务一并转让给第三人。

这种转让既可以是全部债权债务的转移,也可以是部分债权债务的转移。若是部分债权债务发生概括转让的,出让人和承受人应确定各自享有的债权和承担的债务的份额和性质,如无约定或约定不明,则视为连带责任。常见的概括转让的类型有合同承受、企业的分立与合并。

【典型案例评析】

张某对赵某享有 100 万元的债权,赵某一直未予以偿还。张某于 2016 年 6 月 1 日将该债权转让给好友钱某,转让合同中约定:由张某通知赵某债权转让一事。张某于 2016 年 6 月 5 日将债权转让给钱某一事电话通知债务人赵某。根据上述案情,请回答下列问题:(1)张某与钱某签订的债权转让的协议何时生效?(2)张某是否可以通过电话方式通知债务人赵某?(3)如张某未将债权转让一事通知债务人赵某,钱某可否向赵某主张债权?(4)如张某将债权转让一事通知债务人赵某后后悔,是否可以撤销?

评析:

(1)债权转让协议于 2016 年 6 月 1 日生效。(2)张某作为债权人,通知债务人的方式为不要式,可以电话通知。(3)如张某未通知赵某,钱某不得向赵某主张债权。(4)如张某已将债权转让一事通知债务人后,除非钱某同意,否则不得撤销。

任务六 合同权利义务的终止

一、合同权利义务终止的概念及法定情形

合同权利义务的终止,又称合同的消灭,债的消灭,是指合同关系在客观上不复存在,权利义务归于消灭。合同关系终止后,合同的效力也就随之消灭。

根据我国《合同法》第 91 条规定,合同的权利义务终止的情形有:①清偿,即债务已经按照约定履行;②合同解除;③债务相互抵销;④债务人依法将标的物提存;⑤债权人免除债务;⑥债权债务同归于一人;⑦法律规定或者当事人约定终止的其他情形。由于合同的解除、抵销规定相对复杂,下面详细阐述。

二、合同的解除

(一)合同解除的概念及特点

合同的解除,是指合同依法成立后但尚未全部履行前当事人基于协商、法定、约定而使合同关系归于消灭的一种法律行为。其特点表现为:①合同的解除以有效合同为前提;②合同的解除必须按法律规定或当事人约定的条件进行;③合同的解除是一种消灭合同关系的法律行为,既可以是单方行为也可是双方行为。

(二)合同解除的种类

(1)协议解除。双方当事人通过协商一致的方式来解除合同关系,以使合同权利义务归于终止。这是一种双方行为。

(2)约定解除。双方当事人可以在合同订立时约定解除条件,任何有解除权的一方在解除条件成就时可依照约定,单方解除合同。

（3）法定解除。法定解除是单方法律行为，任何一方当事人可在法律规定的解除条件出现时行使该解除权，从而使合同权利义务归于终止。法定解除的具体情形包括：①因不可抗力致使合同目的不能实现。在此情况下，双方均可提出解除合同，因此而受到的损失由各自承担。②预期违约。即履行期限届满前，当事人一方明确表示或以行为表明不履行主要债务。③迟延履行。即当事人一方无正当理由，在合同约定的期限届满不履行主要债务，从而使履行陷入迟延，经催告后在合理期限内仍未履行，则对方当事人可提出解除合同。④根本违约。即因当事人一方迟延履行债务或有其他违约行为致使合同目的不能实现的，对方当事人可提出解除合同。⑤法律规定的其他情形。

（三）解除权的行使

如果双方是协议解除，则以新的合同解除原合同。如果是单方解除合同，合同自通知到达对方时解除；若对方有异议的，可以请求法院或仲裁机构确认解除合同的效力。

行使解除权应在一定期限内进行。法律规定或当事人约定解除权行使期限的，期限届满当事人不行使的该权利消灭。没规定或约定期限的，经对方合理催告后在合理期限内仍不行使的该权利消灭。

（四）合同解除的效力

合同解除后尚未履行的终止履行；已履行的根据履行情况与合同性质，当事人可以要求恢复原状，采取其他补救措施等。合同解除不影响当事人请求赔偿的权利，二者并存。

三、合同债务的抵销

合同债务抵销，是指当事人双方互负债务，将两项债务相互抵充，使其在相互等额内消灭。我国《合同法》规定的抵销有法定抵销和约定抵销两种。

（一）法定抵消

法定抵销，是指按照法律规定，在两方互负同种类债务，且债务均已届清偿期时，依照当事人一方的意思表示而成立的抵销。

法定抵销的条件如下：①当事人互负债务，且债权债务关系均为合法。②双方抵销的债务要种类相同。③双方债务均已届清偿期。一方到期而另一方未到期的，未到期的债务人主张抵销或同意的可抵销；均未规定清偿期的因债权人可随时要求债务人履行故而可抵销。④须是双方的债务均为可抵销的债务，法定、约定、性质上不能抵销的债务除外，如禁止强制执行的、违约金债务、提供劳务的及不作为的债务等。

（二）约定抵销

约定抵销，是指经互负债务的双方当事人协商一致而发生的抵销。约定抵销的条件：①当事人互负债务，且债权债务关系均为合法。②债务属于按照合同性质或法律规定可以抵销的范围。

（三）抵销权的行使及法律效力

当事人主张抵销权，只需通知对方即可，不需要经过对方同意。抵销通知自到达对方时生效。抵销不得附条件和期限。

抵销权行使后，双方的债权债务于抵销数额内消灭。抵消自成立后依法不得撤回。当双方互负的债务数额不等时，对未抵销的部分，债权人仍有权要求债务人清偿。

四、合同终止的效力

合同自终止事由发生之时起,合同关系即在法律上当然消灭。此外,合同终止还发生以下效力:①合同之债消灭,依附于主权利义务的从权利义务一并消灭。②负债字据是合同权利义务的证明,因此,合同终止后债权人应将负债字据还给债务人,不能返还的应出具债务消灭的字据。③合同终止后,当事人应当遵循诚实信用原则,或根据交易习惯承担照顾、协助、保密等义务。当事人违反上述义务的应承担赔偿责任。

【典型案例评析】

乙欠甲5000元,甲多次催促,乙拖延不还。后甲通知乙必须在半个月内还钱,否则起诉。乙立即将家中仅有的值钱物品九成新的电冰箱和彩电各一台以150元价格卖给知情的丙,被甲发现。

根据上述案情,回答下列问题:(1)如甲欲向乙丙行使撤销权,应采用何种方式进行?(2)如甲到法院起诉,应以谁为被告?(3)如甲于2016年5月1日发现乙出售电视,从哪天开始,甲不再享有撤销权?

评析:

(1)甲行使撤销权,应以诉讼的方式做出。(2)如甲起诉,应以乙为被告。(3)撤销权行使的除斥期间为一年,自撤销权人知道或应当知道撤销事由时起算,甲自2017年5月2日起不再享有撤销权。

任务七　合同的责任

一、违约责任

(一)违约责任的概念及特点

违约责任,是指当事人因违反合同义务而应承担的责任。

违约责任具有以下特点:①违约责任的成立是以合同的有效成立为前提。违约责任的产生原因是当事人不履行或履行合同义务不符合约定所产生的民事责任。②违约责任可以由当事人在合同中依法约定。③违约责任是发生在合同相对人之间的责任。合同关系之外的第三人一般不负违约责任,即违约责任具有相对性特点。④违约责任主要是违约方向守约方承担的财产责任。除法律另有规定外,一般不具有惩罚性。

(二)违约责任的归责原则

归责原则,是指基于一定的归责事由而确定行为人是否应当承担责任的法律原则。我国《合同法》采用的是以严格责任原则为主、以过错责任原则和过错推定原则为辅的归责原则。

严格责任原则,是指不论违约方主观上是否有过错,只要其有不履行或不完全履行合同义务的行为,就应当承担违约责任。

过错责任原则,是指乙方违约不履行或者不完全履行合同时,应当以主观上存在过错作为承担违约责任的要件和确定责任大小的依据。如《合同法》第303条规定,在运输过程中旅客自带物品毁损、灭失，承运人有过错的，应当承担损害赔偿责任。

过错推定原则，是指在发生了违约行为之后，法律直接推定违约行为人在主观上有过错，从而承担违约责任的一种归责原则。如《合同法》第374条规定，保管期间，因保管人保管不善造成保管物毁损、灭失的，保管人应当承担损害赔偿责任，但保管是无偿的，保管人证明自己没有重大过失的，不承担损害赔偿责任。

（三）违约的免责事由

除非出现了法定或约定的免责事由，否则违约方须承担违约责任。免责事由包括：①不可抗力。除法律另有规定外，因不可抗力违约，可全部或部分免责。但因当事人迟延履行而出现不可抗力的，不可免责。②相对人自己的过失。即违约产生后，相对人应采取措施防止损失扩大而未采取的不得就扩大部分的损失请求赔偿。双方均有过失的相抵，各自承担相应责任。③双方约定的免责事由。

（四）违约责任的承担方式

1. 实际履行

实际履行，又称为继续履行，是违约方对合同债务不履行或履行不符合约定时，由法院强制违约方依照合同的约定继续履行的责任形式。但并非所有情况下均可适用实际履行，在下列情况下不得请求强制实际履行：①债务发生履行不能。②标的不适宜强制履行。③债权人在合理期限内未请求强制实际履行的。

2. 损害赔偿

损害赔偿，是指违约方因不履行或不完全履行合同义务给对方造成损失时，依法或依合同约定应当赔偿对方当事人所受损失的行为。

由于违约责任一般不具有惩罚性，损失赔偿额应当相当于因违约所造成的损失，包括合同履行后可获得的利益，即违约方赔偿的损失应当包括直接损失和间接损失。但为了公平保护各方当事人的权益，损害赔偿不得超过违反合同一方订立合同预见到或应当预见到的因违反合同可能造成的损失。法律另有规定的情况除外，如《中华人民共和国消费者权益保护法》第55条规定，经营者提供商品或者服务有欺诈行为的，应当按照消费者的要求增加赔偿其受到的损失，增加赔偿的金额为消费者购买商品的价款或者接受服务的费用的三倍；增加赔偿的金额不足五百元的，为五百元。法律另有规定的，依照其规定。

3. 违约金

违约金，是当事人在合同中约定或由法律规定，一方违约时应向对方支付一定数量的货币。违约金条款是由当事人事先协商确定，并在当事人违约后才生效的。违约金作为责任承担方式，其主要功能在于补偿而非惩罚，因此，根据我国《合同法》规定，违约金约定得过高或过低时均可提请法院或仲裁机构适当增加或减少。《合同法司法解释二》第29条规定，当事人主张约定的违约金过高请求予以适当减少的，人民法院应当以实际损失为基础，兼顾合同的履行情况、当事人的过错程度以及预期利益等综合因素，根据公平原则和诚实信用原则予以衡量，并作出裁决。当事人约定的违约金超过造成损失的30%的，一般可以认定为《合同法》第114条第二款规定的"过分高于造成的损失"。

如果当事人在合同中既约定违约金，又约定定金的，一方违约时对方只能在违约金和定金条款中择其一而用，二者不可并用。

4. 定金责任

定金，是合同当事人为了确保合同的履行，依照双方约定由当事人一方在合同订立时或订立后履行前，按照合同金额的一定比例，预先支付给对方当事人的金钱或有价证券。当事人可依《中华人民共和国担保法》约定，一方向对方给付定金作为债权的担保。定金数额由当事人约定，但不得超过主合同标的额的20%。

根据《合同法》第115条的规定，当事人可以依照《中华人民共和国担保法》约定一方向对方给付定金作为债权的担保。债务人履行债务后，定金应抵作价款或收回。给付的一方不履行约定的债务的，无权要求返还定金；收受定金的一方不履行债务的，应当双倍返还定金。

5. 其他补救措施

采取补救措施，是违约方采取的旨在消除违约后果的除了继续履行，支付赔偿金、违约金以及定金义务的其他措施，如修理、更换、重做、退货、减少价款或报酬等。

二、缔约过失责任

（一）缔约过失责任的含义

缔约过失责任，是指在合同成立前的缔约过程中，因一方的行为致使合同不成立或者无效、被撤销而使另一方信赖利益受损而应承担的损害赔偿责任。缔约过失责任是一种"先合同义务"，即在要约生效后，合同成立前，基于诚实信用原则而由当事人必须承担的义务，具体包括互相协助、及时通知、互相保护等义务。

（二）缔约过失责任与违约责任的不同

（1）性质不同。违约责任是一方违反有效合同约定的义务而产生的责任，以有效合同存在为前提；而缔约过失责任的当事人之间不存在合同关系，是以违反合同法上的义务为前提，是一种合同法上的责任。

（2）发生时间不同。违约责任发生于合同成立生效后；缔约过失责任发生在合同订立过程中。

（3）归责原则不同。违约责任一般适用严格责任原则，除法定免责事由外，只要当事人违约就应当承担违约责任；而缔约过失责任适用过错原则，即当事人主观上存在故意或过失，造成缔约过程中对方的损失时，才承担损害赔偿责任。

（4）承担责任的方式不同。违约责任形式多样；缔约过失责任只有赔偿损失一种。

（三）缔约过失责任的适用范围

设立缔约过失责任，其目的在于保护尚未正式达成合同而处于缔约过程中的当事人的合理的信赖利益。根据《合同法》的有关规定，缔约过失责任的适用范围包括：

（1）假借订立合同，恶意磋商。表现为当事人一方根本无订立合同的目的，以谈判为借口为拖延时间使对方失去商机，目的是损害对方或第三人利益。

（2）缔约欺诈。即在合同订立过程中，隐瞒与订立合同有关的重大事实或提供虚假情况。

（3）违反保密义务的。即一方泄露或不当使用缔约时获悉的对方的商业秘密。

（4）违反诚实信用原则的其他缔约过失行为。根据《合同法》的规定，我国缔约过失责任的形式只有损害赔偿。确有缔约过失的行为造成了信赖关系破坏，从而使另一方的信赖利益受损，受害人就有权要求赔偿。赔偿范围既包括直接损失，也包括因丧失与第三人另订合同的机会所产生的损失。不过，受害方所取得的利益不得超过在合同有效且得到实际履行时应获得的全部利益。

【思考题】

一、简答题

    1. 简要论述合同法的基本原则。
    2. 简要论述合同成立与生效的关系。
    3. 简要论述合同履行中的抗辩权及其种类。
    4. 简要论述无效合同的种类。
    5. 简要论述代位权的概念及条件。
    6. 简要论述撤销权的概念及条件。
    7. 简要论述合同的解除。
    8. 简要论述违约责任和缔约过失责任的不同点。
    9. 简要论述违约责任的归责原则。
    10. 简要论述违约责任的承担方式。

二、案例分析

案例1：

2015年3月10日张某与李某签订合同，约定双方共同出资购买复式吊层建筑面积为250平方米的门面房一间，并共同出资添置设施在该门面房内开设麻将馆，双方以一年为期轮流经营，自负盈亏。张某从2015年3月10日至2016年3月9日止，李某从2016年3月10日至2017年3月9日止，双方依次轮流经营，如违约则按2万元罚款处理。合同履行过程中，张某应于2016年3月10日按照约定将麻将馆移交给李某而拒绝移交。李某为此向法院提起诉讼，请求判决张某移交麻将馆并承担违约金2万元。

问题：

李某的诉讼请求能否得到法院的支持？

案例2：

王某于2016年6月1日在苏宁电器购买电冰箱一台，双方约定：苏宁电器应在2016年6月20日前将电冰箱交付到王某住所。但直到2016年6月20日苏宁电器一直未将电冰箱送到。

问题：

（1）王某可否立即要求解除合同？

（2）王某于2016年6月21日电话通知苏宁电器必须在2016年6月30日之前交付电冰箱，但苏宁电器到期仍未履行义务，是否可以解除合同？

（3）如苏宁电器于2016年6月18日将冰箱送往王某住处，但未交付使用说明书，是否可以请求解除合同？

案例3：

2016年2月10日，甲公司与乙公司签订了一份购买1000台微波炉的合同，约定由乙公司于 3 月 10 日前办理托运手续，货到付款。乙公司如期办理了托运手续，但多装了 50 台微波炉。甲公司于 3 月 13 日与丙公司签订合同，将处于运输途中的合同约定的 1000 台微波炉转卖给丙公司，约定货物质量检验期为到货后 10 天内。3 月 15 日，上述货物在运输途中突遇山洪暴发，致使 100 台微波炉受损报废。3 月 20 日货到丙公司。4 月 15 日，丙公司以部分货物质量不符合约定为由拒付货款，并要求退货。

问题：

(1) 如乙公司在办理完托运手续后即请求甲公司付款，甲公司应否付款？为什么？
(2) 乙公司办理完托运手续后，货物的所有权归谁？为什么？
(3) 因山洪暴发报废的 100 台微波炉，应当由谁承担风险损失？为什么？
(4) 多装的 50 台微波炉，应当如何处理？
(5) 丙公司能否拒付货款和要求退货？为什么？

项目五 金融法

【导入案例】

　　凯达塑胶制品有限公司（以下简称凯达公司），系中外合资经营企业，主要生产和销售塑胶玩具。凯达公司与某包装租赁有限公司（以下简称包装公司）签订了租赁塑胶玩具生产线的融资租赁合同，约定承租方支付出租方租金共200万美元，出租方同时提出需由银行提供担保。当地县政府因急于发展外向型经济，遂指令中国人民银行某县支行（以下简称县支行）予以担保，县支行向包装公司出具了"不可撤销的经济担保书"。融资租赁合同签订后，包装公司交付了租赁设备，而凯达公司仅支付租金18万美元。偿还期限届满，包装公司向承租人和担保人催收租金和滞纳金未果。遂以县支行为第一被告向人民法院提起诉讼，请求法院判令县支行承担凯达公司应支付的逾期租金及滞纳金折合人民币1500余万元的连带责任。人民法院受理此案后，经审理认为：县支行属国家机关，其保证行为无效，应承担因其过错给包装公司造成经济损失的赔偿责任。并作出一审判决，由县支行承担赔偿包装公司人民币损失1500余万元的责任；县支行承担责任后，有权向凯达公司追偿。一审判决后，县支行未提出上诉。

　　问题：中国人民银行的性质是什么？其可否作为担保人？

任务一 金融和金融法的认知

一、金融和金融法的概念

（一）金融的概念及基本含义

1. 金融的概念

　　金融[①]是指货币资金的融通。其有广义和狭义之分。从广义上看，金融是指全社会的货币资金的筹集、分配、借贷、使用和管理活动的总和，包括财政融通和信用融通。财政融通是指国家以其政治权力为基础，以税收的形式征收货币资金用于公共需要，具有无偿性、强制性和固定性的特征。信用融通是指以市场为基础，以股权和债权债务的形式筹集、转移、借贷和管理货币资金的活动，具有有偿性、自愿性和任意性的特征[②]。从狭义上看，金融仅指信用融通，即货币资金在信用基础上的融通，不包括财政融通。金融学和

[①] 中国古代文字中虽然有"金"、有"融"，但将"金融"组成词并赋予其特定含义却是近代的事。中国最早列入"金融"条目的工具书是1915年出版的《辞源》和1937年开始刊行的《辞海》。另外，很多作者都在其著作中把"金融"与英语finance对应，但实际上我们从经济法范畴研究"金融"时，两者并不完全等同，财政在社会实际和学科划分上都已属于与金融分享的部门。参见张学森：《金融法学》，复旦大学出版社，2006年版，第5页。史际春主编：《经济法》，中国人民大学出版社，2005年版，第325页。

[②] 陶广峰：《金融法》第二版，中国人民大学出版社，2012年版，第4页。

金融法意义上的金融，皆指狭义上的金融。

2．金融的含义

从金融法的角度理解"金融"这一概念，应把握以下基本含义：①金融属于信用的范畴。②金融只限于资金的融通。③金融交易主体范围广泛。④金融主体参与金融活动的动机复杂。⑤金融交易的形式具有多样性。

（二）金融法的概念和调整对象

1．金融法的概念

金融法是调整金融关系的各种法律规范的集合。由于具体参与金融活动的金融主体的多样性和金融关系的复杂性，我国在金融立法上，不可能用一部金融法典将所有的金融关系进行一般性概括规定，因此，金融法只能是由一系列相对独立的金融法律、法规构成的集合。

金融法有广义和狭义之分。狭义的金融法指国家立法机关制定的金融法律，如《中国人民银行法》《商业银行法》《票据法》《保险法》《证券法》《银行业监督管理法》等；广义上的金融法除了上述法律外，还包括行政法规、行政规章、地方法规和规章等。

2．金融法的调整对象

金融法的调整对象是金融关系。金融关系是指在金融活动中发生的社会关系。金融关系较为复杂，大致说来，可以分为如下三类：①金融交易关系，即金融主体之间因存款、贷款、同业拆借、票据贴现、银行结算、证券买卖、金融信托、金融租赁、外汇买卖、保险等所发生的关系。此类关系具有明显的民商法性质。②金融监管关系，即国家以及有关的国家机关对金融市场、金融市场主体以及金融市场主体之间的交易活动实施监管而产生的关系。此类关系的特点是主体间的地位是不平等的，其具有行政法的属性。③金融调控关系，即国家以及有关的国家机关，以稳定金融市场、引导资金流向、控制信用规模为目的，对有关的金融变量实行调节和控制而产生的关系。金融调控有直接调控和间接调控之分。直接调控表现为调控主体下达命令，如信贷计划，硬性要求有关方面严格遵守，其产生的关系在性质上与金融监管关系一致，具有行政法属性；间接调控表现为调控主体以宏观金融调控为目的，参与金融交易活动，对有关的金融变量施加影响，其所产生的关系具有与前述金融交易关系同一的性质。

二、金融法的性质

金融是随着商品经济的发展而产生的，并经历了由简单到复杂，由低级到高级的演变。金融是商品生产、交换发展到一定程度的必然产物。早期的金融关系，其本质和基础属于商品关系和"私"的范畴，但随着金融的发展，金融便产生了国家直接介入保障和管理的要求，如货币发行与管理、金融监管等，政府也可能成为金融关系的当事人，金融关系也因此具有"公"的特性，而现代金融业的迅猛发展，金融日益作为非直接经济领域里种种社会关系的媒介，金融法在性质上便跨越了民商法、行政法、经济法和其他社会法等多种法的部门，是公法和私法的融合，在本项目中，本教材仅从经济法的角度，主要就金融调控法和金融监管法对金融法加以论述。

三、金融法的基本原则

金融法的基本原则，是一国金融立法的主线和基本价值取向，它通过对若干重大问题的定性和定位，对国家金融法制建设起基础性的导向作用。就金融立法而言，只有立足科学的基本原则，才能确保立法的高质量。

1. 稳定币值以促进经济增长的原则

经济增长、币值稳定是市场经济协调发展的重要标志。在经济增长和币值稳定的关系上，币值稳定是经济持续、健康、协调增长的前提条件。如果为了追求经济的高增长而非经济地发行货币，固然可能在短期内刺激投资和生产，增加就业，但这不过是表面的、暂时的和病态的繁荣。在这一点上，无论是发达国家还是发展中国家，都不乏深刻的教训。在20世纪80年代以前，很多拉美国家牺牲物价稳定，以图经济的超快攀升，却欲速不达，反使经济良性发展的机制遭到破坏；而在欧美，不少西方国家曾奉行凯恩斯以低通胀刺激有效需求的经济政策，却最终误入"滞胀"的泥淖和怪圈。相反，一些新兴工业化国家重视货币稳定，倒更快地实现了经济的高增长。

要稳定币值，就必须贯彻货币制度的独立性和统一性的要求，并执行经济发行的原则。我国现行的金融立法特别是中央银行立法充分贯彻了维护币值稳定的立法精神。其具体措施是：①人民银行的货币政策目标是"保持货币币值的稳定，并以此促进经济的增长"。币值稳定被明确界定为中央银行促进经济的基本着眼点。②人民银行在国务院领导下依法独立执行货币政策，履行职责，开展业务，不受地方政府、各级政府部门、社会团体和个人的干涉。由此，人民银行制定和执行货币政策的独立性和统一性有必要的保障。③人民银行的各级分支机构是总行的派出机构，接受总行的集中统一领导和管理。这样，有助于避免各级地方政府对当地人民银行分支机构的不当干预。④人民银行依法应当向全国人大常委会提出有关货币政策情况的工作报告。此举有利于加强国家权力机关对货币运行状况的监督，维护币值稳定。⑤人民银行依法不得对政府财政透支，不得直接认购、包销国债和其他政府债券，不得向地方政府、各级政府部门提供贷款。此举的目的在于堵塞财政性货币发行的漏洞。⑥为了割断人民银行基础货币发行与政策性货币金融业务之间的联系，保持中央银行在调控货币时的主动性地位，我国1994年先后成立了3家政策性银行。⑦鉴于货币供应须根据经济运行的客观需要进行及时的调节和控制，立法对中央银行的货币政策工具作了比较全面的规定，初步形成了以市场调节为主，在调控强度、效应范围、灵敏程度上互异互补的主体式中央银行货币政策工具体系。⑧对于危害货币、扰乱货币流通的各种违法犯罪行为，依法予以严厉的打击。

2. 维护金融业稳健的原则

鉴于金融在国民经济中的核心地位以及金融业本身的高风险性，如何促进金融机构的审慎经营、防范和化解风险隐患、维护金融业的稳健，一直以来都是各国金融立法追求的核心目标。实现金融业的稳健，一要完善市场机制，强化市场约束；二要健全金融法制，严格金融监督。目前，我国在完善金融立法、强化金融监管上采取了相应的措施：①构建了银行、证券、保险分业监管的体制，同时注重发挥自律性监管组织的作用。②进一步严格了金融市场的准入控制。如，对各类金融机构设立的条件和程序，特别是对最低注册资本、高层管理人员的任职资格和内部管理制度提出了更高的要求。此举有利于防止劣质金融机构的产生。③以适度竞争为政策取向,对金融市场的竞争秩序进行了必要的规范和监控。其一,人民银行审批设立金融机构的申请时,应当考虑经济发展的需要和金融业竞争的状况;其二,加强利率和各种手续费率的管理;其三,在试点的基础上,全面推行了资产负债比例管理和风险管理,并通过立法建立起较为科学的量化指标体系,包括资本充足率、清偿比率、流动资产比率和集中风险控制比率等。④在金融机构的信贷管理上,确立了有担保的原则,限制信用贷款和关系借款;严禁金融机构从同业拆借市场拆入的资金发放固定资产贷款或者用于投资。⑤对危机处置措施通过立法进行充实。对存在问题的金融机构,央行可以通过再贷款和再贴现予以信用支持,可以责令其进行整顿,可以实行接管,也可以批准其破产。⑥对各种破坏金融秩序犯罪和金融诈骗罪,依法加强了打击的力度。

3. 保护投资者利益的原则

投资者是指金融交易中融进金融工具、融出资金的所有个人和机构,包括存款人。金融市场是资金融通的场所,在金融关系中,金融机构总是当然的主体之一。相对于资金雄厚、专业知识丰富、信息渠道畅通的金融机构而言,投资者(包括存款人)只能算是弱势群体。因此,为规范金融交易秩序、维护金融稳定与金融安全,促进国民经济的健康发展,各国金融立法都把保护投资者(包括存款人)利益作为基本原则之一。

立法加重对投资者利益的保护,意义深远,具体来说:①投资者是一切金融交易的资金来源,是金融市场存在和发展的基石。②对高度分散,力量单薄,多半欠缺信息渠道及准确判断市场变化和化解金融风险能力的投资者,从立法上加重对他们利益的保护,更能体现法律的公平理念。③多数金融工具所具有的流通性,决定了投资者的不特定性和广泛性。因此,投资者利益得到保护的程度,不仅事关金融秩序的稳定,而且会影响到社会的安定。④投资者是金融市场不可忽视的社会监督力量,用以保护投资者利益的各项法律措施,有助于提高金融市场的透明度及其规范操作的程度。

我国立法围绕着投资者利益的保护,已形成了相对稳定的规范体系和制度框架。大致来说,有普通法保护和特别法保护两个层面。前者指投资者作为普通权利主体(金融资产的所有人和金融交易中的债权人)依民法、刑法等所享有的保护;后者则是以前者为基础,由金融立法及相关立法针对投资者所提供的专门保护。就特别法保护层面上看,最常见、最核心亦最能体现保护投资者利益精神的制度包括:①信息披露制度;②银行保密制度;③存款保险制度;④投资者保护基金制度;⑤股东诉权制度。

4. 与国际惯例接轨原则

市场经济是外向型经济,随着世界经济一体化进程的加快和我国对外开放的深入,外国金融机构将大量涌入我国,而我国的金融业也将越来越多地参与到国际金融活动中去,为此,必须重视并厉行国内金融立法与国际惯例的接轨。这里所指的国际惯例[①],大致包括:①科学合理的并为众多国家广泛采用的立法例。②在国际金融监管合作层面产生的、对中国不具有条约约束力但具有广泛国际影响的法律文件,如《巴塞尔协议》。③任意性的国际成文性惯例,如国际商会制定的《跟单信用证统一惯例》《托收统一规则》等。④国际公认并通行的不成文习惯和惯常做法。

---

① 汪鑫:《金融法学》,中国政法大学出版社,2002年版,第16页。

在当今世界各国经济相互依存性日趋加深的情形下，重视我国的金融立法与国际惯例接轨，意义重大。其一，有利于培育外向型的金融市场。我国加入 WTO 后，我国的金融市场将逐步向外资金融机构开放，在立法上要大胆借鉴市场经济国家中的金融立法和国际惯例，培育外向型金融市场，更好地利用外资。其二，有利于提高我国金融立法水平和监管质量。首先，国际惯例通常是国际上成熟的金融交易和金融监管经验的结晶，与国际惯例接轨，可以有效地避免立法失误，提高我国的金融立法水平；其次，在金融国际化程度不断提高的情况下，金融立法与国际惯例接轨，可以提高我国金融监管的质量和效率；其三，有利于改善我国的金融法制环境。经济一体化、金融国际化，必然促使各国谋求在金融制度上某种程度的统一，以减少和降低涉外金融交往中与外方不必要的冲突以及各国因制度差异所形成的竞争扭曲程度。这已然成为一股不可逆转的国际潮流，而国际惯例正是各国金融制度趋同发展的依据。因此，我国金融法制环境的发育程度和与国际惯例接轨的广度和深度密切相关。

任务二　金融调控与金融监管法

一、金融调控与金融监管法概述

（一）金融调控与金融调控法的概念

金融调控是指中央银行依照法律，通过制定和实施货币政策手段，最终作用于宏观经济整体的活动。金融是现代经济的核心，金融调控对国民经济走向可以起到"牵一发而动全身"的功效，因而成为最重要的宏观调控手段。在我国，为保证金融调控的权威性，金融调控权统一由人民银行依法行使，而且调控的手段以货币政策为核心。

金融调控法是指调整国家为实现经济目标而干预金融市场，对金融活动进行调控过程中所产生的社会关系的法律规范的总称，其是宏观经济调控法的重要组成部分。金融调控法以金融调控关系为调整对象，具有较强的程序法和组织法的特点。金融调控法确定金融调控的机构和职责，明确金融调控的目标和手段，规定金融调控的原则和工具。金融调控法与金融监管法、金融机构法、金融业务法一起，共同构成金融法的体系。

（二）金融监管法的概念和金融监管体制

金融监管法是指金融监管机构对金融机构及其金融活动进行监督管理所产生的社会关系的法律规范的总称。金融监管法是金融法的重要组成部分。其内容包括金融监管体制、对金融机构的监管、对投资人和融资人的监管、对金融市场活动和金融产品的监管，以及金融监管的国际合作等。金融监管法不仅规范、约束、指引和保障各种金融机构的行为，而且为金融监管部门提供了监管的标准、权威、手段和合法性前提。

金融监管体制是指为特定的目标而对金融机构的从业行为和社会金融活动施加影响的一整套组织结构和运行机制的总和。其要素是监管的主体和客体，核心是监管主体的机构设置、职责权限的法律定位，以及为实现金融监管目标而采取的各种方式、方法。

由于我国的金融业在立法上实行分业经营、分业管理，也就是银行业、保险业、证券业在业务上不能互相竞争，与此相适应，我国构建了中国银监会、证监会和保监会分工明确的金融分业监管体制。当然，从金融业发展的国际化趋势来看，混业经营和一元化的集中监管是趋势。

目前,我国的金融监管法律主要有《中国人民银行法》《银行业监督管理法》《证券法》《保险法》等。本任务中主要探讨作为金融调控法的中央银行法律制度、银行业监管法律制度、保险业监管法律制度。

二、中央银行法律制度

中央银行法是用以确立中央银行的法律地位、组织机构、职责与权限,调整其在履行职能过程中所发生的各种社会关系的法律规范的总称。大致说来,中央银行法对于保障国家货币信用政策的正确制定和实施,维护金融体系的高效、安全和有序运行起着关键的作用。

（一）中央银行的概念

中央银行是制定和实施货币政策,在一国或某区域的金融体系中居主导地位的特殊金融机构。在现代社会中,其一般具有发行的银行、银行的银行、政府的银行、金融调控与金融监管的银行等职能。当然,由于各国中央银行制度上的差异,其职能也存在明显的区别。

从世界范围看,各国中央银行的名称不尽相同。有的直接以中央银行命名,如欧洲中央银行、爱尔兰中央银行等;有的冠以国名,如日本银行、意大利银行、法国银行等;有的称为国家银行（state bank or national bank）,如丹麦国家银行、瑞士国家银行等;有的则称为储备银行（reserve bank）,如美国、印度、新西兰等;我国的中央银行是中国人民银行。

（二）中央银行的形成及其原因

中央银行的产生大致有自然演化和自觉设计两种情形。

早期的中央银行是在大商业银行的基础上逐步演化而来的。其原因主要有四个[①]:其一,货币发行问题。在资本主义银行发展的初期,银行和普通企业一样自由营业,由于发行银行券利润可观,许多商业银行不仅办理存贷款和汇兑业务,也从事银行券的发行。但是,由于它们在信用和实力上良莠不齐,有的经营区域十分狭小,致使货币流通缺乏统一性,币值难以稳定,不能适应商品经济发展的内在要求。这样,它们之中实力雄厚、信用卓著、与政府关系密切者便脱颖而出,垄断了货币发行权,成为中央银行。此为商业银行向中央银行演化的起点。其二,政府融资问题。社会政治、经济在不断向前发展的同时,国家机器也不断地强化,加上自然灾害的破坏和内外战争的频繁发生,加剧了政府财政收支不平衡的矛盾。因此,政府在授权商业银行垄断货币发行的同时,作为交换条件,往往要求它向政府融资或者代为筹资,并提供经理国库等金融服务。此举使中央银行成为政府的银行的职能得到强化。其三,票据交换和最后贷款人问题。随着商品经济的发展、银行业务的扩大、各银行间协作关系的加强,银行每天收受的票据的数量不断增加,彼此间的债权债务关系日趋复杂;同时,银行作为典型的负债经营企业,在经营之中会不时地出现资金头寸的临时短缺,尤其是在金融危机时更容易因存款人挤提而陷入严重的流动性困难。因此,为了维护支付系统的正常运转和金融业的稳定,就需要有一个机构,主持全国

---

① 汪鑫:《金融法学》,中国政法大学出版社,2002年版,第19页。

金融机构之间的清算事宜，并承担最后贷款人的责任。而此项使命自然地落在了中央银行的身上。其四，金融调控与金融监管问题。在资本主义发展到垄断以后，由于政府改变放任政策，对国民经济积极施加干预；由于金本位制瓦解并为管理纸币制度所取代，货币供应更为灵活、更富有弹性，并因此能更为深刻地影响经济；由于金融事业迅速发展而经济和金融危机却日益深重，金融调控和金融监管的重要性变得异常突出。据此，实现政府的经济目标，维护金融业的安全与稳健，必须强化中央银行在宏观调控和金融监管上的职责与权限。

商业银行向中央银行演化的这一过程，最早可以追溯到17世纪中后期的欧洲。1656年由私人创办的瑞典国家银行以及1694年成立的英格兰银行（股份制），被认为是这种演化的典型。从1656年瑞典国家银行成立至1913年美国联邦储备系统（The Federal Reserve System）成立为止的257年间，商业银行向中央银行的演化基本遵循这种自然演化的模式。据不完全统计，这一时期在世界范围内成立的中央银行共有29家，都是通过这一模式完成最终的演进。

美国的联邦储备系统，是中央银行产生的另外一种模式。它是自觉设计的中央银行制度的典型。究其原因主要有两个：一是美国特有的州与联邦的矛盾，二是19世纪中期美国崛起过程中频繁发生金融危机，自由银行体制无法及时演化成中央银行。有鉴于此，1908年美国国会成立了国家货币委员会，研究成立中央银行，1913年美国联邦储备系统成立，将全国分为12个储备区，每区设一联邦储备银行，国民银行为联储行的法定成员，按资本金和公积金总额的6%认购其股份。1951年，联储系统不再承担支持政府发行公债的义务，货币政策独立，平行于财政政策。

关于中央银行的产生和发展，我们需要论及1920年布鲁塞尔国际金融会议和1922年日内瓦会议。1920年在比利时首都布鲁塞尔召开的国际金融会议，要求各国发行银行脱离政府的政治控制，以稳定币值和金融；1922年的日内瓦会议，要求凡未设立中央银行的国家应尽快建立中央银行，这对中央银行的产生和迅速发展起到了重要的推动作用。[①]

（三）中央银行的性质和法律地位

1. 中央银行的性质

目前世界各国对其中央银行法律性质的界定不尽一致，总体上有如下三种：其一，中央银行是法人；其二，中央银行是国家机关法人；其三，中央银行是特殊的金融机构。我们认为，一国在法律上对中央银行性质如何界定，其实只是技术上的问题，无论如何定位，其性质都是一样的，即中央银行是承担国家金融调控管理职能的金融机构，是国家机关法人。首先，一切中央银行都是站在"公"的立场履行职能，都是国家管理金融和调控信用的工具，股份公司形式的中央银行也概莫如此。其次，各国中央银行经营业务，这表面看来与国家机关的性质相冲突，但中央银行经营业务与商业银行不同，并不具有自身的营利目的[②]，不纯粹是出于职能的需要。因此，经营业务与其国家机关的性质并不矛

---

① 盛慕杰：《中央银行学》，中国金融出版社，1989年版，第16页。
② 中央银行为了管理金融和调控信用活动，而从事再贷款、再贴现、金融交易等业务活动是存在利润盈余空间的，但其盈余的利润都上缴国家财政。以美国为例，美联储的盈余利润来源于购买的国债利息、外汇存款利息、贷款利息、汇总和清算等服务费，2002年度它上缴财政部的利润达244.9亿美元。参见史际春：《经济法》，中国人民大学出版社，2005年版，第327页。

盾，完全能融为一体，并构成中央银行的一大特色。最后，所有中央银行依法拥有相应的金融行政管理权，这是它们作为国家机关的重要标志。在大多数国家，中央银行都负有金融监管职责，而金融行政管理权无疑是金融监管的基础。少数国家的中央银行虽然不参与金融监管，但在发行货币和调控信用上，也不能完全排除行政性强制措施，存款准备金即是一例。

2. 中央银行的法律地位

中央银行的法律地位，是指各国通过立法规定中央银行在国家体系中的地位。评判一国中央银行的法律地位，主要从它与国会、政府和财政部门的关系加以考察，特别是从其在制定和执行货币政策、开展业务时享有多大的独立性方面加以判别。

关于中央银行是否应具有独立性，回答是肯定的，这是由世界各国经济建设的成功经验和失败教训得出的一条基本规律。至于中央银行应该拥有多大的独立性，却是一个颇具争论的问题。自20世纪初，特别是第二次世界大战结束以来，随着西方各国经济自由化改革浪潮的兴起，西方大多数经济学家和立法机关逐步认为应使中央银行具有较大的独立性，以避免政党政治和政府短期行为的干扰。但也有少数国家认为中央银行的独立性只能是相对政府的相对独立性。正是由于各国对中央银行独立性理解的不同，以及各国经济、金融和政治体制的不同，决定了各国立法对中央银行地位的规定也不尽相同。大致说来，中央银行的独立性有三种模式：①直接向国会和法律负责，独立性较强型。该类型的中央银行直接向国会和法律负责，可以独立地制定和执行货币政策。政府不能对它直接发布命令，不得直接干预货币政策的制定和执行。当中央银行的货币政策与政府发生矛盾时，则通过各方协商来解决。这一类型的国家主要有美国、德国、瑞典、瑞士等。其中尤以美国联邦储备系统和德意志联邦银行最为典型。以美国为例，美联储不隶属于总统和任何政府部门，其理事会（board of governors of the federal reserve system）有7名成员，任期14年，每2年更换1人，以保证其不受某届政府的左右。[①] ②法律上属于财政部，实际上具有相对独立性型。该类型的中央银行，法律上虽然规定隶属于财政部门，但实际上可以独立地制定并执行货币政策。英国、日本、加拿大、挪威、马来西亚等国的中央银行属于这种类型。以英国为例，虽然英格兰银行名义上属于英国财政部，但英国财政部依惯例并不过问英格兰银行的货币政策制定，也从未行使过对其下达命令的权力。③法律上隶属于政府、独立性较弱型。该类型的中央银行，在货币政策的制定和执行上受政府相当程度的直接控制。其货币政策的制定和执行需经政府批准，政府有权暂停，甚至否决中央银行的决议。澳大利亚、意大利、比利时等国的中央银行便属于这一类型。

我们认为，中央银行的独立性只能是相对的，尤其是相对于政府的相对独立性。中央银行的独立性最主要的在于组织上不受政府的任意支配，以及政府事实上尊重其制定和执行货币政策的独立性。即便那些与政府或政府部门没有隶属关系的中央银行，也要承担与政府总体经济政策保持一致的义务。比如，《德意志联邦银行法》就规定：在其职责的执行不受侵犯的条件下，德意志联邦银行必须支持联邦政府的一般经济政策。

3. 中国人民银行的法律地位和货币政策目标

中国人民银行的法律地位是：在国务院领导下具有相对独立性的国家金融调控机关。

---

① 史际春：《经济法》，中国人民大学出版社，2005年版，第328页。

中国人民银行的全部资本由国家出资，属国家所有。在隶属关系上，中国人民银行直属于国务院领导，但同时接受国家权力机关的指导与监督。《中国人民银行法》第 2 条第二款规定："中国人民银行在国务院领导下，制定和执行货币政策，防范和化解金融风险，维护金融稳定。"这就表明了人民银行是国务院的直属机构，是在国务院领导下对金融业实施调控的一个职能部门。该法第 5 条规定："中国人民银行就年度货币供应量、利率、汇率和国务院规定的其他重要事项作出的决定，报国务院批准后执行。""中国人民银行就其他有关货币政策事项作出决定后，即予执行，并报国务院备案。"这样规定，既保证了中央银行货币金融政策与政府总体经济政策的统一和协调，又赋予了中国人民银行比较大的独立决策权。该法第 7 条规定："中国人民银行在国务院领导下依法独立执行货币政策，履行职责，开展业务，不受地方政府、各级政府部门、社会团体和个人的干涉。"这一规定，既突出了独立性原则，又体现了对于政府"相对"独立的精神。该法第 13 条规定："中国人民银行根据履行职责的需要设立分支机构，作为中国人民银行的派出机构。中国人民银行对分支机构实行统一领导和管理。"这一规定，有利于限制各级地方政府对当地中国人民银行分支机构实施不当干预。该法第 29 条、第 30 条规定："中国人民银行不得对政府财政透支，不得直接认购、包销国债和其他政府债券；不得向地方政府、各级政府部门提供贷款。"这些规定的目的，在于确立中国人民银行在资金关系上对于政府财政的独立性，维护货币的经济发行，杜绝财政发行。此外，该法第 6 条关于"中国人民银行应当向全国人民代表大会常务委员会提出有关货币政策情况和金融业运行情况的工作报告"的规定，也为落实中国人民银行的相对独立性提供了必要的保障。

中国人民银行的货币政策目标是：保持币值稳定，并以此促进经济的增长。

货币政策通常是指主权国家为实现其特定的经济目标而采用的各种调节货币供应量或管制信用规模的方针、政策和措施的总称。由于制定和实施货币政策是中央银行的核心职责，所以，人们通常称货币政策为中央银行的核心政策。

货币政策目标是中央银行制定和实施货币政策而要达到的最终目的。目前各国关于中央银行的货币政策目标的规定不尽相同，国内外理论界也存在不同的观点，大致有"多重目标说""双重目标说"和"单一目标说"三种。多重目标说认为货币政策目标应该是多项目标有机构成的目标体系，包括币值稳定、经济增长、充分就业和国际收支平衡等；双重目标说认为，货币政策目标应兼顾币值稳定和经济发展两个方面；单一目标说认为，货币政策目标只能是单一的，那就是稳定币值。依《中国人民银行法》第 3 条规定，我国央行的货币政策目标是保持货币币值的稳定，并以此促进经济的增长。

（四）中国人民银行的组织机构

中国人民银行实行行长负责制，设行长 1 人，副行长若干人。行长由国务院总理提名，由全国人民代表大会决定，在全国人大闭会期间，由全国人大常委会决定，由国家主席任免。副行长由国务院总理任免。

中国人民银行下设货币政策委员会，其职责、组成和工作程序由国务院规定，报全国人大常委会备案。货币政策委员会是中国人民银行制定货币政策的咨询议事机构，其职责是在综合分析宏观经济形势的基础上，依据国家的宏观经济调控目标，讨论货币政策的制定、调整，一定时期内的货币政策控制目标、货币政策与其他宏观经济政策的协调事项，并提出建议。

中国人民银行根据履行职责的需要设立分支机构。分支机构是中国人民银行的派出机构，接受总行的集中统一领导和管理，不具备独立的法人资格，根据总行的授权，维护本辖区的金融稳定，承办有关业务。

（五）中国人民银行的职责

中国人民银行是职能全面的中央银行，其职责体现在它作为发行的银行、银行的银行、政府的银行的功能之中。《中国人民银行法》第4条集中列举了中国人民银行的12项职责及国务院规定的其他职责。

（1）作为发行的银行的职责。中国人民银行作为发行的银行，依法制定和执行货币政策，发行人民币、管理人民币流通。

（2）作为银行的银行的职责。作为银行的银行，人民银行只与普通银行等金融机构发生业务往来，不与一般工商企业产生直接的信用关系。其表现为：集中保管各金融机构的存款准备金（包括法定和超额存款准备金），成为金融机构的现金准备中心；在各金融机构存款的基础上，办理它们相互间的转账结算，成为全国金融业的票据结算中心；以准备金存款和货币发行为资金来源，对金融机构放款，充当最后贷款人。

（3）作为政府的银行的职责。中国人民银行作为政府的银行，有权发布和履行与其职责有关的命令、规章，持有、管理、经营国家外汇储备、黄金储备，经理国库，作为国家的中央银行从事有关国际金融活动等。此外，人民银行作为政府的银行的另一项重要职责是代表国家实行金融监管，包括金融市场监管职责和与央行履行职能有关的监管职责。具体是：监督管理银行间同业拆借市场和银行间债券市场，实施外汇管理，监督管理银行间外汇市场，监督管理黄金市场，指导、部署金融业反洗钱工作并进行反洗钱的资金监测，对于金融机构有关存款准备金、人民币管理规定、外汇和黄金管理规定、代理央行经理国库、执行清算管理规定等方面的违法行为有直接进行检查和处罚的权力，等等。

（六）人民币发行管理

《中国人民银行法》第三章对人民币的发行和管理作了规定。人民币是我国的法定货币，由中国人民银行统一印制、发行。以人民币支付我国境内的一切公共的和私人的债务，任何单位和个人不得拒收。禁止故意毁损人民币。任何单位和个人不得印刷、发售代币票券以代替人民币在市场上流通，否则，最高可处以20万元的罚款。

中国人民银行设立人民币发行库，总库设在北京，其分支机构设立分支库。分支库按照上级库的命令调拨人民币发行基金，未经国务院批准，任何单位和个人不得违反规定运用发行基金。人民币发行基金是指已经印制完毕但尚未投入流通的人民币。

对伪造、变造人民币，出售伪造、变造的人民币，或者明知是伪造、变造的人民币而运输、购买伪造、变造的人民币或者明知是伪造、变造的人民币而持有、使用，构成犯罪的，依法追究刑事责任；尚不构成犯罪的，可处15日以下拘留、1万元以下罚款。

在宣传品、出版物或者其他商品上非法使用人民币图样的，中国人民银行应当责令改正，销毁非法使用的人民币图样，没收违法所得，并处5万元以下罚款。

（七）中国人民银行的货币政策工具和业务

1. 中国人民银行的货币政策工具

调控信用、执行货币政策，是中央银行的重要业务活动。中央银行为此需要采用多种货币政策工具。《中国人民银行法》第23条规定了中国人民银行可以运用的货币政策工具,其包括:①存款准备金制度。金融机构有义务从自己吸收的存款中,依照央行根据法律授权所确定的比例,提取一定的金额,无息存入中央银行。此项金额称为"存款准备金"。存款准备金制度有多种功能,如保证金融资产的流动性和兑付存款的能力,扩大央行的信贷资金来源等,但其作为央行的货币政策工具,调节和控制货币供应量则无疑是其主要的功能。②中央银行基准利率。其是指央行对商业银行和其他金融机构贴现、贷款的法定利率,由此间接地控制社会利率水平。③再贴现政策。再贴现政策作为中国人民银行的货币政策工具之一,是指中央银行以再贷款和再贴现业务为基础,以调节货币供应量为目的而进行的一系列政策性操作。依据《中国人民银行法》第23条第(三)、(四)项规定,再贷款是央行向商业银行提供的短期贷款;再贴现则是在央行开立账户的银行业金融机构以贴现得来的票据背书转让与央行兑取现款。尽管再贷款和再贴现的法律性质不同,一为借贷,一为票据买卖,但实质上都是央行向金融机构放款。再贴现政策调控信用的主要机制是通过调整再贷款利率和再贴现利率,影响商业银行自央行借款或贴现票据的成本,控制其超额准备金头寸,并间接带动市场利率的升降,进而实现对货币供应量的调控。④公开市场业务①。其是指央行在公开市场上买卖国债、其他政府债券、金融债券和外汇,以此影响货币供应量和市场利率的行为。它是央行经常使用的十分灵活的货币政策工具。公开市场业务调控信用的基本原理是央行通过在公开市场买进或卖出有价证券,影响商业银行的超额准备金头寸,控制商业银行的货币创造。⑤国务院确定的其他货币政策工具。

2. 中国人民银行的业务

除调控信用、执行货币政策外,中国人民银行从事的业务还包括:①经理国库,保管国家预算资金,并作为其出纳。②代理国务院财政部门向金融机构组织发行、兑付国债和其他政府债券。③组织或者协助组织银行业金融机构相互之间的清算系统,协调银行业金融机构之间的清算事项,提供清算服务。④会同银行业监督管理机构制定支付结算规则。

为维护中国人民银行的相对独立性,《中国人民银行法》第26、29、30条规定人民银行在其业务活动中不得有下列行为:不得对政府财政透支;不得直接认购、包销国债和其他政府债券;不得对银行业金融机构的账户透支;不得向任何单位和个人提供担保;不得向地方政府、各级政府部门提供贷款,除国务院另有决定外不得向非银行金融机构提供贷款,也不得向其他单位和个人提供贷款。

【典型案例评析】

本案例所摘录的是中国人民银行A市分行在1993年上半年所从事的部分业务活动记录:(1)1月份包销国债1000万元;(2)2月份透支A市工商银行账户200万元;(3)3月份为当地某国有企业向A市建设银行贷款500万元提供担保;(4)5月份为当地中国银行贴现商业票据600万元。请依照现行的法律规定,分析中国人民银行A市分行的上述四笔业务行为是否合法?

评析:

第一笔业务活动违法,人民银行作为我国的中央银行,不得作为承销商包销国债;第

---

① 也称为公开市场操作(open market operation),公开市场是指价格完全由供求关系决定的市场。

二笔业务活动违法，人民银行不得对银行业金融机构的账户透支；第三笔业务活动同样违法，人民银行不得向任何单位和个人提供担保；第四笔业务合法，依据《中国人民银行法》第 23 条规定，人民银行有权对在本行开立账户的金融机构办理再贴现业务。

三、银行业监督管理法

（一）银行业监督管理法概述

1. 银行业监督管理的概念

银行业监督管理（以下称"银行业监管"）是指银行业监督管理机构依法对银行业金融机构的组织及其经营活动所进行的监督和管理。其监管活动主要包括审批、检查、督促、指导和稽核等活动。

银行业监管有广义和狭义之分。广义的银行业监管包括银行业金融机构的内部自我监管和外部监管。狭义的银行业监管专指外部监管，即国务院银行业监督管理机构对银行业金融机构的组织及其经营活动所进行的监督和管理。本章所论述的是狭义上的银行业监管，即银行业金融机构的外部监管。

2. 银行业监管立法

2003 年 3 月，中国银行业监督管理委员会（银监会）成立，同年 12 月 27 日，第十届全国人大常委会第六次会议通过了《中华人民共和国银行业监督管理法》（下称《银行业监管法》），自 2004 年 2 月 1 日起施行。该法奠定了对银行业金融机构的监管以银监会为主、与央行分工协同的银监格局。该法同时也是世界上第一部专门性的银行业监管法。

3. 银行业监管法的立法宗旨、监管目标及原则

我国《银行业监管法》第 1 条规定，为了加强对银行业的监督管理，规范监督管理行为，防范和化解银行业风险，保护存款人和其他客户的合法权益，制定本法。该法条作为其立法宗旨的体现，既加强了对银行业的监管，防范监管行为，使监管有法可依，又突出了防范和化解金融风险，保护客户合法权益的立法意图。

银行业监管的目标，是指监管机构对银行业实施监管所要达到的最终目的。依据《银行业监管法》第 3 条规定，我国银行业监管的目标是：促进银行业的合法、稳健运行，维护公众对银行业的信心；保护银行业的公平竞争，提高银行业的竞争能力。为了实现银行业监管的这一目标，我国银行业监管活动必须坚持以下四项原则：

（1）依法、公开、公平和效率原则。这是对监管者提出的基本要求。依法监管是指监管机构在颁布管理文件和实施监管活动的时候应严格遵守法律法规的规定，在法律规定的范围内行使职权，不得滥用职权以权代法；公开公平原则是指监管机构在实施监管过程中，针对不同的监管对象，要一视同仁，统一监管标准，并提高监管的透明度。

（2）独立监管原则。依据《银行业监管法》第 5 条规定，银行业监管的独立性原则是指监管机构依法独立行使监管职责，不受地方政府、各级政府部门、社会团体和个人的干涉。

（3）监管信息共享和监管协调原则。银监会成立后，对银行业金融机构的监管职能从央行剥离出来，一分为二，分别由银监会和央行行使，形成了以银监会为主、与央行分工协同的银监格局。这就要求对银行业金融机构负有监管职能的银监会、央行和国务院其他金融监管机构（银行业公会等）充分协调并共享监管信息。具体的监管职能分工是：

银监会负责制定有关银行业监管的规章、规则，审查批准银行业金融机构及其分支机构的设立、变更、终止及其业务范围，对银行业自律组织的活动进行指导和监督，等等；央行负责监测金融市场的运行情况，对金融市场实施宏观调控，监管银行间同业拆借市场、银行间债券市场、银行间外汇市场和黄金市场等；银行业协会作为法定的自律性监管组织，依法对银行业金融机构进行自律性监管。

（4）国际合作与跨境监管原则。金融国际化、贸易自由化的日益发展，对银行业的跨境监管自然成为包括我国在内的各国银行业监管的重要内容。所谓跨境监管，是指银行业监管机构既负责境内银行业金融机构的监管（含境内外资银行业金融机构），又负责对本国银行业金融机构的境外分支机构的监管。也就是说，银行业监管机构既要扮演母国监管者的角色，又要扮演东道国监管者的角色。我国《银行业监管法》第7条规定，授权中国银监会与其他国家和地区的银行业监管机构建立监管合作机制，共同实施跨境监管。

（二）银监会的机构设置及其监管对象

1. 中国银监会的机构设置

中国银监会是国务院银行业监督管理机构，其在国务院统一领导下，统一监督管理全国银行业金融机构及其活动。依全国人大常委会决定，该机构从2003年4月28日起开始履行职责。

中国银监会内设15个职能部门：①办公厅（党委办公室），组织协调该组织内部日常工作；②政策法规部（研究局），拟订有关银行业金融机构监管的规章制度；③银行监管一部，承办对国有商业银行等的监管工作；④银行监管二部，承办对股份制商业银行和城市商业银行的监管工作；⑤银行监管三部，承办对政策性银行、外资银行等的监管工作；⑥非银行金融机构监管部；⑦合作制金融机构监管部；⑧统计部；⑨财务会计部；⑩国际部；⑪检察部（纪委）；⑫人事部（党委组织部）；⑬宣传部（党委宣传部）；⑭群众工作部（党委群工部）；⑮监事会工作部。

此外，中国银监会根据履行职责的需要，设立派出机构，派出机构根据银监会的授权，履行监管职责。派出机构分别是监管局、监管分局和监管办事处。目前，中国银监会在全国31个省、自治区、直辖市和大连、青岛、厦门、深圳、宁波5个计划单列市设银监局，在地、市设立银监分局，在部分县、市设立银监办事处。

2. 中国银监会的监管对象

中国银监会的监管对象主要是银行业金融机构。银行业金融机构是指在中华人民共和国境内设立的商业银行、信用合作社等吸收公众存款的金融机构，以及政策性银行。此外，在我国境内设立的金融资产管理公司、信托投资公司、财务公司、金融租赁公司和其他金融机构，经银监会批准在境外设立的金融机构和境内金融机构在境外的活动，适用《银行业监管法》的规定，也是银监会的监管对象。

商业银行是指依照《中华人民共和国商业银行法》（下称《商业银行法》）和《公司法》的规定设立的，吸收公众存款、发放贷款、办理结算等业务的企业法人。其"商业性"与政策性银行相比，具有明显的营利性特征。由于业务范围广泛，商业银行素有"全能银行"或"百货公司式银行"之称。

信用合作社是合作制金融机构，它以社员互相合作、为社员提供服务为宗旨，其规模、活动范围不及商业银行，但也可以吸收公众存款。一般而言，它的经营管理水平和抵御各种风险的能力也低于商业银行。

政策性银行是为了配合国家实行经济政策或产业政策,在一定领域内从事金融业务的专门金融机构。其基本特征就是政策性或非营利性。融资业务使这类金融机构具有了银行的性质。我国的三大政策性银行是:中国国家开发银行、中国进出口银行、中国农业发展银行。

金融资产管理公司是指收购银行不良贷款、处理和处置因收购不良贷款而形成的资产的非银行金融机构。依国务院2000年颁布的《金融资产管理条例》的规定,我国的金融资产管理公司专为收购国有银行的不良贷款,由国务院决定设立,采取国有独资公司形式,属政策性金融机构。1999年成立的信达、东方、长城、华融四家金融资产管理公司,分别收购建行、中行、农行、工商行和国家开发银行的不良资产。当时财政部确定这四家公司的存续期限为10年,而国务院于2004年同意,金融资产管理公司在完成资产处置任务后,可以向商业化方向发展,用自有资金追加投资、开展商业性委托和商业化收购处置不良资产,进行国债投资等,成为商业性金融资产管理机构、投资银行或者国有的控股投资公司。

信托公司是指依法设立的从事信托投资业务的商业性非银行金融机构。信托和信托业的真谛是"受人之托、忠人之事",强调的是信义和高度诚信。目前,国家对信托业的监管在不断加强,银监会于2005年出台了《信托投资公司信息披露管理暂行办法》,对信托投资公司逐步实行信息披露,要求其公开披露具体信托计划、财务会计报告、各类风险管理状况、公司治理、年度重大关联交易及重大事项等信息。

财务公司是指以加强企业集团资金集中管理和提高企业集团资金使用效率为目的,为企业集团成员单位提供财务管理服务的非银行金融机构。其特征是为成员提供服务。依银监会2004年发布的《企业集团财务公司管理办法》规定,其业务范围包括:存贷款、担保、贴现、结算等,也可对外投资、发行债券。它是企业集团化、关联化发展的产物,有利于提高企业和国家的经济竞争力,减缓市场的无序性。

金融租赁公司是依《公司法》的规定设立的经营金融租赁业务的商业性非银行金融机构。它与一般经营性租赁的区别在于为承租人提供融资,从而与金融相衔接。中国加入WTO后,不分时间和地域,率先在全国范围内开放了金融租赁业。

此外,经国务院批准,于2006年12月31日开业的中国邮政储蓄银行,由于其经营存贷款、结算、邮政储蓄和汇款等业务,属于商业性金融机构,也纳入了银行业监管的范围,成为银监会监管的对象。

(三)银监会的监管职责

依据《银行业监管法》的规定,银监会的职责有以下六项:

(1)制定和发布监管规章和命令。中国银监会作为我国的银行业监督管理机构,其最基本的职权是有关银行业监管规章和命令的制定权。《银行业监管法》第15条规定:国务院银行业监督管理机构负责制定和发布有关银行业金融机构及其业务活动监督管理的规章和命令。作为被监管对象的银行业金融机构、其他金融机构,以及经批准设立在境外的金融机构和金融机构在境外的业务活动,都应该严格遵守和执行中国银监会依法制定和发布的有关银行业监管的规章和命令,否则必须承担相应的法律责任。

(2)银行业金融机构的审批监管。银行业金融机构的审批是指国务院银行业监督管理机构依照法律、行政法规规定的条件和程序，审查批准银行业金融机构的设立、变更、终止以及业务范围的监管活动。未经批准，任何单位或者个人不得设立银行业金融机构、不得从事相关的银行业业务活动。银监会对银行业金融机构的审批，属于行政许可的范畴。其许可事项包括：银行业金融机构和其他金融机构（属于银监会监管）的设立、变更和终止的许可事项；业务许可事项；董事及高级管理人员任职资格的许可事项；法律、法规规定和国务院决定的其他许可事项。

与上述许可事项相适应，银监会的审批包括：设立审批、资本审批、业务审批、任职资格审批、分支机构审批、变更和终止审批。属于设立审批的，银监会应自收到申请文件之日起6个月内决定是否批准；属于业务审批、变更和终止审批的，银监会应自收到申请文件之日起3个月内决定是否批准；属于任职资格审批的，银监会应自收到申请文件之日起30日内决定是否批准。

（3）银行业金融机构经营和风险的监管。银监会对银行业金融机构经营和风险的监管包括审慎经营规则监管、日常经营监管和经营风险监管三个方面。

①审慎经营规则监管。审慎经营规则监管是指银行业金融机构应当充分认识其业务活动内在的风险性，牢固树立风险意识，使业务活动尽可能安全、稳妥地进行。审慎经营规则大致包括风险管理、内部控制、资本充足率、资产质量、损失准备金、风险集中、关联交易、资产流动性等内容。

②日常经营监管。日常经营监管是银行业监管机构对金融机构业务活动进行经常性的监管活动。其包括非现场监管、现场监管和并表监管三种方式。

非现场监管是指监管机构对银行业金融机构报送的各种统计数据、报表和报告，运用现代化手段分析、评价银行业金融机构的风险状况的活动。我国目前非现场监管的指标主要有以下五项：资本充足率、资产质量、资产流动性、盈利性和市场风险。

现场监管是指银行业监管机构指派检查人员或者委托外部审计师直接进入银行业金融机构，按照法定程序和方式实地对其业务状况进行检查监督的活动。其是监管机构履行监管职能的一项重要的法律措施，其检查的范围非常广泛，包括对监管对象保送资料的真实性核实、总体经营状况、风险管理制度和内部控制制度的完善程度、贷款资产组合的质量和贷款损失准备的完善程度、管理层的能力、会计和管理信息系统的完善程度、非现场或以前现场监管过程中发现问题的跟进、业务活动的合法合规性检查等。

并表监管是依跨国银行监管的原则要求实施的监管方式。《有效银行监管核心原则》中规定：银行业监管者必须实施全球性并表监管，对银行在世界各地的所有业务，特别是其外国分支机构、附属机构和合资机构的各项业务进行充分的监测，并要求其遵守审慎经营原则。《银行业监管法》第25条规定："国务院银行业监督管理机构应当对银行业金融机构实行并表监督管理。"

③经营风险监管。经营风险监管是指监管机构为了准确计量和评估银行业金融机构的风险状况而实施的监管活动。银行业金融机构在经营过程中面临的风险主要是信用风险、市场风险、利率风险、流动性风险、操作风险、法律风险等。监管机构的监管活动包括：其一，建立风险评级体系和预警机制。《银行业监管法》第27条规定："国务院银行业监督管理机构应当建立银行业金融机构监督管理评级体系和风险预警机制，根据银行业金融机构的评级情况和风险状况，确定对其现场检查的频率、范围和需要采取的其他措施。"

其二，突发风险事件的报告制度和处置预案。为了对银行业金融机构进行全面的监控，有效防范和化解风险，及时处置突发性风险，《银行业监管法》规定了银行业突发风险的发现、报告制度，并要求银监会制定突发风险处置预案。

（4）建立银行业金融机构监管信息系统。为了对银行业金融机构的业务活动及其非现场监管，及时、准确地分析、评价银行业金融机构的风险状况，《银行业监管法》第23条要求建立银行业金融机构监管信息系统。

监管机构对银行业金融机构的监管是建立在对其信息充分准确掌握的基础上的，建立银行业监管信息系统是监管工作得以顺利、高效开展的前提。《银行业监管法》第30条规定，国务院银行业监督管理机构负责统一编制全国银行业金融机构的统计数据、报表，并按照国家有关规定予以公布。

银行业金融机构监管信息系统的监管活动实质上就是进行银行业金融统计，分析、研究银行业金融机构现状并预测其发展趋势，并以此作为制定金融监管的法律法规和规章的依据。银行业金融机构的统计大体包括信贷收支统计、现金收支统计、货币流通量统计、外币业务统计等内容。

（5）指导监督银行业自律组织。银行业自律组织是指经银行业监管机构审查同意，依法设立的对其成员实施自律性监督管理的社会团体法人。其具有同业公会的性质。

由于银行业金融机构的业务活动具有较强的技术性、复杂性等特点，光靠政府监管机构的监管是不够的，因此，设立银行业自律性监管组织并对银行业金融机构实施自律性监管是非常有必要的。目前，我国银行业自律组织是中国银行业协会和省级城市等设立的银行业协会或银行同业公会。银行业协会对会员实施监管的基础是会员章程。《银行业监管法》第31条规定："国务院银行业监督管理机构对银行业自律组织的活动进行指导和监督。银行业自律组织的章程应当报国务院银行业监督管理机构备案。"银行业协会作为自律组织，必须接受政府监管机构的监督和指导，其章程作为其开展监管活动的基础，虽不需经过政府监管机构的审批，但必须报政府监管机构备案，以便政府监管机构对其业务活动进行有效的监督和正确的指导。

（6）国际交流合作。我国《银行业监管法》第32条规定："国务院银行业监督管理机构可以开展与银行业监督管理有关的国际交流、合作活动。"

随着经济金融化、金融国际化、贸易自由化的发展，银行业跨境金融活动日益增多，外国银行业金融机构进入我国境内设立分支机构，从事金融业务活动，我国银行业金融机构到境外设立分支机构，开展金融业务活动，成为必然趋势。银行业的国际化和自由化要求我国银行业监管机构积极开展国际交流与合作活动，如进行银行业监管的学术研究与经验交流、参与银行业跨境监管规则的讨论和制定、订立银行业监管的国际合作协议、构建银行业国际监管的合作机制、维护我国银行业金融机构的正当权益等。

（四）银监会的监督管理措施

银监会的监督管理措施是指银监会为履行其监管职责，实现其监管目的依法采取的具体办法。我国《银行业监管法》在明确规定了监管机构的监管职责的同时，也规定了监管机构可以采取的监管措施，这是依法监管原则的具体体现，对规范监管行为，防止监管权的滥用，实现银行业监管的公开、公正有着积极的意义。同时，它也有利于监管相对人在了解监管机构的监管措施的基础上，予以积极的配合，提高监管效率，并依法对监管机构的监管行为进行有效的监督。

（1）要求被监管对象报送相关的资料和文件。《银行业监管法》第33条规定："银行业监督管理机构根据履行职责的需要，有权要求银行业金融机构按照规定报送资产负债表、利润表、其他财务会计和统计报表、经营管理资料以及注册会计师出具的审计报告。"要求银行业金融机构报送上述资料，是金融监管的重要组成部分，也是银行业监管机构重要的监管信息来源。它相对于现场检查来说，属于非现场检查，监管机构通过对相关资料的稽核、检查、分析，及时发现被监管对象存在的问题，全面掌握被监管对象的运行状况，因而，它是银行业监管机构对监管对象实施经常性监督的一项重要手段。

（2）现场检查权。《银行业监管法》第34条规定，银行业监督管理机构根据审慎监管的要求，可以采取下列措施对银行业金融机构进行现场检查。①进入银行业金融机构进行检查；②询问银行业金融机构工作人员，要求其对有关检查事项作出说明；③查阅、复制银行业金融机构与检查事项有关的文件、资料，对可能被转移、隐匿或者毁损的文件、资料予以封存；④检查银行业金融机构运用电子计算机管理业务数据的系统。

对银行业金融机构进行现场检查，应当经银行业金融机构负责人批准。现场检查时，检查人员不得少于2人并应当出示合法证件和检查通知书。银行业金融机构对不符合上述要求的检查行为，有权拒绝检查。

（3）监督管理谈话。监督管理谈话是指银行业监管机构就监管事项与银行业金融机构的董事、高级管理人员进行的谈话。它既是监管机构的一项重要的监管措施，也是现场检查的必要补充。《银行业监管法》第35条规定："银行业监管机构根据履行职责的需要，可以与银行业金融机构董事、高级管理人员进行监督管理谈话，要求银行业金融机构董事、高级管理人员就银行业金融机构的业务活动和风险管理的重大事项作出说明。"

应该指出，该项监管措施的设置是非常必要的，通过谈话，一方面监管机构能够从总体上掌握被稽核单位的整体运行情况、存在的主要问题和风险，以及管理层的经营思想；另一方面，监管机构可以据此了解和评价管理层对本单位业务、经营状况的熟悉程度，以及管理能力和管理水平。

（4）信息披露。银行业金融机构的信息披露，是指银行业金融机构必须依法如实地向社会公开其相关信息的行为。《银行业监管法》第36条规定："银行业监督管理机构应当责令银行业金融机构按照规定，如实向社会公众披露财务会计报告、风险管理状况、董事和高级管理人员变更以及其他重大事项等信息。"

银行业金融机构具有高风险性和公众性的特点，这类特殊企业，其经营状况和风险状况的好坏直接影响投资者、存款人和相关利益人的合法权益。况且，银行业金融机构在资金、信息、专业知识和操作手段上，相对投资者、存款人和相关利益人而言，其优势地位明显。因此，《银行业监管法》第36条考虑到银行业金融机构的经营状况、风险状况对投资者的投资价值选择和存款人的服务选择影响巨大，以及双方实力上的不对称，为了更好地保护投资者及存款人的合法权益，要求银行业金融机构必须向社会公众披露其财务会计报告、风险管理状况、法人治理和重大事项等信息。

为规范银行业金融机构信息披露工作，中国人民银行于2002年5月21日发布了《商业银行信息披露暂行办法》。

（5）违反审慎经营原则的处罚。《银行业监督管理法》第37条规定，银行业金融机构违反审慎经营规则的，银监会或者其省一级派出机构应当责令限期改正；逾期未改正的，或者其行为严重危及该银行业金融机构的稳健运行、损害存款人和其他客户合法权益的，经国务院银行业监督管理机构或者其省一级派出机构负责人批准，可以区别情形，采取下列措施：责令暂停部分业务、停止批准开办新业务；限制分配红利和其他收入；限制资产转让；责令控股股东转让股权或者限制有关股东的权利；责令调整董事、高级管理人员或者限制其权利；停止批准增设分支机构。

银行业金融机构整改后，应当向银监会或其省一级派出机构提交报告，经验收符合有关审慎经营规则的，自验收完毕之日起3日内解除上述有关措施。

（6）接管、重组和撤销。《银行业监督管理法》第38条规定，银行业金融机构已经或者可能发生信用危机，严重影响存款人和其他客户合法权益的，国务院银行业监督管理机构可以对该银行业金融机构实行接管或者促成机构重组，接管和机构重组依照有关法律和国务院的规定执行。《银行业监督管理法》第39条规定，银行业金融机构有违法经营、经营管理不善等情形，不予撤销将严重危害金融秩序、损害公众利益的，国务院银行业监督管理机构有权予以撤销。

在处理措施上，依据《银行业监督管理法》第40条规定，银行业金融机构被接管、重组或者被撤销的，银监会有权对其负有直接责任的董事、高级管理人员和其他工作人员，采取通知出境管理机关依法阻止其出境，申请司法机关禁止其转移、转让财产或者禁止对其财产设定其他权利，也有权查询、冻结相关金融机构及其工作人员或关联行为人的账户。

四、保险业监督管理法

在我国银行业、保险和证券业现有的分业经营、分业监管的模式下，我国于1998年设立了保监会，作为国务院直属事业单位，是全国商业保险的主管机关，依照《保险法》等负责对保险业实施监督管理。保险监督管理机构对保险业实施监管的主要依据包括：《保险法》（1995制订，2002年、2009年、2014年、2015年四次修订），保监会根据该法制订了《保险公司管理规定》（2000年，2004年修订）、《保险公估机构管理规定》（2001年）、《保险代理机构管理规定》（2001年）、《保险经纪公司管理规定》（2001年）和《再保险公司设立规定》（2002年）等，作为监管的具体规则或细则。

（一）保险监管的职责和范围

1. 保险监管机构的监管职责

保监会在对全国商业保险实施监管时，其主要职责包括：①拟定有关商业保险的政策法规和行业规划；②审批保险公司和其他保险机构的设立、变更、接管、解散等；③参与、组织保险公司和其他保险机构的破产、清算；④审查、认定各类保险机构高级管理人员的任职资格，制定保险从业人员的基本资格标准；⑤依法对保险企业的经营活动进行监督管理和业务指导，查处保险企业及其从业人员的违法违规行为；⑥维护保险市场秩序，促进保险企业公平竞争；⑦建立保险风险评价、预警和监控体系，防范和化解保险业风险；⑧归口管理保险行业协会和保险学会等行业社团组织。

2. 保险监管机构的监管范围

凡中华人民共和国境内的保险活动，均纳入保险监管范围。从事保险活动的主体，主要是保险公司，包括再保险公司、外商投资保险公司和保险公司的分支机构，以及保险代理人、经纪人、公估人等其他保险机构和个人。依《保险法》第182条、第184条规定，海上保险和农业保险不由《保险法》调整，但也列入保险监管。此外，依《保险法》第159条规定，不具有保险经营资格的单位和个人违法从事保险活动的，也属于保险监管的范围。

（二）保险监管的原则和方式

依据《保险公司管理规定》，保险监管遵循市场行为监管与偿付能力监管并重的原则。在监管方式上，保监会采取现场监管与非现场监管相结合的方式。

保监会对保险机构进行现场检查的，保险机构应当予以配合，并按保监会的要求提供有关文件、材料；现场检查人员不得少于2人，并出示有关证件和检查通知书。保监会委托会计师事务所等社会中介机构代其检查时，应当采取书面委托的形式。对于违法、违规从事保险活动的保险机构或有关人员，保监会可以给予警告、责令改正、没收违法所得、罚款、取消高级管理人员任职资格、限制业务范围、责令停止接受新业务、责令停业整顿、吊销保险许可证、予以取缔等行政处罚。

（三）保险监管的主要内容

1. 审批保险公司和其他保险机构的设立、变更和解散

（1）保险公司的设立。依照《中华人民共和国保险法》（下称《保险法》）第86条规定，保险公司的设立必须具备下列条件：主要股东具有持续盈利能力，信誉良好，最近三年内无重大违法违规记录，净资产不低于人民币两亿元；有符合本法和《公司法》规定的章程；有符合本法规定的注册资本；有具备任职专业知识和业务工作经验的董事、监事和高级管理人员；有健全的组织机构和管理制度；有符合要求的营业场所和与经营业务有关的其他设施；法律、行政法规和国务院保险监督管理机构规定的其他条件。

依照《保险法》第71、72、73条规定，设立保险公司，由申请人向保监会提出书面申请，保监会应在收到完整的申请材料之日起6个月内作出批准或者不批准筹建的决定。经批准筹建的，应当在1年内完成筹建工作，筹建期间不得从事保险经营活动。筹建工作完成后，申请人再向保监会提出开业申请，保监会应在收到完整的开业申请文件之日起60日内，作出批准或者不批准开业的决定；决定批准的，颁发经营保险业务许可证。经批准开业的保险公司，持核准文件及保险许可证，向工商行政管理部门办理登记，领取营业执照，并按其注册资本总额的20%提取保证金，存入保监会指定的银行，专款专用于清算时清偿债务。

保险机构的业务范围由保监会依法核定，保险机构只能在被核定的业务范围内从事保险经营活动，不得兼营法律规定以外的业务。保险公司实行财产保险和人身保险分业经营，同一保险人不得同时兼营财产保险业务和人身保险业务，但经保监会核定，财产保险公司可以经营短期健康保险业务和意外伤害保险业务。

（2）保险公司的变更。保险公司注册登记时的某些事项发生变化，为保险公司的变更。依照《保险法》第84条规定，保险公司有下列变更事项之一的，须经保险监督管理机构批准：变更名称、注册资本、公司或者分支机构的营业场所；撤销分支机构；公司分立或者合并；修改公司章程；变更出资额占有限责任公司资本总额5%以上的股东，或者变更持有股份有限公司股份5%以上的股东；保险监督管理机构规定的其他变更事项。此

外，保险公司更换董事长、总经理的，也应当报经保险监督管理机构审查其任职资格。

（3）保险公司的解散。保险公司因解散、破产、被保监会吊销经营保险业务许可证而撤销后，进入清算程序。保险公司解散需经保险监督管理机构批准。经营有人寿保险业务的保险公司，除分立、合并外，不得解散。经营有人寿保险业务的保险公司被依法撤销或者宣告破产的，其持有的人寿保险合同及准备金，必须转移给其他经营有人寿保险业务的保险公司；不能同其他保险公司达成转让协议的，由保险监督管理机构指定经营有人寿保险业务的保险公司接受。转让或者由保险监督管理机构指定接受他公司的人寿保险合同及准备金的，应当维护被保险人、受益人的合法权益。

保险公司依法终止其业务活动的，应当注销其经营保险业务许可证。

2. 保险公司的资金运用

保险公司的资金运用必须稳健，遵循安全性原则。《保险法》第106、107条规定，保险公司的资金运用，限于在银行存款，买卖债券、股票、证券投资基金份额等有价证券；投资不动产；国务院规定的其他资金运用形式。此外，经国务院保险监督管理机构会同国务院证券监督管理机构批准，保险公司可以设立保险资产管理公司，保险资产管理公司从事证券投资活动，应当遵守《中华人民共和国证券法》等法律、行政法规的规定。这是2009年《保险法》在保险资金运用上放宽限制的体现。保险公司运用的资金和具体项目的资金占其资金总额的具体比例，由保险监督管理机构规定。

3. 保险公司偿付能力的保障

偿付能力是指保险公司在其承担的保险责任范围内所具有的赔付能力。它关系到保险公司、保险业的正常运营和保险宗旨的实现，成为各国保险监管的核心内容。偿付能力的大小由保险公司准备的赔付金额和提取的各项资金多少决定。保险监督管理机构应当建立健全保险公司偿付能力监管指标体系，对保险公司的偿付能力实施监控。《保险法》的相关规定包括：①依法提取各项责任准备金、未决赔款准备金、公积金和保险保障基金；②保险公司应当具有与其业务规模相适应的最低偿付能力。保险公司的实际资产减去实际负债的差额不得低于保险监督管理机构规定的数额，低于规定数额的，应当增加资本金，补足差额；③财产保险公司当年自留保险费，不得超过其实有资本金加公积金总和的4倍；④保险公司对每一危险单位，即对一次保险事故可能造成的最大损失范围所承担的责任，不得超过其实有资本金加公积金总和的10%，超过的部分，应当办理再保险；⑤保险公司应当按照保险监督管理机构的有关规定办理再保险。

4. 保险条款和保险费率的审批

依照《保险法》第135条的规定，保险条款和保险费率由保险公司自行制定后执行，但关系社会公众利益的保险险种、依法实行强制保险的险种和新开发的人寿保险险种等的保险条款和保险费率，应当报保险监督管理机构审批；其他保险险种的保险条款和保险费率，报保险监督管理机构备案。保险监督管理机构审批时，遵循保护社会公众利益和防止不正当竞争的原则。

5. 保险公司的业务、财务和资金运用状况的检查

保险监督管理机构有权检查保险公司的业务状况、财务状况和资金运用状况，有权要求保险公司在规定的期限内提供有关书面报告和资料，有权查询保险公司在金融机构的存款。保险公司应当于每一会计年度终了后3个月内，将上一年度的营业报告、财务会计报

告和有关报表报送保险监督管理机构，并依法公布。

6. 整顿和接管

保险公司如违反有关提取或结转准备金、再保险的规定，或者严重违反有关资金运用的规定的，由保险监督管理机构责令其采取措施限期改正。保险公司在限期内未改正的，由保险监督管理机构决定选派保险专业人员和指定该保险公司的有关人员，组成整顿组织，对该保险公司进行整顿并将整顿决定予以公告。在整顿期间，保险公司的原有业务继续进行，保险监督管理机构有权停止其开展新的业务或者停止部分业务，调整资金运用。保险公司经整顿已纠正其违法行为、恢复正常经营状况的，由整顿组织提出报告，经保险监督管理机构批准，整顿结束。

依照《保险法》第 145 条规定，保险公司的偿付能力严重不足的或者违反本法规定，损害社会公共利益，可能严重危及或者已经危及保险公司的偿付能力的，保险监督管理机构可以对该保险公司实行接管，被接管的保险公司的债权债务关系不因接管而变化。接管期限最长不得超过 2 年。接管期限届满，或因保险公司恢复正常经营能力的，接管终止。

依《保险法》第 149 条规定，被整顿、被接管的保险公司有《中华人民共和国企业破产法》第 2 条规定情形的，国务院保险监督管理机构可以依法向人民法院申请对该保险公司进行重整或者破产清算。

【思考题】

一、简答题

1. 如何正确理解金融的基本含义？
2. 如何正确理解金融法的性质？
3. 金融法的基本原则有哪些？
4. 我国在完善金融立法、强化金融监管上采取了哪些措施？
5. 比较金融调控法和金融监管法的不同点。
6. 在金融立法中，加强对投资者利益的保护有何意义？
7. 简要论述早期中央银行形成的原因。
8. 简要论述中国人民银行的法律地位和货币政策目标。
9. 中国人民银行作为我国的中央银行，其职责包括哪些？
10. 中国人民银行可以运用的货币政策工具有哪些？
11. 简要论述我国银行业监管活动必须坚持的原则。
12. 中国银监会的监管职责有哪些？
13. 中国银监会的监管措施有哪些？
14. 我国保险监管机构的监管职责有哪些？

二、案例分析

案例 1：

某市城市合作银行是一家规模不大的商业银行，为增强经济实力，拓展业务范围，于 2003 年 9 月违法动用本行 5000 万元资金投资市内一家民营高科技有限责任公司。2004 年 3 月又违法投资 8000 万元发展该市的"安居工程"，投资房地产业务。至 2004 年底，由于该银行所谓的业务拓展、进行投资业务等行为，使该银行当年的利润增长明显。2005年6月，由于该银行的上述两笔投资资金不能依计划回笼，造成该银行属下的三个营业场所全部不能"保付"，严重危害存款人利益。2005年8月，银行业监督管理机构依法对该城市合作银行的上述两项业务活动进行了查处并作出了接管的决定，同时对负有直接责任的董事、高级管理人员和其他工作人员，采取通知出境管理机关依法阻止其出境。请回答下列问题：

（1）请结合《商业银行法》的相关法条，指出该城市合作银行的上述两笔投资行为为什么会受到银行业监督管理机构的查处？银行业监督管理机构对该城市合作银行可以作出什么样的处理？

（2）银行业监督管理机构对该城市合作银行作出接管决定的法律依据是什么？

（3）银行业监督管理机构是否有权通知出境管理机关阻止该银行负有直接责任的董事、高级管理人员和其他工作人员出境？为什么？

案例2：

卓某与蔡某合谋加工伪造的人民币。随后，卓某选定陆丰市东海镇龙潭村卓甲的棚寮作为假币的加工窝点，并纠集卓乙、卓丙、余某等共16人，由卓某统一指挥加工假币。其他7人负责将假币的两边撕开，4人在假币的右边穿上银线，另4人在假币的左边穿上银线，然后把加工好银线和水印人头像的假币粘合，用熨斗烫平。当年1月20日，公安人员在加工假币现场将卓某等16人抓获，缴获假币两箱（金额共计254.04万元）。其中，面值100元的假币1154张，面值50元的假币48500张，以及银线4捆、颜料3罐等制假作案工具。

以上事实，有当场缴获的假币及原材料、陆丰市公安局的《扣押物品清单》、中国人民银行陆丰支行出具的《假币没收证》和《鉴定书》、加工假币现场照片和上述犯罪嫌疑人的供述。

问题：

（1）卓某等人侵犯了应属何机关享有的法定货币发行权？

（2）卓某应承担何种法律责任？

项目六 会计法和审计法

任务一 会计法

【导入案例】

某高校财务处长挪用学校资金 7000 万元炒股,结果给学校造成了重大损失,对此事该校校长并不知情。

问:该校校长是否应该承担责任?

一、会计法概述

(一)会计和会计法的概念

会计是以货币为主要计量单位,对经济活动真实地、准确地、全面地进行记录、计算、分析、检查和监督的一种管理活动。

会计是管理和监督经济的一项重要活动。它通过对一定主体的经济活动进行全面、系统、连续、综合的核算,对经济活动进行组织、控制、调节和指导,使人们权衡利弊、比较得失、讲求效果,并向会计主体内外的有关方面提供相关经济信息的活动。

现代的会计通常被分为财务会计和管理会计。财务会计又称为对外报告会计,是面向过去的经济活动来提供会计信息的核算型会计。管理会计又称为对内会计,是侧重于为企业等单位内部的经营者提供信息服务的会计。

会计法是调整会计关系的法律规范的总称。会计关系是指会计机构、会计人员在办理会计事务,对外报送、披露会计报告和国家在管理会计工作过程中所发生的社会关系。

会计法有狭义和广义之分。狭义的会计法是指《中华人民共和国会计法》(下称《会计法》)。该法于 1985 年 1 月 21 日在第六届全国人大常委会第九次会议上通过,1993 年和 1999 年进行了两次修订。该法共分 7 章 52 条。广义的会计法除了《会计法》外,还包括其他有关会计方面的法律、法规、规章和准则。它们是:《中华人民共和国注册会计师法》(1993 年,下称《注册会计师法》)、《总会计师条例》(1990 年国务院)、《企业财务通则》(1992 年财政部)、《企业会计准则——基本准则》(2007 年财政部)、《事业单位财务规则》(1996 年财政部)、《企业财务会计报告条例》(2000 年国务院)以及财政部根据《会计法》制定的《事业单位会计准则(试行)》《会计电算化管理办法》《会计电算化工作规范》《会计基础工作规范》《会计档案管理办法》《会计人员继续教育暂行规定》《会计从业资格管理办法》《财政部门实施会计监督办法》等统一的会计规章制度。本项目内容是在广义上使用会计法的概念。

(二)会计法的立法目的和适用范围

根据《会计法》第 1 条规定,会计法的立法目的包括直接目的和最终目的。其直接目的是：①规范会计行为，保证会计资料的真实、完整；②加强经济管理和财务管理，提高经济效益。其最终目的是：通过发挥会计工作的作用，维护社会主义市场经济秩序。

《会计法》作为调整我国会计关系的基本法律，其是制定其他会计法律法规和规章的依据。《会计法》的适用范围是指哪些机构和组织适用《会计法》的规定，由《会计法》调整。依据《会计法》第2条和第51条的规定，《会计法》的适用范围包括一般主体和特殊主体。一般主体包括国家机关、社会团体、企业、事业单位和其他组织。特殊主体包括中国人民解放军总后勤部和个体工商户。

（三）会计法的原则

为实现会计法的目的，会计工作应当遵循以下三项原则：

1. 合法性原则

为体现会计工作合法性原则的要求，各企事业机关团体或组织办理会计事务，都必须依照《会计法》的下列规定：①各单位必须依法设置会计账簿，并保证其真实、完整；②会计机构、会计人员依照本法规定进行会计核算，实行会计监督；③任何单位或者个人不得对依法履行职责、抵制违反本法规定行为的会计人员实行打击报复。

2. 真实性原则

为了保证真实性原则在具体的会计事务中的实现，会计法规定：①各单位依法设置的会计账簿必须保证其真实性，单位负责人对本单位的会计工作和会计资料的真实性负责；②任何单位或者个人不得以任何方式授意、指使、强令会计机构、会计人员伪造、变造会计凭证、会计账簿和其他会计资料，提供虚假财务会计报告。

3. 完整性原则

各单位依法设置的会计账簿必须保证其完整性，单位负责人对本单位的会计工作和会计资料的完整性负责。

二、会计法的基本制度

（一）会计管理体制

会计管理体制是指一国对会计工作进行管理的制度安排。其包括会计法规的制定、会计人员的管理、会计行为的监督等内容。我国实行的是统一领导、分级管理的管理体制。依照《会计法》第7条规定，国务院财政部门主管全国的会计工作，县级以上人民政府财政部门管理本行政区域内的会计工作。

根据《会计法》规定，国家实行统一的会计制度，即国务院财政部门依据《会计法》制定关于会计核算、会计监督、会计机构和会计人员以及会计工作的管理制度。但会计法同时授权其他部门在特定情形下具有制定会计制度具体实施办法的权力。其表现在：

（1）对于会计核算和会计监督有特殊需求的行业，如金融业，国务院有关部门可以依照《会计法》和国家统一的会计制度，制定实施国家统一的会计制度的具体办法或补充规定，但必须报国务院财政部门审核批准。

（2）中国人民解放军总后勤部可以依照《会计法》和国家统一的会计制度制定军队实施国家统一的会计制度的具体办法，报国务院财政部门备案。

（3）证券监督管理部门有权对上市公司的信息披露制定规则。

(二) 会计核算的法律规定

会计核算是会计工作的基本职能之一,是会计工作的重要环节。《会计法》《企业财务会计报告条例》《会计电算化工作规范》和《会计基础工作规范》等对会计核算的基本程序与内容作了规定。

1. 会计核算的一般要求

(1) 依法建立账簿。建账是如实记录和反映经济活动的前提,而依法建账是建账的最基本要求。具体要求是:其一,依法设置会计账簿,依法进行会计核算;其二,账簿的种类和要求应当符合《会计法》和国家统一会计制度的规定;其三,各单位发生的各项经济业务事项应当在依法设置的会计账簿上统一登记、核算,不得违反《会计法》和国家统一的会计制度的规定私设会计账簿登记、核算。

(2) 根据实际发生的经济业务进行会计核算。根据《会计法》第9条规定,各单位必须根据实际发生的经济业务事项进行会计核算,填制会计凭证,登记会计账簿,编制财务会计报告。

(3) 保证会计资料的真实和完整。会计资料包括会计凭证、会计账簿、财务会计报告等会计核算专业资料。其是会计核算的重要成果,是投资者作出投资决定,经营者进行经营决策,国家进行宏观管理的重要依据。因此,会计资料的内容和要求必须符合国家统一的会计制度的规定,保证其真实和完整。任何单位不得以虚假的经济业务事项或者资料进行会计核算,任何单位和个人不得伪造、变造会计凭证、会计账簿及其他会计资料,不得提供虚假的财务会计报告。此外,为督促单位负责人加强会计管理,采取有效措施保证会计资料的真实、完整,遏阻其授意、指使、强令会计机构和会计人员做假账,《会计法》第4条规定,单位负责人应对本单位的会计资料的真实性、完整性负责。

(4) 正确采用会计处理方法。会计处理方法不同、"口径"不同,对会计资料的可比性和一致性影响极大,进而影响到会计资料的使用。因此,依《会计法》第18条和国家统一的会计制度的要求:各单位采用的会计处理方法,前后各期应当一致,不得随意变更;确有必要变更的,应当按照国家统一会计制度的规定变更,并将变更的原因、情况及影响在财务会计报告中说明。

(5) 正确使用会计记录文字。会计记录文字是进行会计核算时,用以记载经济业务发生情况和辅助说明会计数字所体现的经济内涵而使用的文字。其是进行会计核算和提供会计资料不可缺少的重要媒介。依《会计法》第22条规定:①会计记录的文字应当使用中文;②民族自治地方的会计记录可以同时使用当地通用的一种民族文字;③在中国境内的外商投资企业、外国企业和其他外国组织的会计记录可以同时使用一种外国文字。

(6) 会计电算化核算应符合法律规定。为确保会计电算化核算的质量和规范化,实行会计电算化的单位应保证会计资料的生成方式和质量符合《会计法》第13条、第15条以及财政部发布的《会计电算化管理办法》《会计电算化工作规范》《会计核算软件基本功能规范》等的要求。其基本要求是:①实行会计电算化核算的单位所使用的软件应符合国家统一的会计制度的规定,即符合财政部关于会计软件应达到的标准并经过相应机构的评审通过;②会计电算化核算生成的会计资料应当符合国家统一的会计制度的要求。

2. 会计核算的内容

会计核算的内容,是指应当进行会计核算的经济业务事项。根据《会计法》的规定,下列经济业务事项，应当办理会计手续，进行会计核算：①款项和有价证券的收付；②财物的收发、增减和使用；③债权债务的发生和结算；④资本、基金的增减；⑤收入、支出、费用、成本的计算；⑥财务成果的计算和处理；⑦需要办理会计手续，进行会计核算的其他事项。

3．会计凭证和会计账簿

会计凭证是记录经济业务，明确经济责任作为记账依据的书面证明。其是单位办理会计手续、进行会计核算的凭据。依《会计法》规定，会计凭证包括原始凭证和记账凭证两种。原始凭证是在经济业务发生时直接取得或者填制的，用来记录经济业务发生和完成情况，明确经济责任的书面证明。原始凭证必须具备以下主要内容：①名称和编号；②填制日期；③接受凭证的单位名称；④经济业务的内容；⑤填制单位的名称及经办人员的签名、盖章。《会计法》规定，办理各经济业务事项，必须填制或者取得原始凭证并及时送交会计机构。会计机构、会计人员必须按照国家统一会计制度的规定对原始凭证进行审核，对不真实、不合法的原始凭证有权不予接受，并向单位负责人报告；对记载不准确、不完整的原始凭证予以退回，并要求按照国家统一会计制度的规定更正、补充。原始凭证记载的内容均不得涂改，确有错误的，应当由出具单位重开或者更正，更正处应当加盖出具单位印章。原始凭证金额有错误的，应当由出具单位重开，不得在原始凭证上更正。记账凭证是原始凭证所记载的内容向会计账簿传递的重要环节，其在会计资料的形成过程中起着便于记账、减少差错、保证记账质量的作用。依国家统一的会计制度的规定，记账凭证应当经过审核的原始凭证及有关资料编制。

会计账簿是指由一定格式、相互联系的账页所组成，用来序时地、分类地记载和反映有关经济业务的会计簿籍，其是编制财务会计报告的重要依据。会计账簿包括总账、日记账、明细账和其他辅助性账簿。《会计法》规定，会计账簿登记必须以经过审核的会计凭证为依据，并符合有关法律、行政法规和国家统一会计制度的规定；会计账簿应当按照连续编号的页码顺序登记；会计账簿记录发生错误或者隔页、缺号、跳行的，应当按照国家统一的会计制度规定的方法更正，并由会计人员和会计机构负责人（会计主管人员）在更正处盖章；使用电子计算机进行会计核算的，其会计账簿的登记、更正，应当符合国家统一的会计制度的规定。

4．会计期间与记账本位币

会计核算应当划分会计期间，分期结算账目和编制财务会计报告。会计期间分为年度和中期。中期是指短于一个完整的会计年度的报告期间，其包括半年度、季度和月份。会计期间的起讫日期为公历。例如，会计年度自公历1月1日起至12月31日止。

记账本位币是指日常登记账簿和编制财务会计报告用以计量的货币。《会计法》规定，会计核算原则上应以人民币为记账本位币；业务收支以人民币以外的货币为主的单位，可以选定其中一种货币作为记账本位币，但是编制的财务会计报告应当折算为人民币。

5．财务会计报告

财务会计报告是对外提供的反映单位某一特定日期的财务状况和某一会计期间的经营成果、现金流量等会计信息的文件。财务会计报告包括会计报表及其附注和其他应当在财务会计报告中披露的相关信息和资料。会计报表至少应当包括资产负债表、利润表、现金流量表等报表。当然，小企业编制的会计报表可以不包括现金流量表。

编制财务会计报告，是对单位会计核算工作的全面总结，也是及时提供真实、完整会计资料的重要环节。为此，《会计法》规定，财务会计报告应当依据经过审核的会计账簿记录和有关资料编制，并符合会计法和国家统一的会计制度关于财务会计报告的编制要求、提供对象和提供期限的规定。

6. 会计档案管理

会计档案是记录和反映经济业务事项的重要史料和证据，必须妥善保管和规范处理。对此，《会计法》和《会计基础工作规范》都作了原则规定；财政部、国家档案局1998年发布的《会计档案管理办法》则对会计档案的范围和种类、归档、保管期限、销毁办法等作了具体规定。

（三）会计监督的法律规定

会计监督是指依法享有会计监督职权的机构及人员对国家机关、社会团体、企事业单位和其他组织的经济活动的合法性、合理性所实施的监督行为。其是会计的基本职能之一，是我国经济监督体系的重要组成部分。

1999年修订后的《会计法》把会计工作的监督由过去的片面强调单位内部的会计监督，改为由单位内部会计监督、国家监督和社会监督，由此建立起我国现行的三位一体的会计监督体制。目前，我国涉及会计监督的规范性文件包括：《财政部门实施会计监督办法》《会计基础工作规范》以及《内部会计监督规范（试行）》等。

1. 单位内部的会计监督

单位内部的会计监督，是指各单位的会计机构和会计人员依照法律的规定，通过会计手续，对本单位经济活动的合法性、合理性进行的监督。

（1）单位内部会计监督的基本要求。记账人员与经济业务事项和会计事项的审批人员、经办人员、财务保管人员的职责权限应当明确，并相互分离、相互制约；重大对外投资、资产处理、资金调度和其他重要经济业务事项的决策和执行的相互监督、相互制约程序应当明确；财产清查的范围、期限和组织程序应当明确；对会计资料定期进行的内部审计的办法和程序应当明确。

（2）单位内部会计监督的方法。《内部会计控制规范（试行）》规定了单位内部会计监督的方法，包括：不相容职务相互分离控制；授权批准控制；会计系统控制；预算控制；财产保全控制；风险控制；内部报告控制；电子信息技术控制。

2. 会计工作的国家监督

会计工作的国家监督，是指财政部门等国家机关代表国家对各单位及其相关人员的会计行为实施的监督检查和处罚行为。其对单位内部的会计监督而言，属于外部监督，两者相互补充。

会计工作的国家监督依其监督机关不同，分为财政监督、审计监督、税务监督、央行监督、证券监督、保险监督、银行监督等。

在会计工作的国家监督中，最基本、最重要的是财政监督。财政部门是我国主管会计工作的专门机关。依《会计法》规定，财政部门对各单位的下列情况实施会计监督：①是否依法设置会计账簿；②会计凭证、会计账簿、财务会计报告和其他会计资料是否真实、完整；③会计核算是否符合本法和国家统一的会计制度的规定；④从事会计工作的人员是否具备从业资格。此外,《会计法》赋予了财政部及其派出机构查询权,即财政部门及其派出机构在对会计资料真实性、完整性实施监督时,如发现重大嫌疑,可以向与被监督单位有经济业务往来的单位和被监督单位的开立账户的金融机构查询有关情况,有关单位和金融机构应予支持。审计、税务、央行、证券监管、保险监管、银行监管等监管部门按照各自的职责分工,依照有关法律、行政法规规定,对有关单位的会计资料实施监督检查。

国家各监督检查部门在对有关单位的会计资料依法实施监督检查后,应当出具检查结论。有关检查部门已经作出的检查结论能满足其他监督检查部门履行本部门职责需要的,其他监督检查部门应当加以利用,避免重复查账。监督检查部门及其工作人员对在监督检查中知悉的国家秘密和商业秘密有保密义务。被检查单位必须依照法律、行政法规的规定,接受有关监督检查部门依法实施的监督检查,如提供会计凭证、会计账簿、财务会计报告和其他会计资料以及有关情况,不得拒绝、隐匿、谎报。

3. 会计工作的社会监督

会计工作的社会监督,也称为注册会计师的审计监督,主要是注册会计师及其所在的会计师事务所依法对受托单位的经济活动进行审计、鉴证的活动。此外,单位或个人对违反《会计法》和国家统一的会计制度规定的行为所进行的检举、批评等,也属于会计工作的社会监督的组成部分。

为了保证会计工作社会监督的客观性、公正性,《会计法》及有关的会计法律、法规规定:①须经注册会计师进行审计的单位,应当聘请会计师事务所进行审计,并如实提供会计凭证、会计账簿、财务会计报告和其他会计资料及有关情况,对会计资料的真实性、完整性负责;②任何单位或个人不得以任何方式要求或者示意注册会计师及其所在的会计师事务所出具不实或者不当的审计报告;③会计师事务所对其所出具的审计报告的真实性负责;④财政部门有权对会计师事务所出具审计报告的程序和内容进行检查监督。

(四) 会计机构和会计人员的法律规定

会计机构是各单位办理会计事务的职能部门。会计人员是直接从事会计工作的人员。建立健全会计机构,配备一定数量的具备会计从业资格的会计人员,是各单位做好会计工作,充分发挥会计职能的基础。《会计法》第五章和《会计基础工作规范》对此作了相应的规定。

1. 会计机构的设置

依《会计法》规定,各单位应当根据会计业务的需要,设置会计机构,或者在有关机构中设置会计人员并指定会计主管人员;不具备设置会计机构条件的单位,应当委托经批准设立从事会计代理记账业务的中介机构代理记账。

会计机构内部应当建立稽核制度。出纳人员不得兼任稽核、会计档案保管和收入、支出、费用、债权、债务账目的登记工作。

此外,《会计法》还就会计机构负责人(会计主管)的条件作出了规定:取得会计从业资格证书,具备会计师以上专业技术职务资格或者从事会计工作3年以上。

2. 总会计师的设置

总会计师是主管单位财务工作的行政领导,全面负责本单位财务会计管理和经济核算,参与单位的重大经营决策。总会计师协助本单位主要行政领导人工作,直接对单位主要行政领导人负责。国有和国有资产占控股地位或者主导地位的大中型企业必须设置总会计师。《总会计师条例》对总会计师的设置范围、任职资格、职责权限等作了具体规定。

3. 会计从业资格的管理

为了保证会计工作的质量，凡是从事会计工作的人员，都应当具备会计从业资格，取得会计资格证书。财政部根据《会计法》第38条的规定，于2000年颁布了《会计从业资格管理办法》，对会计从业资格的管理、取得条件、年检等作了具体规定。

另外，《会计法》第40条还就不得取得或者重新取得会计从业资格的情形作了特别规定：①因有提供虚假财务会计报告，做假账，隐匿或者故意销毁会计凭证、会计账簿、账务会计报告，贪污、挪用公款、职务侵占等与会计职务有关的违法行为被依法追究刑事责任的人员，不得取得或者重新取得会计从业资格证书。②因违法违纪行为被吊销会计从业资格证书的人员，自被吊销会计从业资格证书之日起5年内，不得重新取得会计从业资格证书。

4. 会计人员的工作交接

会计人员的工作交接，是指会计人员因调动或者因其他原因离职时与接替人员办理工作交接手续。其是分清前后两任会计人员的责任，确保会计工作连续性的重要一环。本处所指的离职既包括会计人员长久性地离开本职工作，也包括会计人员临时离职或者因其他原因暂时不能工作。依《会计法》和《会计基础工作规范》的规定，会计人员调动工作或者离职，必须与接管人员办清交接手续。一般会计人员办理交接手续，由会计机构负责人监交；会计机构负责人办理交接手续，由单位负责人监交，必要时主管单位可以派人会同监交。

【典型案例评析】

甲公司6月份发生的涉及公司财务工作的事项有以下两项：（1）5日，公司会计人员张某被指派脱产学习半个月，于是，公司财务科长李某指派本公司出纳人员黄某接替张某的工作（关于公司业务收入的账目登记管理和公司费用账目的登记管理），张某和黄某没有办理交接手续；（2）16日，财务科科长李某辞职，公司任命公关部部长王某（没有会计从业资格证书）为会计科科长，李某和王某的工作交接由公司人事科科长谭谋监交。试分析甲公司在上述两项工作中，是否存在违反《会计法》的行为？为什么？

评析：

（1）黄某接替张某的工作违法。因为黄某是出纳，出纳不能兼任属于会计工作的关于公司业务收入的账目登记管理和费用账目的登记管理。此外，假设黄某具有会计从业资格，他与张某也应办理交接手续并由科长李某作为单位会计机构负责人监交。但本案中，黄某与张某并未办理交接手续，显然违法。（2）公司任命王某为会计科科长违法。依照《会计法》规定，单位会计机构负责人，除取得会计从业资格外，还应当具有会计师以上专业技术资格或者有从事会计工作3年以上的经历。本案中，王某显然不符合以上条件。此外，会计机构负责人办理交接手续应当由单位负责人监交，而非由人事科科长监交。

（五）违反《会计法》的法律责任

根据《会计法》第六章的规定，违反《会计法》的法律责任包括行政责任和刑事责任两类，行政责任包括：责令限期改正、通报、罚款、吊销会计从业资格证书，降级、撤职直至开除的行政处分；构成犯罪的，依法追究刑事责任。

违反《会计法》规定，应当承担法律责任的主体包括：单位、单位直接负责的主管人员和其他直接责任人员、会计人员、国家工作人员。

对于违反《会计法》的单位和个人，具有依法追究其法律责任的职权的机关与单位包括：县级以上人民政府的财政部门、国家工作人员所在单位或者有关单位、国家司法机关。

违反《会计法》的具体行为及其法律责任的具体规定如下：

1. 违反国家统一会计制度的法律责任

单位或者个人有下列行为之一的，由县级以上人民政府的财政部门责令改正，可以对单位并处罚款，对其直接负责的主管人员和其他直接责任人员处以罚款；构成犯罪的，依法追究刑事责任；属于国家工作人员的，还应当由其所在单位或者有关单位依法给予行政处分：①不依法设置会计账簿的；②私设会计账簿的；③未按照规定填制、取得原始凭证或者填制、取得的原始凭证不符合规定的；④以未经审核的会计凭证为依据登记会计账簿或者登记会计账簿不符合规定的；⑤随意变更会计处理方法的；⑥向不同的会计资料使用者提供的财务会计报告编制依据不一致的；⑦未按照规定使用会计记录文字或者记账本位币的；⑧未按照规定保管会计资料，致使会计资料毁损、灭失的；⑨未按照规定建立并实施单位内部会计监督制度或者拒绝依法实施的监督或者不如实提供会计资料及有关情况的；⑩任用会计人员不符合本法规定的。

此外，会计人员有上述行为之一，情节严重的，由县级以上人民政府部门财政部门吊销会计从业资格证书；有关法律对上述所列行为的处罚另有规定的，适用其规定。

2. 伪造、变造会计凭证、会计账簿，编制虚假财务会计报告行为的法律责任

依《会计法》规定，伪造、变造会计凭证、会计账簿，编制虚假的财务会计报告，由县级以上人民政府财政部门予以通报，可以对单位并处罚款，对其直接负责的主管人员和其他直接责任人员处以罚款；构成犯罪的，依法追究刑事责任；属于国家工作人员的，还应当由其所在单位或者有关单位依法给予撤职直至开除的行政处分；对其中的会计人员，并由县级以上人民政府财政部门吊销其会计从业资格证书。

3. 隐匿或者故意销毁应当保存的会计凭证、会计账簿、财务会计报告行为的法律责任

隐匿或者故意销毁依法应当保存的会计凭证、会计账簿、财务会计报告的，由县级以上人民政府予以通报，可以对单位并处罚款，对其直接负责的主管人员和其他直接责任人员处以罚款；构成犯罪的，依法追究刑事责任；属于国家工作人员的，还应当由其所在单位或者有关单位依法给予撤职直至开除的行政处分；对其中的会计人员，并由县级以上人民政府财政部门吊销其会计从业资格证书。

4. 单位负责人打击报复行为的法律责任

依《会计法》第46条规定，单位负责人对依法履行职责、抵制违反《会计法》规定行为的会计人员以降级、撤职、调离工作岗位、解聘或者开除等方式实行打击报复，构成犯罪的，依法追究刑事现任；尚不构成犯罪的，由其所在单位或者有关单位依法给予行政处分。对受到打击报复的会计人员，应当恢复其名誉和原有职务、级别。

5. 其他规定

(1) 授意、指使、强令会计机构、会计人员及其他人员从事上述第"2"、第"3"项所列行为的人员，可以处以罚款；构成犯罪的，依法追究刑事责任；属于国家工作人员的，还应当由其所在单位或者有关单位依法给予降级、撤职、开除的行政处分。

(2) 财政部门及有关行政部门的工作人员在实施监督管理中滥用职权、玩忽职守、徇私舞弊或者泄露国家秘密，构成犯罪的，依法追究刑事责任；尚不构成犯罪的，依法给予行政处分。

(3) 违反《会计法》规定，将检举人姓名和检举材料转给被检举单位和被检举人个人的，由所在单位或者有关单位依法给予行政处分。

(4) 违反《会计法》规定，同时违反其他法律规定的，由有关部门在各自职责权限范围内进行处罚。

三、注册会计师法律制度

(一) 注册会计师与注册会计师法的概念

注册会计师是指依法取得注册会计师证书并接受委托从事审计和会计咨询、会计服务的执业人员。注册会计师与单位的一般会计人员不同，他们是接受客户委托，站在中立的立场上从事审计等业务的执业人员，其执业必须依法取得执业资格并加入一个会计师事务所方能进行。

注册会计师法是调整注册会计师关系的法。注册会计师法的主要内容包括：注册会计师的性质、地位、资格考试、注册登记、业务范围与规则，会计师事务所，注册会计师协会，法律责任等。

我国的注册会计师立法主要有：《注册会计师法》《注册会计师法实施条例》《会计师事务所管理暂行办法》《注册会计师检查验证报表规则（试行）》《注册会计师全国统一考试违纪、作弊处罚规则》《违反注册会计师法处罚暂行办法》《关于中外合资经营企业、外国企业委托会计师查账问题的若干规定》等。

(二) 注册会计师资格的取得

我国实行注册会计师全国统一考试制度，由中国注册会计师协会组织实施。具有高等专科以上学历，或者具有会计或者相关专业中级以上技术职称的中国公民，均可申请参加考试；具有会计或者相关专业高级技术职称的人员，可以免于部分科目的考试。凡参加全国统一考试且成绩合格，并从事审计业务工作二年以上者，经本人申请且符合注册条件的，由省级注册会计师协会准予注册，报国务院财政部门备案，由注册会计师协会发给国务院财政部门统一制定的注册会计师证书，同时认证其执行资格。

申请人具有下列情形之一的，受理申请注册会计师协会不予注册：①不具有完全民事行为能力的；②因受刑事处罚，自刑罚执行完毕之日起至申请注册之日止不满5年的；③因在财务、会计、审计、企业管理或其他经济管理工作中犯有严重错误受行政处罚撤职以上处分，自处罚、处分决定之日起不满2年的；④受吊销注册会计师证书的处罚，自处罚决定之日起至申请注册之日止不满5年的；⑤国务院财政部门规定的其他不予注册的情形。

（三）注册会计师的业务范围和执业规则

1. 注册会计师的业务范围

注册会计师的业务范围包括审计业务和会计服务两个方面。

注册会计师的审计业务包括：①审查企业会计报表，出具审计报告；②验证企业资本，出具验资报告；③办理企业合并、分立、清算事宜中的审计业务，出具有关的报告；④法律、行政法规规定的其他审计业务。

注册会计师的会计服务业务包括会计咨询和其他会计服务业务。咨询业务的范围是：为委托人设计财务会计制度，担任会计顾问，提供会计、财务、税务、审计、投资和经济管理咨询及其他会计咨询业务。其他会计服务业务是：为委托人代理记账，代理纳税申请，代理申请注册登记，协助草拟合同、章程和其他经济文件，培训财会人员等会计服务业务。

2. 注册会计师的执业规则

（1）注册会计师执业的基本规则。注册会计师执行业务，必须遵守法律、法规的规定；注册会计师承办业务，由其所在的会计师事务所统一受理并与委托人签订委托合同；注册会计师与委托人有利害关系的，应当回避，委托人有权要求其回避；注册会计师对在执行业务中知悉的商业秘密有保密业务。另外，注册会计师执行业务，可以根据需要查阅委托人的有关会计资料和文件，查看委托人的业务现场和设施，要求委托人提供其他必要的协助。

注册会计师依法独立、公正执行业务，受法律保护。

（2）执行审计业务出具报告的禁止性规则。注册会计师执行审计业务出具报告时，不得有下列行为：①明知委托人对重要事项的财务会计处理与国家有关规定相抵触，而不予指明；②明知委托人的财务会计处理会直接损害报告使用人或者其他利害关系人的利益，而予以隐瞒或者作不实的报告；③明知委托人的财务会计处理会导致报告使用人或者其他利害关系人产生重大误解，而不予指明；④明知委托人的会计报表的重要事项有其他不实的内容，而不予指明。

委托人有上列四种行为，注册会计师按照执业准则、规则应当知道的，适用前款规定。

（3）执行审计业务时拒绝出具报告规则。注册会计师执行审计业务，遇有下列情形之一的，应当拒绝出具有关报告：①委托人示意其作出不实或者不当证明的；②委托人故意不提供有关会计资料和文件的；③因委托人有其他不合理要求，致使注册会计师出具的报告不能对财务会计的重要事项作出正确表述的。

（4）职业形象维持规则。注册会计师为维持其独立、公正的职业形象，不得有下列行为：①在执行审计业务期间，在法律、行政法规规定的期限内不得买卖被审计单位的股票、债券，或者不得购买被审计单位或者个人所拥有的其他财产；②索取、收受委托合同约定以外的酬金或者其他财物，或者利用执行业务之便，谋取其他不正当的利益；③接受委托催收债款；④允许他人以本人名义执行业务；⑤同时在两个或者两个以上的会计师事务所执行业务；⑥对其能力进行广告宣传以招揽业务；⑦违反法律、行政法规的其他行为。

（四）注册会计师的组织

注册会计师的组织包括会计师事务所和注册会计师协会。《注册会计师法》对会计师事务所、注册会计师协会的性质、组织形式、成立的条件与程序、权利义务等作了明确的规定。

1. 会计师事务所

会计师事务所是依法设立承办注册会计师业务的机构。

会计师事务所的组织形式有两种：第一种是合伙形式的会计师事务所。合伙形式的会计师事务所由数个注册会计师合伙设立，合伙人对事务所的债务承担无限连带责任。第二种是有限责任公司形式的会计师事务所。设立有限责任公司形式的会计师事务所的最低注册资本为人民币30万元，必须有不少于5名注册会计师的专职从业人员。

从设立会计师事务所的程序看，设立会计师事务所，由国务院财政部门或者省、直辖市、自治区人民政府财政部门批准。外国会计师事务所在中国境内设立常驻代表机构，须报国务院财政部门批准；设立中外合作会计师事务所，须经国务院对外经济贸易主管部门或者国务院授权的部门和省级人民政府审查同意后报财政部门批准。会计师事务所设立分支机构，须经分支机构所在地的省、直辖市、自治区人民政府财政部门批准。

会计师事务所的职能包括：①统一接受客户委托的查账、验证和会计咨询、会计服务业务，指派注册会计师具体办理；②按照章程组织管理注册会计师的执业活动；③研究注册会计师办理业务的报告，加盖会计师事务所的公章；④按照主管部门的标准，统一向客户收费。

会计师事务所受理业务，不受行政区域、行业的限制，但是法律、行政法规另有规定的除外。

2. 注册会计师协会

注册会计师协会是由注册会计师组成的社会团体。其是注册会计师的行业自治组织，依法具有社会团体法人资格。

注册会计师协会有中国注册会计师协会和省、直辖市、自治区注册会计师协会。前者是全国性的组织，其章程报国务院财政部门备案，后者是地方性的组织，其章程报省、直辖市、自治区人民政府财政部门备案。

注册会计师协会的职责是：支持注册会计师依法报告业务，维持其合法权益，向有关方面反映其意见和建议；制定规则，对注册会计师、会计师事务所进行自律管理，加强法律、职业道德、行业诚信教育，实行行业管理；对注册会计师的任职资格和执业情况进行年度检查。

（五）违反注册会计师法的法律责任

会计师事务所、注册会计师违法接受委托、违法从事委托业务，故意出具虚假报告、验资报告等违法、违纪行为的，可以根据不同情况给予警告、没收违法所得、罚款、暂停执业部分或全部业务（暂停执行的最长期限为12个月）、吊销有关执业许可证、吊销注册会计师证书（或撤销事务所）等处罚。会计师事务所、注册会计师违反规定，故意出具虚假的审计报告、验资报告，构成犯罪的，依法追究刑事责任。

注册会计师法的执法及处罚机关是省级以上人民政府财政部门。当事人对行政处罚决定不服的，可以在接到处罚决定通知之日起15日内向作出处罚决定机关的上一级机关申请复议；当事人也可以在接到处罚决定通知之日起 15 日内直接向人民法院起诉。

任务二　审计法

【导入案例】

顺达会计师事务所的注册会计师周某正在对胜利公司 2013 年度的会计报表进行审计，该公司总资产 2500 万元，应收账款在报表上列示为 1000 万元，公司的会计账目混乱，控制风险评价为低水平。

问：请分析周某需要收集胜利公司的哪些审计材料进行审计？

一、审计和审计法概述

（一）审计的概念

审计是指独立的第三方依法或者接受委托，对被审计人记录经济活动的会计资料的真实性、准确性、公允性进行审查，并将审计结果向法定机关或委托人报告的一项活动。审计的实质是基于经济监督的需要而进行的专业性经济监督行为。审计的基本含义包括：①审计主体通常是独立于被审计人的无直接利益关系的第三方。审计主体的独立性在国家审计和社会审计中体现得较为明显，但即使是在内部审计中，审计机构和人员的专职性、相对独立性也在一定程度上体现了审计主体的独立性。②审计的对象主要是反映经济活动的会计资料等。③审计的目的主要是确认有关会计资料的真实性、准确性、公允性。④审计的成果（审计报告等）应向有关方面报告。

根据审计的标准不同，可以对审计进行多种不同类别的划分：

（1）根据审计主体和性质的不同，可将审计划分为国家审计、社会审计、内部审计。

（2）根据审计的内容不同，审计可划分为财政收支审计、财务收支审计、财经法纪审计和经济效益审计。

（3）根据审计时间的不同，审计可以划分为事前审计、事中审计和事后审计。

（4）根据审计地点的不同，审计可以划分为现场审计和报送审计。

（二）审计法的概念

审计法有广义和狭义之分。广义上的审计法是调整各种审计关系的法。其调整的范围包括国家审计、社会审计（民间审计）和内部审计。国家审计也称为政府审计，是指由专门设立的国家审计机关依法对公共资金使用状况进行的审计。其目的是实施国家的经济或财政监督。社会审计也称为民间审计，是由民间或社会审计组织根据委托所实施的审计。其目的主要是经济鉴证和协助投资经营决策，审计活动本身具有社会自治或行业自律的性质。内部审计是指由本单位内部专职的审计机构或审计人员实施的审计。其目的是进行经济监督和经济评价，以纠错防弊，改善经营管理。狭义上的审计法是指调整国家审计关系的法。其调整的范围以国家审计关系为主，兼具部分内部审计的内容。

在我国现行的审计法律制度下，《中华人民共和国审计法》（下称《审计法》，1994年制订，2006 年修订）和《中华人民共和国审计法实施条例》（2010 年 5 月 1 日实施）的核心内容是调整国家审计关系，社会审计关系则由《注册会计师法》调整。《审计法》

和《注册会计师法》又同时包含有内部审计的制度和规则。本学习任务所论述的是狭义的审计法。

根据《审计法》的规定，审计法的基本原则包括：①独立审计原则。②依法审计原则。③客观公正原则。④强制审计原则。⑤保守秘密原则。

二、国家审计的法律规定

根据《宪法》第 91 条和 109 条的规定，从 1983 年起，我国从中央到地方设置了各级审计机关，并于 1984 年在各部门、各单位内部成立了内部审计机构，初步建立起我国的国家审计制度。

（一）审计机关

国务院设立审计署，在国务院总理领导下，主管全国的审计工作。审计长是审计署的行政首长。省、自治区、直辖市、设区的市、自治州、县、自治县、不设区的市、市辖区的人民政府的审计机关，分别在省长、自治区主席、市长、州长、县长、区长和上一级审计机关的领导下，负责本行政区域内的审计工作。地方各级审计机关对本级人民政府和上一级负责并报告工作，审计业务以上级审计机关领导为主。审计机关根据工作需要，可以在其审计管辖范围内派出审计特派员。审计特派员根据审计机关的授权，依法进行审计工作。审计机关履行职责所必需的经费，应当列入财政预算，由本级人民政府予以保证。

审计机关的职责包括：①对本级各部门（含直属单位）和下级政府预算的执行情况和决算，以及预算外资金的管理和使用情况进行审计监督。其中，审计署在国务院总理领导下，对中央预算执行情况进行审计监督，向国务院总理提出审计结果报告。地方各级审计机关分别在省长、自治区主席、市长、州长、县长、区长和上一级审计机关的领导下，对本级预算执行情况进行审计监督，向本级人民政府和上一级审计机关提出审计结果报告。②审计署对中央银行的财务收支进行审计监督；对国有金融机构的资产、负债、损益进行审计监督。③审计机关对国家行政机关、其他国家机关、事业组织的财务收支进行审计监督。④审计机关对国有企业的资产、负债、损益，对国有资产占控股或者主导地位的企业进行审计监督。

审计机关的职权包括：①要求被审计单位按照规定报送预算或者财务收支计划、预算执行情况、决算、财务报告，社会审计机构出具的审计报告以及其他与财政收支或者财务收支有关的资料，被审计单位不得拒绝、拖延、谎报。②检查权。审计机关进行审计时，有权检查被审计单位的会计凭证、会计账簿、会计报表以及其他与财政收支或者财务收支有关的资料和资产，被审计单位不得拒绝。③调查取证权。审计机关进行审计时，有权就审计事项的有关问题向有关单位和个人进行调查，并取得有关证明材料。有关单位和个人应当支持、协助审计机关工作，如实向审计机关反映情况，提供有关证明材料。④现行违法行为制止权。审计机关进行审计时，对被审计单位正在进行的转移、隐匿、篡改、毁弃会计凭证、会计账簿、会计报表以及其他与财政收支或者财务收支有关的资料，或者转移、隐匿所持有的违反国家规定取得的资产等行为有权予以制止；制止无效的，经县级以上审计机关负责人批准，通知财政部门和有关主管部门暂停拨付与违反国家规定的财政收支、财务收支行为直接有关的款项，已经拨付的，暂停使用。但是采取该项措施不得影响被审计单位合法的业务活动和生产经营活动。⑤建议权。审计机关认为被审计单位所执行的上级主管部门有关财政收支、财务收支的规定与法律、行政法规相抵触的，应当建议有关主管部门纠正；有关主管部门不予纠正的，审计机关应当提请有权处理的机关依法处理。⑥审计结果通报权。审计机关可以向政府有关部门通报或者向社会公布审计结果。但审计机关行使此项权力，应当依法保守国家秘密和被审计单位的商业秘密，遵守国务院的有关规定。⑦处罚权。审计机关有权依法责令被审计单位限期缴纳应当上缴的收入，限期退还违法所得，限期退还被侵占的国有资产；对负有责任的主管人员和其他直接责任人员有权提出给予行政处分的建议，构成犯罪的，移交司法机关依法追究刑事责任。

【典型案例评析】

2004年1月，审计署驻广州特派员办事处在对中国人民银行广州分行进行审计的过程中发现：该市所属广东省西部地区的两个县级市的8家企业从1997年下半年至2002年，以合作开发果园等名义面向国内外非法集资8亿元，资金大量滞留境外，损失巨大，具有明显的金融诈骗性质。上述情况以审计要情上报后，国务院领导同志作出重要批示。经查，1997年下半年至2002年，该8家企业在基金会被取缔的情况下，变换手法，利用向农民租来的土地，以合作开发果园的名义，在全国十几个省市设立集资机构，以最高达15%的回扣为诱饵，通过代理人向社会广泛集资，涉及金额8亿元，涉及境内外人员18000人。这些企业承诺给予集资者所认购果园50年的使用权及收益权。但这些果园用地是向农户支付租金而承租的，如无法按时支付租金，农户随时有权收回土地。部分企业已经出现不能正常向农户支付果园用地租金导致农户要求收回果园的情况。集资者在50年收益权无保障的情况下，多次上访，给社会稳定造成了恶劣影响。目前，该案侦查已告一段落，主要犯罪嫌疑人均已被抓获。

评析：

全国各地以各种形式开展的非法集资不断抬头，涉案金额日益增大，手段更加隐蔽，严重干扰了金融秩序，给集资者带来巨大的经济损失，直接威胁社会稳定。审计机关可依职权对相关的经济活动通过审计进行监督。

（二）审计人员

审计人员是审计机关中专门从事审计工作的工作人员。审计人员属于国家工作人员。为确保审计工作的质量，《审计法》和《国家审计基本准则》对审计人员的素质及相关保障制度作了如下规定：①审计人员应当具备与其从事的审计工作相适应的专业知识和业务能力。为此，国家实行审计人员专业资格制度，审计署和省级审计机关建立审计专业技术资格考试和评审制度。②审计人员办理审计事项，应当客观公正、实事求是，保持应有的独立性和职业谨慎；审计人员不得参与被审计单位的行政或者经营管理活动。③审计人员办理审计事项，与被审计单位或者审计事项有利害关系的，应当回避。④审计人员对其在执行职务中知悉的国家秘密和被审计单位的商业秘密，负有保密的义务，在执行业务中取得的相关资料不得用于与审计工作无关的目的。⑤审计人员依法执行职务，受法律保护，任何单位和个人不得拒绝、阻碍审计人员依法执行职务，不得打击报复审计人员。⑥审计机关负责人依照法定程序任免，没有违法失职或者其他不符合任职条件情况的，不得随意撤换。

（三）审计监督的对象和审计工作原则

审计监督的对象是：国务院各部门和地方各级人民政府及其各部门的财政收支、国有金融机构和企事业组织的财务收支以及其他依照《审计法》应当接受审计的财政收支、财务收支，依照本法规定接受审计监督；审计机关对这些财政收支或者财务收支的真实、合法和效益，依法进行审计监督。

审计工作的原则包括：①独立审计原则。审计机关依照法律规定独立行使审计监督权，不受其他行政机关、社会团体和个人的干涉。②依法审计原则。审计机关依照法律规定的职权和程序进行审计监督。③客观公正原则。审计机关办理审计事项应当客观公正、实事求是。④保守秘密原则。审计机关和审计人员应当依法保守国家秘密和被审计单位的商业秘密。

三、内部审计

内部审计是我国审计体系的重要组成部分，是国家审计监督的延伸。《审计法》第2条规定："国务院各部门和地方各级人民政府及其各部门的财政收支，国有的金融机构和企业事业组织的财务收支，以及其他依照本法规定应当接受审计的财政收支、财务收支，依照本法规定接受审计监督。"这是内部审计机构设置的审计法依据。另外，《审计署关于内部审计工作的规定》（2003）进一步规定：国家机关、金融机构、企事业组织、社会团体以及其他单位，应当建立健全内部审计制度。法律、行政法规规定设立内部审计机构的单位，必须设立独立的内部审计机构；法律、行政法规没有明确规定设立内部审计机构的单位，可以根据需要设立内部审计机构，配备内部审计人员；有内部审计工作需要且不具有设立内部审计机构条件和人员编制的国家机关，可以授权本单位的内设机构履行内部审计职责。

在管理体制上，内部审计机构在本单位主要负责人或者权力机构的领导下开展工作，并向本单位主要负责人或者权力机构提出内部审计工作报告。

（一）内部审计机构的审计事项

内部审计机构对本单位及所属单位（含占控股地位或者主导地位的单位）的财政收支、财务收支及其有关经济活动、预算资金（含预算内资金）的管理和使用情况、领导人员的任期经济责任、固定资产投资项目、经济管理和效益情况进行审计，对本单位及所属单位内部控制制度的健全性和有效性以及风险管理进行评审。

（二）内部审计机构的职权

内部审计机构的职权主要包括：①要求被审计单位按时报送财务收支计划、预算执行情况、决算、会计报表等文件，资料。②参加有关会议。③参与研究制定有关的规章制度，提出内部审计规章制度，由单位审定公布后施行。④检查有关生产、经营和财务活动的资料、文件、计算机系统及其他电子数据和资料，现场勘察实物。⑤对与审计事项有关的问题向有关单位和个人进行调查，并取得证明材料。⑥对正在进行的严重违法违规、严重损失浪费行为，作出临时制止决定。⑦对可能转移、隐匿、篡改、毁弃会计凭证、会计账簿、会计报表以及与经济活动有关的资料，经本单位主要负责人或者权力机构的批准，予以暂时封存。⑧提出纠正、处理违法违规行为的意见以及改进经济管理、提高经济效益的建议。⑨对违法违规和造成损失浪费的单位和人员，给予通报批评或者提出追究责任的建议。⑩在单位主要负责人或者权力机构授权范围内行使行政处理、处罚权。⑪对本单位有关部门及所属单位遵守财经法规、经济效益显著、贡献突出的集体和个人,向本单位主要负责人或者权力机构提出表扬和奖励的建议。

四、法律责任

依照《审计法》第43条至第52条和《审计法实施条例》第47条至第55条的规定,被审计单位,被审计单位负有直接责任的主管人员、直接责任人员以及其他有关单位和人员的法律责任如下:

(1) 被审计单位拒绝、拖延提供与审计事项有关的资料,或者提供的资料不真实、不完整,或者拒绝、阻碍检查的,由审计机关责令改正,可以通报批评,给予警告;拒不改正的,对被审计单位可以处5万元以下的罚款,对直接负责的主管人员和其他直接责任人员,可以处2万元以下的罚款,审计机关认为应当给予处分的,向有关主管机关、单位提出给予处分的建议;构成犯罪的,依法追究刑事责任。

(2) 被审计单位转移、隐匿、篡改、毁弃会计凭证、会计账簿、财务会计报告以及其他与财政收支、财务收支有关的资料,或者转移、隐匿所持有的违反国家规定取得的资产,审计机关认为对直接负责的主管人员和其他直接责任人员依法应当给予处分的,应当提出给予处分的建议,被审计单位或者其上级机关、监察机关应当依法及时作出决定,并将结果书面通知审计机关;构成犯罪的,依法追究刑事责任。

(3) 对本级各部门(含直属单位)和下级政府违反预算的行为或者其他违反国家规定的财政收支行为,审计机关、人民政府或者有关主管部门在法定职权范围内,依照法律、行政法规的规定,区别情况采取下列处理措施:①责令限期缴纳应当上缴的款项。②责令限期退还被侵占的国有资产。③责令限期退还违法所得。④责令按照国家统一的会计制度的有关规定进行处理。⑤其他处理措施。

(4) 对被审计单位违反国家规定的财务收支行为,审计机关在法定职权范围内,区别情况采取《审计法》规定的处理措施,可以通报批评,给予警告;有违法所得的,没收违法所得,并处违法所得1倍以上5倍以下的罚款;没有违法所得的,可以处5万元以下的罚款;对直接负责的主管人员和其他直接责任人员,可以处2万元以下的罚款,审计机关认为应当给予处分的,向有关主管机关、单位提出给予处分的建议;构成犯罪的,依法追究刑事责任。

此外,依照相关规定,审计机关在法定职权范围内作出的审计决定,被审计单位应当执行;审计机关依法责令被审计单位上缴应当上缴的款项,被审计单位拒不执行的,审计机关应当通报有关主管部门,有关主管部门应当依照有关法律、行政法规的规定予以扣缴或者采取其他处理措施,并将结果书面通知审计机关;被审计单位对审计机关作出的有关财务收支的审计决定不服的,可以依法申请行政复议或者提起行政诉讼;被审计单位对审计机关依照《审计法》第16条、第17条和《审计法实施条例》第15条规定进行审计监督作出的审计决定不服的,可以自审计决定送达之日起60日内,提请审计机关的本级人民政府裁决,本级人民政府的裁决为最终决定。

(5) 被审计单位的财政收支、财务收支违反国家规定,审计机关认为对直接负责的主管人员和其他直接责任人员依法应当给予处分的,应当提出给予处分的建议,被审计单位或者其上级机关、监察机关应当依法及时作出决定，并将结果书面通知审计机关。

被审计单位的财政收支、财务收支违反法律、行政法规的规定，构成犯罪的，依法追究刑事责任。

（6）报复陷害审计人员的，依法给予处分；构成犯罪的，依法追究刑事责任。

（7）审计人员滥用职权、徇私舞弊、玩忽职守或者泄露所知悉的国家秘密、商业秘密的，依法给予处分；构成犯罪的，依法追究刑事责任。

此外，国家审计署发布的《国家审计基本准则》和《审计机关审计处理处罚的规定》对有关审计法律责任作了进一步细化的规定。

【思考题】

一、简答题

1. 《会计法》的立法目的和适用范围包括哪些？
2. 会计核算的一般要求有哪些？
3. 注册会计师执行审计业务出具报告时，不得有哪些行为？
4. 违反《注册会计师法》的法律责任有哪些？
5. 审计机关的职责是什么？
6. 审计监督的对象和审计工作原则是什么？
7. 内部审计机构的职权有哪些？
8. 被审计单位，被审计单位负有直接责任的主管人员、直接责任人员以及其他有关单位和人员的法律责任包括哪些？

二、案例分析

案例1：

甲、乙、丙三人都具有注册会计师资格，三人拟设立一家有限责任公司形式的会计师事务所。按照他们三人最初的设想：甲出资7万元人民币，乙出资8万元人民币，丙出资10万元人民币；因为甲、乙、丙三人都具有注册会计师资格，况且他们认为事务所成立初期业务量不会很大，所以决定暂时不招聘其他专职会计师。

会计师事务所成立后，为A公司提供为期一年的咨询服务。因为此笔业务是甲拉来的，甲要求以他自己的名义与A公司签订会计咨询合同，乙和丙均没有异议。

在为A公司提供咨询服务期间，A公司决定在小范围内实行股份内部认购。为了表示对该会计师事务所提供服务的感谢，A公司表示甲、乙、丙三人可以以内部价格认购A公司的股票。于是，甲、乙、丙三人各认购了A公司5万元的股份。

问题：

（1）按照甲、乙、丙三人的最初设想，他们能顺利登记成立会计师事务所吗？为什么？

（2）甲以自己的名义与A公司签订会计咨询合同是否合法？为什么？

（3）甲、乙、丙三人认购其客户A公司股份的行为合法吗？为什么？

案例2：

2015年8月中旬，某市审计局审计组在对该市的某镇实施2014年度财政决算审计时发现，镇政府从预算内、预算外账户拨出589万元，专项用于兑付历史遗留下来的群众集资款。在这589万元中，一笔276万元直接汇入镇融资办，另一笔313万元则汇入镇电镀厂账户。当审计组派员到电镀厂找会计核查时，传达室值班人员告诉审计人员，厂长、会计出差，出纳家中有事好几天未上班。审计人员只好到了镇融资办，融资办工作人员解释道，融资办的出纳和会计就是电镀厂的会计。该融资办主任以"出差""招商引资""住院手术"为借口躲起来"造账"。最后，审计部门从其提供的假账上发现了其兑付集资款项账不符实、资金收入延压进账时间、提取资金不在账面反映、拆出资金不见分文利息、电镀厂无偿占用集资款、重复支付集资款10万元等问题。

问题：

依照《审计法》规定，该事件中相关人员的行为有什么违法之处？应承担什么责任？

项目七 产品质量法和消费者权益保护法

任务一 产品质量法概述和产品质量监督管理制度

【导入案例】

2015年5月,云某从某市阳关大厦以500元买了一只由光华铝制厂生产的高压锅。11月底,该高压锅在正常使用的过程中发生爆炸,严重烫伤了云某、其妻和女儿3人。3人住院期间共花费医疗费12000元。经查实,此次高压锅爆炸是高压锅自身质量问题所至。

问:云某获得赔偿的依据是什么?云某怎样才能获得赔偿?

一、产品

"产品"一词可以从自然属性和法律属性两个不同的范畴进行定义。从自然属性来讲,"产品"是指经过人类劳动获得的具有一定使用价值的劳动成果。既可以是商品,也可以是非商品;既可以指直接从自然界获取的各种农产品、矿产品或经过加工的手工业产品、加工业产品,甚至建筑工程等物质性物品,也可以指文学、艺术、哲学和科学艺术等精神物品。从法律属性上来讲,"产品"是指经过某种程度或方式加工用于消费和使用的物品。也就是说,它的质量是生产者、销售者能够加以控制的产品,而不包括内在质量主要取决于自然因素的产品。

《中华人民共和国产品质量法》(下称《产品质量法》)规定,本法所称产品,是指经过加工、制作,用于销售的产品。"产品"的概念属于法定概念。《产品质量法》谓指的"产品"不包括建设工程产品和军工产品,但建筑工程使用的建筑材料、建筑配件和设备,属于产品范围的,适用本法。

二、产品质量

产品质量是指产品所应具有的、符合人们需要的各种特性。质量是产品或服务满足规定或潜在需要的特征的总和。一般来说,以下三个方面是任何产品必不可少的特征:

(1) 适用性。由于产品的生产、交换的目的是为了满足人们的需要,这就要求每一件合格的产品都能够满足人们的这种愿望。所以,产品的适用性是评价产品质量的一项重要指标。

(2) 安全性。产品实现其适用性,必然是通过产品的使用这一途径来体现的。这就要求产品在使用环节上安全可靠,不会给使用者和其他人带来人身、财产上的不合理的危险。

(3) 经济性。在市场经济条件下,产品的适用价值主要是通过市场交换来实现的。

在市场交换中，要求产品价格公道，正确反映供求关系和价值规律，不要造成不应有的资源浪费。

《产品质量法》第26条对产品质量作了细化，规定产品质量应当符合下列要求：①不存在危及人身、财产安全的不合理的危险，有保障人体健康和人身、财产安全的国家标准、行业标准的，应当符合该标准。②具备产品应当具备的使用性能，但是对产品存在使用性能的瑕疵作出说明的除外。③符合在产品或其包装上注明采用的产品标准，符合以产品说明实物样品等方式表明的质量状况。

三、产品质量法

1. 产品质量法的概念

一般来说，产品质量法是调整产品质量关系的法。《产品质量法》由1993年2月22日第七届全国人民代表大会常务委员会第三十次会议通过；根据2000年7月8日第九届全国人民代表大会常务委员会第十六次会议《关于修改〈中华人民共和国产品质量法〉的决定》第一次修正；根据2009年8月27日第十一届全国人民代表大会常务委员会第十次会议《关于修改部分法律的决定》第二次修正。我国《产品质量法》调整的对象有：①产品质量责任关系。这是属于生产者、销售者与消费者、使用者之间的进行商品交易所发生的经济关系。②产品质量监督管理体系。这是属于行政机关执行产品质量管理职能而发生的经济关系。综上所述，我国的产品质量法，是调整在生产、流通以及监督管理过程中，因产品质量而发生的各种经济关系的法律规范的总称。

2. 产品质量法的适用范围

从空间上说，在中华人民共和国国境内从事产品生产、销售活动，包括销售进口商品，必须遵守《产品质量法》。从客体上说，该法只适用于生产、流通的产品，即各种动产，而不包括不动产。从主体上说，该法适用于生产者、销售者、用户和消费者以及监督管理机构。

3. 产品质量法的立法目的

《产品质量法》第1条指出："为了加强对产品质量的监督管理，提高产品质量水平，明确产品的质量责任，保护消费者的合法权益，维护社会经济秩序，制定本法。"由此表明，产品质量工作法制化要求达到两方面的目的：一是国家对产品质量实行监督管理，属于行政行为的范畴；二是生产者、销售者承担保证产品质量的义务和责任，属于市场行为的范畴。

四、产品质量监督管理制度

产品质量监督管理制度是指由产品质量法确认的互相联系、互相依存、自成体系的管理规定，具有严格的秩序性和规律性。管理产品质量职能是国家组织经济的职能之一，为实现这一职能，国家需要通过立法的形式建立和完善有关产品质量法律制度，采用各种不同的法律形式对产品质量形成过程进行宏观监督控制。《产品质量法》总结我国产品质量管理工作的经验，借鉴外国立法，参照国际惯例，确立以下制度：

1. 产品质量检验制度

产品质量检验是指检验机构根据一定标准对产品品质进行检测，并判断合格与否的活动，而对这一活动的方法、程序、要求和法律性质用法律加以确定就形成了产品质量检验制度。我国的《产品质量法》明文规定：产品质量应当检验合格，不得以不合格产品冒充合格产品。

企业产品质量检验时的自我检验，具有自主性和合法性的态度。所谓自主性，是指这种检验是企业为保障产品质量合格，适合并满足用户和消费者的要求依法主动进行的，在不违反法律强制性规定的前提下，企业可选择适合自己的检验标准和检验程序。所谓合法性，是指企业的质量检验必须依法进行，遵循国家的有关规定。

产品出厂时，可由企业自行设置的检验机构进行检验，企业也可以委托有关产品质量检验机构进行检验，但无论是企业自主检验还是委托检验，产品质量检验机构必须具备相应的检验条件和能力，并须经过省级以上的人民政府产品质量监督管理部门或者授权的部门考核合格后，方可承担产品质量检验工作。

2. 企业质量体系认证制度

企业质量体系认证是指法定的认证机构对企业的产品质量保证能力和质量管理水平进行综合性检查和判定后，确认和证明该企业质量管理达到国际通用标准的一种制度。该制度通过对产品质量构成的各种因素，如产品设计、工艺设备、制造过程、质量检验、组织机构和人员素质等质量保证能力进行严格评定，使企业形成稳定生产符合标准产品的能力。企业质量认证的目的主要是：一是在合同环境中，使供应方向需求方提供信誉和产品质量的担保；二是促进企业内部提高质量管理水平；三是增强企业在市场上的竞争力。

质量体系认证的依据为 CB/T 19000－ISO 9001，CB/T 19002－ISO 9002，CB/T 19003－ISO 9003 三种质量保证标准模式。企业根据自愿原则可以向国务院产品质量监督部门认可的或国务院产品质量监督部门授权的部门认可的认证机构申请企业质量体系的认证。经认证合格的，由认证机构颁发企业质量体系认证证书。

3. 产品质量认证制度

产品质量认证是依据产品标准和相应技术要求，经认证机构确认并通过颁发认证证书和认证标志来证明某一产品符合相应技术要求的活动。《产品质量法》第14条第二款规定："国家参照国际先进的产品标准和技术要求，推行产品质量认证制度。企业根据自愿原则可以向国务院产品质量监督部门认可的或者国务院产品质量监督部门授权的认证机构申请产品质量认证。经认证合格的，由认证机构颁发产品质量认证证书，准许企业在产品或者其包装上使用产品质量认证标志。"

产品质量认证可分为安全认证和合格认证。安全认证是以安全标准为依据进行的认证或只对产品中有关安全的项目进行认证。合格认证是对产品的全部性能、要求，依据标准或相应技术要求进行的认证。我国的产品质量认证工作由专门的认证委员会承担，每类开展质量认证的产品都有相应的认证委员会。

4. 产品质量监督检查制度

《产品质量法》规定，国家对产品质量实行以抽查为主要方式的监督检查制度。监督抽查制度的目的在于加强生产、流通领域的产品质量监督，以督促企业提高产品质量，从而保护国家和广大消费者的利益，维护社会经济秩序。

执行监督检查制度的有三类产品：第一类是可能危及人体健康和人身财产安全的产品，如药物、食品等；第二类是重要工农业原材料和影响国计民生的重要工业产品，如钢铁，石油制品等；第三类是消费者、有关组织反映有质量问题的产品。

对依法进行的产品质量监督检查，生产者、销售者都不得拒绝。抽查的样品应当在市场上或者企业成品仓库内的待销产品中随机抽取，以保证监督抽查的科学性和公正性。抽查检验费用按照国务院规定列出，不得向被检查人收取。

监督抽查工作由国务院产品质量监督管理部门规划和组织。县级以上地方人民政府管理产品质量监督工作的部门在本行政区域内也可以组织监督抽查，但是要防止重复抽查。国家监督抽查的产品，地方不得另行重复抽查；上级监督抽查的产品，下级不得另行重复抽查。

国务院和省、自治区、直辖市人民政府的产品质量监督部门应当定期发布其监督抽查的产品的质量状况公告。若抽查的产品质量不合格，由实施监督检查的产品质量监督部门责令其生产者、销售者限期改正。逾期不改正的，由省级以上人民政府产品质量监督部门予以公告，公告后经复查不合格的，责令停业，限期整顿；整顿期满后经复查产品质量不合格的企业，将被吊销营业执照。

【典型案例评析】

2014年4月，北京市某质量监督管理部门在对一家商场的商品进行检查时，怀疑该商场经销的18K金镶嵌黄晶宝石戒指含有杂质。该商场经理称，这种18K金镶嵌黄晶宝石戒指共有24枚，是北京宏兴实业有限公司从湖南顺发首饰厂购进的，北京宏兴实业有限公司告诉商场，购货时商品附有产品检验合格证书，只是在中途运输时丢失了。商场相信并以每枚700元价格销售，目前已卖出4枚，还剩下20枚。于是，技术监督管理部门将剩下的20枚戒指送国家地矿部宝石监测中心进行技术鉴定。鉴定结果证明该黄晶的折射率不合格，中间掺杂有玻璃物质，属不合格产品。于是质量监督管理部门重新对进货方北京宏兴有限公司和驻京湖南顺发首饰厂办事处进行调查。在调查过程中湖南顺发首饰厂承认该批戒指中的黄晶是用碎黄晶和碎玻璃合成加工而成，用回扣的方式出货给北京宏兴实业有限公司。北京宏兴实业有限公司则向商场谎报产品属检验合格的产品，只是在运输中将检验合格证书丢失。质量监督管理部门最后作出了如下处理：责令商场对剩下的20枚不合格戒指按次等品出售，并没收销售所得；对北京宏兴实业公司处以罚款；对湖南顺发首饰厂作出了相应的行政处罚。

评析：

《产品质量法》第12条规定："产品质量应当检验合格，不得以不合格产品冒充合格产品。"第33条规定："销售者应当建立并执行进货检查验收制度，验明产品合格证明和其他标识。"产品是否合格主要看它是不是符合产品标准，即对产品结构、规格、质量和检验方法所作的技术规定。

在本案中，湖南顺发首饰厂在生产戒指使用黄晶的过程中，使用碎黄晶并掺加碎玻璃，这种做法就使产品成为不符合产品标准的不合格产品，同时又采用回扣手段出货给北京宏兴实业有限公司，要求其向作为销售者的商场谎报产品质量检验合格，从而达到该戒指在市场出售，牟取暴利的目的。销售者北京某商场也没有对该批戒指执行进货检验验收制度，而是轻信宏兴实业有限公司谎报的产品合格证明丢失而销售了不合格产品。

根据《产品质量法》第50条规定，在产品中掺杂、掺假，以假充真，以次充好，或者以不合格产品冒充合格产品的,责令停止生产、销售,没收违法生产、销售的产品,并处违法生产、销售产品货值金额50%以上3倍以下的罚款;有违法所得的,并处没收违法所得;情节严重的,吊销营业执照;构成犯罪的,依法追究刑事责任。

质量监督管理部门的处理决定是合法的。从这一教训中还可以看出,进货检查验收制度是销售者保证销售产品质量的有效方法,也是销售者承担的社会义务。

任务二　产品质量义务与责任

【导入案例】

2013年12月,北京海淀区一位老人过70大寿时,儿孙们买了一条由安徽省桐城某家电厂生产的电热毯给老人祝寿。正巧当晚大雪纷飞,气温骤然降至零下。晚11时,大儿子为老人铺好电热毯,安顿老人安然入梦。第二天,大儿子起床后闻到老人屋里传出刺鼻的焦味,他急忙叫醒众人,撞开门,只见满屋浓烟滚滚,老人躺在床上已死去,全身烧焦,屋内物品均化为灰烬。案发后,海淀区技术监督部门对电热毯进行了质量监督检验。检验发现电热毯有7项技术指标不符合国家有关标准的要求,属劣质品。老人的后辈多次找家电厂协商未果,一纸诉状把家电厂告上法院。

问题:本案的法律责任如何承担?

一、生产者的产品质量义务

(1) 明示担保义务。明示担保是指产品的生产者对产品的性能和质量所作的一种声明或陈述。《产品质量法》第26条第二款第3项要求生产者生产的产品质量应当符合在产品或者包装上注明采用的产品标准,符合以产品说明、实物样品等方式表明的质量状况,如果产品质量不符合明示担保,应当依法承担责任。

(2) 默示担保义务。默示担保主要是适销性默示担保,是指生产者用于销售的产品应当符合该产品生产和销售的一般目的。《产品质量法》第26条第二款第1项和第2项规定,产品质量应当符合下列要求:①不存在危及人身、财产安全的不合理危险,有保障人体健康和人身、财产安全的国家标准、行业标准的,应当符合该标准。②具备产品应当具备的使用性能,但是,对产品存在使用性能的瑕疵作出说明的除外。

(3) 生产者应当对产品的标识负责。产品标识是表明产品的名称、产地、质量状况等信息的表述和指示,产品标识是生产者提供的,属于明示担保的范围。《产品质量法》第26条规定,产品标识必须真实,并符合下列要求:有产品质量检验合格证明;有中文标明的产品名称、生产厂名和厂址;根据产品的特点和使用要求,需要标明产品规格、等级、所含主要成分的名称和含量的,用中文相应予以标明,需要事先让消费者知晓的,应当在外包装上标明,或者预先向消费者提供有关资料;限期使用的产品,应当在显著位置清晰地标明生产日期和安全使用期或者失效日期;使用不当,容易造成产品本身损坏或者可能危及人身、财产安全的产品,应当有警示标志或者中文警示说明。

作为产品标识的特殊情形,裸装的食品和其他根据产品的特点难以附加标识的裸装产品,可以不附加产品标识。

（4）生产者的不作为义务。《产品质量法》第29条至32条规定：①生产者不得生产国家明令淘汰的产品；②不得伪造产地；③不得伪造或者冒用他人的厂名、厂址；④不得伪造或冒用认证标志等质量标志；⑤产品不得掺杂、掺假；⑥不得以假充真、以次充好；⑦不得以不合格产品冒充合格产品。

二、销售者的产品质量义务

（1）进货检查验收义务。销售者应当检查并执行进货检查验收制度，验明产品的出厂检验合格证明，中文标明的产品名称、厂名、厂址和其他标识，以防止假冒伪劣产品进入流通领域。有关执行进货检查验收义务是销售者依法履行法律规定的产品质量义务，也是其依法行使保护自身合法权益的权利。销售者的进货检查验收应当包括产品标识检查、产品观感检查和必要的产品内在质量的检验。

（2）销售产品质量保持义务。销售者应当采取措施，保持销售产品的质量，销售者应当根据产品的不同特点，采取必要的防雨、防晒、防霉、隔离分类等措施，加强对某些特殊产品的保管，还应当采取控制温度、湿度等措施，保持进货时的产品质量状况。

（3）销售者应当对产品的标识负责。销售者销售的产品的标识应当符合产品质量法关于产品标识的规定要求。

（4）销售者的不作为义务：①不得销售国家明令淘汰并停止销售的产品和失效、变质的产品；②不得伪造产地；③不得伪造或者冒用他人的厂名、厂址；④不得伪造或者冒用认证标志等质量标志；⑤不得掺杂、掺假；⑥不得以假充真、以次充好；⑦不得以不合格产品冒充合格产品。

【典型案例评析】

1999年11月，北京某玻璃店司机李某在前门某百货精品店经营部购买由福建某服装厂生产的羽绒服，回家后发现拉链拉不开。第二天到该店换了一件，仍然存在此类问题。12月1日李某再次去商店，又挑了数件均有毛病，与店方商议第二天下午1时来退货。可是，当李某来退货时，却不见女售货员，只见店堂内坐着两个小伙子。其中一人听说李某是来退货的，顿时暴跳如雷、破口大骂，边骂边挥起拳头直捣李某右眼。顿时，李某眼眶被打裂，血流满面。另一人也飞起一脚，正中李某心窝，将李某踢倒在地。两人在店堂内轮番毒打李某20多分钟，没有一个售货员予以劝阻。过后，两个打人者很快逃离现场。李某忍痛爬起，找到值班经理陈述，并要求送到医院治疗，经理以需要调查为由，让李某等了两个多小时，才勉强让女售货员带他到宣武中医院治疗，缝了十多针。事后，李某向北京市崇文区人民法院起诉。

讨论：本案中，销售者的产品质量责任该如何确定？

评析：

《产品质量法》第40条是关于销售者承担产品合同责任（瑕疵担保责任）的规定。由于以瑕疵担保起诉的原告无须证明被告的过失，被告也不能以无过错为由主张免责，因而在学理上瑕疵担保责任被认为属于无过错责任的范畴。但是，与无过错责任不同的是，担保责任可以通过事前明示的协议条款或声明加以限制或免除，如卖方在合同中规定卖方责任仅限于调换或维修；对于某些商品如食品、一次性用品，卖方可声明"概不退换"；

或者在产品说明书或标签上明示该产品有瑕疵,如"次品""处理品"一类字样;等等。

在本案中,销售者在售出羽绒服时未以明示的协议条款或声明对瑕疵担保责任限制或免除,应承担瑕疵担保的义务并根据《产品质量法》第40条规定之"不具备产品应当具备的使用性能而事先未作说明的"承担产品质量责任。销售者的产品质量责任包括修理、更换、退货,给购买产品的消费者造成损失的,销售者应当赔偿损失。

三、产品质量责任与产品责任

产品质量责任是指产品生产者、销售者以及对产品质量负有直接责任的人员违反《产品质量法》规定的产品质量义务,应当承担的法律责任,包括民事责任、行政责任和刑事责任。

产品责任,即产品侵权责任,是指产品的生产者、销售者对缺陷产品给消费者、使用者造成人身、财产损害而应承担的一种补偿责任。产品责任属于产品质量责任中的民事责任,是一种在产品造成实际损害后的消极责任。

两者的区别在于:①判定责任的依据不同。判定产品责任的依据是产品存在缺陷,而判定产品质量责任的依据包括默示担保、明示担保和产品缺陷。②承担责任的条件不同。承担产品责任的充分必要条件是产品存在缺陷,并且造成了他人人身伤害、财产损失,两者缺一不可。而承担产品质量责任的条件是只要产品质量不符合默示担保条件或明示担保条件之一的,无论是否造成了损害后果,都应当承担相应的责任。③责任性质不同。产品责任是一种特殊的民事责任,仅指产品侵权损害赔偿责任,而产品质量责任是一种综合责任,包括民事责任、行政责任和刑事责任。

四、产品质量的民事责任

1. 产品瑕疵与产品缺陷

产品瑕疵是指产品不符合某一使用性,不符合明示的产品标准,或者不符合以产品说明、实物样品等方式表明的质量状况。在产品买卖关系中,一方当事人(销售者)必须向对方当事人(买受人)承担瑕疵担保责任,这是一种基于买卖合同而产生的产品合同责任。买受人负有对该产品瑕疵的举证责任,该类纠纷主要由《民法总则》和《合同法》调整。

产品缺陷是指产品存在危及人身、他人财产安全的不合理的危险。产品有保障人体健康和人身、财产安全的国家标准、行业标准的,缺陷产品是指不符合相关标准的产品。因此,对于有缺陷的产品,购买者只要证明因产品缺陷受到损害及产品缺陷与受到损害之间有因果关系,就可以要求生产者承担责任。而生产者要举证推翻对其产品的上述推定,才能免除产品责任。这一类产品质量侵权纠纷主要受到《产品质量法》调整。

2. 产品瑕疵责任

产品瑕疵责任是一种法定责任,属于无过错责任的一种。出售的产品有下列情形之一的,即构成承担瑕疵责任的条件:①不具备产品应当具备的使用性能而事先未作说明的。②不符合在产品或其包装上注明采用的产品标准的。③不符合以产品说明、实物样品等方式表明的质量状况的。售出的产品有上述三种情形之一的,销售者应当负责"三包",即负责修理、更换、退货;给购买产品的用户、消费者造成损失的,销售者应当赔偿损失。

此外，还应当赔偿用户、消费者在要求销售者进行修理、更换、退货过程中所发生的运输费、交通费、误工费等损失。

销售者依照上述要求负责修理、更换、退货、赔偿损失后，属于生产者的责任或者属于向销售者提供产品的其他销售者（即供货者）的责任的，销售者有权向生产者、供货者追偿。

3. 产品缺陷责任

产品缺陷责任，又称为产品侵权责任或产品责任。承担产品责任的必要条件有：①产品存在缺陷。②造成他人人身、财产（指缺陷产品以外的其他财产）损害。③缺陷与损害之间存在因果关系。这里，无须考虑是否有过错。生产者是产品质量责任的主要承担者，但是，因销售者的过错使产品存在缺陷，造成人身、他人财产损害的，或者销售者不能指明缺陷产品的生产者也不能指明缺陷产品的供货者，则销售者应当承担赔偿责任。侵权损害赔偿的范围包括：①人身伤害。因产品存在缺陷造成受害人人身伤害的，侵害人应当赔偿医疗费、治疗期间的护理费、因误工减少的收入等费用；造成残疾的，还应当支付残疾者生活自助费等费用；造成受害人死亡的，并应支付丧葬费、死亡赔偿金以及死者生前抚养的人所必需的生活费等费用。②财产损失。因产品存在缺陷造成受害人财产损失的，侵害人应当恢复原状或者折价赔偿，受害人因此遭受其他重大损失的，侵害人应当赔偿损失。

五、产品质量的行政责任

1. 承担行政责任的违法行为

根据《产品质量法》，承担行政责任的违法行为有：①生产不符合保障人体健康和人身、财产安全的国家标准、行业标准的产品。②生产国家明令淘汰的产品。③销售失效、变质产品。④生产者、销售者在产品中掺杂、掺假，以假充真、以次充好，或者以不合格产品冒充合格产品。⑤伪造产品的产地，伪造或者冒充他人的厂名、厂址，或者冒用认证标志、名优标志等质量标志。⑥产品标识或者有包装的产品标识不符合法律规定。⑦伪造检验数据或者检验结论。

2. 承担行政责任的主要形式

承担行政责任的主要形式是行政处罚。质量技术监督部门、工商行政管理部门依照各自的职权，对违反《产品质量法》的行为可以责令纠正，并给予下列行政处罚：警告，罚款，没收违法生产、销售的产品和没收违法所得，责令停止生产、销售，吊销营业执照。

六、产品质量的刑事责任

违反《产品质量法》的行为，如果已触犯《刑法》，构成犯罪的，依照《刑法》的规定追究刑事责任：①生产、销售不符合保障人体健康和人身、财产安全的国家标准、行业标准的产品，在产品中掺杂、掺假，以假充真、以次充好，或者以不合格产品冒充合格产品，性质严重构成犯罪的行为。②销售失效、变质的产品的销售者构成犯罪的。③以暴力方法阻碍国家工作人员依法执行公务的。④以行贿受贿或者其他非法手段推销、采购假冒、伪劣、不合格等产品构成犯罪行为的。⑤对生产、销售伪劣商品犯罪行为负有追究责任的国家机关工作人员徇私舞弊，不履行法律规定的追究职责，情节严重的，依法追究其刑事责任。

七、产品责任的诉讼

产品侵权责任的诉讼是指法律和当事人在其他诉讼参与人的配合下为解决产品侵权损害赔偿纠纷所进行的全部活动。

1. 诉讼的当事人

在产品责任诉讼中，可以作为原告的是遭受到财产损失和人身伤害的消费者或者使用者。作为被告的主要是提供有缺陷产品而造成他人损害的生产者、销售者，而提供运输、保管、仓储或者使用禁止销售产品的运输者、保管者、仓储者、服务业的经营者，也可成为产品责任诉讼的被告。

2. 原告的举证责任

原告向法院提起诉讼，要求赔偿，有义务对自己请求赔偿的主张提供证据。这些证据包括如下三类：①产品存在缺陷。②消费者或使用者正确使用了该产品。③消费者或使用者因使用该产品而受到损害。

3. 被告的抗辩事由

在诉讼中，生产者只要能够证明下列情形之一的，就可以不承担赔偿责任：①未将产品投入流通的。②产品投入流通时，引起损害的缺陷尚不存在的。③将产品投入流通时的科学技术水平尚不能发现缺陷存在的。④损害是由于使用者使用不当或者其他过错行为造成的。⑤人身伤害是由于原告的特殊敏感性或者过敏造成的。

4. 诉讼时效

普通时效为2年，即因产品存在缺陷造成损害要求赔偿的诉讼时效为2年，自当事人知道或应当知道其权益受到损害时计算。因产品存在缺陷造成损害要求赔偿的请求权，在造成损害的缺陷产品最初交付消费者满10年丧失，但是，缺陷产品尚未超过明示的安全使用期的除外。

【典型案例评析】

赵某从某电风扇厂的仓库内盗取两台该厂刚研制出来的、尚未投放市场的新产品，然后将其中的一台卖给了张某。在使用过程中，电风扇风叶飞出刺瞎了张某的眼睛，于是，张某找电风扇厂索赔，但电风扇厂以该种产品尚未投入市场为由拒绝承担赔偿责任。试分析电风扇厂的拒绝理由是否充分？

评析：

风扇厂的拒绝理由充分，未将产品投入流通的，生产者不用承担产品责任。

任务三　消费者权益保护法概述

【导入案例】

1995年春天，山东某厂的年轻业务员王海来北京出差，他偶然买到一本介绍消费者权益保护法的书。他被《消费者权益保护法》第49条（新法为第55条，下同）所吸引。为了验证这一规定的可行性，他来到隆福大厦，见到一种标明"日本制造"，单价85元的"索尼"耳机。他怀疑这是假货，便买了一副，找到索尼公司驻京办事处。经证实为假货后，他返回隆福大厦，又买了10副相同的耳机，然后要求商场依照《消费者权益保护法》第49条的规定予以加倍赔偿。商场同意退回第一副耳机并赔偿200元，但拒绝对后10副给予任何赔偿，理由是，他是"知假买假""钻法律的空子"。王海感到愤怒。他相信自己的目的不是赚钱而是维护消费者的利益，因而决心继续战斗。同年秋天，王海再度来到北京。他光顾了多家商店，购买了他认为是假货的商品，经证实后便向商家要求加倍赔偿。多数商店满足了他的要求，但也有少数加以拒绝。王海的举动被新闻媒体披露后，在全国范围内引起反响。他被多数普通百姓甚至被许多经营者当作英雄加以赞誉，同时也使制假售假者感到震惊。1996年初，王海转战中国南方，在许多大商场买假索赔。但是，商家白眼相向，地方政府漠然处之，使他不得不无功而返。其中的教训，正如一些法律工作者总结的，在于没有运用法律诉讼的武器；仅仅借助于新闻媒体和舆论的压力是不够的。1996年11月，王海在天津的一家法院成了胜利者。他紧随何山诉乐万达商行案之后，状告伊势丹有限公司销售电话有欺诈行为。结果，他依据《消费者权益保护法》第49条获得了加倍赔偿。但王海的诉讼行为并不是每次都能取得胜利的，有些地方支持了他的诉讼请求，有些地方则驳回他的诉讼请求。

问：王海同样的打假行为却得到不同对待的原因所在。

一、消费者的概念和特征

（一）消费者的概念

消费作为社会再生产的一个重要环节，是生产、交换、分配的目的与归宿，它包括生产消费和生活消费两方面。消费者是消费的主体，《中华人民共和国消费者权益保护法》（下称《消费者权益保护法》）中所涉及的"消费者"，主要是指生活资料的消费者，在特殊情况下也包括生产资料的消费者，如农民的生产性消费活动等。综上所述，消费者是为了满足个人生活消费的需要而购买、使用商品或者接受服务的居民。

（二）消费者的特征

消费者具有以下基本法律特征：

（1）消费者的主体指个人消费者。其是对物质商品或服务进行消耗的具有自然生命的社会个体成员，一般不包括团体或单位用户。

（2）消费的性质属于生活消费。因为消费者是个体社会成员，而个体消费者的消费行为主要集中在生活消费领域，且大量的侵犯消费者权益的行为也发生在生活领域。

（3）消费方式表现在购买、使用商品和接受服务。包括直接消费和间接消费，消者本人购买、使用商品或接受服务是直接消费，消费者购买的商品或者服务提供给他人使用或消费，或者在直接消费过程中，使相关人员受到影响，是间接的消费。

【典型案例评析】

某公司为了提高本公司的工作效率，决定为每位员工配备一台笔记本电脑。此时，恰逢网上有团购活动，该商家声称其笔记本电脑价格优惠且性能优良。于是，该公司参加团购活动并认购了50台。但是，等团购商品到手以后才发现，该笔记本电脑与其承诺的有天壤之别。

问：该公司能否以消费者的身份要求适用《消费者权益保护法》的规定保护其权益？

评析：

不能。该公司属于法律中拟制人而非真正的自然人居民。根据《消费者权益保护法》的法律精神，该购买行为不属于为了生活需要而是为了公司的生产工作，因此，当出现纠纷时，不能适用《消费者权益保护法》，而只能适用《民法》及其他相关的法律规定。

二、消费者权益保护法的概念、原则和调整对象

（一）消费者权益保护法的概念

消费者权益保护法是指国家为了保护消费者的合法权益而制定的调整人们在消费过程中所发生的社会关系的法律规范的总称。它是经济法的重要法律部门。《中华人民共和国消费者权益保护法》，由1993年10月31日第八届全国人大常委会第4次会议通过，自1994年1月1日起施行。2009年8月27日第十一届全国人民代表大会常务委员会第十次会议《关于修改部分法律的规定》进行第一次修正，2013年10月25日第十二届全国人民代表大会常务委员会第五次会议《关于修改〈中华人民共和国消费者权益保护法〉的决定》第二次修正，2014年3月15日正式实施。消费者权益保护法的保护范围，包括消费者为生活消费需要购买、使用商品或者接受服务，以及农民购买直接用于农业生产的生产资料。

（二）消费者权益保护法的原则

我国《消费者权益保护法》规定了下列四项原则：一是经营者应当依法提供商品或者服务的原则；二是经营者与消费者进行交易应当遵循自愿、平等、公平、诚实信用的原则；三是国家保护消费者的合法权益不受侵犯的原则；四是一切组织和个人对损害消费者合法权益的行为进行社会监督的原则。

上述原则说明，对消费者的保护要站在经济、社会的总体立场上，而并不仅仅是调整消费者与经营者之间的关系，国家要从人权、经济与社会秩序的高度，使消费者的权益得到应有的保护。

（三）消费者权益保护法的调整对象

消费者权益保护法的调整对象是消费者权益保护关系，具体包括：①调整国家机关与经营者之间的关系，主要是为保护消费者的合法权益，国家有关管理部门在对经营者的生产、销售、服务活动制定相关规范，实行监督管理，对侵害消费者合法权益的行为给予制裁的活动中产生的法律关系。②国家机关和消费者之间的关系，主要是指经营者应遵循有关的保护消费者权益的法定义务，消费者在消费过程中依法应享有的有关权利，并就经营者违反有关法定义务，损害消费者的合法权益而进行赔偿过程中产生的法律关系。

任务四　消费者的权利和经营者的义务

【导入案例】

某高校学生向工商局投诉其报名的驾校,"2014年6月底,我刚刚考过科目一,但驾校说想练车必须补交1200元学费"。"报名在前,涨价在后,为何还要让我将差价补齐呢?这样的做法不妥。"该学生认为,驾校的这种行为侵犯了自己的合法权利,但又说不出具体是哪些权利。

问:试分析该学生应享有哪些作为消费者的权利?本案例中驾校具体侵犯了该学生的哪些权利?

一、消费者的权利

法律对某种利益的保护,是通过一定的权利和义务关系体现出来的。权利就是通过法律赋予法律关系主体为一定行为或不为一定行为的资格和可能性。用法律保护消费者的利益,就必须在法律上赋予消费者一定的权利。否则,当消费者在其利益受到损害而要求赔偿时,就没有法律上的依据。

1. 消费者的安全权

《消费者权益保护法》第7条规定:"消费者在购买、使用商品和接受服务时享有人身、财产安全不受损害的权利。消费者有权要求经营者提供的商品和服务,符合保障人身、财产安全的要求。"保障安全权是消费者最基本的权利,它是消费者在购买、使用商品和接受服务时所享有的保障其人身、财产安全不受损害的权利。由于消费者取得商品和服务是用于生活消费,因此,商品和服务必须绝对可靠,必须绝对保证商品和服务的质量不会损害消费者的生命与健康。消费者依法有权要求经营者提供的商品和服务必须符合保障人身、财产安全的条件。

2. 消费者的知情权

消费者的消费是为了满足其生活的需要,为此他必须了解其要购买、使用的商品或接受的服务的真实情况。《消费者权益保护法》第8条第一款规定:"消费者享有知悉其购买、使用的商品或者接受的服务的真实情况的权利。"消费者应当知悉的情况包括商品的价格、产地、生产者、用途、性能、规格等级、主要成分、生产日期、有效期限、检验合格证明、使用方法说明书、售后服务及内容、费用等。对于这些情况,经营者应当如实提供,否则就会构成对消费者的欺诈。

3. 消费者的选择权

《消费者权益保护法》第9条第一款规定:"消费者享有自主选择商品或服务的权利。"消费者的选择权包括:①消费者有权自主选择提供商品或者服务的经营者。市场经济的一个特征是竞争,同一商品或者服务由两个以上的不同主体同时经营,在客观上为消费者选择商品或者服务的经营者提供可能。②消费者有权自主选择商品的品种或服务的方式,经营者不能强迫消费者接受某一选择,但可以提供选择建议供消费者参考。③消费者有权自主决定购买或不购买任何一种商品、接受或不接受任何一种服务。这是消费者选择权的核心内容。

4. 消费者的公平交易权

《消费者权益保护法》第 10 条第一款规定:"消费者享有公平交易的权利。"这是民事活动的公平原则在消费领域的客观要求。消费者享有公平交易的权利,是消费者在购买商品或者接受服务时所享有的获得质量保障和价格合理、计量正确等公平交易条件的权利。为了保证消费者的公平交易权的实现,必须依据《反垄断法》和《反不正当竞争法》等对劣质销售、价格不公、计量失度等不公平交易行为加以禁止。此外,消费者还有权拒绝经营者的强制交易行为。

5. 消费者的求偿权

依法求偿,是指消费者在因购买、使用商品或者接受服务受到人身、财产损害时,依法享有的要求并获得赔偿的权利。依法求偿权是弥补消费者所受损害的必不可少的救济性权利。由于设计、原材料、制造工艺、质量管理等因素,商品存在缺陷而造成对消费者人身、财产的损害不可避免。商品对消费者的侵害可以造成两类求偿主体:一类是购买并消费商品或服务的消费者,即消费者和经营者之间存在合同关系,经营者负有担保的义务,即保证它所出售的商品具有安全可靠的性能。这种担保可以是口头的陈述,也可以是默示的。另一类是使用他人购买的商品或服务的消费者受到损害,由于受害人与经营者没有合同关系,实践中将这一情形作为侵权行为来处理。

6. 消费者的结社权

依法结社权,是指消费者享有的依法成立维护自身合法权益的社会团体的权利。政府对合法的消费者团体不应加以限制,并且,在制定有关消费者方面的政策和法律时,还应当向消费者团体征求意见,以求更好地保护消费者权利。消费者的依法结社权是十分重要的,它使消费者能够从分散、弱小走向集中和强大,并通过集体的力量来改变自己的弱者地位,与实力雄厚的经营者相抗衡。因此,对消费者的依法结社权必须予以保障。消费者的结社权是一项法定权利,其行使也得依法定程序进行,要制定团体章程,并向法定机关登记成立。我国消费者社会团体的形式是消费者协会,其性质是"依法成立的对商品和服务进行社会监督的保护消费者合法权益的社会组织"。

7. 消费者的受教育权

该权利是从知情权中引申出来的一种消费者权利,它是消费者所享有的获得有关消费和消费者权益保护方面的知识的权利。只有保障消费者的接受教育权,才能使消费者更好地掌握所需商品或者服务的知识和使用技能,以使其正确使用商品,提高自我保护意识。由于厂商与消费者在信息、实力等方面的差距越来越大,因此,在今天强调消费者要接受教育,获取相关知识,以提高自我保护能力,已经变得越来越重要。除了消费过程中的必备知识外,消费者还可以出于自我保护的需要,向消费者组织和有关行政、司法机关了解和得到更多的消费和法律方面的知识。消费者组织和行政、司法机关有义务告知消费者有关的法律实体规定和程序规定,告知消费者怎样才能更好地进行自我保护。

8. 消费者的受尊重权

《消费者权益保护法》第 14 条规定:消费者在购买、使用商品和接受服务时,享有人格尊严、民族风俗习惯得到尊重的权利,享有个人信息依法得到保护的权利。人格权是人身权的重要内容。人格权包括姓名权、肖像权、名誉权、荣誉权等方面的权利。人格权作为一个整体，受到法律的严格保护。在消费领域中，经营者因怀疑消费者偷盗了商品就无端地指责消费者，甚至强行搜身、非法拘禁等，这种非法行为显然侵犯了消费者的人格权。

9. 消费者的监督权

《消费者权益保护法》第17条规定："经营者应当听取消费者对其提供的商品或者服务的意见，接受消费者的监督。"消费者在这方面的权利主要包括如下内容：①向工商行政管理部门或其他有关部门检举、控告侵害消费者权益的行为。例如：出售缺陷商品、进行虚假商品宣传、强制交易、侵犯消费者人格权等。②检举、控告国家机关及其工作人员的违法失职行为。③对保护消费者权益工作提出批评和建议。

以上9项权利都是我国《消费者权益保护法》明确规定应予以保护的消费者权利。这些权利的有效实现，有赖于其他主体的相关义务的履行，尤其是经营者义务的履行。

二、经营者的义务

由于经营者是为消费者提供商品和服务的市场主体，是与消费者直接进行交易的另一方，因此，明确经营者的义务对保护消费者权益至为重要。

1. 依法定或约定履行义务

经营者向消费者提供商品或者服务，应当依照《产品质量法》和其他有关法律、法规的规定履行义务，即经营者必须依法履行其法定义务。此外，经营者和消费者有约定的，应当按照约定履行义务，但双方的约定不得违背法律、法规的规定。可见，在不与强制法规定发生抵触的情况下，经营者应依约定履行义务。经营者向消费者提供商品或者服务，应当恪守社会公德，诚信经营，保障消费者的合法权益；不得设定不公平、不合理的交易条件，不得强制交易。

经营者提供的商品或者服务不符合质量要求的，消费者可以依照国家规定、当事人约定退货，或者要求经营者履行更换、修理等义务。没有国家规定和当事人约定的，消费者可以自收到商品之日起7日内退货；7日后符合法定解除合同条件的，消费者可以及时退货，不符合法定解除合同条件的，可以要求经营者履行更换、修理等义务。依照前款规定进行退货、更换、修理的，经营者应当承担运输等必要费用。这是该法为体现上述法定或约定履行义务的精神而作的具体规定。

2. 接受监督义务

经营者应当听取消费者对其提供的商品或者服务的意见，接受消费者的监督。这是与消费者的监督权相对应的经营者的义务。法律规定经营者的这一义务，有利于提高消费者的地位。

3. 保障安全义务

这是与消费者的安全权相对应的经营者的义务。经营者应当保证其提供的商品或者服务符合保障人身、财产安全的要求。对可能危及人身、财产安全的商品和服务，应当向消费者作出真实的说明和明确的警示，并说明和标明正确使用商品或者接受服务的方法以及防止危害发生的方法。

经营者发现其提供的商品或者服务存在缺陷，有危及人身、财产安全危险的，应当立即向有关行政部门报告和告知消费者，并采取停止销售、警示、召回、无害化处理、销毁、停止生产或者服务等措施。采取召回措施的,经营者应当承担消费者因商品被召回支出的必要费用。

宾馆、商场、餐馆、银行、机场、车站、港口、影剧院等经营场所的经营者,应当对消费者尽到安全保障义务。

4. 不作虚假宣传义务

这是与消费者的知情权相对应的经营者的义务。经营者向消费者提供有关商品或者服务的质量、性能、用途、有效期限等信息,应当真实、全面,不得作虚假或者引人误解的宣传,否则即构成侵犯消费者权益的行为和不正当竞争行为。经营者对消费者就其提供的商品或者服务的质量和使用方法等具体问题提出的询问,应当做出真实、明确的答复。在价格标示方面,经营者提供商品或者服务应当明码标价。

5. 出具消费凭证义务

经营者提供商品或者服务,应当按照国家有关规定或者商业惯例向消费者出具发票等购货凭证或者服务单据;消费者索要发票等购货凭证或者服务单据,经营者必须出具,这是经营者的义务。由于购货凭证或者服务单据具有重要的证据价值,对于界定消费者和经营者的权利义务也具有重要意义,因此,明确经营者出具相应的凭证和单据的义务,有利于保护消费者权益。

6. 质量保障义务

经营者应当保证在正常使用商品或者提供服务的情况下说明其提供的商品或者服务应当具有的质量、性能、用途和有效期限;但消费者在购买该商品或者接受该服务前已经知道其存在瑕疵,且存在该瑕疵不违反法律强制性规定的除外。经营者以广告、产品说明、实物样品或者其他方式标明商品或者服务的质量状况的,应当保证其提供的商品或者服务的实际质量与标明的质量状况相符。经营者提供的机动车、计算机、电视机、电冰箱、空调器、洗衣机等耐用商品或者装饰装修等服务,消费者自接受商品或者服务之日起六个月内发现瑕疵,发生争议的,由经营者承担有关瑕疵的举证责任。

7. 不从事不公平、不合理交易义务

经营者在经营活动中使用格式条款的,应当以显著方式提醒消费者注意商品或者服务的数量和质量、价款或者费用、履行期限和方式、安全注意事项和风险警示、售后服务、民事责任等与消费者有重大利害关系的内容,并按照消费者的要求予以说明。为了保障消费者的公平交易权,经营者不得以格式条款、通知、声明、店堂告示等方式,作出排除或者限制消费者权利、减轻或者免除经营者责任、加重消费者责任等对消费者不公平、不合理的规定,不得利用格式条款并借助技术手段强制交易。格式条款、通知、声明、店堂告示等含有前款所列内容的,其内容无效。

【典型案例评析】

王某将自己才穿了一个月、价值3000元的羊绒大衣送到A干洗店干洗。干洗店在开给王某的取衣凭条上写明"干洗费5元,如有损坏赔偿洗衣费的10倍"。一周后,王某取衣服时,发现自己的羊绒大衣上的羊绒大片脱落,整件衣服已经"面目全非",遂要求A干洗店赔偿。A干洗店负责人只同意依取衣凭条上的约定,按洗衣费的10倍即50元赔偿,王某不同意,双方发生争执。

试分析下列两个问题：(1) A 干洗店负责人只同意赔偿 50 元的做法有无法律依据？为什么？(2) 王某保护自己合法权益的途径有哪些？

评析：

(1) A 干洗店负责人的做法没有法律依据。取衣凭条上的"说明"属于干洗店的店堂告示或声明，干洗店试图通过店堂告示或声明做出对消费者不公平、不合理的规定，来减轻或免除自己的责任，该店堂告示或声明的内容无效。该干洗店应依法赔偿王某的损失。(2) 王某保护自己合法权益的途径包括：与洗衣店协商解决、请求消费者协会调解、向工商管理部门申诉、向法院起诉。

8. 不侵犯消费者人身权义务

消费者的人身权是其基本人权，消费者的人身自由、人格尊严不受侵犯。经营者不得对消费者进行侮辱、诽谤，不得搜查消费者的身体及其携带的物品，不得侵犯消费者的人身自由。

任务五　消费者权益争议的解决和相关法律责任

【导入案例】

黄先生在某百货商场购买一件纯羊毛大衣，售价 1200 元，商店标明"换季商品，概不退还"。穿了 3 天后衣服起满毛球，于是黄先生到市质量监督局检验，鉴定结果证明羊毛大衣所用原料为 100% 腈纶，黄先生到购买商品的百货商场要求退货并赔偿因此而造成的损失。商场营业员回答：当时标明"换季商品，概不退还"，再说商场该柜是出租给个体户的，现在他已破产，租借柜台的费用尚未付清，人也找不到，你只好自认倒霉。

问：试分析黄先生的主张是否合法？他应该如何维权？

一、消费者权益争议的解决

（一）争议的解决途径

各类争议的解决，有协商、调解、仲裁、诉讼等基本的解决途径，消费者权益争议也一样。根据我国《消费者权益保护法》的规定，消费者与经营者发生消费者权益争议的，可以通过以下途径解决：①与经营者协商和解；②请求消费者协会或者依法成立的其他调解组织调解；③向有关行政部门投诉；④根据与经营者达成的仲裁协议提请仲裁机构仲裁；⑤向人民法院提起诉讼。在选择具体的争议解决途径时，消费者往往能够做出理性的选择，尤其要权衡争议的解决成本，考虑交易费用。因此，哪种途径在总体上对于当事人的利益较大，消费者就可能会选择哪种解决的途径。

【典型案例评析】

某音像器材商店从东方集团有限公司购进松下彩色录像磁带 4000 盒。当时，东方集团有限公司告诉某音像器材商店，这批录像带不是日本松下公司原产正品，质量差一些，双方以每盒 30 元成交。之后，某音像器材商店以每盒 60 元的价格将录像带全都售出。同年6月起，陆续有消费者到某音像器材商店反映该店所卖松下彩色录像带质量低劣，要求退货。某音像器材商店均答复，商品售出，概不退换。消费者于某以600元人民币从该店购买松下彩色录像带10盒，为了挽回损失，他积极向某市工商局进行了举报。市工商局经派人调查，并将于某提供的4盒录像带送交市工业产品质量监督检验部门进行技术检验，结论为：送检4盒录像带胶片不洁净，有表皮脱落、黑斑等现象；长度不够，质量明显低于日本产松下录像带。市工商局认为，某音像器材商店以次充好变相提高商品价格，据此作出处罚决定：（1）对某音像器材商店予以通报批评；（2）责令商店将违法销售所得退还消费者；（3）罚款10万元。

讨论：消费者于某选择解决纠纷的途径有哪些？

评析：

《消费者权益保护法》第39条规定，消费者与经营者发生争议可以通过以下途径解决：双方协商和解；请求消费者协会调解；向有关行政部门申诉；根据与经营者达成的仲裁协议提请仲裁机构仲裁和向人民法院提起诉讼。这五种途径可以概括为和解、调解、申诉、仲裁、起诉。消费者可以根据自己的意愿选择其中的一种方式或途径。而且在前四种方式不能得到解决时，也可以通过向人民法院起诉的方式求得解决。

在本案开始时，消费者到某音像器材商店反映录像磁带质量低劣，要求退货，这就是与经营者直接协商和解的方式。只是该商店漠视消费者的利益，拒绝协商解决。在这之后，消费者于某又向某市工商局投诉，经过该局的调查了解，在搞清事实的基础上，依法追究了某音像器材商店的法律责任。

此外，某音像器材商店销售的质量低劣的录像带，是该店从东方集团有限公司买来的，因此，还应视情节追究东方集团有限公司的连带责任。

（二）最终承担赔偿责任的主体的确定

1. 由生产者、销售者、服务者承担

消费者在购买、使用商品时，其合法权益受到损害的，可以向销售者要求赔偿。销售者赔偿后，属于生产者的责任或者属于向销售者提供商品的其他销售者的责任的，销售者有权向生产者或者其他销售者追偿。

消费者或者其他受害人因商品缺陷造成人身、财产损害的，可以向销售者要求赔偿，也可以向生产者要求赔偿。属于生产者责任的，销售者赔偿后，有权向生产者追偿。属于销售者责任的，生产者赔偿后，有权向销售者追偿。

消费者在接受服务时，其合法权益受到损害的，可以向服务者要求赔偿。

消费者在展览会、租赁柜台购买商品或者接受服务的，其合法权益受到损害的，可以向销售者或者服务者要求赔偿。展览会结束或者柜台租赁期满后，也可以向展览会的举办者、柜台的出租者要求赔偿。展览会的举办者、柜台的出租者赔偿后，有权向销售者或者服务者追偿。

2. 由变更后的企业承担

消费者在购买、使用商品或接受服务时，其合法权益受到损害，因原企业分立、合并的，可以向变更后承受其权利义务的企业要求赔偿。

3. 由营业执照的使用人或持有人承担

使用他人营业执照的违法经营者提供商品或者服务，损害消费者合法权益的，消费者可以向其要求赔偿,也可以向营业执照的持有人要求赔偿。

4. 由从事虚假广告行为的经营者和广告的经营者承担

消费者因经营者利用虚假广告或者其他虚假宣传方式提供商品或者服务,其合法权益受到损害的,可以向经营者要求赔偿。广告经营者、发布者发布虚假广告的,消费者可以请求行政主管部门予以惩处。广告的经营者不能提供商品或服务经营者的真实名称、地址和有效联系方式,应当承担赔偿责任。广告经营者、发布者设计、制作、发布关系消费者生命健康商品或者服务的虚假广告,造成消费者损害的,应当与提供该商品或者服务的经营者承担连带责任。社会团体或者其他组织、个人在关系消费者生命健康商品或者服务的虚假广告或者其他虚假宣传中向消费者推荐商品或者服务,造成消费者损害的,应当与提供该商品或者服务的经营者承担连带责任。

二、法律责任的确定

(一)民事责任

1. 侵犯人身权的民事责任

人身权是重要的民事权利,我国《消费者权益保护法》对侵犯人身权的民事责任作了专门规定,其主要内容如下:①致人伤害、死亡的民事责任。经营者提供商品或者服务,造成消费者或者其他受害人人身伤害的,应当赔偿医疗费、护理费、交通费等为治疗和康复支出的合理费用,以及因误工减少的收入。造成残疾的,还应当赔偿残疾生活辅助工具费和残疾赔偿金。造成死亡的,还应当赔偿丧葬费和死亡赔偿金。②侵害人格尊严或侵犯人身自由的民事责任。经营者侵害消费者的人格尊严、侵犯消费者人身自由或者侵害消费者个人信息依法得到保护的权利的,应当停止侵害、恢复名誉、消除影响、赔礼道歉,并赔偿损失。经营者有侮辱诽谤、搜查身体、侵犯人身自由等侵害消费者或者其他受害人人身权益的行为,造成严重精神损害的,受害人可以要求精神损害赔偿。

2. 侵犯财产权的民事责任

在消费者权益诉讼中,大量涉及的是财产权争议。我国《消费者权益保护法》对侵犯财产权的民事责任也作了专门的规定,其主要内容如下:①承担民事责任的方式。经营者提供商品或者服务,造成消费者财产损害的,应当依照法律规定或者当事人约定承担修理、重作、更换、退货、补足商品数量、退还货款和服务费用或者赔偿损失等民事责任。②违反"三包"的规定或约定的民事责任。对国家规定或者经营者与消费者约定包修、包换、包退的商品,经营者应当负责修理、更换或者退货。在包修期两次修理仍不能正常使用的,经营者应当负责更换或者退货。对包修、包换、包退的大件商品,消费者要求经营者修理、更换、退货的,经营者应当承担运输费用等合理费用。依法经有关行政管理部门认定为不合格的商品,消费者要求退货的,经营者应当负责退货。此外,经营者以预付款的方式提供商品或服务的,应当按照约定提供。未按照约定提供的,应当按照消费者的要求履行约定或者退回预付款,并应当承担预付款的利息和消费者必须支付的合理费用。③欺诈行为的民事责任。经营者提供商品或者服务有欺诈行为的,应当按照消费者的要求增加赔偿其受到的损失,增加赔偿的金额为消费者购买商品的价款或者接受服务的费用的3倍;增加赔偿的金额不足500元的,为500元。法律另有规定的,依照其规定。经营者明知商品或者服务存在缺陷,仍然向消费者提供,造成消费者或者其他受害人死亡或者健康严重损害的，受害人有权要求经营者依照《消费者权益保护法》第49条、第51条等法律规定赔偿损失，并有权要求所受损失2倍以下的惩罚性赔偿。

3. 相关法律、法规在民事责任确定方面的协调

经营者违反《消费者权益保护法》规定，应当承担民事赔偿责任和缴纳罚款、罚金，其财产不足以同时支付的，先承担民事赔偿责任。

依据我国《消费者权益保护法》的规定，除该法另有规定的以外，经营者提供商品或者服务有下列行为之一的，应当依照其他有关法律、法规的规定，承担民事责任：①商品或者服务存在缺陷的；②经营者对消费者未尽到安全保障义务，造成消费者损害的；③不具备商品应当具备的使用性能而在出售时未作说明的；④不符合在商品或者其包装上注明采用的商品标准的；⑤不符合商品说明、实物样式等方式表示的质量状况的；⑥生产国家明令淘汰的商品或者销售失效、变质的商品的；⑦销售的商品数量不足的；⑧服务的内容和费用违反约定的；⑨对消费者提出的修理、重作、更换、退货、补足商品数量、退还货款和服务费用或者赔偿损失的要求，故意拖延或者无理拒绝的；⑩法律、法规规定的其他损害消费者权益的情形。

（二）行政责任的确定

我国《消费者权益保护法》不仅规定了违法经营者的民事责任，而且还规定了违法经营者应当承担的行政责任。并且，在责任的确定方面同样存在与其他法律、法规的协调问题。

依据该法规定，经营者有下列行为之一，除承担相应的民事责任外，其他有关法律、法规对处罚机关和处罚方式有规定的，则应依照其规定执行；否则，由工商行政管理部门或者其他有关行政部门责令改正，可以根据情节单处或者并处警告、没收违法所得、处以违法所得1倍以上10倍以下的罚款，没有违法所得的，处以50万元以下的罚款；情节严重的，责令停业整顿吊销营业执照。①提供的商品或者服务不符合保障人身、财产安全要求的；②在商品中掺杂、掺假，以假充真，以次充好，或者以不合格商品冒充合格商品的；③生产国家明令淘汰的商品或者销售失效、变质的商品的；④伪造商品的产地，伪造或者冒用他人的厂名、厂址，篡改生产日期，伪造或者冒用认证标志等质量标志的；⑤销售的商品应当检验、检疫而未检验、检疫或者伪造检验、检疫结果的；⑥对商品或者服务作虚假或者引人误解的宣传的；⑦拒绝或者拖延有关行政部门责令对缺陷商品或者服务采取停止销售、警示、召回、无害化处理、销毁、停止生产或者服务等措施的；⑧对消费者提出的修理、重做、更换、退货、补足商品数量、退还货款和服务费用和赔偿损失的要求，故意拖延或者无理拒绝的；⑨侵害消费者人格尊严、侵犯消费者人身自由或者侵害消费者个人信息依法得到保护的权利的；⑩法律、法规规定的对损害消费者权益应当予以处罚的其他情形。

经营者有前款规定情形的，除依照法律、法规规定予以处罚外，处罚机关应当记入信用档案，向社会公布。

经营者对行政处罚决定不服的，可以依法申请行政复议或者提起行政诉讼。

（三）刑事责任的确定

依据我国《消费者权益保护法》的有关规定，追究刑事责任的情况主要包括以下几种：

(1) 经营者提供商品或者服务，造成消费者或者其他受害人人身伤害，甚至死亡的，构成犯罪的，依法追究刑事责任。

(2) 以暴力、威胁等方法阻碍有关行政部门工作人员依法执行职务的，依法追究刑事责任；拒绝、阻碍有关行政工作人员依法执行职务，未使用暴力、威胁方法的，由公安机关依照《中华人民共和国治安管理处罚法》的规定处罚。

(3) 国家机关工作人员有玩忽职守或者包庇经营者侵害消费者合法权益行为的，由其所在单位或者上级机关给予行政处分；情节严重，构成犯罪的，依法追究刑事责任。

【思考题】

一、简答题
1. 产品质量监督管理制度包括哪些？
2. 生产者的产品质量义务包括哪些？
3. 销售者的产品质量义务包括哪些？
4. 产品质量的民事责任包括哪些？
5. 产品责任诉讼中被告的抗辩事由包括哪些？
6. 消费者的概念和特征是什么？
7. 消费者的权利包括哪些？
8. 经营者的义务包括哪些？
9. 消费者权益争议的解决途径有哪些？
10. 侵犯消费者权益的民事责任包括哪些？

二、案例分析

案例1：

2015年3月，原告赵某（甲方）在被告北京某卫生洁具公司（乙方）处购买了一台丙公司（丙方）生产的华清牌电热水淋浴器。同年同月10日，甲方又购买了一台北京丁公司（丁方）生产的三水牌多功能漏电保护器。该月中旬，甲方在家中安装了该两件电器。4月4日晚，甲方在使用该淋浴器时，突然被按键漏电击中，整个右手烧伤，送医院抢救，被截除小拇指。为此，甲方先与乙方交涉，要求赔偿。乙方称：责任应由生产者承担，乙方无过错，拒绝赔偿。甲方遂向法院起诉，状告乙方、丙方、丁方，要求维护消费者的权益，三方负连带责任，赔偿损失。

乙方辩称，本公司只负责该电热水淋浴器的销售，赔偿责任应由生产者承担，与销售者无关。

丙方辩称，本公司生产的产品符合国家标准，以往从未发生过产品责任事故，无证据证明生产者有过错而可以认定生产者应承担责任。丁方的漏电保护器可能是事故的主要原因。

丁方辩称，甲方违反有关说明书的警示说明，违反安装说明，擅自安装超大功率电器，致使漏电保护器失效酿成事故，但漏电保护器失灵亦不至于造成电器伤人，丙方的产品存在质量问题。

法院在调查中，经技术监督局对华清牌电热水淋浴器、三水牌多功能漏电保护器进行质量检验，鉴定结论认定：（1）华清牌电热水淋浴器的制造工艺存在缺陷，特定情况下淋浴器开关按键可能漏电；（2）三水牌多功能漏电保护器已被烧毁无法鉴定，但对同样商品检测没有发现质量问题；（3）甲方安装淋浴器与漏电保护器连接时未按丁方的说明书正确安装，以致使用时漏电保护器不能正常工作。

问题：

（1）乙方作为销售者是否应予赔偿，承担责任，为什么？

（2）丙方作为生产者应承担什么责任，为什么？

（3）丁方是否要承担责任，为什么？

（4）甲方有无过错，对本案处理有何影响？

案例2：

大学生李某在某发廊剪头发，因理发师的失误，致使其左耳被剪伤，流血不止，后送至医院缝了6针。李某深感气愤，遂到发廊找老板理论，要求发廊赔偿其医药费及精神损失费共计1000元。发廊老板拒绝其请求。理由为：剪伤李某的理发师系该店的临时工，事发后已被辞退，李某的损失应该由该理发师负责，与发廊没有关系，所以不应予以赔偿。李某不服，遂将该发廊诉至法院。

问题：

该案件应如何处理？

案例3：

2012年5月任达服饰公司在北京某展览馆举办"2012服饰市场推广展销会"，邀请众多服饰厂家参展。阳元制衣厂应邀来参会（5月1日—6月1日），租赁两个柜台，开展展销活动。5月6日，消费者赵某在阳元厂的柜台上经该厂推销人员王某的推荐购买了一条裙子（包装标示是真丝质料）。回来后，发现该裙子并非真丝制成。

问题：

（1）5月13日，赵某可以向谁请求赔偿？

（2）如果赵某直至7月1日才要求赔偿，那么此时其可以向谁要求赔偿？

项目八 竞争法

【导入案例】

腾讯与奇虎 360 的三起诉讼

第一起 腾讯诉"360 隐私保护器"不正当竞争

2010 年 11 月,腾讯在北京朝阳区法院起诉奇虎 360,告"360 隐私保护器"不正当竞争,此案于 2011 年 9 月已在北京二中院终审判决,奇虎 360 败诉。判决认定,奇虎 360 诋毁腾讯产品的行为构成不正当竞争,向腾讯赔偿经济损失 40 万元,并在 360 网站首页及《法制日报》上公开道歉以消除影响。

第二起 腾讯诉 360"扣扣保镖"不正当竞争

腾讯告 360"扣扣保镖"不正当竞争,并索赔 1.25 亿元。2013 年 4 月,广东省高级人民法院一审判决,奇虎 360 败诉。2013 年 12 月 4 日,此案二审在最高人民法院开庭。2014 年 2 月 24 日,最高院公开宣判,维持原判,奇虎 360 败诉,"扣扣保镖"构成不正当竞争,赔偿 500 万元。

第三起 奇虎 360 诉腾讯滥用市场支配地位

2013 年 3 月 28 日,奇虎 360 起诉腾讯滥用市场支配地位一案在广东省高级人民法院一审宣判,奇虎 360 败诉,并被判承担 79.6 万元全部诉讼费用。2014 年 10 月 16 日上午,最高人民法院作出终审判决,认定被上诉人腾讯公司不构成滥用市场支配地位,维持一审法院判决,驳回奇虎公司的全部上诉请求。至此,历时四年的"3Q"大战最终落下帷幕。

思考:法院依据什么判令奇虎 360 败诉?

任务一 竞争法概述

一、竞争的概念和特征

(一) 竞争的概念

在一般意义上,竞争是指不同主体通过较量区分高低优劣的行为或行动,它广泛存在于自然界和人类社会,如物竞天择、体育竞赛、应聘职位等。正是这种富有进取性和排他性的竞争推动着社会的发展。

竞争法上的竞争指的是市场竞争,是指商品生产者在市场经营活动中,为了争取有利的产销条件而进行的相互争胜活动。这一概念不是一个法定概念,而是一个学理概念。史际春教授和刘文华教授皆持此观点。

(二) 竞争的特征

就市场竞争的一般性质而言,竞争具有以下四个主要特点:

（1）竞争是独立的商品生产经营者个体之间的竞争。这与垄断不同，竞争代表的不是基于某种共同利益而联合起来的社会力量，而是代表一种各有不同利益的、相当分散的社会力量。

（2）竞争由双方经济力量的互相抗衡而引起。在竞争中总有一方处于优势，另一方则处于劣势，永远处于势均力敌状态只存在理论上的可能。在优势一方和劣势一方相抗衡这一总的形势下，竞争主要是发生在处于劣势地位的商品生产经营者中间。

（3）处于劣势地位的商品生产者，总是企图摆脱自己的不利地位。为摆脱不利地位所具有的进取性，是一种旺盛的活力。正是这种活力，会导致竞争形势的改变和竞争者地位的转移。商品生产经营者的活力以及由此而促成的市场地位的转化，是竞争这种经济力量的最基本的特征。

（4）商品生产经营者摆脱自己的不利处境，是通过竞争者个体的排他性的生产经营活动实现的。垄断者谋取经济利益，是依靠对市场操纵和独占实现的。而竞争主要依靠竞争者自己改善生产经营活动来实现。不过，这种独立的活动往往带有排他的性质。对竞争性质的分析表明，竞争具有积极的进取性和排他性。

二、竞争法的概念和内容

（一）竞争法的概念

对于竞争法的定义，学者们观点不一。有学者认为竞争法不是单一性质的法律规范的总称，而是指调整竞争关系的各部门法规范构成的有机统一的国家权力控制体系。也有人认为，竞争法是指以商品交换中的竞争关系作为调整对象，以保护竞争为主旨，并以反垄断和反不正当竞争为核心内容的各种法律规范的总和。这些概念有其合理的成分，但也存在明显的不足，将法律等同于"国家权力控制体系"，既不准确，也不符合法律的特征。将竞争法的调整对象限定为竞争关系，无法涵盖竞争管理的内容，而竞争管理关系却恰恰是各国竞争法调整的重点。笔者认为，竞争法是现代国家为了维护市场经济的正常运行及活力而制定的有关维护、促进或限制竞争的法，简言之就是调整市场竞争关系的法律规范构成的有机统一的体系。从法律规范的外部表现形式看，竞争法主要是通过规范性法律文件形式表现出来的，例如《反不正当竞争法》《反对限制竞争法》或《反垄断法》《公平交易法》等。

（二）竞争法的调整对象

法律的调整对象是指法律规范效力所涉及的社会关系的范围。任何法律的调整对象都是客观存在的某种社会关系。竞争法是一个以市场竞争关系为调整对象的法律规范构成的统一的规范体系。所以，市场竞争关系就是竞争法的调整对象。

市场竞争关系的性质和内容以及在其中起作用的竞争规律都有自己的特点，在诸多社会关系中构成一个种类。市场竞争涉及生产、分配、交换、消费等各个领域，不仅存在于物质生产领域中，而且技术、劳务、金融等领域中也都无所不有。因此，市场竞争关系也是内容复杂、范围广泛的一类社会关系。市场竞争关系按不同的分类标准，还可以进一步划分为内容不同的竞争关系，但各类不同的竞争关系可以归纳为两大类：管理性的竞争关系和平等性的竞争关系。

（三）竞争法的基本内容体系

竞争法的基本内容体系，是由竞争法的调整对象决定的。如果竞争法的调整对象确定为市场竞争关系，即管理性竞争关系和平等性竞争关系，那么竞争法的基本内容一般包括以下几个部分：

1. 规范竞争主体法律地位的制度

任何竞争都具备四个要素：①竞争的空间或场所；②竞争的主体；③竞争的对象；④竞争的方式。在市场经济条件下，公平竞争的前提之一是一切市场竞争的参与者即竞争主体，都应具备平等、独立的主体资格，能够独立地享受权利和承担义务，自由地参与市场竞争。因此，要维护公平竞争关系，竞争法当然要对所有参与市场竞争活动的主体，无论是个人、企业或其他单位，其法律地位、应具备的权利能力、行为能力作出具体而明确的规定。

2. 反不正当竞争法

反不正当竞争法是竞争法体系中的核心内容之一，是保护市场竞争秩序的主要法律手段。由于社会制度、基本国情、法律文化传统以及制定有关法律时间早晚的不同等诸方面因素的影响，国外的反不正当竞争立法和有关的法学著述，对不正当竞争的概念有不同的理解，所以各国在具体的立法形式上存在着明显的差异：有的立法者把垄断和其他限制竞争行为都纳入反不正当竞争法的调整范围，这是对不正当竞争概念的广义理解的结果，如我国的《反不正当竞争法》和《反垄断法》即如此；而有的立法者是把那些在市场经济活动中采取虚假、损人利己等手段牟取利益，损害其他生产经营者利益和公众利益，扰乱社会竞争秩序的行为，明确为法律予以禁止的不正当竞争行为，由反不正当竞争法加以规定，而对垄断行为的禁止则专门立法，例如德国的限制卡特尔法，日本的垄断禁止法等。

3. 反垄断法

反垄断法是保护公平竞争的最重要的法律。反垄断法主要包括禁止限制竞争的规定、限制经济力过度集中的规定和禁止滥用市场优势的规定等，它是保护现存竞争的最强有力的法律手段，素有"经济宪章"之称。

4. 维护公平竞争的其他法律制度

由于竞争涉及的部门和领域十分广泛，所以竞争法内容也反映在不同的法律部门和法律形式之中。凡是规定有保护竞争，反对不正当和垄断内容的法律规范，都是竞争法体系的组成部分。在我国，许多保护竞争行为的规范也是散见于其他法律、法规里面的。例如，在《公司法》《专利法》《商标法》以及在价格、质量、计量、标准化法中，都有竞争法规范的存在。

任务二　反不正当竞争法

一、反不正当竞争法律制度概述

（一）不正当竞争行为的概念

"不正当竞争"这个术语一般认为最早出自1983年的《保护工业产权巴黎公约》。该公约规定，凡在工商活动中违反诚实经营的竞争行为即构成不正当的竞争行为。因此，一般意义上，不正当竞争行为，是指经营者违反公认的商业道德和违反法律强制规定的市场竞争行为。判断市场竞争行为正当与否，应从竞争性、反道德性和违法性上分析。在我国，不正当竞争的概念是个法定概念。《中华人民共和国反不正当竞争法》（下称《反不正当竞争法》）第2条第二款规定，所谓的不正当竞争，是指经营者违反本法规定，损害其他经营者的合法权益，扰乱社会经济秩序的行为。

准确把握不正当竞争，应当明确以下四点基本含义：

（1）实施不正当竞争行为的主体是经营者，即我国《反不正当竞争法》所指的从事商品经营或盈利性服务（以下所称商品包括服务）的法人、其他经济组织和个人。

（2）实施不正当竞争行为所侵犯的客体是由我国《反不正当竞争法》保护的，而为不正当竞争行为人所损害和扰乱的市场竞争秩序和社会关系。

（3）不正当竞争者在客观上必须有实施《反不正当竞争法》规定的不正当竞争行为的客观事实。

（4）实施不正当竞争的行为人主观上有不遵循自愿、平等、公平、诚实信用的原则，不遵守公认的商业道德的过错。

（二）不正当竞争的危害

不正当竞争行为侵犯竞争者和消费者的权利，损害市场机制，破坏市场秩序，危害信用和社会公德，因此应当立法予以禁止。我国《反不正当竞争法》如此，世界上所有的市场经济国家对不正当竞争行为也都基本上通过立法明令禁止。

（三）反不正当竞争法的概念

狭义上的反不正当竞争法，是指调整不正当竞争关系的法律规范的总称。在我国特别谓指全国人大常委会通过的《中华人民共和国反不正当竞争法》，该法于1993年9月2日第八届全国人民代表大会常务委员会第三次会议通过，并于1993年12月1日起施行。广义上的反不正当竞争法，是调整在国家规制不正当竞争行为过程中发生的社会关系的法律规范的总称。其既包含《中华人民共和国反不正当竞争法》，也包括其他调整不正当竞争关系的规范性文件。

反不正当竞争法作为经济法的部门法，与反垄断法、知识产权法、合同法、侵权行为法有密切的关系。

二、不正当竞争行为的表现形式

由于不正当竞争是竞争的产物，将伴随着竞争的发展而发展，因此，一方面，不正当竞争的形式既是多种多样的，又是不断翻新的；另一方面，竞争的正当与不正当也不可能一成不变，而是会伴随经济的发展而变化。根据《反不正当竞争法》第二章的规定，不正当竞争行为的表现形式主要有以下11种：

（一）市场混淆行为

市场混淆行为是指经营者采用假冒或者模仿之类的不正当手段，使其商品或提供的服务与他人的商品或者提供的服务相混淆，而导致或足以导致购买者误认的行为。市场混淆行为的特点是：①市场混淆行为的主体，即市场混淆行为涉及三方当事人，一般是仿冒人、被混淆人和购买者；②被混淆的客体是他人商品的标识，例如商标、商号、姓名、名称、包装和装潢等；③混淆的意图是为了与他人的企业、企业活动或者企业的商品发生混淆。

我国《反不正当竞争法》第 5 条规定，市场混淆行为包括如下四种：①假冒他人注册商标；②擅自使用知名商品特有的名称、包装、装潢，或者使用与知名商品近似的名称、包装、装潢，造成和他人的知名商品相混淆，使购买者误认为是知名商品；③擅自使用他人的企业名称或者姓名，引人误认为是他人的商品；④在商品上伪造或者冒用认证标志、名优标志等质量标志，伪造产地，对商品质量作引人误解的虚假表示。

(二) 公用企业及相关经营者的垄断行为

此类不正当竞争行为也被称为强制交易行为，是指公用企业或者其他依法具有独占地位的经营者，限定他人购买其指定经营者的商品，以排挤其他经营者的公平竞争。公用企业的特殊性决定了它具有一定的垄断地位，但其垄断特权的滥用，则构成强制交易行为。该行为的特点是：第一，实施主体特定，即公用企业或者其他依法具有独占地位的经营者；第二，该行为是强制安排他人之间进行交易，并非强迫他人与自己进行交易；第三，公用企业的行为具有强制性，是被强制者难以抗拒的；第四，公用企业实施这种行为的目的，主要是从被指定的经营者处获得非法利益。

(三) 政府及其所属部门的滥用职权行为

政府及其所属部门的滥用职权行为是指政府及其所属部门滥用行政权力，限定他人购买其指定经营者的商品，限制其他经营者正当的经营活动；限制外地商品进入本地市场，或者限制本地商品流向外地市场。

(四) 商业贿赂行为

1. 商业贿赂的概念

贿赂行为，包括行贿行为和受贿行为。所谓商业贿赂，是指经营者为了获取交易机会或者竞争优势，向能够影响交易的人秘密给付财物或者其他经济利益的行为。比如，投标人为了中标，向招标人中的决策人员行贿；某医药公司为了推销其药品，向医院负责人或医院药房负责人行贿等，都是商业贿赂。

2. 商业贿赂的危害

商业贿赂的危害是多方面的：① 破坏市场机制，妨碍公平竞争，侵害了竞争者的利益。② 侵犯交易相对人、其他经营者和消费者利益。③ 危害社会公德，腐蚀社会风气。正是由于商业贿赂侵犯了其他相关主体的权利和利益，危害了公平竞争的市场秩序和社会管理秩序，应当受到《反不正当竞争法》的制裁，情形严重的还会受到刑事制裁。

3. 商业贿赂行为的构成

(1) 商业贿赂行为的主体，包括行贿主体和受贿主体。商业贿赂的行贿主体是经营者。商业贿赂的受贿主体是行贿主体交易相对人中能够影响交易决策的个人，如企业的经办人员、业务员、业务主管、经理、董事、监事及其他工作人员；子公司的母公司和控股公司高级管理人员、分公司的总公司管理人员、其他组织的上级主管部门工作人员；有宏观调控权和市场规制权的国家主管机关公职人员以及其他能够影响交易决策的人；等等。

是否存在"账外暗中"，是区分回扣、折扣和佣金是否属于商业贿赂的标准。经营者销售或者购买商品，可以以明示方式给对方折扣，可以给中间人佣金。经营者该给对方回扣、给中间人佣金的，必须如实入账。接受回扣、佣金的经营者必须如实入账。如实入账按《会计法》和相关的会计准则办理。

(2) 商业贿赂的主观方面。以具有获取交易机会或者相对于竞争对手的优势的目的和故意，是其主观方面要件。

(3) 商业贿赂的客观方面。给付或收受金钱、实物和其他利益的行为，是行贿和受贿的客观方面。当前，在给付金钱、实物和其他利益的方式上，花样不断翻新，不胜枚举。

【典型案例评析】

某经销公司所在地的夏季气候十分炎热，凉席的销路一向很好。1995年春，该公司购买了一批井冈山产的凉席，准备在夏季卖出。但该年夏季气候反常，比往年夏季气温低许多，这样就造成该公司的凉席销路不好，在仓库内积压。为了销售积压的凉席，收回资金，该公司经理决定用奖励的方法来促销凉席，即将买凉席的价款的10%给予购买者。恰在此时，有一企业招待所的采购员李某来到该公司购买凉席100张，经双方协商，达成协议：李某所买凉席货款的10%系该公司给李某的奖励，对于这部分"奖励"双方均不入财务账。在李某买走凉席后，该经销公司又用同一种方法推销其积压的凉席，库存凉席很快便销售一空。但该地的工商部门闻讯前来调查，认为某经销公司的行为属商业贿赂行为，没收了其非法所得，并处以1万元的罚款。

问题：该地工商部门对经销公司的处罚正确吗？

评析：

正确。因为经销公司的促销行为已构成商业贿赂。依照《反不正当竞争法》第8条规定，经销公司在促销活动中的"奖励"措施属于"账外暗中"给予对方回扣，依法应被界定为商业贿赂行为。此外，依《反不正当竞争法》第22条的规定，对商业贿赂行为，监督检查部门可以处以1万元以上20万元以下的罚款，并没收违法所得；构成犯罪的，依法追究刑事责任。

(五) 虚假宣传行为

虚假宣传行为是指经营者利用广告或其他形式，对商品或服务作虚假或不当的宣传、表示，诱使消费者产生误购的行为。《反不正当竞争法》第9条对此作了规定：经营者不得利用广告或者其他方法，对商品的质量、制作成分、性能、用途、生产者、有效期限、产地等作引人误解的虚假宣传。

广告的经营者不得在明知或者应知的情况下，代理、设计、制作、发布虚假广告。生产经营者对自己的商品或服务进行适度的夸张宣示，如适当突出其优点、设计一句夸张的说明语或一个夸张的标志等，是正当、合理的，但不能超过一定的度。区分的标准有三：一是看这种宣传是否违反了《广告法》和有关商品、服务说明及表示的规定；二是看行为是否违背诚实信用原则；三是看是否造成了引人误解的后果。在单纯的市场行政管理和行政处罚中，只要有第一个条件就行了；在生产经营者之间或生产经营者与消费者之间的关系中，则一般还要有第三项条件，或加上第二项条件。

虚假宣传行为的一个显著特点是它不一定直接侵害某一具体生产经营者的利益，而是对同业的竞争对手造成交易机会的减少或一定程度上的排挤，它直接侵害的主要是消费者的权益。一般生产经营者在掌握信息、专业知识、经济实力和谈判能力方面比消费者更具优势，它们一般不会受到虚假广告和其他误导性宣示行为之害；另一方面，生产经营者是否适当地履行了商品和服务说明及表示的义务，是确定其应否对消费者承担质量责任的要件之一。

虚假广告主要由《广告法》进行调整，广告商对虚假广告的发布有过错的，也应承担行政责任和连带的民事责任。从这个意义上讲，《广告法》既是消费者保护法，也是反对不正当竞争法。虚假广告包括欺诈性广告和不实广告。如为不实广告，须看它是否造成了引人误解的后果，才能令行为人承担民事责任，行政责任则可依执法机关的认定而承担。其他虚假宣传，是指不属于广告或者难以界定为广告的其他虚假宣传，如以新闻报道的形式进行虚假宣传。

构成《反不正当竞争法》第9条规定的行为的关键条件是"引人误解"。实践中存在着抓其一点、不及其余，引人误解的"真实宣传"，如借用神话故事作广告宣传，则不构成不法的虚假宣传行为。

另外，虚假宣传还应当包括不当的商品和服务说明、表示行为。认定不当的商品和服务说明、表示行为的依据是《产品质量法》《消费者权益保护法》《药品管理法》《消费品使用说明总则》《食品标签通用标准》《化妆品卫生监督条例》《产品质量认证管理条例》等法律法规的具体规定。如关于药品的成分、服法、毒副作用的说明，关于消费品使用方法和危险警示的说明，关于商品标签的内容，等等。当这些法律法规的规定不详时，如果厂商的说明或表示造成了引人误解的后果，或者厂商根本没有说明或表示，就可依《反不正当竞争法》第9条的规定，追究有关当事人的法律责任。

（六）侵犯商业秘密的行为

1. 商业秘密的概念

商业秘密，是指不为公众所知悉、能为经营者带来经济利益、具有实用性并经权利人采取保密措施的技术信息和经营信息。商业秘密可分为技术型商业秘密和经营型商业秘密两类。

2. 商业秘密的属性与特征

从其本身的属性来看，商业秘密实质上是一种信息。商业秘密是一种无形财产权。

商业秘密的特征有：① 秘密性。商业秘密的特点是"不为公众所知悉"。②实用性。商业秘密能够为拥有者带来经济利益，这是和其他秘密的区别所在。③保密性。采取保密措施，是商业秘密不同于专利的重要特点。

3. 侵犯商业秘密行为

根据我国《反不正当竞争法》的规定，侵犯商业秘密的行为表现在：①以盗窃、利诱、胁迫或者其他不正当手段获取权利人的商业秘密。②披露、使用或者允许他人使用以前项手段获取的权利人的商业秘密。③违反约定或者违反权利人有关保守商业秘密的要求，披露、使用或者允许他人使用其所掌握的商业秘密。第三人明知或者应知前款所列违法行为，获取、使用或披露他人的商业秘密，视为侵犯商业秘密。

（七）不正当倾销行为

不正当倾销行为是指经营者以排挤竞争对手为目的，在一定市场上和一定时期内，以低于成本的价格销售商品的行为。合理的价格是经营者勇于竞争的手段，但不正当倾销行为则具有了不正当竞争的特征：第一，不当降价。即在不符合价值规律的情况下降价，而且是低于成本销售商品，且无合法的理由。第二，以排挤竞争对手为目的。以低于成本的价格销售商品的目的具有不当性，从实质上来说是限制竞争的行为。在某些特定的情况下，降价销售不是为了排挤竞争对手，而且法律是允许的。《反不正当竞争法》第11条规定，在下列情形下以低于成本的价格销售商品的，不属于不正当销售行为：①销售鲜活商品。②处理有效期限即将到期的商品或者其他积压的商品。③季节性降价。④因清偿债务、转产、歇业降价销售商品。

反不正当竞争法没有对不正当倾销行为的具体责任做出规定，但一般而言，首先应当停止侵害行为，不正当竞争给被侵害者造成损失的，应当承担损害赔偿责任，被侵害者的损失难以计算，则赔偿额为侵权人在侵权期间所获利润，并应当承担被侵害的经营者因调查不正当竞争行为所付出的合理费用。

（八）强行搭售行为

强行搭售行为是指经营者销售商品，违背购买者的意愿搭售商品或者附加其他不合理的条件。搭售行为有两种情况：一是违背购买者的意愿搭售商品，通常是在购买者购买其必需品时搭售购买者不愿意要或不需要的商品；二是向购买者提出附加不合理的条件，主要是增加购买者的附加义务。这类行为也属于我国法律所禁止的不正当竞争行为。搭售行为具有以下特点：①违背自愿原则。如果交易相对人自愿接受经营者的搭售商品或其附加条件，则不属于不正当竞争。②违背公平原则。即该行为搭售的商品或附加的条件不合理，显失公平。③该行为具有限制竞争的性质。

（九）不正当有奖销售行为

不正当有奖销售行为是指欺诈性的、奖额过高或其他具有不正当竞争倾向的有奖销售行为。《反不正当竞争法》第13条规定，经营者不得从事下列有奖销售：采用谎称有奖或者故意让内定人员中奖的欺骗方式进行有奖销售；利用有奖销售的手段推销质次价高的商品；抽奖式的有奖销售，最高奖的金额超过5000元。所以，可以看出法律规定的不正当有奖销售行为包括以下几种：①欺诈式的奖售。②不当推销的奖售。③最高额抽奖式的奖售。欺诈性的有效销售自不必说，奖额过高的有奖销售通过奖励吸引竞争者的顾客，会将竞争引向歧路，也会诱使消费者不必要地购物，导致资源浪费，并助长投机，应予限制。但关于抽奖式有奖销售的奖额不得超过5000元的规定，有一刀切之嫌，譬如对售价动辄上百万元的商品房而言限额就太低了，应借鉴日本公正交易委员会的规定，按交易份额确定不同的比例限制。此外对非抽奖式有奖销售也需有限制，如实践中购买一份报纸附赠价值数十元的杂志或生活用品的情形并不鲜见，奖额过高的非抽奖销售也属于不正当竞争，对相关市场秩序可能造成损害。

（十）商誉侵权行为

1. 商誉和诋毁商誉的概念

商誉是商业声誉的简称，是对经营者综合性的市场评价。

商誉侵权行为也称之为诋毁商誉行为，是指经营者传播有关竞争对手的虚假信息，以破坏竞争对手的商业信誉的不正当竞争行为。

诋毁商誉侵害竞争对手的商誉权，给竞争者带来精神和物质利益的损失，应予禁止。

2. 诋毁商誉的构成

（1）诋毁商誉行为的主体。作为竞争行为的诋毁商誉，其行为主体是经营者。

（2）诋毁商誉行为的主观方面。诋毁商誉行为可以是故意，也可以是过失，总之存在主观过错。

（3）诋毁商誉行为的客观方面。包括：① 诋毁商誉行为是传播信息的行为。② 传播的是虚假信息。③ 该虚假信息与竞争对手有关。

（十一）通谋招投标行为

招标投标，是指招标人发出招标表示，投标人分别提出其条件实行公平竞争，招标者选择其中最优者中标，并与之签订合同的法律形式。招标的目的在于引起投标人之间的竞争，以选择最优者，而通谋投标行为是指投标者之间串通投标，抬高标价或者压低标价，以及投标者为排挤竞争对手而与招标者相互勾结的行为。通谋招投标行为破坏了公平竞争的理念，与招投标行为建立的目的背道而驰，所以反不正当竞争法对此类行为严加制裁。通谋招投标行为包括两种：一是投标者之间串通投标行为，其目的在于采取联合行动以限制竞争；二是投标者与招标者相互勾结行为，其目的是排挤作为竞争对手的其他投标者。

三、违反反不正当竞争法的法律责任

（一）假冒仿冒的法律责任

经营者假冒他人的注册商标，擅自使用他人的企业名称或者姓名，伪造或者冒用认证标志、名优标志等质量标志，伪造产地，对商品质量作引人误解的虚假表示的，依照《商标法》《产品质量法》的规定承担责任。

经营者擅自使用知名商品特有的名称、包装、装潢，或者使用与知名商品近似的名称、包装、装潢，造成和他人的知名商品相混淆，使购买者误认为是该知名商品的，监督检查部门应当责令停止违法行为，没收违法所得，可以根据情节处以违法所得1倍以上3倍以下的罚款；情节严重的可以吊销营业执照；销售伪劣商品，构成犯罪的，依法追究刑事责任。

经营者利用广告或者其他方法，对商品作引人误解的虚假宣传的，监督检查部门应当责令停止违法行为，消除影响，可以根据情节处以1万元以上20万元以下的罚款。

广告的经营者，在明知或者应知的情况下，代理、设计、制作、发布虚假广告的，监督检查部门应当责令停止违法行为，没收违法所得，并依法处以罚款。

（二）侵犯商业秘密的法律责任

经营者侵犯商业秘密的，监督检查部门应当责令停止违法行为，可以根据情节处以1万元以上20万元以下的罚款。

（三）商业贿赂的法律责任

经营者采用财物或者其他手段进行贿赂以销售或者购买商品，构成犯罪的，依法追究刑事责任；不构成犯罪的，监督检查部门可以根据情节处以1万元以上20万元以下的罚款，有违法所得的，予以没收。

（四）不当附奖赠促销的法律责任

经营者违反《反不正当竞争法》第13条规定进行有奖销售的，监督检查部门应当责令停止违法行为，可以根据情节处以1万元以上10万元以下的罚款。

（五）违反反不正当竞争法的损害赔偿责任

经营者违反反不正当竞争法的规定，给被侵害的经营者造成损害的，应当承担损害赔偿责任，被侵害的经营者的损失难以计算的，赔偿额为侵权人在侵权期间因侵权所获得的利润；并应当承担被侵害的经营者因调查该经营者侵害其合法权益的不正当竞争行为所支

付的合理费用。被侵害的经营者的合法权益受到不正当竞争行为损害的，可以向人民法院提起诉讼。

（六）监管人员违法的法律责任

监督检查不正当竞争行为的国家机关工作人员滥用职权、玩忽职守，构成犯罪的，依法追究刑事责任；不构成犯罪的，给予行政处分。

监督检查不正当竞争行为的国家机关工作人员徇私舞弊，对明知有违反反不正当竞争法规定构成犯罪的经营者故意包庇不使其受追诉的，依法追究刑事责任。

任务三 反垄断法

一、反垄断法概述

（一）垄断的概念

垄断是自由竞争引起的生产高度集中的必然结果，但垄断是与竞争相对立的范畴。一般来说，垄断排斥竞争，竞争亦排斥垄断，这是性质上不同的两种经济行为。垄断行为给市场带来的弊端是显而易见的，但同时垄断的存在又具有客观性和一定的合理性，垄断对经济发展也有一些积极的作用。在经济学上，垄断是指少数大公司、企业或者若干企业的联合独占生产和市场。它们控制一个甚至几个生产部门的生产流通，在该部门的经济活动中取得统治地位，操纵这些部门产品的销售价格和某些生产资料的购买价格，以保证获取高额垄断利润。法律上的垄断是指违反法律或者社会公共利益，通过合谋性协议，安排或协同行动，或者通过滥用经济优势地位，排斥或控制其他正当的经济活动，在一定的生产领域或流通领域内实质上限制竞争的经济行为。法律上的垄断概念，强调了垄断的违法性和社会危害性特征。法律未规定禁止的垄断不属于垄断行为。垄断实质上是在一定的生产经营领域限制或排除竞争的行为或状态。

（二）反垄断法的概念

反垄断法是在反对垄断或限制竞争过程中发生的市场监管关系的法律规范的总称。现代反垄断法产生的标志是美国1890年制定的《谢尔曼法》。此后，随着垄断在社会生活中加剧，西方各国先后都建立了完备的反垄断法制度。但自20世纪80年代以来，出于国家总体经济、社会政策目标的考虑，以及增强本国企业竞争力的需要，西方国家不同程度地对垄断现象采取了较宽容的态度。虽然如此，反垄断法毕竟被奉为市场经济国家经济体制的基石，素有"经济宪法"之称，这种趋向宽容的变化并不会改变反垄断法的重要地位。在我国，最早提出反垄断任务的规范性文件是1980年国务院颁布的《关于开展和保护社会主义竞争的暂行规定》。此后，国务院又出台了一些规范反垄断行为的行政法规及部门规章。1993年制定了《反不正当竞争法》，也对一些限制性竞争行为作出了规定，但不系统。2007年8月30日第十届全国人民代表大会常务委员会第二十九次会议通过了《中华人民共和国反垄断法》（下称《反垄断法》），并于2008年8月1日起施行，标志着我国对垄断行为进行规制进入一个新的阶段。《反垄断法》是竞争法的支柱之一，对保障企业自由、消灭差别待遇、维护竞争秩序和打击行政垄断具有重要作用。纵观各国反垄断法，虽然规制的垄断范围不一，但一般都包括通过垄断协议的联合限制竞争行为、滥用市场优势地位和不公正待遇等部分。我国《反垄断法》规定的垄断行为包括：①经营者达成垄断协议；②经营者滥用市场支配地位；③具有或者可能具有排除、限制竞争效果的经营者集中。

《反垄断法》作为一部竞争法，与我国已有的《反不正当竞争法》和《消费者权益保护法》既有联系又有区别。

其区别主要是：

（1）与《反不正当竞争法》相比，《反垄断法》的目的是维护市场竞争机制而不是直接地保护特定的竞争者。它通过禁止经营者实施排除、限制竞争的行为，以维护市场的竞争格局，解决市场中有没有竞争的问题。而《反不正当竞争法》则主要解决不当竞争的问题。在《反垄断法》出台以前，我国的《反不正当竞争法》根据中国的实际，也规定了若干反对排除、限制竞争的条款，对维护我国的市场竞争机制、保护市场竞争起到了重要作用。

（2）与《消费者权益保护法》相比，《反垄断法》并不排除对消费者的直接和具体的保护，但其目的侧重于通过维护市场竞争机制，提高经济效益，使消费者整体获益。因此，《反垄断法》对消费者的保护着眼于竞争行为是否损害了保障消费者福利的竞争机制，而不以某一行为是否为消费者满意作为判断标准，也不刻意保护某一具体消费者的利益。

（三）反垄断法的地位

从法的体系来看，《反垄断法》是经济体系中市场规制法的重要部门法之一。从法域归属看，《反垄断法》属于公法。从法的作用看，《反垄断法》是保障市场竞争公平、自由和秩序的重要部门法，被称为"经济宪法"。反垄断实务的经济色彩很浓，大量法律问题的界定需要运用包括会计、审计的知识、规则和方法。

二、反垄断法的主要规制形态及其运行

（一）联合限制竞争

1. 联合限制竞争行为的概念

反垄断法规制联合行为所关注的主要是两个问题：一是多个主体的联合、协议或共谋，二是通过限制而实质上损害市场竞争。至于其称谓如何，则并不重要，如德国称为"卡特尔"，美国《谢尔曼法》第1条称为"合同（contract）、联合（combination）和共谋（conspiracy）"。美国学者和执法机关还经常称之为"联合行为（collaboration）"，我国学者还有称之为协议限制竞争、协议垄断行为和共同行为等等。

联合限制竞争行为是指经营者为限制竞争而达成协议、决定或者其他协同一致的行为。我国《反垄断法》称为"协议垄断"。所谓协议垄断，是指企业之间通过合谋性协议，安排或者协同行动，相互约束各自的经济活动，违反公共利益，在一定的交易领域内限制或者妨碍竞争。

根据参与联合的经营者所处的产业链环节是否相同，可分为横向联合限制竞争行为和纵向联合限制竞争行为。

联合限制竞争行为的主体为经营者、行业协会。

2. 横向联合限制竞争行为

横向联合限制竞争行为是指处于产业链同一环节的两个或两个以上经营者所为的联合限制竞争行为。比如彩电销售商之间的固定价格、划分市场的行为。主要包括：

（1）固定价格。即处于产业链同一环节的经营者通过协议、决议或其他协同一致的方式确定、维持或者改变价格的行为。比如，2008年，一些方便面厂家通过协议统一上调出厂价的行为。固定价格对竞争的损害至为严重，各国对其处罚也至为严厉。

（2）划分市场。即处于产业链同一环节的经营者通过协议、决议或其他协同一致的方式限定商品的生产数量或者销售数量、分割销售市场或者原材料采购市场的行为。

（3）联合抵制。即处于产业链同一环节的经营者通过协议、决议或其他协同一致的方式拒绝与特定交易相对人交易的行为。

（4）不当技术联合。即经营者以排除或限制竞争为目的，制定技术标准，限制购买新技术、新设备，或者限制开发新技术、新产品的行为。

3. 纵向联合限制竞争行为

纵向联合限制竞争行为是指处于同一产业链上下环节（即有交易关系或供求关系）的两个或两个以上经营者所为的联合限制竞争行为。比如，电脑整机生产商和电脑整机销售商之间所为的联合限制竞争行为。我国《反垄断法》所规定的纵向联合限制竞争行为主要包括：

（1）固定转售价格。即同一产业链上一环节经营者通过协议确定下一环节经营者销售价格的行为。

（2）限定转售最低价格。即在同一产业链中上一环节经营者利用其市场支配地位，通过协议确定下一环节经营者最低销售价格的行为。

这两种行为也可以统称为限制转售行为。

此外，国务院反垄断执法机构认定的其他垄断协议。

【典型案例评析】

中国针对"纵向价格垄断协议"的第一个执法案例

2012年，贵州茅台董事长向1000余名经销商宣称"最低限价令"，此后贵州茅台对"违规"降价销售的18家经销商进行处罚；与此同时，五粮液公司也对14家"低价、跨区、跨渠道违规销售"的经销商开出罚单。2013年2月22日，两家省级机构（贵州省物价局和四川省发改委）分别正式发布了针对两家著名白酒生产厂商垄断行为分别处以人民币2.47亿元和2.02亿元罚款的处罚决定。

被处罚的贵州茅台酒股份有限公司（"茅台"）和宜宾五粮液集团有限公司（"五粮液"）是著名的白酒生产厂商，旗下著名的白酒品牌茅台酒和五粮液酒均为中国最高端的白酒品牌。2013年1月，两家生产厂分别发表公告称，已经接受发改委和当地物价局的调查，针对被调查的违反反垄断规定的垄断行为愿意做出整改。尽管两家公司均于2013年1月中旬发布公报取消限价令，但罚款还是如期而至。

问题：（1）这两家公司的行为是否真的构成纵向价格垄断？（2）构成纵向价格垄断是否当然地要接受规制？（3）罚款金额是否恰当？

评析:

(1) 这两家公司的行为构成纵向价格垄断。因为我国《反垄断法》在第13条和第14条分别规定了横向垄断协议和纵向垄断协议。横向垄断协议是指具有竞争关系的经营者之间达成的排除、限制竞争的协议、决定或者其他协同行为;纵向垄断协议又称为纵向限制,是上游企业与下游企业之间限制其经营活动的协议。纵向垄断协议可以分为纵向价格垄断协议和纵向非价格垄断协议,我国《反垄断法》第14条明文禁止两种纵向价格垄断协议:①固定向第三人转售商品的价格;②限定向第三人转售商品的最低价格。本案中,"茅台"和"五粮液"曾对经销商设定最低销售价格,并且要求经销商不得低于该最低价格销售产品。低于限定的最低销售价格销售两家公司产品的经销商还遭到了茅台公司和五粮液公司的处罚。茅台公司、五粮液公司的行为明显属于限定向第三人转售商品的最低价格。

(2) 限定最低转售价格是否当然地需要承担法律责任,对于限定最低转售价格垄断协议的规制,国外一直存在两种基本原则:本身违法原则与合理分析原则。

若适用本身违法性原则,只要证明存在限定转售最低价格的行为,即可直接认定其严重排除、限制了竞争,构成违法而予以禁止。若适用合理分析原则,反垄断执法机构或法院不应着眼于协议的性质,而应着眼于其对竞争造成的实际后果,对其正负面的效果进行权衡,只有在弊大于利时才予以禁止。

从经济分析角度来看,限定转售最低价格的行为一般被认为是双刃剑。它的主要危害一般体现在对市场公平竞争、经济运行效率和消费者利益等多方面的不利影响。

在对"五粮液"的限定转售价格行为进行处罚时,四川省发改委作出如下经济分析:"五粮液"作为白酒龙头企业,实施的价格垄断行为:①排除了同一品牌内各个经销商之间的竞争,损害了经济运行效率;②限制了白酒行业不同品牌之间的竞争,其行为起到了负面的示范效应,已经有其他白酒品牌开始对经销商进行类似限制和处罚;③损害了消费者利益,排除了消费者购买低价商品的机会,特别是五粮液在浓香型白酒中具有重要地位,产品可替代性低,严重制约了消费者的选择。由此可见,执法机构适用的是合理分析原则。

(3) 两家省级发改委机构(贵州省物价局和四川省发改委)分别正式发布了针对两家著名白酒生产厂商垄断行为分别处以人民币2.47亿元和2.02亿元罚款的处罚决定,处罚金额相当于各自2012年销售额的1%。应该说是较轻,根据《反垄断法》第46条规定,处罚金额为上一年销售额的1%以上10%以下。同时值得注意的是,实际接受处罚的分别是"茅台"和"五粮液"控制的销售公司而不是集团公司本身。该案同时也明确了,处罚金额的计算是根据直接实施纵向限制的相关销售公司的年度营业额来计算的。

4. 联合限制竞争行为的豁免

在实际生活中,部分联合限制竞争行为有利有弊,并且可能利大于弊,因此,经营者能够证明所达成的协议属于下列情形之一的,可以免于处罚:①为改进技术、研究开发新产品的;②为提高产品质量、降低成本、提高效率,统一产品规格、标准或者实行专业化分工的;③为提高中小经营者经营效率,增强中小经营者竞争力的;④为实现节约能源、保护环境、救灾救助等社会公共利益的;⑤因经济不景气,为缓解销售量严重下降或者生产明显过剩的;⑥为保障对外贸易和对外经济合作中的正当利益的;⑦法律和国务院规定的其他情形。

同时，经营者还应当证明所达成的协议不会严重限制相关市场的竞争，并且能够使消费者分享由此产生的利益。

(二) 滥用市场支配地位

所谓滥用市场支配地位，是指企业通过其市场力量的优势地位，限制竞争者进入市场或以其他方式不适当地限制竞争。《反垄断法》第17条规定："本法所称市场支配地位，是指经营者在相关市场内具有能够控制商品价格、数量或者其他交易条件，或者能够阻碍、影响其他经营者进入相关市场能力的市场地位。"通过滥用优势地位来限制竞争，须有某种优势可以信赖，所以，要判断某行为是否构成滥用优势地位，须首先确定行为人是否具有某种优势，其中主要是市场优势，也可能是行政权力等。

1. 相关市场

相关市场是指与经营者的产品和服务之间存在竞争关系的产品和服务市场。认定市场支配地位，首先要界定相关市场。相关市场的相关性是指与经营者的产品和服务存在相互竞争关系的特性，具体表现为在产品和服务种类上的相关性、空间上的相关性和时间上的相关性。要界定相关市场，需要运用经济学的方法，需要有会计、审计人员协助进行市场调查。

2. 市场支配地位

市场支配地位是指经营者在相关市场内具有能够控制商品价格、数量或者其他交易条件，或者能够阻碍、影响其他经营者进入相关市场能力的市场地位。

3. 市场支配地位的认定依据

认定市场支配地位的依据，一般以市场份额为主，兼顾市场行为及其他相关因素。在认定市场支配地位的实践中，需要大量会计、审计专业人员与法律人员参与。依据主要有：① 该经营者在相关市场的市场份额，以及相关市场的竞争状况；②该经营者控制产品销售市场或者原材料采购市场的能力；③该经营者的财力和技术条件；④其他经营者对该经营者在交易上的依赖程度；⑤其他经营者进入相关市场的难易程度；⑥与认定该经营者市场支配地位有关的其他因素。

依据市场份额标准时，可以根据被告的市场份额，依法推定其具有市场支配地位。我国《反垄断法》第19条规定："有下列情形之一的，可以推定经营者具有市场支配地位：①一个经营者在相关市场的市场份额达到二分之一的；②两个经营者在相关市场的市场份额合计达到三分之二的；③三个经营者在相关市场的市场份额合计达到四分之三的。有前款第②项、第③项规定的情形，其中有的经营者市场份额不足十分之一的，不应当推定该经营者具有市场支配地位。被推定具有市场支配地位的经营者，有证据证明不具有市场支配地位的，不应当认定其具有市场支配地位。"

4. 滥用市场支配地位的行为

滥用市场支配地位行为是指具有市场支配地位的经营者利用其市场支配地位所实施的妨碍竞争的行为。这是一种重要、常见的垄断行为之一。我国《反垄断法》第17条规定，滥用市场支配地位行为包括：①以不公平的高价销售商品或者以不公平的低价购买商品；②没有正当理由，以低于成本的价格销售商品；③没有正当理由，拒绝与交易相对人进行交易；④没有正当理由，限定交易相对人只能与其进行交易或者只能与其指定的经营者进行交易；⑤没有正当理由搭售商品，或者在交易时附加其他不合理的交易条件；⑥没有正当理由，对条件相同的交易相对人在交易价格等交易条件上实行差别待遇；⑦国务院反垄断执法机构认定的其他滥用市场支配地位的行为。

（三）经营者集中行为

1. 经营者集中的概念

经营者集中是指经营者通过合并、收购、委托经营、联营或其他方式，集合经营者经济力，提高市场地位的行为。依照我国《反垄断法》第20条规定，经营者集中包括经营者合并和经营者控制两种。经营者集中是获得市场支配地位最常见的途径之一。因此，经营者集中行为的规制制度，也就成为反垄断规制制度中的一项重要内容。

2. 经营者合并

经营者合并是指两个或者两个以上经营者合并为一个经营者，从而导致经营者集中的行为。

根据合并后原经营者主体资格存续与否，经营者合并可分为新设合并和吸收合并。新设合并是指两个或两个以上的经营者合为一个新的经营者，原来几个经营者的主体资格均消失的合并行为；吸收合并是指两个或两个以上的经营者合为一个经营者，其中一个经营者的主体资格存续下来，其他经营者的主体资格消失的合并行为，也称兼并。如波音公司和麦道公司合并后，波音公司存续下来。

根据参与合并的经营者在产业链上的关系，经营者合并可分为横向合并和纵向合并。横向合并是指处于同一产业链同一环节的经营者之间的合并；纵向合并是指处于同一产业链上下环节的经营者之间的合并。

经营者合并规制，涉及《反垄断法》《公司法》《证券法》，实务中涉及大量的会计、审计业务。

3. 经营者控制

经营者控制是指经营者通过收购、委托经营、联营和其他方式控制其他经营者，从而导致经营者集中的行为。

根据获得控制权的途径，可分为股权式控制、联营式控制和债权式控制；根据控制的内容，可分为财产型控制、业务型控制和人事型控制；根据控制与被控制的经营者所处的产业链关系，可分为横向控制和纵向控制。由于基于上述控制关系，形成紧密的经济关系，使参与者迅速提高市场支配地位，为实施滥用市场支配地位行为提供了前提。因此，经营者合并和经营者控制都需要进行规制。

4. 经营者集中行为的申报许可

根据我国《反垄断法》第21条规定，经营者集中达到国务院规定的申报标准的，经营者应当事先向国务院反垄断执法机构申报，未申报的不得实施集中。

我国经营者集中申报许可制度主要包括下列内容：

（1）实体条件。① 参与集中的所有经营者上一会计年度在全球范围内的营业额合计超过100亿元人民币，并且其中至少两个经营者上一会计年度在中国境内的营业额均超过4亿元人民币。② 参与集中的所有经营者上一会计年度在中国境内的营业额合计超过20亿元人民币，并且其中至少两个经营者上一会计年度在中国境内的营业额均超过4亿元人民币。营业额的计算，应当考虑银行、保险、证券、期货等特殊行业、领域的实际情况。

(2) 申报程序。符合上述条件的经营者应当事先向国务院商务主管部门申报，未申报的不得实施集中。申报书应当按照主管机关的要求提交相应的文件、资料。

(3) 审查的程序。①初审。主管机关自收到经营者提交的符合法定条件的文件、资料之日起30日内进行初步审查，并书面通知经营者。国务院反垄断执法机构作出决定前，经营者不得实施集中。国务院反垄断执法机构作出不实施进一步审查的决定或者逾期未作出决定的，经营者可以实施集中，否则进行进一步审查。②进一步审查。进一步审查自决定之日起90日内审查完毕，作出决定并书面通知经营者。作出禁止决定的，应当说明理由。如有法定特殊情形，可以延长审查期限。逾期未作出决定的，经营者可以实施集中。

(4) 审查的内容和结果。①审查的内容包括：参与集中的经营者在相关市场的市场份额及其对市场的控制力；相关市场的市场集中度；经营者集中对市场进入、技术进步的影响；经营者集中对消费者和其他有关经营者的影响；经营者集中对国民经济发展的影响；主管机关认为应当考虑的影响市场竞争的其他因素。对外资并购境内企业或者以其他方式参与经营者集中，涉及国家安全的，还应当按照国家有关规定进行国家安全审查。②禁止的决定。经营者集中具有或者可能具有排除、限制竞争效果的，主管机关应当作出禁止经营者集中的决定。③许可的决定。经营者能够证明该集中对竞争产生的有利影响明显大于不利影响，或者符合社会公共利益的，主管机关可以作出对经营者集中不予禁止的决定。对不予禁止的经营者集中，主管机关可以决定附加减少集中对竞争产生不利影响的限制性条件。

国家对经营者集中实施的审查，除了反垄断审查外，对外资并购国内企业，可能影响国家安全的，还应当按照国家有关规定进行国家安全审查。这也是不少国家所采取的做法。我国也已初步建立并正在进一步完善对外资并购国内企业的国家安全审查制度。国务院制定的《指导外商投资方向规定》中明确规定，禁止外商投资"危害国家安全或者损害社会公共利益"的项目以及"运用我国特有工艺或者技术生产产品"的项目。商务部等六部门于2006年8月联合发布的《关于外国投资者并购境内企业的规定》中明确规定："外国投资者并购境内企业取得实际控制权，涉及重点行业，可能影响国家经济安全的，或者并购导致拥有驰名商标或中华老字号的境内企业实际控制权转移的"，须向商务部申报审查。为使《反垄断法》的相关规定与国家对外资并购实行国家安全审查的规定相衔接，《反垄断法》第31条规定："对外资并购境内企业或者以其他方式参与经营者集中，涉及国家安全的，除依照本法规定进行经营者集中审查外，还应当按照国家有关规定进行国家安全审查。"

(5) 公布审查结果。

(四) 行政性垄断

1. 行政性垄断的概念

行政性垄断是指行政机关和法律、法规授权的具有管理公共事务职能的组织，滥用行政权力、违反法律规定实施的限制市场竞争的行为。我国《反垄断法》第32条规定，行政机关和法律、法规授权的具有管理公共事务职能的组织不得滥用行政权力，限定或者变相限定单位或者个人经营、购买、使用其指定的经营者提供的商品。

2. 行政性垄断的表现

(1) 行政性强制交易。所谓行政性强制交易,是指行政机关滥用行政权力,违反法律规定,限定或者变相限定经营者、消费者经营、购买、使用其指定的经营者提供的商品。比如,某县政府要求县属所有机关、事业单位购买某啤酒厂质次价高、没有竞争力的啤酒,并且下达具体购买任务。

(2) 行政性限制市场准入。所谓行政性限制市场准入,是指行政机关滥用行政权力,违反法律规定,妨碍商品和服务在地区之间的自由流通,排除或限制市场竞争的行为。包括:① 对外地商品设定歧视性收费项目、实行歧视性收费标准,或者规定歧视性价格。② 对外地商品规定与本地同类商品不同的技术要求、检验标准,或者对外地商品采取重复检验、重复认证等歧视性技术措施,限制外地商品进入本地市场。③ 采取专门针对外地商品的行政许可,限制外地商品进入本地市场。④ 设置关卡或者采取其他手段,阻碍外地商品进入或者本地商品运出。⑤ 滥用行政权力,以设定歧视性资质要求、评审标准或者不依法发布信息等方式,排斥或者限制外地经营者参加本地的招标投标活动。⑥ 妨碍商品和服务在地区之间自由流通的其他行为。

(3) 行政性强制经营者限制竞争。所谓行政性强制经营者限制竞争,是指行政机关滥用行政权力,违反法律规定,强制经营者从事《反垄断法》所禁止的排除或者限制市场竞争的行为。比如,强制本地区、本部门的企业合并,或者通过经营者控制组建企业集团,强制经营者通过协议等方式固定价格、划分市场、联合抵制等。

三、反垄断法的执行和适用

1. 反垄断法的执行主体制度

反垄断法的执行是指反垄断主管机构实施反垄断法的行为,也称反垄断执法。

(1) 反垄断法执行主体。即反垄断法执行职责的承担者和相应权力的享有者。在我国,国务院反垄断委员会和国务院规定的承担反垄断执法职责的机构(以下统称国务院反垄断执法机构)共同承担反垄断职责。

(2) 国务院设立反垄断委员会,负责组织、协调、指导反垄断工作,履行下列职责:①研究拟订有关竞争政策。②组织调查、评估市场总体竞争状况,发布评估报告。③制定、发布反垄断指南。④协调反垄断行政执法工作。⑤国务院规定的其他职责。国务院反垄断委员会的组成和工作规则由国务院规定。

(3) 国务院反垄断执法机构依照本法规定,负责反垄断执法工作。国务院反垄断执法机构根据工作需要,可以授权省、自治区、直辖市人民政府相应的机构,依照本法规定负责有关反垄断执法工作。

(4) 反垄断法执行主体的职责。包括:① 特定行为许可。依法受理、审查和核准依法需要审查、核准的经营者市场竞争行为,如经营者集中行为、市场联合行为等。② 违法行为查处。依法受理或自行启动对违法垄断行为的调查、审议和制裁。审议,或由主管机构径行作出决定,或组织听证,或运用类似诉讼程序作出裁决,然后由本机构或其他机构执行。对反垄断案件进行裁决,当事人不服的可诉到法院。③ 竞争状况监控。④ 制定行为规则。

(5) 反垄断法执行主体的权力。包括:① 调查权。包括检查权、询问权、资料调阅复制权、查封和扣押证据权、账户查询权。② 许可权。比如对经营者集中行为、联合行为等的申报行使许可权和许可废止权。③ 制裁权。反垄断执行主管机构有权对违反反垄断法强行规范的经营者进行制裁，包括劝告权、告诫权、禁止权、经营者集中行为解散权、宣布联合行为无效权、拆分权、命令经济同业团体接纳特定企业的权力、罚款权、强制赔偿权、不当利益没收权等。④ 调研权。⑤ 规则制定权。⑥ 起诉权。有的国家规定，反垄断主管机关有就特定经营者垄断行为向法院提起诉讼的权力。

2. 反垄断法执行的一般程序

反垄断法执行的一般程序包括：

（1）启动。反垄断案件分因垄断行为受害人的申请或控告、其他组织或个人报告（举报）和主管机关自行启动三种。

（2）调查。调查的启动，调查的方式，调查的程序，调查的中止、终止和恢复都应当遵循《反垄断法》的规定。

（3）审议。在调查取证的基础上，主管机构组织审议。

（4）决定。主管机构应当作出违法与否的认定、违法处罚和合法许可的决定。

（5）执行。经公布后，即进入执行环节。执行环节可以是自动执行。如果被制裁人不服该决定的，可以向上级机关提起复议或者向法院提起诉讼。被制裁人不服该决定，又不提起复议或者诉讼的，主管机关可以依法强制执行。

3. 《反垄断法》的域外效力

《反垄断法》不仅对在国外违反内国《反垄断法》的国内企业和在国内违反内国《反垄断法》的外国企业发生效力，而且可能对在国外违反内国《反垄断法》并影响市场竞争的外国企业发生效力。这种内国《反垄断法》效力范围超越国家领土，适用于对内国市场竞争产生影响的垄断行为的现象，称为《反垄断法》的域外效力。

我国《反垄断法》第2条规定，中华人民共和国境内经济活动中的垄断行为，适用本法；中华人民共和国境外的垄断行为，对境内市场竞争产生排除、限制影响的，适用本法。

4. 《反垄断法》豁免和适用除外

由于垄断行为有弊有利，《反垄断法》往往会规定豁免和适用除外。《反垄断法》适用除外，是指在规定《反垄断法》适用范围和适用《反垄断法》时，将符合特定条件的领域、事项或行为作为例外而不适用《反垄断法》基本规定的一项制度。

我国《反垄断法》对滥用市场支配地位、联合限制竞争和经营者集中，均有不同的豁免和适用除外规定。其基本条件是应当符合国家整体利益。从正面看，应当是有利于改进技术、提高产品和服务质量、降低成本、提高经济效益、增强中小企业的竞争能力，或者有利于度过经济低谷期，保障我国对外贸易和对外经济合作中的正当利益。从反面看，应当是不严重增加对地区竞争的限制，不阻碍某一行业、产业或区域经济发展，不强化市场支配地位，不严重妨碍市场竞争，不损害消费者权益且消费者能够分享由此带来的利益。

《反垄断法》豁免和适用除外还应当履行程序性要件。

四、违反反垄断法的法律责任

1. 违法实施联合限制竞争行为的法律责任

经营者违反反垄断法规定,达成并实施垄断协议的,由反垄断执法机构责令停止违法行为,没收违法所得,并处上一年度销售额1%以上10%以下的罚款;尚未实施所达成的垄断协议的,可以处50万元以下的罚款。但是,经营者主动向反垄断执法机构报告达成垄断协议的有关情况并提供重要证据的,反垄断执法机构可以酌情减轻或者免除对该经营者的处罚。

行业协会违反《反垄断法》规定,组织本行业的经营者达成垄断协议的,反垄断执法机构可以处50万元以下的罚款;情节严重的,社会团体登记管理机关可以依法撤销登记。

2. 违法实施滥用市场支配地位行为的法律责任

经营者违反《反垄断法》规定,滥用市场支配地位的,由反垄断执法机构责令停止违法行为,没收违法所得,并处上一年度销售额1%以上10%以下的罚款。

3. 违法实施经营者集中的法律责任

经营者违反《反垄断法》规定实施集中的,由国务院反垄断执法机构责令停止实施集中、限期处分股份或者资产、限期转让营业以及采取其他必要措施恢复到集中前的状态,可以处50万元以下的罚款。

4. 违反《反垄断法》的损害赔偿责任

经营者实施垄断行为,给他人造成损失的,依法承担损害赔偿责任。

5. 行政性垄断的法律责任

行政机关和法律、法规授权的具有管理公共事务职能的组织滥用行政权力,实施排除、限制竞争行为的,由上级机关责令改正;对直接负责的主管人员和其他直接责任人员依法给予处分。反垄断执法机构可以向有关上级机关提出依法处理的建议。

法律、行政法规对行政机关和法律、法规授权的具有管理公共事务职能的组织滥用行政权力实施排除、限制竞争行为的处理另有规定的,依照其规定。

6. 经营者抗拒反垄断审查和调查的法律责任

对反垄断执法机构依法实施的审查和调查,拒绝提供有关材料、信息,或者提供虚假材料、信息,或者隐匿、销毁、转移证据,或者有其他拒绝、阻碍调查行为的,由反垄断执法机构责令改正,对个人可以处2万元以下的罚款,对单位可以处20万元以下的罚款;情节严重的,对个人处2万元以上10万元以下的罚款,对单位处20万元以上100万元以下的罚款;构成犯罪的,依法追究刑事责任。

7. 反垄断执法机构工作人员违反《反垄断法》的法律责任

反垄断执法机构工作人员滥用职权、玩忽职守、徇私舞弊或者泄露执法过程中知悉的商业秘密,构成犯罪的,依法追究刑事责任;尚不构成犯罪的,依法给予处分。

【思考题】

一、简答题

1. 什么是竞争和竞争法?

2. 竞争法的调整对象有哪些？
3. 什么是不正当竞争行为？
4. 不正当竞争行为的表现形式有哪些？
5. 什么是垄断行为？其法律规制的要点有哪些？
6. 什么是联合限制竞争行为？其豁免情形有哪些？
7. 什么是滥用市场支配地位？滥用市场支配地位的行为有哪些？
8. 什么是行政性限制市场准入？其具体包括哪些行为？

二、案例分析

案例1：

S公司生产的"泰美饲料800"是获得金奖的畅销商品。曾为S公司代销此种饲料的A公司制作一批"泰美饲料800"编织袋，编织袋上印有虚构的Y市S公司名称、电话及传真，其颜色、图案、设计、名称与S公司生产的"泰美饲料800"包装袋雷同。A公司将此编织袋用于自己产品的生产、销售和宣传，造成S公司产品销量大幅度下降。

请问：

（1）A公司的行为是否构成不正当竞争行为？如果是，属于何种不正当竞争行为？
（2）该不正当竞争行为的构成要件是什么？
（3）S公司该如何维护自己的合法权益？

案例2：

某市煤气公司在其营业厅内张贴一则通告，通告规定，为了安全起见，凡是在本公司灌气的用户，一律采用本市安乐煤气灶具厂生产的限压阀和软管，否则不给供气。此后，当地消费者协会接到举报，称安乐煤气灶具厂生产的限压阀质量差，煤气压力不够，价格比同类产品高出8%。

请问：

（1）该煤气公司的行为是否构成垄断行为？如果是，属于何种垄断行为？
（2）该垄断行为的构成要件是什么？
（3）该煤气公司将为违法承担怎样的法律责任？

案例3：

某市甲、乙、丙、丁四家企业为争夺市场，展开了激烈的竞争。甲企业首先降价，产品利润为零；乙企业自恃财大气粗，不甘落后，产品以低于成本的价格销售；丙企业慌了手脚，便冒用某一知名商品的包装销售商品；丁企业认为甲、乙、丙的做法太笨，声称：凡购买本企业产品的消费者均可获得抽奖机会，最高奖是名牌手提电脑一台，价值1万元。

问题：

（1）甲、乙、丙、丁四家企业的行为是否属于正当竞争行为？
（2）甲、乙、丙、丁的法律责任分别是什么？

项目九 工业产权法

【导入案例】

"中国好声音"之战

"The Voice of…"节目系荷兰Talpa公司独创开发的以歌唱比赛为内容的真人选秀节目。Talpa Content B.V.（简称Talpa Content）在中国注册有G1098388、G1089326商标。在Talpa公司的授权下，第1~4季"中国好声音"于2012年至2015年期间由上海灿星文化传播有限公司与世纪丽亮（北京）国际文化传媒有限公司制作和播出。第1~4季的节目模式许可合同的知识产权条款均约定，"中国好声音"的制成节目和节目模式构成要素，包括节目名称"中国好声音""the Voice of China"和节目标识（无论注册与否），其知识产权都归属Talpa公司。

2016年1月28日，Talpa Media B.V.（简称Talpa Media）和Talpa Global B.V.（简称Talpa Global）与浙江唐德影视股份有限公司签署了节目模式许可合同。2016年5月10日，Talpa Content和Talpa Global共同向浙江唐德影视股份有限公司出具授权书。根据许可合同及授权书，浙江唐德影视股份有限公司获得独家授权在五年期限内在中国区域（含港、澳、台地区）内独家开发、制作、宣传和播出第5~8季"中国好声音"节目，并行使与"中国好声音"节目相关知识产权的独占使用许可。同时，Talpa Content和Talpa Global明确授权申请人在许可期限内，针对其他人的侵权行为以申请人名义采取相应的法律行动。

2016年3月，浙江唐德影视股份有限公司起诉上海灿星文化传播有限公司及世纪丽亮（北京）国际文化传媒有限公司商标侵权。

2016年6月20日，北京知识产权法院发出禁令，裁定停用"中国好声音"（"the Voice of China"）。浙江卫视播出的原"中国好声音"改版为"中国新歌声"，经典的导师选人"转椅"被"战车"取代；英文名不再是"The Voice of China"，而是"Sing! China"；代表胜利的"剪刀"手LOGO也看不到了。

问题：北京知识产权法院裁定停用"中国好声音"（"the Voice of China"）的法律依据是什么？

任务一 工业产权和工业产权法概述

一、工业产权概述

（一）工业产权的概念

工业产权一词最早出现于1791年法国的专利法中。在此以前，英国和法国都称专利权为特权或垄断权。当时法国专利法的起草人德布浮拉认为使用特权或垄断权这样的词，会遭到立法议会和反封建的法国人民的反对,因而提出"工业产权"这个概念。其后,1883年制定的《保护工业产权巴黎公约》,明确采用了"工业产权"这一概念。按照该公约的规定,工业产权包括:发明、实用新型、外观设计、商标、服务标记、厂商名称、货源标记、原产地名称以及制止不正当竞争的权利。

在本项目中,工业产权主要是指商标权和专利权,是指人们依法对应用于商品生产和流通中的创造发明和显著标记等智力成果,在一定地区和期限内享有的专有权。

(二)工业产权的特征

工业产权属于无形财产权,与有形财产权相比具有以下特征:

(1)专有性。是指法律赋予专利权人和商标专用权人,在有效期内对其专利和商标享有的独占、使用、收益和处分的权利。也可理解为是排他性或者独占性权利。所以,未经权利人许可(特定情形下,行政部门的强制许可除外),任何第三人皆不得使用,否则,即构成侵权。

(2)地域性。工业产权具有严格的地域特点,工业产权在一定地域内生效。工业产权的地域限制,是指某个国家或者地区法律所确认和保护的工业产权,只在该范围内有效,对其他范围不发生效力,即不具有域外效力。权利人如想获得某个范围的保护,必须依照范围内的法律取得相应的授权或根据共同签订的国际条约取得保护。

(3)时间性。工业产权的保护是有一定期限的,工业产权的时间限制,是指工业产权的保护的时间限制,这也就是工业产权的有效期。法律规定的期限届满,工业产权的专有权即告终止,权利人即丧失其专有权,这些智力成果就回归于公共领域,成为全人类的共同财富。

二、我国的工业产权法范畴

(一)我国工业产权立法

我国并没有制定单独的工业产权法,工业产权法的范畴主要包括商标法、专利法以及其他相关的法律法规。目前的《中华人民共和国商标法》(下称《商标法》)于1982年颁布,于1983年3月1日施行,后1993年第一次修正,2001年第二次修正,2013年第三次修正;目前的《中华人民共和国专利法》(下称《专利法》)于1984年颁布,于1992年第一次修正,2000年第二次修正,2008年第三次修正;除此之外,还有配套实施的《中华人民共和国商标法实施细则》《中华人民共和国专利法实施细则》等。另外,《计算机软件保护条例》《中华人民共和国反不正当竞争法》《中华人民共和国知识产权海关保护条例》等也有关于工业产权的保护规定。

(二)我国加入的工业产权国际公约

在工业产权法领域,我国除了国内立法外,还加入一系列国际公约,积极参与国际上的法律保护合作。其中,比较重要的有:《世界知识产权组织公约》《保护工业产权巴黎公约》《商标国际注册马德里协定》《关于集成电路工业产权条约》《保护文学艺术作品伯尔尼公约》《世界版权公约》《保护录音制品制作者防止未经许可复制其录音制品日内瓦公约》《专利合作条约》《商标注册用商品和服务国际分类尼斯协定》《与贸易有关的知识产权协议》等。

三、知识产权与工业产权

知识产权，是指法律赋予人们对其智力成果，在一定期限和地域内享有的一种专有权。它有广义和狭义之分。广义上的知识产权，包括著作权、商标权、专利权、发现权和其他科技成果权（我国《民法通则》的规定）；狭义上的知识产权，包括著作权、商标权和专利权，不包括发现权和科技成果权。一般讲知识产权，多数是指狭义上的知识产权。工业产权是专利权和商标权的统称。工业产权和著作权统称为知识产权。

任务二　专利法

【导入案例】

苹果 VS 三星

世界两大手机制造巨头美国苹果公司和韩国三星公司因为专利纠纷展开了大战。苹果公司因为三星第一代 Galaxy 手机与 iPhone 的相似程度极大，并且在向三星发出专利授权要约遭到三星拒绝以后，将三星告上法庭。2012 年 8 月份，美加州地方法院已作出一审判决，称三星电子侵犯苹果公司若干专利，须向对方赔偿 10.5 亿美元。对此三星公司表示不服，并提起上诉。2012 年 12 月 7 日，苹果公司与三星电子在圣何塞联邦法庭再次开庭，重新审理这场双方各具高风险的法律诉讼，争议的焦点在于是否依据 10 亿美元赔偿金额。三星公司要求法院裁定评审团 10 亿美元的专利侵权罚款判决无效，苹果公司则要求法院禁止三星公司在美销售部分型号的智能手机，包括 Galaxy S 4G、Galaxy S 2 和 Droid Charge。可见，专利权对一个公司的生存发展有着至关重要的影响。

问题：请依据我国专利法的相关规定，对该案受理及处理作出评价。

一、专利和专利权概述

（一）专利的含义

专利一词来源于拉丁语"Litterae patentes"，意为公开的信件或公共文献。现代法律术语中的"专利"是指专有的利益和权利。从我国目前的通说看，专利是指符合条件的发明创造、实用新型和外观设计：

（1）发明。《专利法》所称的发明，是指对产品、方法及其改进所提出的新的技术方案。发明是利用自然规律所提出的技术方案，是对自然规律的改造。所以，发明与构思、发现都是不同的。

（2）实用新型。实用新型是指产品的形状、构造或者结合所提出的适于实用的新的技术方案。所以，能申请实用新型专利的往往是由具有一定形状或者构造，或者形状和构造的组合的事物。气体、液体、粉状或其他没有固体形状或构造的事物是不能申请的。

（3）外观设计。外观设计，是指对产品的形态、图案、色彩或者结合所作出的富于美感并适于工业上应用的新设计。外观设计必须和产品结合在一起，必须是包含美感、新颖性的设计，它不关乎功能。这是它和实用新型专利的一个重要区别。

例如：某研究所发明了一种"抗衰老饮料"。这种饮料是由多种营养成分组成，经提取、净化、过滤、灭菌而制成。它可以改善老年人的体质，延缓衰老的过程。那么这项发明创造是否可以申请实用新型专利？理由是什么？在这种情形下，就该饮料而言，只可以申请发明专利，不可以申请实用新型专利，理由就是该饮料作为液态产品，没有固定的形状，是不符合实用新型专利的要求的。当然也不可以申请外观设计专利，但是就该饮料的包装，如果符合美观性、合法性、新颖性的要求，可以申请外观设计专利。

（二）专利权的含义

专利权是指专利权人对其专利享有的独占权、许可实施权和转让权。具体包括以下三种权利内容：

（1）独占权。我国《专利法》规定，专利权被授予后，除法律另有规定外，未经专利权人许可，任何人不得实施该专利。即不得以生产经营为目的制造、使用、许诺销售、销售、进口其专利产品，或者实施该专利方法；未经专利权许可，任何人不能使用、许诺销售、销售、进口依照该专利方法直接获得的产品。

（2）许可实施权。许可他人实施专利，要通过专利权人和被许可人之间的合同行为才能够实现。根据许可合同的不同约定，可分为以下几种类型：①普通许可合同。按照这一合同，被许可人可以按照合同的约定条件和范围使用发明创造，但专利权人仍可以保留再许可第三人使用的权利。②部分独占性许可合同。按照这一合同，被许可人可以按照合同的约定条件和范围使用发明创造，但不能因此排除专利权人自己使用该发明创造的权利。③完全独占性许可合同。按照这一合同，被许可人完全享有使用专利发明创造并取得利益的独占权。④分许可合同。按照这一合同，在一定的地区内，被许可人可以将专利发明创造的使用权再转让给第三人。

（3）转让权。专利权依法可以转让。由于专利权的转让涉及专利权人的变更，所以，《专利法》对此做了严格的形式要求：转让专利权的，当事人必须签订书面合同，并且该合同须经国务院专利行政部门登记和公告。

二、专利权的取得

（一）专利权取得的实质条件

1. 发明和实用新型专利的实质条件

我国《专利法》第22条规定，授予专利权的发明和实用新型，应当具备新颖性、创造性和实用性。

（1）新颖性。新颖性是发明和实用新型被授予专利权的基本条件。新颖性，是指在申请日以前没有同样的发明或者实用新型在国内外出版物上公开发表过、在国内公开使用过或者以其他方式为公众所知，也没有同样的发明或者实用新型由他人向国务院专利行政部门提出过申请并且记载在申请日以后公布的专利申请文件中。

根据一项发明创造只能授予一项专利权的原则，为了避免对同样的发明或者实用新型的专利申请重复授予专利权，在判断新颖性时，除考虑现有技术（指在申请日以前在国内外出版物上公开发表、在国内公开使用或者以其他方式为公众所知的技术）外，还应考虑申请日以前向国务院专利行政部门提出过申请并且在申请日以后公布的专利申请文件（被称为抵触申请）。也就是说，除现有技术外，抵触申请也能否定新颖性。

判断发明和实用新型的新颖性的时间以申请日（要求享有优先权的，为优先权日）

为准,这是《专利法》的一条基本原则。但是,也有例外的规定。我国《专利法》第24条规定,申请专利的发明创造在申请日以前6个月内,有下列情形之一的,不丧失新颖性:①在中国政府主办或者承认的国际展览会上首次展出的。②在规定的学术会议或者技术会议上首次发表的。③他人未经申请人同意而泄露其内容的。

需要说明的是,关于宽限期的效力,并不能使该项专利申请的申请日追溯至发明创造的展出日、发表日或者泄露日。如果上述情况公开之日到申请日之间,有人独立地做出同样的发明创造并提出专利申请,那么,申请人因他人申请在先而不能取得专利权,他人也因申请人的发明创造已被公开为现有技术而不能授予专利权。

(2)创造性。创造性是指同申请日以前已有的技术相比,该发明有突出的实质性特点和显著的进步,该实用新型有实质性特点和进步。创造性的标准要以同领域中的一般专业技术人员的角度来衡量。

(3)实用性。我国《专利法》第22条规定,实用性是指该发明或者实用新型能够制造或者使用,并且能够产生积极效果。

2. 外观设计专利的实质条件

授予专利权的外观设计,应当同申请日以前在国内外出版物上公开发表过或者国内公开使用过的外观设计不相同和不相近似,并不得与他人在先取得的合法权利相冲突。也就是说,外观设计须具备新颖性、美观性、合法性。

(二)不授予专利权的例外情况

根据我国《专利法》第5条和第25条的规定,不授予专利权的例外主要有以下几种情况:

(1)违反国家法律、社会公德或者妨害公共利益的发明创造。对违反法律、行政法规的规定获取或者利用遗传资源,并依赖该遗传资源完成的发明创造,不授予专利权。

(2)不是《专利法》规定的发明创造。其包括:科学发现;智力活动的规则和方法;疾病的诊断和治疗方法;动物和植物品种(其中对动物和植物的生产方法,可以授予专利权);用原子核变换方法获得的物质;对平面印刷品的图案、色彩或者二者的结合作出的主要起标识作用的设计。

三、申请专利权的程序

(一)专利申请人

发明人或设计人要取得专利权,必须向国务院专利行政部门提出专利申请。专利申请人是指有资格向国务院专利行政部门提出专利申请的人。根据我国《专利法》的规定,专利申请人有以下几类:

(1)职务发明创造的申请人为单位。本类申请人的确定包括两种情形:①执行本单位的任务或者主要利用本单位的物质技术条件所完成的发明创造,该类发明创造为职务发明创造,申请权归属单位。②利用本单位的物质技术条件所完成的发明创造,其专利申请权的归属可通过合同约定,约定效力优先。

(2)非职务发明创造的申请人为发明人、设计人。

(3)共同发明人、创造人。两个以上的单位或个人合作完成的发明创造,专利申请人为共同完成的单位或者个人。

(4) 外国人、外国企业、外国其他组织为申请人。外国人、外国企业、外国其他组织完成的发明创造在中国申请专利，在中国有经常住所或者营业场所的，可以享受国民待遇；在中国没有经常住所或者营业场所的，可以依照其所属国同中国签订的协议或者共同参加的国际条约，或者按照互惠的原则办理。

（二）专利权申请的提出和受理

1. 专利权申请的提出

根据《专利法》规定，专利权申请的提出必须采取书面形式，申请文件采用汉字书写，必须采取单一性原则，要求优先权的，应当按照规定提出。

（1）申请发明或者实用新型专利的，应当提交请求书、说明书及其摘要和权利要求书等文件。请求书应当写明发明或者实用新型的名称，发明人或者设计人的姓名，申请人姓名或者名称、地址，以及其他事项。说明书应当对发明或者实用新型作出清楚、完整的说明，以所属技术领域的技术人员能够实现为准；必要的时候，应当有附图。摘要应当简要说明发明或者实用新型的技术要点。权利要求书应当以说明书为依据，说明要求专利保护的范围。

（2）申请外观设计专利的，应当提交请求书以及该外观设计的图片或者照片等文件，并且应当写明使用该外观设计的产品及其所属的类别。

2. 专利申请的受理和申请日的确定

根据《专利法实施细则》规定，国务院行政管理部门收到齐全的专利申请文件后，应当明确申请日，给予申请号，并且通知专利申请人。国务院专利行政部门收到专利申请文件之日为申请日。如果申请文件是邮寄的，以寄出的邮戳日为申请日。邮戳日不清的，除当事人能够证明外，国务院行政部门以收到日为申请日。由于我国《专利法》采取先申请的原则，申请日的确定在我国专利申请当中有重要意义。首先，申请日关系到专利申请竞合时专利权的取得与否；其次，申请日与新颖性有关，因为在申请日以后公开的技术，对申请日以前的技术不构成现有技术，不丧失新颖性；再次，申请日与一系列法定期限的计算有关；另外，从申请日起，专利申请人对其申请技术享有有关权利。

3. 优先权

优先权是指专利权申请在专利申请提出后的一定期限内，就相同的主题再次提出专利申请的，可以第一次申请的申请日作为后申请的申请日。申请人自发明或实用新型在外国第一次提出专利申请之日起 12 个月内，或者其外观设计在外国第一次提出专利申请之日起 6 个月内，又在中国就相同主题提出专利申请的，可以享有优先权（即外国优先权）；申请人自发明或实用新型在中国第一次提出专利申请之日起 12 个月内，又向国务院专利行政部门就相同主题提出专利申请的，可以享有优先权（本国优先权）。申请时要求有优先权的，应当在申请时提出书面声明，并且在 3 个月内提交第一次提出的专利申请文件的副本，否则视为未要求优先权。外观设计申请不能享有本国优先权。

【典型案例评析】

1990 年 11 月 10 日，香山电话公司向中国专利局提出了 HA735-50 型电话机的外观设计专利，获得批准。1992 年 8 月，香山公司发现先锋有线电厂生产、销售的 HA868-90 型电话机的外观设计与本公司生产、销售的电话机的外观设计十分近似，于是，致函先锋有线电厂,要求其停止侵权行为,并赔偿损失。先锋厂复信,承认其电话外形与香山公司相似,但对赔偿一事只字未提。为此,香山公司向法院提起诉讼,要求先锋厂承担侵犯专利权的法律责任,先锋厂被起诉后,聘请了律师,该律师经过大量艰苦的工作,发现1990年7月9日的《神州电子》杂志上,香山公司发表的HA735-50型电话机的图片。于是,1992年10月13日,先锋厂携带1990年7月份的《神州电子》杂志赶到中国专利局,向专利复审委员会提交了请求宣告香山公司HA735-50型电话外观设计专利权无效的请求书。

问题:香山公司HA735-50型电话机的外观设计专利权是否有效?先锋厂的行为是否侵犯了其专利权?

评析:

香山公司HA735-50型电话机外观设计专利权应依法宣告无效,先锋厂的行为不能认定为侵权行为。理由如下:我国《专利法》对发明专利、实用新型专利和外观设计专利的特征有着不同的要求,发明专利和实用新型专利要求同时具备新颖性、创造性和实用性三个特征,而外观设计专利只要求具有新颖性。授予专利权的外观设计,应当同申请日以前在国内外出版物上公开发表过或者国内公开使用过的外观设计不相同或者不相近似。本案中,香山公司在向专利局提出专利申请之前,已在公开出版的《神州电子》杂志上以图片的形式发表过,则失去了其新颖性,虽然是自己发表的,但并不属于专利法规定的例外情况。我国《专利法》第24条规定的例外情况是:申请专利的发明创造在申请日以前6个月内,有下列情形之一的,不丧失新颖性,一是在中国政府主办或者承认的国际展览会上首次展出的;二是在规定的学术会议或者技术会议上首次发表的;三是他人未经申请人同意而泄露其内容的。据以上规定可看出香山公司在《神州电子》杂志上公开其图片的行为,不属于上述三种行为中的任何一种。因此专利复审委员会可据此宣告该外观设计专利权无效。由于专利权无效,先锋厂的专利侵权便不能成立,法院可依据专利复审委员会的决定,驳回香山公司的诉讼请求。

四、专利权申请的审批

(一)发明专利申请的审查

我国《专利法》规定,对发明专利的审查采取早期公开延迟审查制,其具体程序和要求如下:

(1)初步审查,早期公开。国务院专利行政部门在受理专利申请案后,先对其作形式审查。经初步审查认为符合要求的,自申请日起18个月内予以公布。国务院专利行政部门可以根据申请人的请求早日公布其申请。

(2)实质审查。申请人应当根据《专利法》的规定,自申请日起3年内,向国务院专利行政部门请求对其申请专利的发明的专利性进行审查。即根据《专利法》要求的实质条件,对新颖性、创造性、实用性进行审查。申请人无正当理由逾期不请求实质审查的,该申请即被视为撤回。

(3)授予专利权。发明专利申请经过实质审查,没有发现驳回理由的,国务院行政部门就发明专利申请作出授予专利权的决定,并且应当对其进行公告。至此,专利权发生法律效力。

（二）实用新型和外观设计专利申请的审查

实用新型和外观设计专利申请经初步审查没有发现驳回理由的，由国务院行政管理部门作出授予专利权的决定，发给相应的专利证书，同时予以登记和公告，实用新型专利权和外观设计专利权自公告之日起生效。

（三）复审

国务院专利行政管理部门设立专利复审委员会，担任复审工作。专利申请人对国务院专利行政管理部门驳回申请的决定不服的，可以在收到通知之日起3个月内，向专利复审委员会请求复审。专利复审委员会对复审案应及时进行复审。经过复审后，专利复审委员会可以作出维持原来国务院行政部门驳回专利申请的决定，即驳回复审请求；也可以作出撤销原来的申请、批准该专利申请的决定。对专利复审委员会驳回复审请求的决定，专利申请人不服时，可以在收到通知之日起3个月内向人民法院起诉。

（四）专利权无效

根据《专利法》的规定，自国务院专利行政部门公告授予专利权之日起，任何单位和个人认为该专利权的授予不符合《专利法》的有关规定，均可以请求专利复审委员会宣告该专利权无效。宣告无效的决定由专利复审委员会作出，由国务院专利行政部门登记和公告。宣告无效的专利权自始不存在。对专利复审委员会作出的专利无效的决定，专利权人不服的，可以向人民法院起诉。

五、专利权的保护和限制

（一）专利权的保护

专利权是一种排他性的权利，非经权利人许可，其他任何单位和个人都不能非法实施该发明创造，否则即为侵权行为，要承担相应的法律责任。我国《专利法》规定了专利权保护的范围：发明和实用新型专利权的保护范围以其权利要求书的内容为准，说明书和附图可以用以解释权利要求；外观设计专利权的保护范围以其在图片或照片中的该外观设计的专利产品为准。

根据《专利法》规定，对专利侵权行为，专利权人或者利害关系人可以请求管理专利工作的部门处理，也可以直接向人民法院起诉。人民法院可以采取的民事法律制裁措施包括停止侵害、消除影响、赔礼道歉以及赔偿损失等。严重的还追究刑事责任。

（二）专利权的限制

与其他工业产权一样，为了国家和公共利益，法律有必要对专利权人的权利加以限制。

我国《专利法》明确规定以下行为不视为侵权行为：

（1）专利权穷竭后的使用和销售。按照《专利法》的规定，专利权人制造、进口或者经专利权人许可制造、进口的专利产品或者依照专利方法直接获得的产品售出后，使用、许诺销售或者销售该产品的，不视为侵犯专利权。也就是说，只要是专利权人或者许可的第三人制造或进口的专利产品或者以专利方法直接获得的产品投放市场后，任何人买到这种产品，无论自己使用、许诺销售或者再销售，都不能视为侵权行为，专利权人无权干涉或制止，因为专利权已经用尽。

（2）先行实施。先行实施是指在专利申请日前已经制造与专利产品相同的产品或者使用与专利技术相同的技术,或者做好制造、使用的准备的,依法可以在原有的范围内继续制造、使用该项技术。

(3) 临时过境。当交通工具临时通过一国领域时,为交通工具自身需要而在其设备或者装置中使用有关专利技术的,不为侵权行为。这是《巴黎公约》第5条之三的规定,对船舶、飞机以及陆上等交通工具偶然性地进入一国领域时,该交通工具本身所用的有关专利技术不被认为是侵权。

(4) 为科学研究使用专利。为科学研究使用专利,是指以非工业方式或者非营利目的使用专利发明,在科学研究、试验或者教学中使用,这种使用和专利的使用没有竞争关系,对专利权人的市场利益不会造成损害。

(5) 善意侵权。根据《专利法》第70条的规定,为生产经营目的使用或者销售不知道是未经专利权人许可而制造并售出的专利产品或者依照专利方法直接获得的产品,能证明其产品合法来源的,不承担赔偿责任。这是专利法对使用或者销售不知情的侵权专利产品的立法态度,即该行为仍是侵权行为,只不过不承担赔偿责任而已。

六、专利权的强制许可措施

(一) 专利实施的强制许可

强制许可,是指国家主管专利的机关不经专利权人的同意,通过行政程序允许第三人使用该发明创造专利,并向其颁发利用该专利的强制许可证。这直接源于《巴黎公约》的规定。强制许可的目的在于维护国家和社会利益,防止专利权人的滥用行为。但是其仅仅适用于发明和实用新型专利,是在使用人难以找到同类的可以替代的技术解决方案,而专利权人又不愿意许可实施的情况下,不得已而为之的一种方案。

(二) 强制许可的种类

(1) 不许可实施的强制许可。我国《专利法》规定,具备实施条件的单位以合理的条件请求发明或者实用新型的专利权人许可实施其专利,而未能在合理长的时间内获得这种许可时,国务院专利行政部门根据该单位的申请,可以给予实施该发明或者实用新型专利的强制许可。我国《专利法》第48条规定,有下列情形之一的,国务院专利行政部门根据具备实施条件的单位或者个人的申请,可以给予实施发明专利或者实用新型专利的强制许可:①专利权人自专利权被授予之日起满3年,且自提出专利申请之日起满4年,无正当理由未实施或者未充分实施其专利的;②专利权人行使专利权的行为被依法认定为垄断行为,为消除或者减少该行为对竞争产生的不利影响的。

(2) 为了国家公共利益而采取的强制许可。我国《专利法》第49条规定,在国家出现紧急状态或者非常情况下,为了公共利益的目的,国务院专利行政部门可以给予发明专利或者实用新型专利的强制许可。这种强制许可主要是针对一些涉及国家和公共利益的极为重要的发明专利而采取的措施。比如,对国防专利发明、关系国民经济的重要发明以及公共卫生方面的专利的强制许可。

(3) 为了公共健康目的的强制许可。我国《专利法》第50条规定,为了公共健康目的,对取得专利权的药品,国务院专利行政部门可以给予制造并将其出口到符合中华人民共和国参加的有关国际条约规定的国家或者地区的强制许可。

(4) 从属专利的强制许可。所谓从属专利,是指前后两个专利之间在技术上存在依存关系，不实施前一专利所保护的发明或者实用新型，后一个专利所保护的发明或者实用新型就无法得以实施。所以，我国《专利法》第51条规定，一项取得专利权的发明或者实用新型比以前已经取得专利权的发明或者实用新型具有显著经济意义的重大技术进步，其实施又赖于前一发明或者实用新型的实施的，国务院专利行政部门根据后一专利申请人的申请，可以给予实施前一专利或者实用新型的强制许可。

国务院专利行政部门对准予强制许可的决定应当登记和公告。取得强制许可实施的人不享有独占的实施权，也无权许可他人实施。同时，取得强制许可实施的人在使用其专利发明创造时必须付给专利权人合理的使用费，以补偿专利权人将专利发明创造给取得强制许可实施人使用的损失。

任务三　商标法

【导入案例】

"王老吉"之争

"王老吉"究竟为何物？这要追溯到180多年前清朝道光年间。王老吉原名王泽邦，广东人，乳名阿吉，是一名草药医生，为研制药方不惜亲身试药，惠泽民众，被百姓亲切地称为"王老吉"。王老吉被视为凉茶始祖，有"药茶王"之称，凉茶的药方就是他潜心研制的结果。王老吉将凉茶免费给患病的百姓服用，药到病除，赢得了很多赞誉。为了让凉茶药方惠及更多百姓，王泽邦开始专门煲凉茶售卖，"王老吉凉茶"逐渐在岭南卖出了名声。1828年，王泽邦在广州开设第一家王老吉凉茶铺，王老吉的百年品牌就此诞生。此后，王老吉商标归广药集团持有。

1995年广药集团将红罐王老吉的生产销售权租给了加多宝，而广药集团自己则生产绿色利乐包装的王老吉凉茶，也就是绿盒王老吉。

1997年，广药集团又与加多宝的母公司香港鸿道集团签订了商标许可使用合同。2000年双方第二次签署合同，约定鸿道集团对王老吉商标的租赁期限至2010年5月2日。

然而，2001年至2003年期间，时任广药集团副董事长、总经理李益民先后收受鸿道集团董事长陈鸿道贿赂共计300万元港币。鸿道集团得到了两份宝贵的"协议"：广药集团允许鸿道集团将"红罐王老吉"的生产经营权延续到2020年，每年收取商标使用费约500万元。如今李益民早已因受贿罪被判刑，陈鸿道也早已保释外逃，至今未能将其抓捕归案。但王老吉商标却由此被贱租给鸿道集团，从2000年至2011年，广药集团的商标使用费仅增加56万元。

2010年11月，广药启动王老吉商标评估程序，彼时王老吉品牌价值被评估为1080.15亿元，跃居当时中国第一品牌。

2011年4月，广药提出仲裁请求，要求确认"王老吉"商标许可补充协议和关于"王老吉"商标使用许可合同的补充协议无效。

2012年5月11日，广药集团收到中国国际经济贸易仲裁委员会日期为2012年5月9日的裁决书，裁决：广药集团与加多宝母公司鸿道（集团）有限公司签订的"王老吉"商标许可补充协议和关于"王老吉"商标使用许可合同的补充协议无效；鸿道（集团）

有限公司停止使用"王老吉"商标。此后,原红罐王老吉更名为"加多宝"。

问题:中国国际经济贸易仲裁委员会就本案的裁决依据是什么?

一、商标与商标法概述

(一) 商标的概念及其特征

1. 商标的概念

商标是指商品或服务的专用标记。它是商品或服务的提供者为了表明自己的商品或者服务与其他同种或者类似的商品或者服务的区别而使用的专用标记,由文字、图形、字母、数字、三维标志、声音、颜色组合所构成,或上述要素的组合所构成。商标是现代经济的产物。

2. 商标的特征

(1) 商标是商品或者服务的标记,它依附于商品或服务而存在。

(2) 商标是区别商品来源的标记。只有附着在商品上用来标明商品来源并区别其他同类商品的标志才是商标。

(3) 商标必须与特定的商品或服务相联系。任何文字、图像或其组合只要不与特定的商品或者服务相联系,也就不能成为商标。由于商标是用来区别商品或者服务的来源的,所以要求它具有显著的特征,不与他人的商标相混同。

(二) 商标的分类

1. 按照商标的构成要素分类

(1) 文字商标。文字商标是指只有文字构成,不含文字以外的任何图形成分的商标。文字商标包括汉字、拼音字母、少数民族文字、外国文字和数字等。

(2) 图形商标。图形商标是指用平面图形构成的商标。这种图形可以是人物、动物、山川河流、天象地理、塔亭庙宇等,也可以是一些没有任何意义的几何图案。图形商标的优点是不受语言的限制,不论使用何种语言的国家和地区,人们只要懂得图形就会明白商标的含义。但是,图形商标也有其缺点,那就是不使用文字名称,不便于称呼。图形商标的颜色不受限制,因为颜色种类有限,但使用颜色不能与他人商品上商标图形的颜色完全一样或近似,特别是包装与装潢不易区分的香皂、香烟、酒类等商品,商标颜色的选择更要慎重。

(3) 组合商标。组合商标是指用文字、图形、字母、数字、三维标志和颜色组合六要素中任何两种或两种以上的要素组合而成的商标。

(4) 立体商标。立体商标是指以产品外形或产品的实体包装作为商标。如把产品的容器、饮料瓶、香水瓶以及与商品本身联系紧密的装潢作为商标。如将"可口可乐"的饮料瓶以及在瓶子里放上一朵玫瑰花的造型都可以被注册为商标。

2. 按照商标的功能或作用分类

(1) 等级商标。等级商标是指同一企业在同一类产品上因不同等级、质量而使用的系列商标。它强调的是商品质量,规格的等级、档次,消费者可以根据自己的经济条件、使用目的和习惯来选择购买合适的商品。

(2) 集体商标。集体商标是指以团体、协会或者其他组织名义注册,供该组织成员在商事活动中使用,以表明使用者在该组织中的成员资格的标志。集体商标的作用是向消费者表明使用该商标的集体组织成员所生产的商品具有共同特点。我国现行《商标法》第3条对此进行了规定。集体商标一般不能转让。

（3）证明商标。证明商标又称保证商标，指由对某种商品或者服务具有监督能力的组织所控制，而由该组织以外的单位或者个人使用于其商品或者服务，用以证明该商品或者服务的原产地、原料、制造方法、质量或者其他特定品质的标志。它通常为说明商品质量而使用，以吸引消费者。这种商标并不限于商标所有人独有，对于其他人，只要商品达到规定的标准，都可以使用。例如，国际羊毛局管理的纯羊毛标志"WOOL"以及农业部中国绿色食品发展中心的绿色食品标志，商标注册人未经批准不得在经营活动中使用这些证明商标。

（4）联合商标。联合商标也称"卫星商标"，指同一个商标所有人，在自己相同的商品上注册的几个近似商标或在自己的同类不同商品上注册的几个近似商标总称。如"全聚德"商标，其所有人同时又注册了"德聚全""聚全德""聚德全""德全聚""全德聚"等商标。通过注册联合商标，可以预先明确商标类似的范围，即确定商标禁止权的范围，便于判断商标类似与否。

（5）防御商标。防御商标一般是指同一个商标所有人在非同种和非类似商品上注册同一个著名商标。只有著名商标或十分有特色的商标才有必要注册防御商标。因为著名商标影响大、信誉高，如果被他人在其他类别商品上使用，会影响原始种类商标的信誉。在这方面，国外的企业比较重视，而我国则由于缺少防御商标意识，有过不少教训。著名的"同仁堂"中药商标，在东南亚一些国家享有盛誉，但由于没有及时到国外注册，被日本人在食品类上注册了"同仁堂"商标，造成了不可挽回的损失。

（三）商标法的概念

商标法是调整因确认、保护、形成商标权和商标管理过程中所发生的社会关系的法律规范的总称。《中华人民共和国商标法》（下称《商标法》）于1982年8月23日颁布，并于1993年2月22日、2001年10月27日、2013年8月30日三次修正。

二、商标权

（一）商标权的概念和内容

1. 商标权的概念

商标权，也称商标专用权，是指注册商标所有人对其注册商标享有的权利。任何人未经许可不得使用该注册商标的法定专有权利。商标专用权是商标法的核心。

2. 商标权的内容

商标权是由一系列权利构成的组合权利，包括独占权、许可使用权、转让权及控诉权。独占权，是注册商标所有人对其注册商标的专有权利，是商标权中的核心权利；许可使用权，是注册商标所有人享有的将其注册商标依法许可他人使用的权利；转让权，是注册商标所有人享有的将其注册商标依法出让给他人所有的权利；控诉权，是商标权人享有的控诉他人侵害其商标权的权利。

（二）商标权的主体

商标权的主体是指商标权的承受者，也就是商标权的所有人，包括申请商标注册并取得商标专有权的人和通过合法转让取得商标专有权的人。依据我国《商标法》第4条规定,自然人、法人或者其他组织在生产经营活动中,对其商品或者服务需要取得商标专用权的,应当向商标局申请商标注册。

(三) 商标权的客体

商标权的客体是指商标权人所拥有的商标,即注册商标。

注册商标必须符合以下条件:

(1) 商标构成要素符合法律规定。根据《商标法》规定,商标的构成要素有文字、图形、数字、字母、三维标志和颜色组合。

(2) 商标必须具有显著性。即具有独特性和可识别性,能够起到区别不同商品和服务的作用。下列情况下,商标不具有显著性,不能予以核准注册:①仅有本商品的通用名称、图形、型号的;②仅仅直接表示商品的质量、主要原料、功能、用途、重量、数量及其他特点的;③缺乏显著特征的;④以三维标志申请注册商标的,仅由商品自身的性质产生的形状、为获得技术效果而需有的商品形状或者使商品具有实质性价值的形状,不得注册;⑤以地理名称作为商标的。

例如:实践中,有人分别以暖和牌棉裤、明亮牌灯泡、粮食牌白酒来注册商标,是不符合要求的。因为以上文字标记仅仅反映了被注册的商品的功能、主要原材料等,根据我国《商标法》第11条之规定,是没有显著性的。

【典型案例评析一】

去年以来甲厂生产土豆片、锅巴等小食品,使用"香脆"二字作未注册商标。现甲厂决定提出"香脆"商标注册申请,使用商品仍为土豆片、锅巴。

问题:(1) 该商标注册申请能否被核准?为什么?(2) 如果商标局驳回该注册申请,甲厂不服,应在何时向谁提出复审请求?

评析:

(1) 该"香脆"商标仅仅直接表示商品的质量及主要原料,不能起到区别不同商品和服务的作用,没有显著性。因此,该"香脆"商标申请不能被核准。(2) 如果甲厂对商标局驳回其注册申请不服,可以在收到通知15天内向商标评审委员会申请复审(见以下内容——商标注册的审核程序)。

【典型案例评析二】

2013年4月22日,克拉玛依区工商局执法人员依法在克区幸福路某超市检查时发现,王某从事珠宝首饰销售的经营场所内摆放的柜台及店面装饰上使用"香港中国黄金"字样及图形,其使用的商品标价牌和质量保证单(销售凭证)上商品名称均标记为"香港中国黄金",但王某无法提供该品牌的注册商标证书及相关授权手续。

问题:王某的销售行为是否构成侵权?

评析:

王某所销售的"香港中国黄金"珠宝首饰标志与中国黄金集团公司注册的"香港中国黄金"注册商标标志近似,并在同一类商品上使用,其行为误导了公众,易使消费者误认为该品牌的黄金首饰为中国黄金集团公司所生产。《中华人民共和国商标法》对此侵权行为有明确规定:在同一种或者类似商品上,将与他人注册商标相同或者近似的标志作为商品名称或商品装潢使用，误导公众的，构成侵犯注册商标专用权的违法行为。

（3）商标不能违反禁用条款。禁用条款是商标法中关于禁止作为商标使用的文字、图形的有关规定。凡是禁用条款中所列举的文字、图形即属于禁用标志，既不能注册，也不能作为未注册商标使用。

根据我国《商标法》第 10 条规定，下列文字、图形不得作为商标使用和注册：①同中华人民共和国的国家名称、国旗、国徽、军旗、勋章相同或者近似的，以及同中央国家机关所在地特定地点的名称或者标志性建筑物的名称、图形相同的；②同外国的国家名称、国旗、国徽、军旗相同或者近似的，但该国政府同意的除外；③同政府间国际组织的名称、旗帜、徽记相同或者近似的，但经该组织同意或者不易误导公众的除外；④与表明实施控制、予以保证的官方标志、检验印记相同或者近似的，但经授权的除外；⑤同"红十字""红新月"的名称、标志相同或者近似的；⑥带有民族歧视性的；⑦带有欺骗性，容易使公众对商品的质量等特点或者产地产生误认的；⑧有害于社会主义道德风尚或者有其他不良影响的。县级以上行政区划的地名或者公众知晓的外国地名，不得作为商标。但是，地名具有其他含义或者作为集体商标、证明商标组成部分的除外；已经注册的使用地名的商标继续有效。

（4）商标不得与他人在先权利相冲突。在先权利是指根据商标法及其他法律所产生的合法权利，主要涉及商标权等其他工业产权和依据民法所产生的民事权利。例如，未经授权许可，将他人享有著作权的美术作品和享有专利权的外观设计作为商标注册；未经公民同意，以其肖像、姓名等作为商标使用，都属于侵犯他人在先权利的行为。

三、商标注册的申请和审查核准

（一）商标注册的申请

1. 商标申请的提出

商标使用人要取得商标权，必须将其商标向国家工商行政管理局商标局（以下简称商标局）提出注册申请，商标局对注册申请依法审核，决定是否核准注册申请，授予商标权。

2. 商标注册申请的原则

商标使用人在申请时，应当按规定的商品分类表，填报使用商标的商品类别和商品名称；同一申请人在不同类别的商品上使用同一商标的，应当按照商品分类表提出注册申请；注册商标需要在同一类的其他商品上使用的，应当另行提出注册申请。如果两个或两个以上的申请人在同一种商品或类似商品上，以相同或类似的商标申请注册的，商标局会初步审定并公告申请在先的商标，即申请在先原则，同一天申请的，初步审定并公告使用在先的商标，即使用在先原则。

（二）商标注册的审核程序

我国《商标法》规定，商标注册的审核主要有以下步骤：

（1）商标局初步审定并公告。申请注册的商标，凡是符合法律规定的，由商标局初步审定，予以公告。凡是不符合法律规定的，由商标局驳回申请，不予公告。对驳回申请、不予公告的商标，商标局应当书面通知商标注册申请人。申请人可以在收到通知 15 日内向商标评审委员会申请复审。商标评审委员会应当自收到申请之日起 9 个月内作出决定,并书面通知申请人。有特殊情况需要延长的,经国务院工商行政管理部门批准,可以延长3个月。当事人对商标评审委员会的决定不服的,可以自收到通知之日起30日内向人民法院起诉。

(2) 异议等待。对初步审定公告的商标提出异议的,商标局应当听取异议人和被异议人陈述事实和理由,经调查核实后,自公告期满之日起12个月内作出是否准予注册的决定,并书面通知异议人和被异议人。有特殊情况需要延长的,经国务院工商行政管理部门批准,可以延长6个月。

商标局做出准予注册决定的,发给商标注册证,并予公告。异议人不服的,可以依照《商标法》第44条、第45条的规定向商标评审委员会请求宣告该注册商标无效。商标局作出不予注册决定,被异议人不服的,可以自收到通知之日起15日内向商标评审委员会申请复审。商标评审委员会应当自收到申请之日起12个月内作出复审决定,并书面通知异议人和被异议人。有特殊情况需要延长的,经国务院工商行政管理部门批准,可以延长6个月。被异议人对商标评审委员会的决定不服的,可以自收到通知之日起30日内向人民法院起诉。人民法院应当通知异议人作为第三人参加诉讼。

我国《商标法》规定,经商标局核准注册的商标为注册商标,商标注册人享有商标专用权,受法律保护;使用注册商标的,应当标明"注册商标"或注册标记。

四、注册商标专用权的保护

(一) 注册商标专用权的保护范围

1. 商标权的保护范围

注册商标专用权的保护范围,是指法律保护注册商标的界限。我国《商标法》规定,注册商标专用权以核准注册的商标和核定使用的商品为限。

2. 商标权的期限和终止

我国《商标法》第39条规定,注册商标的有效期是10年,自核准注册之日起计算。有效期届满需要继续使用注册的,应当在期满前6个月内申请续展;在此期限内未能提出申请的,给予6个月的宽限期。每次续展注册的有效期为10年,自该商标上一届有效期满次日起计算。期满未办理续展手续的,注销其注册商标。

商标局应当对续展注册的商标予以公告。

商标权因为下列事实而终止:一是商标注册的有效期届满;二是权利人申请注销;三是违法使用注册商标而被撤销。

(二) 侵犯注册商标专用权的行为及其法律责任

1. 商标侵权行为

我国《商标法》第57条规定,有下列行为之一者,属商标侵权行为:

(1) 未经商标注册人的许可,在同一种商品上使用与其注册商标相同的商标的。

(2) 未经商标注册人的许可,在同一种商品上使用与其注册商标近似的商标,或者在类似商品上使用与其注册商标相同或者近似的商标,容易导致混淆的。

(3) 销售侵犯注册商标专用权的商品的。

(4) 伪造、擅自制造他人注册商标标识或者销售伪造、擅自制造的注册商标标识的。

(5) 未经商标注册人同意,更换其注册商标并将该更换商标的商品又投入市场的。

(6) 故意为侵犯他人商标专用权行为提供便利条件,帮助他人实施侵犯商标专用权行为的。

(7) 给他人的注册商标专用权造成其他损害的。

2. 商标侵权行为的法律责任

我国《商标法》规定,对于侵犯商标专用权的行为,被侵权人可以向县级以上工商行政管理部门要求处理,也可以直接向人民法院起诉。侵权人的行为构成犯罪的,除了赔偿被侵权人的损失外,还应负刑事责任。

(1) 行政责任。被侵权人要求工商行政管理部门处理的,县级以上工商行政管理部门有权责令侵权人立即停止侵权行为,赔偿被侵权人的损失,还有权对侵权人处以罚款。责令侵权人赔偿被侵权人的损失,赔偿额为侵权人在侵权期间因侵权所获得的利润,或者是被侵权人在被侵权期间因此所受到的损失。

(2) 民事责任。被侵权人直接向人民法院起诉的,人民法院有权依照《民法通则》中的规定,对侵权人追究民事法律责任。

(3) 刑事责任。侵犯注册商标,情节严重构成犯罪的,依法追究刑事责任。涉及的罪名包括假冒注册商标罪,销售假冒注册商标的商品罪,非法制造、销售非法制造的注册商标标示罪等。

(三) 驰名商标的法律保护

1. 驰名商标的概念

根据 2003 年 4 月 16 日颁布及 2014 年 7 月 3 日修订的《驰名商标认定和保护规定》,驰名商标是指在中国为相关公众所熟知的商标。

2. 驰名商标认定的标准

根据我国《商标法》第 14 条规定,认定驰名商标应当考虑以下因素:

(1) 相关公众对该商标的知晓程度。

(2) 该商标使用的持续时间。

(3) 该商标的任何宣传工作的持续时间、程度和地理范围。

(4) 该商标作为驰名商标受保护的记录。

(5) 该商标驰名的其他因素。

3. 驰名商标认定的证据材料

(1) 证明相关公众对该商标知晓程度的有关材料。

(2) 证明该商标使用持续时间的有关资料,包括该商标使用、注册的历史和范围的有关资料。

(3) 证明该商标的任何宣传工作的持续时间、程度和地理范围的有关资料。包括广告投入和促销活动的方式、地域范围、宣传媒体的种类以及广告的投放量等有关材料。

(4) 该商标作为驰名商标受保护的记录,包括该商标曾在中国或者其他国家和地区作为驰名商标受保护的有关材料。

(5) 该商标驰名的其他因素。包括使用该商标的主要商品近三年的产量、销售量、销售收入、利税、销售区域等有关材料。

4. 驰名商标认定的方式

驰名商标的认定方式有行政机关的主动认定和司法机关的被动认定两种。

（1）主动认定方式。主动认定是指在没有发生实际权利纠纷的情况下，处于预防将来可能发生纠纷的目的，特定的行政机关应商标所有人的请求，对商标是否驰名进行的认定。目前，主动认定是我国驰名认定的主要认定方式。

（2）被动认定方式。被动认定是指在发生商标权纠纷时，应商标所有人的请求，由有关部门对其商标是否驰名，能否给予扩大范围的保护进行的认定。这种认定方式是司法认定驰名商标的基本模式，为西方国家广泛采用，被视为国际惯例。在我国，人民法院审理商标纠纷案件时，根据案件的具体情况和当事人的请求，可以对涉及的注册商标是否为驰名商标依法作出认定。被动认定是我国驰名商标认定的辅助形式。

5. 驰名商标的特殊保护

（1）对未在我国注册的驰名商标的保护。我国《商标法》确定的商标权保护的基本原则是注册原则，只有经过商标局依法核准注册的商标才享有商标专用权，受到法律保护。但是对于驰名商标，则实行例外原则，既保护注册在先权，又保护使用在先权。《商标法》规定：就相同或者类似商品申请注册的商标是复制、模仿或者翻译他人未在中国注册的驰名商标，容易导致混淆的，不予注册并禁止使用。

（2）赋予驰名商标广泛的排他性权利。凡属复制、模仿或者翻译驰名商标的注册商标申请，商标局予以驳回，这不仅适用于与驰名商标类似的商品上，也适用于非类似的商品上。在非类似的商品上，如果有在中国注册的驰名商标，误导公众，致使该驰名商标注册人的利益可能受到损害的，不予注册并禁止使用。对恶意注册的，驰名商标所有人不受5年的时间限制。例如：假设奔驰汽车的商标未在我国注册，如果有人想在中国申请注册和使用奔驰牌卡车、奔驰牌轿车是不允许的；假设奔驰商标在我国已经注册享有商标权，如有人想在中国申请注册和使用奔驰牌食用油、奔驰牌电视机，其行为足以引起消费者误认的话，该注册和使用应该被禁止。

（3）给予驰名商标广泛的保护。驰名商标注册后，享有广泛的专有权。他人不得将与驰名商标相同或者近似的标记用于相同或类似商品上；不得将他人的驰名商标作为字号使用；不得以任何方式将与驰名商品相同或近似的文字、图形作为商品名称、商品装潢、企业的名称和域名使用。

【思考题】

一、简答题

1. 简要回答申请发明专利的实质条件。
2. 简要回答专利侵权行为的种类及例外情形。
3. 简要回答发明专利申请的审查程序及相关规定。
4. 简要回答我国《商标法》关于商标续展的有关规定。
5. 简要回答我国驰名商标认定的主要因素。

二、案例分析

案例1：

某城市企业甲生产经营彩陶产品，产品上突出标注的"彩陶李"标识，源于清朝晚期李氏家族的祖传工艺，李氏第三代传人于1950年公私合营时将"彩陶李"店铺和商号一并合营给企业甲,在"文革"期间企业甲转产,不再生产"彩陶李"产品。1980年改革开放后,企业甲重新登记企业名称,恢复使用"彩陶李"商号,在彩陶商品上使用"彩陶李"标记,但没有将其注册为商标。1983年3月1日,我国《商标法》实施的第一天,"彩陶李"的第四代传人注册了企业乙,并申请了"彩陶李"商标,也开始用祖传配方生产陶艺产品。2008年,两个"彩陶李"产品在出口贸易上发生混淆,企业乙以商标侵权为由将企业甲告上法庭,要求企业甲在商品上停止使用"彩陶李"字样,并赔偿企业乙的损失。企业甲认为:其拥有"彩陶李"商号,所以有权在商品上使用,而且"彩陶李"经过上百年的使用,已经演变为彩陶产品的通用名称,不应当为企业乙所独占,企业乙无权拥有商标权。

请分析:

(1) 企业甲是否构成商标侵权?为什么?

(2) 企业甲能否以"彩陶李"演变为彩陶产品通用名称为由在商品上使用"彩陶李"?

案例2:

1994年12月,H化工研究院工程师梁某在一次技术洽谈会上与C化工厂厂长张某结识。张某请梁某帮助解决污水净化重复利用的技术难题,梁某答应试试。1995年春节,梁某与其在大学读书的儿子在H化工研究院院内一个废弃多年的人防工程里,用三个箩筐、一堆渣土、扫帚、水桶等工具,还自费购买了十余种试剂、试纸、电炉等物品,对C化工厂的污水水样进行净化实验。实验结果达到了C化工厂的技术指标要求。梁某将实验资料交给H化工研究院一份,院里认为梁某为该院工程师,污水净化又是其业务研究范围,此成果应是职务技术成果,便以研究院的名义于1995年5月向国务院专利行政部门提交了"HI-PQ703污水净化方法"专利申请。1998年7月,研究院获得专利权。在此期间,梁某一直认为自己的成果是非职务发明,故强烈要求办理专利权人变更手续。双方争执不下,梁某诉至法院。

请分析:

梁某和H化工研究院,谁的主张成立?为什么?

案例3:

长江公司委托黄河大学设计了一项锅炉自动检测系统,但在委托合同中没有明确约定该研究成果专利申请权的归属,黄河大学指派罗教授承担这一委托项目,研究生张某参加了该项目的研究工作,撰写了研究报告,大学科研部的赵老师参加了该项目的评审和验收,并提出了一些改进建议。项目结束后,罗教授就该项目所产生的技术成果申请了专利,发明人署名为罗教授和研究生张某,但是长江公司和黄河大学对此有异议。长江公司认为其提供了资金和研究需求,专利申请权应当属于自己独有;黄河大学认为是其提供了研究条件、组建项目团队并最后完成该发明创造,这些发明创造应当属于黄河大学的职务发明,发明人应当为黄河大学;科研部的赵老师认为其提出了改进建议,应当作为发明人联合署名。

请分析:

这一发明创造的专利申请权应当属于谁?为什么?

案例4：

江苏天宝药业有限公司成立于1995年，主要从事开发、生产、销售双歧天宝口服液、片剂、胶囊、颗粒剂及保健药品。该公司在其主要产品——双歧天宝口服液的外包装上，一直使用"三株菌"字样，用以介绍产品主要成分。江苏天宝药业有限公司生产的双歧天宝口服液，是由三种有益菌（双歧杆菌、类链球菌、乳酸杆菌）加多味中草药配制而成。济南三株药业有限公司向商标局注册了"三株"商标，用于商标注册用商品国际分类第5类药品、医用营养物品上。济南三株药业有限公司认为江苏天宝药业有限公司在产品外包装上使用"三株"字样，构成对其商标的侵权，向法院提起诉讼。经查，在生物医学上，菌是一种通用名称，常用"株"来表示；并且，江苏天宝药业有限公司的产品外包装上"三株菌"字样与济南三株药业有限公司的"三株"商标，在文字和图形上并不相同或相近似。

问题：

（1）江苏天宝药业有限公司是否构成对济南三株药业有限公司商标的侵权？为什么？

（2）如果本案中，江苏天宝药业有限公司的产品外包装上"三株菌"所用字体与"三株"商标相同或相近似，是否构成对"三株"商标的侵权？为什么？

项目十 物权法律制度

任务一 物权法和物权概论

【导入案例】

李某家的一头牛跑进王某某的地里，王某某以李某的牛损坏了自己的庄稼为由，将该牛牵回自己家中扣留。发生争执后，经村干部调解，王某某愿意将该牛送回，但主张须李某先赔偿其损失。李某向法院起诉，请求王某某返还财产。

问题：（1）王某某和李某之间关于庄稼和牛的争议是物权法的调整对象吗？（2）王某某对于庄稼、李某对于牛，是人对于物的何种支配关系？（3）对这样的纠纷案件应当如何处理？

一、物权法概述

（一）物权法的概念和特征

物权法是指调整人对物的支配关系的法律规范的总称，包括形式意义上的物权法和实质意义上的物权法。形式意义上的物权法指的是《中华人民共和国物权法》（下称《物权法》）。实质意义上的物权法泛指一切关于物权关系的法律规范，除《物权法》之外，还包括《宪法》《民法总则》《土地管理法》《城市房地产管理法》《农村土地承包法》《海域使用管理法》《矿产资源法》《水法》《民用航空法》《担保法》等法律、法规、规章及司法解释中有关物权的规范。

物权法的特征包括：物权法是私法、物权法是财产法、物权法是强行法、物权法是实体法、物权法是固有法等5个。

《物权法》共设有五编及附则。第一编为总则，包括物权法的基本原则、物权的变动规则、物权的保护。第二编为所有权，包括所有权的一般规定、国家所有权和集体所有权、建筑物区分所有权、相邻关系、共有、所有权取得的特别规定。第三编为用益物权，包括用益物权的一般规定、土地承包经营权、建设用地使用权、宅基地使用权、地役权。第四编为担保物权，包括担保物权的一般规定、抵押权、质权、留置权。第五编为占有。

（二）物权法基本原则

物权法的基本原则，是指贯穿于物权立法、执法和司法及其解释的总指导思想。主要包括物权法定主义原则、一物一权原则。

1. 物权法定主义原则

法律对待当事人设立物权的态度，可以采取放任主义，也可以奉行法定主义。《物权法》第5条规定，物权的种类和内容，由法律规定。由此观之，我国物权法奉行的是物权法定主义。物权法定主义意味着物权的种类和内容不能由当事人根据自身意愿在法律之外自由创设。其原因在于物权作为一种绝对权支配权，可以对抗一般人，如果允许当事人自由创设，就可能侵害他人的合法权益以及公共利益。相对而言，债权作为一种相对权，在不侵犯他人利益的情况下，可以自由创设。所以，物权法定主义是物权法中的强制性规范，当事人必须遵守。

2. 一物一权原则

物权意味着权利人对特定物的支配并享受其利益，为避免物权关系过于复杂以确保交易安全，物权法规定了一物一权原则，即对同一个物上应以存在一个物权为原则。其内容有：一个物之上原则上只能存在一个所有权、用益物权，不得存在两个以上性质和内容不相容的所有权、用益物权。不过，地役权除外。

二、物权概述

（一）物权的概念和特征

《物权法》所称的物权，是指权利人依法对特定的物享有直接支配和排他的权利，包括所有权、用益物权和担保物权。相对于债权而言，物权的主要法律特征包括：

第一，支配性。一方面，物权人可以依据自己的意志直接依法占有、使用或者以其他方式支配其物，或者交付给他人占有、使用该物，除非法律特别规定予以限制，否则，上述活动均体现物权人的自由意志，他人无权干涉；另一方面，物权人对物可以依照自己的意志独立支配，无须得到他人的同意，或者配合。

第二，排他性。物权的排他性，是指物权人直接支配标的物，在对外关系上可排除他人意思或者行为的介入。一方面，内容相同的物权之间具有相互排斥的性质，即一物之上不能有两个以上的互不相容的物权，另一方面，物权具有直接排除不法妨害的性能。

第三，对世性。物权的对世性，是指物权的权利主体特定，义务主体不特定，是物权在效力范围方面的特征。基于此，物权需要公示，物权的种类和内容需要法定。

第四，绝对性。物权的绝对性，是指物权的实现不需要义务人的积极行为予以协助，权利人在合法范围内能够无条件地、绝对地实现其权利。这是物权在实现方式方面的特征。

（二）物权客体

1. 物权客体的概念和特征

物权客体是指物权中权利义务所指向的对象。《物权法》第2条第二款规定，"本法所称物，包括不动产和动产。法律规定权利作为物权客体的，依照其规定。"物权客体意义的物主要是有体物。有体物是指存在于人体之外，能够为人力所支配并且能够满足人类某种需要，具有稀缺性的物质对象。其特征主要有：非人格性，即存在于人体之外，作为人身权和财产权在客体方面的一个区分；满足需求性，物应具有满足人类生活、生产或交易需要的价值；可支配性，即能够为人们所支配；独立物，即物的成分不能独立成为物的客体。

2. 物的分类

（1）动产和不动产。以物是否能够移动以及移动是否会损坏其价值为标准，物可以分为动产和不动产。一般而言，不动产是指依其物理性质不可移动或者移动会损害其经济价值的物。如土地、建筑物、土地上的其他定着物以及与土地尚未分离的生长物等，均为不动产。而动产是指依其性质能够被移动到另一处或者能够自行行动的物。此种分类的意义有：第一，物权变动的方式不同。不动产一般具有价值量大特征，其物权变动以向国家行政主管机关登记为生效要件，而动产物权的变动，一般仅需交付即可，无须登记。第二，公示方法不同。不动产以登记为公示方法，动产以占有为公示方法。第三，设立的他物权类型不同。用益物权的客体主要是不动产，担保物权的客体既包括不动产，也包括动产。其四，所及诉讼的管辖不同。不动产诉讼一律由不动产所在地法院处理，而动产则比较灵活。

（2）主物和从物。以一人所有的两个物各自是否能独立发挥作用为标准，物可以分为主物和从物。所谓主物，指在与同属一人所有的其他独立物结合使用时起主要效用的物。所谓从物，指在两个独立物的结合中处于附属地位，起辅助配合作用的物。如电视机和遥控器，船和桨，窗户和窗纱等。一般认为，从物的特征有：为非主物的成分，需要辅助主物效用的发挥，需要和主物同属于一人所有。二者区分的法律意义在于，处分主物的效力会及于从物。我国《物权法》第115条规定："主物转让的，从物随主物转让，但当事人另有约定的除外。"

（3）原物和孳息。以不同物之间是否存在产生关系为标准，物可以分为原物和孳息。所谓原物，是指依其自然属性或者法律规定产生新物的物。所谓孳息，是指原物所产生的收益。孳息包括天然孳息和法定孳息。前者如母牛所产之小牛，后者如存款之利息等。二者区分之法律意义在于确定孳息的归属。我国《物权法》第116条规定："天然孳息，由所有权人取得；既有所有权人又有用益物权人的，由用益物权人取得。当事人另有约定的，按照约定。法定孳息，当事人有约定的，按照约定取得；没有约定或者约定不明确的，按照交易习惯取得。"

（三）物权类型

我国《物权法》第2条第三款规定："本法所称物权，是指权利人依法对特定的物享有直接支配和排他的权利，包括所有权、用益物权和担保物权。"此外，第五编还规定了占有制度。所以，我国物权法规定物权的类型主要有所有权、用益物权、担保物权、占有。其中用益物权包括土地承包经营权、建设土地使用权、宅基地使用权、地役权等，担保物权包括抵押权、质权、留置权等。

（四）物权效力

物权效力，是指法律赋予物权的强制性作用力和保障力。主要有排他效力、优先效力、追及效力、物权请求权效力。

1. 排他效力

物权的排他效力，是指同一标的物上，不能并存两个以上性质或者内容互不相容的物权，已存在的物权具有排除与之相冲突的物权的效力。其源于物权的支配性。内容包括所有权的排他性，即一物一权；他物权的排他性，即同一标的物上不得并存两个以上以占有为内容的他物权，当然，不以占有标的物为内容的他物权除外。

2. 物权的优先效力

物权的优先效力包括物权的对内优先效力即物权间的优先效力和物权对外效力即物权对债权的优先效力。

第一，物权间的优先效力，是指在同一标的物上并存的数个性质或者内容相容的数个物权，先设立的物权优先于后设立的物权。具体而言，所有权和他物权并存时，他物权优先于所有权；数个相容的用益物权、担保物权并存时，原则上先设立的用益物权担保物权优先于后设立的用益物权担保物权。

第二，物权对债权的优先效力，是指在同一标的物上既有物权又有债权时，物权优先于债权的效力。具体而言，所有权、用益物权、担保物权均优先于债权。但此规则也有例外，如对不动产的买卖不击破租赁原则，纳入预告登记的债权优先于物权的效力等。

3. 物权的追及效力

物权的追及效力，是指物权的标的物不管辗转于何处，除法律另有规定外，物权人均可追及物的所在，依法行使物权。我国《物权法》第106条规定：无处分权人将不动产或者动产转让给受让人的，所有权人有权追回，除非受让人善意取得。

4. 物权的请求权效力

物权请求权，是指物权人在行使权利的过程中，受到妨害或者有受到妨害的可能时，物权人为排除或预防妨害的发生，恢复物权的圆满支配状态，而请求妨害人为一定行为或不为一定行为的权利。包括返还原物请求权、恢复原状请求权、排除妨碍请求权、消除危险请求权。物权请求权是基于物权的绝对性而发生的效力，通过赋予物权人请求权，以排除来自外界的各种妨碍。

（五）物权保护

物权保护，是指物权受到侵害的情况下，依照法律规定的方式恢复物权的完满状态，或者说使物权人可以行使的权利恢复至圆满的状态。根据物权保护所依据的法律不同，物权的保护分为公法保护和私法保护。根据救济的手段和方式不同，物权保护可以分为公力救济和私力救济。物权人可以通过确认物权的请求权、返还原物请求权、排除妨害请求权和消除危险请求权、恢复原状请求权、损害赔偿请求权等各种请求权对物权进行保护。

任务二　物权变动

一、物权变动概述

（一）物权变动的概念和原因

物权的变动，是指物权的发生、变更、转让和消灭的总称。从权利主体方面看，物权的变动即为物权的取得、变更和丧失。

物权变动的原因，即引起物权发生变动的法律事实。物权的变动可基于法律行为而发生，如出让、抛弃等，法律行为是物权变动中最重要的原因。也可基于非法律行为而发生，因人民法院、仲裁委员会的法律文书或者人民政府的征收决定等，导致物权设立、变更、转让或者消灭的，自法律文书或者人民政府的征收决定等生效时发生效力。因继承或者受遗赠取得物权的，自继承或者受遗赠开始时发生效力。因合法建造、拆除房屋等事实行为设立或者消灭物权的，自事实行为成就时发生效力。

（二）基于法律行为发生的物权变动的立法模式以及我国的立法模式

纵观世界各国和地区基于法律行为的物权变动的立法体例，主要存在债权意思主义、物权形式主义和债权形式主义三种模式。

1. 债权意思主义变动模式

债权意思主义变动模式，又称意思主义变动模式，是指物权变动只需要根据当事人关于物权变动的意思表示就可以发生，无须任何外在的表现形式。当然，在意思主义规则下，也需要物权变动公示，但物权变动公示只是对抗第三人的要件，对当事人之间的效力没有任何影响。

2. 物权形式主义变动模式

物权形式主义变动模式，是指物权变动不仅要具有物权变动的意思表示，而且必须具备一定的外在表现形式。物权形式主义变动模式又称为"物权合同加公示"的变动模式。作为在物权行为理论指导下的物权形式主义变动模式，其优点在于法律关系明确，有利于保护买受人的利益，维护交易安全，但普遍认为比较繁琐难懂。

3. 债权形式主义变动模式

债权形式主义变动模式，是指物权因法律行为而变动时，不仅需要当事人的债权合意，而且须履行登记或交付的法定形式，物权才能成立或生效的立法主义。通说认为，我国《物权法》关于物权变动模式的立法选择基本上采用债权意思主义和债权形式主义相结合的模式。

二、不动产登记

（一）不动产登记的概念

不动产登记，是指经权利人申请，国家登记机构将申请人与不动产物权有关的事项记载于不动产登记簿，以便公众查阅的事实。不动产登记簿，是指记载不动产事项的专用簿册，是不动产物权归属和事实的依据，是颁发不动产权属证书的前提。不动产权属证书，是权利人享有该不动产物权的证明。根据我国《物权法》第17条的规定，"不动产权属证书记载的事项，应当与不动产登记簿一致，记载不一致的，除有证据证明不动产登记簿确有错误的外，以不动产登记簿为准。"

（二）不动产登记的效力

不动产登记的效力，是指不动产登记产生的法律效果。包括：自登记之日起，以登记为成立要件的，发生物权设立或变动的效力；以登记为对抗要件的，发生物权对抗第三人的效力。比如，王某向李某借款50万元，以自己所有的房屋作为抵押，李某与王某签订了书面形式的抵押合同，但是未办理抵押权登记。根据《物权法》第187条规定，以房屋抵押的，应当办理抵押权登记，抵押权自登记时设立。李某虽然与王某签订了书面形式的抵押合同，但是未办理抵押权登记，所以李某不享有抵押权。

物权登记后，登记簿记载的权利人应当推定为法律上的权利人。由于登记的权利人被推定为真正的权利人，即使在发生错误登记的场合，交易相对人可以通过善意取得制度取得其物权。

【典型案例评析】

甲公司购买了一辆轿车作为办公车辆，给公司经理张某使用，并将轿车登记在张某名下，张某擅自将轿车卖给王某，甲公司知道后，向法院提起诉讼，要求王某返还该车。

问题：甲公司的主张能否得到法院的支持？甲公司应如何维护自己的权利？

评析：

根据《物权法》的规定，机动车辆的登记具有对抗效力，即登记具有公示和公信效力，轿车虽实际为甲公司所有，但是登记在张某名下，该登记具有推定张某是轿车的所有人的效力，甲公司在确认所有权归自己之前，无权根据所有权行使返还原物请求权。同时，既然推定张某是轿车的所有人，张某与王某之间的买卖合同即是合法有效的，因此甲公司无权要求王某返还轿车。甲公司要维护自己的权利，首先，需要向法院提起确认物权之诉，通过提出证据证明轿车归自己所有。其次，甲公司可以根据《物权法》第19条的规定，先申请更正登记，如果登记的权利人不同意更正，还可以申请异议登记。最后，如果确认物权之诉成立，其效力溯及合同成立之时，因而张某转让轿车的行为自始即为无权处分行为，属于效力待定的合同，甲公司可以请求宣告张某和王某之间的合同无效。如果轿车尚未过户给王某，甲公司有权要求王某返还原物；当然，如果轿车已经过户到王某名下，王某有权根据善意取得制度取得轿车的所有权，甲公司只能要求张某赔偿损失。

（三）不动产登记的机构和程序

我国《物权法》第10条规定，"不动产登记，由不动产所在地的登记机构办理。国家对不动产实行统一登记制度。统一登记的范围、登记机构和登记办法，由法律、行政法规规定。"当事人申请登记，应当根据不同登记事项提供权属证明和不动产界址、面积等必要材料。登记机构应当履行下列职责：查验申请人提供的权属证明和其他必要材料；就有关登记事项询问申请人；如实、及时登记有关事项；法律、行政法规规定的其他职责。申请登记的不动产的有关情况需要进一步证明的，登记机构可以要求申请人补充材料，必要时可以实地查看。登记机构不得有下列行为：要求对不动产进行评估；以年检等名义进行重复登记；超出登记职责范围的其他行为。

（四）预告登记制度

预告登记，是指当事人所期待的不动产物权变动所需条件缺乏或者尚未成就时，当事人为了限制债务人处分该不动产，保障将来物权的实现，按照约定向登记机构所作的一种登记。我国《物权法》第20条规定："当事人签订买卖房屋或者其他不动产物权的协议，为保障将来实现物权，按照约定可以向登记机构申请预告登记。预告登记后，未经预告登记的权利人同意，处分该不动产的，不发生物权效力。预告登记后，债权消灭或者自能够进行不动产登记之日起3个月内未申请登记的，预告登记失效。"

（五）异议登记和更正登记制度

异议登记，是指对于事实上的权利人以及利害关系人就现时登记的权利所提出的异议的登记。其目的在于限制不动产登记簿上的权利人的权利，以保障提出异议登记的利害关系人的权利。更正登记，是指权利人、利害关系人或者登记机构认为不动产登记簿记载的事项有错误时，对错误事项进行更正的登记。《物权法》第19条规定："权利人、利害关系人认为不动产登记簿记载的事项错误的，可以申请更正登记。不动产登记簿记载的权利人书面同意更正或者有证据证明登记确有错误的，登记机构应当予以更正。不动产登记簿记载的权利人不同意更正的，利害关系人可以申请异议登记。登记机构予以异议登记的，申请人在异议登记之日起15日内不起诉，异议登记失效。异议登记不当，造成权利人损害的，权利人可以向申请人请求损害赔偿。"

三、动产交付

（一）动产交付的概念

动产物权包括动产所有权、动产质权和动产留置权。交付即转移占有，将动产的占有自出让人移转给受让人。

（二）动产交付的类型

交付分为现实交付和观念交付。所谓现实交付，就是发生动产占有的实际移转。观念交付，是在特殊情况下，法律允许当事人约定不予现实地交付动产，而采取一种变动的交付方法来代替实际交付，以发生物权的移转。观念交付包括简易交付、占有改定和指示交付三种。简易交付，是指动产物权设立和转让前，权利人基于委托、租赁、借贷、使用等方式实际占有该动产的，则从已转让标的物所有权合同生效之时起，视为交付。占有改定，是动产物权的转让人和受让人特别约定，该动产仍由出让人继续占有，而受让人仅取得标的物的间接占有以代替标的物的实际交付。指示交付，又称为"让与返还请求权"或者"返还请求权的代位"，是指出让人在转让动产时，该动产由第三人占有，出让人仅将其对第三人的返还请求权转让给受让人，即可代替物的实际交付。上述四种交付形态均可以发生动产物权变动的事实。

任务三　所有权

一、所有权概述

（一）所有权的概念和特征

我国《物权法》对所有权采取列举式定义。《物权法》第39条规定，"所有权人对自己的不动产或者动产，依法享有占有、使用、收益和处分的权利。"作为一种自物权和完全物权，所有权具有以下特征：

第一，全面性。所有权人在法律限制的范围内，可以对所有物进行概括的、全面的支配。第二，整体性。所有权人并不体现为占有、使用、收益、处分等各种权能在量上的简单相加，而是一个整体性的权利。第三，弹力性。所有权人可以通过让渡其部分权能设立他物权，在他物权消灭时，所有权的权能重新恢复圆满。第四，永久性。所有权随标的物的存在而存续。

（二）所有权的内容

所有权的内容，即所有权的权能，是指所有人为实现其对所有物的独占利益，在法律规定的范围内可以采取的各种方式。分为积极权能和消极权能。积极权能包括占有、使用、收益和处分四种权能。第一，占有权能，是指所有人对其所有物在事实上进行管领的方式，是其他权能的前提和基础。第二，使用权能，是指所有人依照物的属性及用途对物加以利用，从而实现权利人利益的方式。可以与所有权发生分离。第三，收益权能，是指权利人通过合法途径收取基于物所产生的经济利益的权能。第四，处分权能，是指所有人依法对物进行处置的权能，包括事实处分和法律处分。消极权能是指排除第三人非法干涉的权利。

二、所有权取得

所有权可以通过多种方式取得。除了基于买卖、赠与等法律行为而取得所有权外，还可以通过善意取得、先占、遗失物拾得、埋藏物发现、添附、取得时效等制度取得所有权。

1. 善意取得

善意取得，又称即时取得，是指无权处分人在将其占有的他人之物让与买受人时，如果买受人取得该物时出于善意，则买受人可以取得该物的所有权，原所有人不得要求买受人返还其物。根据我国《物权法》第106条规定，善意取得的构成要件有：第一，让与人无权处分他人的动产或不动产。第二，受让人基于法律行为而取得动产或者不动产。第三，受让人取得动产或者不动产时为善意；第四，完成了法定的公示方法。第五，处分的标的物是法律允许流通的动产或者不动产。受让人依照前述条件取得不动产或者动产的所有权的，原所有权人有权向无处分权人请求赔偿损失。

2. 先占

先占，是指以所有的意思，占有无主的动产，从而取得其所有权的事实。先占者依其所有的意思对无主物进行事实上的控制和支配，作为一种事实行为从而取得所有权。如拾荒者对他人的抛弃物取得所有权等。

3. 遗失物的拾得

根据《物权法》的规定，遗失物作为占有脱离物，其发现和占有者不能取得所有权，失主即所有权人或者其他权利人有权追回遗失物。该遗失物通过转让被他人占有的，权利人有权向无处分权人请求损害赔偿，或者自知道或者应当知道受让人之日起2年内向受让人请求返还原物，但受让人通过拍卖或者向具有经营资格的经营者购得该遗失物的，权利人请求返还原物时应当支付受让人所付的费用。权利人向受让人支付所付费用后，有权向无处分权人追偿。所以，拾得遗失物，拾得人应当及时通知权利人领取，或者送交公安等有关部门。有关部门收到遗失物，知道权利人的，应当及时通知其领取；不知道的，应当及时发布招领公告。拾得人在遗失物送交有关部门前，有关部门在遗失物被领取前，应当妥善保管遗失物。因故意或者重大过失致使遗失物毁损、灭失的，应当承担民事责任。权利人领取遗失物时，应当向拾得人或者有关部门支付保管遗失物等支出的必要费用。权利人悬赏寻找遗失物的，领取遗失物时应当按照承诺履行义务。拾得人侵占遗失物的，无权请求保管遗失物等支出的费用，也无权请求权利人按照承诺履行义务。遗失物自发布招领公告之日起6个月内无人认领的，归国家所有。

比如，甲于4月5日丢失了一块手表，乙拾得后便送给有关机关，有关机关立即发布了招领公告，并于同年12月交由某寄售商店出售，被丙同月5日购买，同月10日丙所戴手表被甲认出。依照《物权法》第113条规定，遗失物自发布招领公告之日起6个月内无人认领的，归国家所有。本案中，有关机关发布招领公告已超过6个月，失主对该手表已丧失所有权，所有权归国家所有，故该机关交由商店出售是行使所有权的行为，丙可因买卖合同和交付而取得该手表的所有权。

4. 埋藏物的发现

埋藏物，是指埋藏于他物之中，其所有权归属不明的动产。埋藏物以动产为限。发现埋藏物作为事实行为，发现者不需具备完全行为能力。我国《物权法》规定，埋藏物的发现准用遗失物取得的有关规定。发现者承担妥善保管和及时通知权利人、返还、上交公告的义务，因故意或者重大过失致使埋藏物毁损、灭失的，应当承担民事责任。埋藏物自发布招领公告之日起6个月内无人认领的，归国家所有。

5．添附

添附，是指不同所有人的物结合在一起而形成不可分离的物或具有新质的物并导致所有权变动的法律事实，包括附合、混合、加工三种形态。对于附合物和混合物，主要根据各物的价值大小，由价值大的一方取得附合物和混合物的所有权，另一方取得补偿；对于加工物，则要根据被加工物和加工的劳务价值大小，由价值大的一方取得加工物的所有权，另一方取得补偿。当然，也可以约定由当事人按份共有所有权。

6．取得时效

取得时效，是指持续占有他人的财产，达到法律规定的期限，占有人即可依法取得该项财产权的时效。取得时效属于法律事实，无须意思表示，只要占有事实存在即可产生取得所有权的法律后果。

需要注意的是，对于先占和取得时效产生所有权原始取得的情形，我国《物权法》目前为止没有相应的法律规定。

三、所有权类型

按照主体的不同，所有权可以分为国家所有权、集体所有权和私人所有权；按照所有权客体的不同，可以分为动产所有权和不动产所有权；按照所有权主体数量的不同，可以分为单独所有权和共同所有权。

四、建筑物区分所有权

（一）建筑物区分所有权的概念和特征

建筑物区分所有权是一种特殊的所有权，是业主对建筑物内的住宅、经营性用房等专有部分享有所有权，对专有部分以外的共有部分享有共有权和共同管理的权利。包括专有权、共有权、管理权。该权利具有复合性、一体性、专有权的主导性、权利主体身份的多重性等多个特征。

（二）建筑物区分所有权的内容

1．专有权

专有权，是指区分所有人在法律规定的范围内，对建筑物的专有部分得以自由占有、使用、收益和处分的支配权。专有部分，是指具有构造上及使用上的独立性，通过登记予以公示表现出法律上的独立性，能够成为专有权客体的部分。业主对其建筑物专有部分享有占有、使用、收益和处分的权利。业主行使权利不得危及建筑物的安全，不得损害其他业主的合法权益。

2．共有权

共有权，是指区分所有人依据法律、合同以及区分所有人之间的规约，对建筑物的共有部分享有的财产权利。业主对建筑物专有部分以外的共有部分，享有权利，承担义务；不得以放弃权利为由不履行义务。业主转让建筑物内的住宅、经营性用房，其对共有部分享有的共有和共同管理的权利一并转让。建筑区划内的道路，属于业主共有，但属于城镇公共道路的除外。建筑区划内的绿地，属于业主共有，但属于城镇公共绿地或者明示属于个人的除外。建筑区划内的其他公共场所、公用设施和物业服务用房，属于业主共有。建筑区划内，规划用于停放汽车的车位、车库应当首先满足业主的需要。建筑区划内，规划用于停放汽车的车位、车库的归属，由当事人通过出售、附赠或者出租等方式约定。占用业主共有的道路或者其他场地用于停放汽车的车位，属于业主共有。

3. 管理权

管理权，是指业主基于专有部分的所有权，对业主的共同财产和共同事务进行管理的权利。管理权以专有部分所有权为基础，专属于业主享有，主要为管理共有财产和公共事务的权利。按照我国《物权法》第76条规定，下列事项由业主共同决定：制定和修改业主大会议事规则；制定和修改建筑物及其附属设施的管理规约；选举业主委员会或者更换业主委员会成员；选聘和解聘物业服务企业或者其他管理人；筹集和使用建筑物及其附属设施的维修资金；改建、重建建筑物及其附属设施；有关共有和共同管理权利的其他重大事项。决定前款第五项和第六项规定的事项，应当经专有部分占建筑物总面积2/3以上的业主且占总人数2/3以上的业主同意。决定前款其他事项，应当经专有部分占建筑物总面积过半数的业主且占总人数过半数的业主同意。

五、不动产相邻关系概述

（一）不动产相邻关系的概念

不动产相邻关系，是指相互毗邻的不动产权利人在行使所有权或使用权时，因相互间给予便利或接受限制所发生的权利义务关系。相邻关系的主体为相互毗邻的不动产所有人或者使用人，其客体为行使所有权或者使用权时涉及的与邻人有关的经济利益或者其他利益。不动产的相邻权利人应当按照有利生产、方便生活、团结互助、公平合理的原则，正确处理相邻关系。法律、法规对处理相邻关系有规定的，依照其规定；法律、法规没有规定的，可以按照当地习惯。

（二）不动产相邻关系的类型

1. 相邻用水排水关系

不动产权利人应当为相邻权利人用水、排水提供必要的便利。对自然流水的利用，应当在不动产的相邻权利人之间合理分配。对自然流水的排放，应当尊重自然流向。比如，张某与李某共用一条小河的水灌溉，张某的承包地在李某的上游。为确保农田的灌溉，张某在河中筑了一条水坝，使下游的水量减少了2/3。张某、李某因此发生冲突。在此案中，张某或者根据李某的请求拆除水坝或者张某向李某支付适当赔偿，可以不拆除水坝，二人应当共同协商，合理分配用水。

2. 相邻土地使用关系

不动产权利人对相邻权利人因通行等必须利用其土地的，应当提供必要的便利。不动产权利人因建造、修缮建筑物以及铺设电线、电缆、水管、暖气和燃气管线等必须利用相邻土地、建筑物的，该土地、建筑物的权利人应当提供必要的便利。

3. 相邻损害防免关系

建造建筑物，不得违反国家有关工程建设标准，妨碍相邻建筑物的通风、采光和日照。不动产权利人不得违反国家规定弃置固体废物，排放大气污染物、水污染物、噪声、光、电磁波辐射等有害物质。不动产权利人挖掘土地、建造建筑物、铺设管线以及安装设备等，不得危及相邻不动产的安全。

不动产权利人因用水、排水、通行、铺设管线等利用相邻不动产的，应当尽量避免对相邻的不动产权利人造成损害；造成损害的，应当给予赔偿。

4. 竹木越界相邻关系

我国《物权法》对竹木越界相邻关系没有规定。在实践中，相邻一方的竹木根枝越界伸入另一方土地界限影响土地利用的，应视为侵犯了邻居的土地使用权。受害方有权请求对方在合理期限内剪除、截取越界根枝。造成损害的，应恢复原状，赔偿损失。越界根枝上自行坠落于相邻土地的果实一般视为邻地所有。

六、共有概述

（一）共有的概念

共有，是指两人以上对动产或者不动产享有所有权。其特征有：主体为两人以上；权利主体具有复数性，但其客体为一物，多个主体支配范围均及于物的全部。在共有法律关系中，既包括内部关系，各共有人或者按照份额或者不分份额享有权利承担义务，也包括外部关系，共有人作为一方权利人和他方发生的法律关系。同时，共有是所有权联合的法律形式，往往是多个权利主体基于共同的生产经营目的或共同的生活需要而形成的法律关系。可以基于当事人之间的合意成立共有，也可以基于法律规定成立共有。

（二）共有的形式

1. 按份共有

按份共有，是指数个共有人按照其份额享有权利和承担义务的共有。其最大特点在于，按份共有人按照确定的份额享有权利和承担义务。

在按份共有的内部关系上，主要涉及共有的份额、共有物的管理和共有物的费用分担等。总体而言，按份共有内部应当恪守意思自治，充分尊重共有人的意思，最大程度保护当事人的权利并发挥共有的制度价值。按份共有人对共有的不动产或者动产享有的份额，可以约定，没有约定或者约定不明确的，按照出资额确定；不能确定出资额的，视为等额享有。按份共有人对共有的不动产或者动产按照其份额享有债权，承担债务。按份共有人可以转让其享有的共有的不动产或者动产份额，其他共有人在同等条件下享有优先购买的权利。共有人按照约定管理共有的不动产或者动产；没有约定或者约定不明确的，各共有人都有管理的权利和义务。对共有物的管理费用以及其他负担，有约定的，按照约定；没有约定或者约定不明确的，按份共有人按照其份额负担。处分共有的不动产或者动产以及对共有的不动产或者动产作重大修缮的，应当经占份额 2/3 以上的按份共有人同意，但共有人之间另有约定的除外。

在按份共有的外部关系上，因共有的不动产或者动产产生的债权债务，在对外关系上，共有人享有连带债权，承担连带债务，但法律另有规定或者第三人知道共有人不具有连带债权债务关系的除外；在共有人内部关系上，除共有人另有约定外，按份共有人按照份额享有债权、承担债务。偿还债务超过自己应当承担份额的按份共有人，有权向其他共有人追偿。

共有人约定不得分割共有的不动产或者动产，以维持共有关系的，应当按照约定，但共有人有重大理由需要分割的，可以请求分割；没有约定或者约定不明确的，按份共有人可以随时请求分割。因分割对其他共有人造成损害的，应当给予赔偿。共有人可以协商确定分割方式，达不成协议，共有的不动产或者动产可以分割并且不会因分割减损价值的，应当对实物予以分割；难以分割或者因分割会减损价值的，应当对折价或者拍卖、变卖取得的价款予以分割。共有人分割所得的不动产或者动产有瑕疵的，其他共有人应当分担损失。

2. 共同共有

共同共有，是指数人基于共同关系对同一物平等地享有所有权。我国《物权法》规定，共同共有人对共有的不动产或者动产共同享有所有权。和按份共有相比，共同共有的特点有：不分份额享有权利承担义务；以共同关系为基础。共同关系，是指两个以上的人因共同目的而成的，足以成为共同共有基础的法律关系。如家庭关系、夫妻关系等。我国《物权法》规定：共有人对共有的不动产或者动产没有约定为按份共有或者共同共有，或者约定不明确的，除共有人具有家庭关系等外，视为按份共有。在共同共有的内部关系上，仍然是约定优先，如无约定，强调对共有物的重大修缮和处分行为，需要全体共有人一致同意，在共有物的分割问题上，共同共有人在共有的基础丧失或者有重大理由需要分割时可以请求分割。在对外关系上，共有人享有连带债权，承担连带债务，但法律另有规定或者第三人知道共有人不具有连带债权债务关系的除外。

任务四 用益物权

一、用益物权概述

（一）用益物权的概念和特征

用益物权是因所有权人意志或者法律规定的某种原因形成的对他人之物的一定期限的占有、使用和收益权利。我国《物权法》第117条规定："用益物权人对他人所有的不动产或者动产，依法享有占有、使用和收益的权利。"

作为他物权范畴的用益物权相对于所有权、担保物权而言，特征有三：第一，用益物权属于他物权和限制物权。用益物权是对他人之物享有的占有、使用和收益的限制物权，通常不包括对用益物本身的处分权能。用益物权人的权利还受到法律规定和设立时所有权人的限制。第二，用益物权属于独立物权。相对于担保物权的从属性，除地役权外的其他用益物权为独立物权。相对于所有权，用益物权是对所有权的限制，具有支配权和对世权的特性。第三，用益物权原则上以不动产的使用价值为支配对象。其客体主要为不动产，还包括动产，从而形成对物的多重利用关系。从我国《物权法》对用益物权的具体类型来看，主要是不动产用益物权。

（二）用益物权的类型和体系

我国《物权法》用益物权编共5章。主要有：

（1）土地用益物权。包括建设用地使用权、土地承包经营权、宅基地使用权、海域使用权。

（2）准用益物权。包括探矿权、采矿权、取水权、养殖权、捕捞权。这些用益物权目的在于获得某种资源而利用自然资源，而不是仅仅占有使用不动产，故不同于一般的土地用益物权，受特别法规制。

（3）地役权。不动产权人为利用自己土地而役使他人土地的权利。

二、土地承包经营权概述

（一）土地承包经营权的概念和特征

土地承包经营权，是指承包人以农业生产为目的，对集体所有或者国家所有由农民集体使用的耕地、林地、草地、荒山、滩涂等依法享有占有、使用、收益的权利。其主体为农业经营者，主要为农村土地承包经营户。其客体为农村集体所有土地和国有土地。其用途限定为从事种植业、林业、牧业等农业生产。对土地承包经营权规制的法律主要有《物权法》和《农村土地承包法》等。

（二）土地承包经营权的取得和流转

土地承包经营权可以通过家庭承包合同方式取得和通过招标、拍卖、公开协商等方式取得，还可以流转。

1. 家庭承包方式设立土地承包经营权

家庭承包方式设立的土地承包经营权，是指集体经济组织的成员以农户的名义，与本村集体经济组织签订承包合同，创设的土地承包经营权。其主体为集体经济组织的成员，具有强烈的身份性。作为一种用益物权，但承担了农村居民的社会保障职能，所以，其流转受到了法律严格限制。

《农村土地承包法》第 19 条规定，土地承包应当按照下列程序：本集体经济组织成员的村民会议选举产生承包工作小组；承包工作小组依照法律、法规的规定拟订并公布承包方案；依法召开本集体经济组织成员的村民会议，讨论通过承包方案；公开组织实施承包方案；签订承包合同。其中承包方案依法经本集体经济组织成员的村民会议 2/3 以上成员或者 2/3 以上村民代表同意。

《农村土地承包法》第 20 条规定，耕地的承包期为 30 年，草地的承包期为 30 年至 50 年，林地的承包期为 30 年至 70 年；特殊林木的林地承包期，经国务院林业行政主管部门批准可以延长。《农村土地承包法》第 21 条规定，发包方应当与承包方签订书面承包合同。承包合同一般包括以下条款：发包方、承包方的名称，发包方负责人和承包方代表的姓名、住所；承包土地的名称、坐落、面积、质量等级；承包期限和起止日期；承包土地的用途；发包方和承包方的权利和义务；违约责任。

承包合同自成立之日起生效。承包方自承包合同生效时取得土地承包经营权。县级以上地方人民政府应当向承包方颁发土地承包经营权证或者林权证等证书，并登记造册，确认土地承包经营权。颁发土地承包经营权证或者林权证等证书，除按规定收取证书工本费外，不得收取其他费用。承包合同生效后，发包方不得因承办人或者负责人的变动而变更或者解除，也不得因集体经济组织的分立或者合并而变更或者解除。国家机关及其工作人员不得利用职权干涉农村土地承包或者变更、解除承包合同。

通过家庭承包取得的土地承包经营权可以依法采取转包、出租、互换、转让或者其他方式流转。承包方有权依法自主决定土地承包经营权是否流转和流转的方式。土地承包经营权采取转包、出租、互换、转让或者其他方式流转，但其流转通常局限于集体经济组织成员。当事人双方应当签订书面合同。采取转让方式流转的，应当经发包方同意；采取转包、出租、互换或者其他方式流转的，应当报发包方备案。土地承包经营权流转合同一般包括以下条款：双方当事人的姓名、住所；流转土地的名称、坐落、面积、质量等级；流转的期限和起止日期；流转土地的用途；双方当事人的权利和义务；流转价款及支付方式；违约责任等。

2. 其他方式设立土地承包经营权

通过其他方式设立的土地承包经营权，是对农村"四荒地"（荒山、荒沟、荒丘、荒滩）不宜通过家庭承包方式的土地，而通过招标、拍卖、公开协商等方式设立的土地承包经营权。其主体为集体经济组织的成员或者集体经济组织以外的单位和个人。在同等条件下，集体经济组织成员享有优先承包权。发包方将农村土地发包给本集体经济组织以外的单位或者个人，应当事先经本集体经济组织成员的村民会议2/3以上成员或者2/3以上村民代表的同意，并报乡（镇）人民政府批准。由本集体经济组织以外的单位或者个人承包的，应当对承包方的资信情况和经营能力进行审查后，再签订承包合同。

通过招标、拍卖、公开协商等方式承包"四荒地"等农村土地，依照农村土地承包法等法律和国务院的有关规定，其土地承包经营权可以转让、入股、抵押或者以其他方式流转。土地承包经营权人将土地承包经营权互换、转让，当事人要求登记的，应当向县级以上地方人民政府申请土地承包经营权变更登记；未经登记，不得对抗善意第三人。

比较上述两种方式取得的土地承包经营权，家庭承包体现了强烈的集体经济组织成员的身份性，承担社会保障职能；而其他方式取得的土地承包经营权则是市场化交易的结果。所以，前者的流转法律限制较多，如流转局限于集体经济组织成员内部，除林地承包经营权外，仅对耕地和草地的承包收益可以继承，不能抵押等；后者流转诸如转让、出租、入股、抵押、继承等方式，法律并没有特别限制。

（三）土地承包经营权的效力

土地承包经营权的效力主要包括土地承包经营权人即承包人的权利和义务、发包人的权利和义务。

1. 承包人的权利义务

承包权人享有的权利有：土地承包经营权人对其土地从事种植业、林业、畜牧业等农业生产的权利。未经依法批准，承包人不得将承包地用于非农建设。家庭承包方式设立的土地承包经营权可以依法采取转包、出租、互换、转让等其他方式流转，对于通过拍卖、招标和公开协商等方式取得的对"四荒地"的土地承包经营权可以依法采取转让、出租、入股、抵押或者其他方式流转。承包地被依法征收征用的，土地承包经营权人有权取得补偿。承包人承担的义务有：交纳承包费的义务；维持土地农业用途的义务；保护和合理利用土地的义务等。

2. 发包人的权利义务

发包人作为村集体经济组织有权发包依法由本集体所有的农村土地，发包人在发包后有权依照合同收取承包费。发包人有权监督承包人依照承包合同约定的用途合理利用和保护土地。发包人有权制止承包人损害承包地和农业资源的行为。承包期内，发包方不得收回承包地。承包方全家迁入小城镇落户的，应当按照承包方的意愿，保留其土地承包经营权或者允许其依法进行土地承包经营权流转。承包方全家迁入设区的市,转为非农业户口的,应当将承包的耕地和草地交回发包方。承包方不交回的,发包方可以收回承包的耕地和草地。承包期内,承包方交回承包地或者发包方依法收回承包地时,承包方对其在承包地上投入而提高土地生产能力的,有权获得相应的补偿。

（四）土地承包经营权的消灭

根据《物权法》和《农村土地承包法》的规定,土地承包经营权的消灭原因有：土地承包经营权期限届满未继续承包；发包人提前收回承包地；承包人自愿退回承包地；承包地被征收；承包人死亡,无人继承或继承人放弃继承。

【典型案例评析】

李某和村委会就10亩耕地签订土地承包经营合同,合同文本中约定承包期限为20年。承包期内,承包人享有对土地占有、使用和收益的权利。承包期限届满,耕地由村委会收回和自由处分,原土地承包人无权继续承包。该合同签订后双方没有到县政府登记。

问题：本案合同文本中约定承包期是否有效？

评析：

在本案中,双方通过土地承包经营合同的方式设立了土地承包经营权这种用益物权,承包合同自成立之日起生效,承包方自承包合同生效时取得土地承包经营权。我国《土地承包法》第20条规定,耕地的土地承包经营权期限是30年,其用途限定于农业用途,村委会只可以在法定情形下才能收回土地。所以,该合同中上述条款因违反法律的禁止性规范而无效。还需要指出的是,本案中,在合同签订后,双方当事人没有到县政府登记,不影响用益物权的设立。

三、建设用地使用权概述

（一）建设用地使用权的概念

建设用地使用权,是指民事主体为建造建筑物、构建物及其他附属设施而依法对国家所有的土地进行占有、使用、收益的权利。建设用地使用权是对国有土地的地表、地下、地上设置的用益物权,不包括集体所有土地。其中的建筑物,是指可以供人们在其中生产、生活的居住用房、生产用房、办公用房等设施。构筑物是指具有居住、生产经营功能的建筑物之外的人工建筑物,主要包括道路、桥梁、隧道、堤坝、水渠、水池、水塔等设施,人工养殖设施,以及地窖、地下管网等人工构筑物。辅助设施主要指附属于建筑物、构筑物并辅助其发挥功效的设施,如电线杆、电缆、变压器等电力、广播、通信设施,以及雕塑、纪念碑等。

（二）建设用地使用权的取得

建设用地使用权的取得包括出让取得、行政划拨取得和继受取得。

1. 建设用地使用权的出让取得

建设用地使用权出让,是指国家以土地所有人的身份将其在一定期间内转让给使用者,由土地使用者向国家支付土地出让金的行为。建设用地使用权出让的特征有：有偿性和有期限性。根据《物权法》规定,设立建设用地使用权,可以采取出让或者划拨等方式。工业、商业、旅游、娱乐和商品住宅等经营性用地以及同一土地有两个以上意向用地者的，应当采取招标、拍卖等公开竞价的方式出让。采取招标、拍卖、协议等出让方式设立建设用地使用权的，当事人应当采取书面形式订立建设用地使用权出让合同。建设用地使用权出让合同一般包括下列条款：当事人的名称和住所；土地界址、面积等；建筑物、构筑物及其附属设施占用的空间；土地用途；使用期限；出让金等费用及其支付方式；解决争议的方法。设立建设用地使用权的，应当向登记机构申请建设用地使用权登记。建设用地使用权自登记时设立。登记机构应当向建设用地使用权人发放建设用地使用权证书。建设用地使用权人应当合理利用土地，不得改变土地用途；需要改变土地用途的，应当依法经有关行政主管部门批准。建设用地使用权人应当依照法律规定以及合同约定支付出让金等费用。根据《城市国有土地使用权出让和转让暂行条例》第12条的规定，根据土地用途规定建设用地使用权出让的最高年限：居住用地70年；工业用地50年；教育、科技、文化、卫生、体育用地50年；商业、旅游、娱乐用地40年；综合或者其他用地50年。

2. 建设用地使用权的划拨取得

建设用地使用权的划拨取得，是指土地使用人按照一定程序提出申请，经县级以上人民政府依法审批后，即无偿取得建设用地使用权的行为。建设用地使用权的划拨取得意味着无期限的限定，无偿取得，所以，物权法严格限制以划拨方式设立建设用地使用权。采取划拨方式的，应当遵守法律、行政法规关于土地用途的规定。根据《城市房地产管理法》第23条的规定，划拨用地的用途限于：国家机关用地和军事用地；城市基础设施用地和公益用地；国家重点扶持的能源、交通、水利等项目用地；法律、行政法规规定的其他用地。相对于出让取得的建设用地的商业性目的，划拨用地的公益性非常明显。所以，划拨用地的建设用地使用权一般不得用于转让交易，不具有流通性。除非有批准权的人民政府准予转让的，由受让方办理建设用地使用权出让手续，并依法缴纳土地出让金后才可以转让。

3. 建设用地使用权的继受取得

基于出让取得的建设用地使用权人有权将建设用地使用权转让、互换、出资、赠与或者抵押，但法律另有规定的除外。建设用地使用权转让、互换、出资、赠与或者抵押时，当事人应当采取书面形式订立相应的合同。使用期限由当事人约定，但不得超过建设用地使用权的剩余期限。建设用地使用权转让、互换、出资或者赠与的，应当向登记机构申请变更登记。建设用地使用权转让、互换、出资或者赠与的，附着于该土地上的建筑物、构筑物及其附属设施一并处分。建筑物、构筑物及其附属设施转让、互换、出资或者赠与的，该建筑物、构筑物及其附属设施占用范围内的建设用地使用权一并处分。

（三）建设用地使用权的效力

1. 建设用地使用权人的权利

建设用地使用权人享有占有、使用和收益的权利，对其权利可以通过转让、出租、赠与、互换等方式处分。由于建设用地使用权和地上建筑物、构筑物和附属设施的所有权具有不可分割的特点，所以，根据《物权法》规定，建设用地使用权人在处分其权利时，其地上的建筑物、构筑物和附属设施的所有权一并处分。

2. 建设用地使用权人的义务

建设用地使用权人应当支付土地使用费，按照土地用途使用土地，使用权期限届满时，权利人应该将土地返还给所有权人，使用权人取回土地上的不动产，原则上应该恢复土地原状。

（四）建设用地使用权的消灭

建设用地使用权消灭的原因有：建设用地使用权期限届满和建设用地使用权的收回。根据《物权法》第149条规定，"住宅建设用地使用权期间届满的，自动续期。非住宅建设用地使用权期间届满后的续期，依照法律规定办理。该土地上的房屋及其他不动产的归属，有约定的，按照约定；没有约定或者约定不明确的，依照法律、行政法规的规定办理。"建设用地使用权期间届满前，因公共利益需要提前收回该土地的，应当依法对该土地上的房屋及其他不动产给予补偿，并退还相应的出让金。建设用地使用权消灭的，出让人应当及时办理注销登记，登记机构应当收回建设用地使用权证书。

四、宅基地使用权概述

（一）宅基地使用权的概念和特征

宅基地使用权，是指农村村民依法享有的在集体所有的土地上建造住宅及其附属设施的权利。根据《物权法》和《土地管理法》的规定，宅基地使用权的特征有：权利主体的特定性，权利主体仅限于农村集体经济组织成员；权利客体仅限于农村集体所有土地，不包括国有土地；权利内容限于在宅基地上建造住宅及其附属设施，一般仅限于农村居民用于农业生产和生活所必需，如牲畜圈棚、农具库房等。宅基地使用权具有无偿性、无期限性等。

（二）宅基地使用权的取得和流转

宅基地使用权取得包括原始取得和继受取得（流转）。

根据《土地管理法》规定，宅基地使用权的条件有：自然人，限于农村集体经济组织成员；符合农村村民一户只能拥有一处宅基地，其宅基地的面积不得超过省、自治区、直辖市规定的标准。农村村民建住宅，应当符合乡（镇）土地利用总体规划，并尽量使用原有的宅基地和村内空闲地。农村村民住宅用地，经乡（镇）人民政府审核，由县级人民政府批准；其中，涉及占用农用地的，依法办理审批手续。农村村民出卖、出租住房后，再申请宅基地的，不予批准。

宅基地使用权的继受取得或者流转受到法律的严格限制。宅基地使用权不可单独转让或抵押。其流转条件有二：第一，限于本村成员或者农民身份主体；第二，只能随房屋所有权转移而转移。从目前《物权法》和国家政策来看，将宅基地使用权转让给非农民身份主体的任何交易都被认为是不适法的。

（三）宅基地使用权的效力

1. 宅基地使用权人的权利

宅基地的所有权属于集体所有，集体成员取得的宅基地使用权作为一种福利待遇，依法享有对土地占有使用的权利，有权依法利用该土地建造住宅和附属设施。同时，对于建造于宅基地使用权上的建筑物及其附属设施享有所有权。在宅基地使用权上的房屋所有权转让或者抵押时，其中的宅基地使用权一并转让或者抵押。

2. 宅基地使用权人的义务

宅基地使用权人的义务有：不得非法转让、抵押宅基地使用权，必须符合村镇发展规划，按照规定用途正确使用宅基地，合理利用土地。

（四）宅基地使用权的消灭

宅基地使用权消灭的原因有：宅基地基于洪水、地震等自然灾害而毁损灭失；宅基地的收回和调整；宅基地被征收；宅基地使用权的抛弃。

已经登记的宅基地使用权转让或者消灭的，应当及时办理变更登记或者注销登记。

五、地役权概述

（一）地役权的概念和特征

地役权，是指按照合同约定，利用他人的不动产，以提高自己的不动产的收益所享有的用益物权。根据《物权法》第156条规定，"地役权人有权按照合同约定，利用他人的不动产，以提高自己的不动产的效益。前款所称他人的不动产为供役地，自己的不动产为需役地。"供役地的权利人，为供役人；需役地的权利人，为需役人，或地役权人。其特征有：第一，地役权属于非占有性物权。地役权作为一种用益物权，具有支配性和对世性。其权利目的在于充分发挥需役地的使用价值，而不在于对供役地的单纯使用。所以，在权利外观上，地役权仅是对他人不动产有限而非全面的占有性使用。第二，地役权属于从物权。由地役权功能所限，地役权的存在通常是为了需役地的充分利用，所以，地役权具有从属性，从属于需役地的所有权或者用益物权。具体表现在，地役权不可脱离需役地而单独处分，单独处分无效；当需役地发生移转时，受让人自动取得该地役权；当供役地发生移转时，受让人自动承受该地役权的负担。第三，地役权具有不可分性。地役权的不可分性表现在地役权是在总体上被行使，不可在当事人之间分割。若需役地发生分割，分割后的不动产的权利人可共同行使原来的地役权，但不可因此而加重供役地的负担；若供役地发生分割，分割后的不动产依然承受原地役权的负担，但以地役权行使之需为必要。如，甲、乙、丙土地相邻，甲在乙、丙共有的土地上设立一个取水地役权，后乙、丙对共有的土地进行分割，甲的取水点位于乙分得的土地上，则丙分得的土地不再承受地役权的负担。

地役权和相邻关系制度功能相近，均在于调整不动产权利人之间的利用关系，不同点在于约定的地役权主要功能在于弥补法定相邻关系的不足。

比如，甲家的承包地被乙家的承包地所包围，在承包时，有一条小路通往甲家的承包地，甲为了拓宽道路，与乙签订了一份协议，拓宽道路一丈，甲一次性支付乙5000元。本案中，甲通过该合同所取得的权利即为地役权。甲家的承包地属于典型的袋地，甲为了利用自己的土地，必须在乙的承包地通行，但一条小路足够，此为相邻关系，乙不可拒绝。甲家希望拓宽道路一丈，那么可以在和乙协商的基础上达成地役权合同，即通过设立地役权满足自己更高的需求。

（二）地役权的取得

1. 地役权的设立和登记

根据《物权法》第157条规定，设立地役权，当事人应当采取书面形式订立地役权合同。地役权合同一般包括下列条款：当事人的姓名或者名称和住所；供役地和需役地的位置；利用目的和方法；利用期限；费用及其支付方式；解决争议的方法。地役权自地役权合同生效时设立。当事人要求登记的，可以向登记机构申请地役权登记；未经登记，不得对抗善意第三人。

2. 地役权的变动

从地役权的功能来看，所有权人与土地使用权人之间发生地役权的承继和限制。土地所有权人享有地役权或者负担地役权的，设立土地承包经营权、建设用地使用权、宅基地使用权时，该土地承包经营权人、建设用地使用权人、宅基地使用权人继续享有或者负担已设立的地役权。土地上已设立土地承包经营权、建设用地使用权、宅基地使用权等权利的，未经用益物权人同意，土地所有权人不得设立地役权。

作为从物权，地役权不可单独转让。地役权随着供役地或者需役地的移转而移转。地役权不得单独转让。土地承包经营权、建设用地使用权等转让的，地役权一并转让，但合同另有约定的除外。地役权不得单独抵押。土地承包经营权、建设用地使用权等抵押的，在实现抵押权时，地役权一并转让。作为不可分物权，需役地以及需役地上的土地承包经营权、建设用地使用权部分转让时，转让部分涉及地役权的，受让人同时享有地役权。供役地以及供役地上的土地承包经营权、建设用地使用权部分转让时，转让部分涉及地役权的，地役权对受让人具有约束力。

（三）地役权的效力

地役权人的权利义务有：地役权人有权在合同约定的范围内使用供役地，并且有权实施必要的附随行为，但要承担合理利用、支付费用、对附随设施维持维修等义务。供役地人的权利义务有：行使原有权利、使用工作物、请求支付对价、容忍义务和分担工作物的维持费用等义务。

（四）地役权的消灭

地役权人有下列情形之一的，供役地权利人有权解除地役权合同，地役权消灭：违反法律规定或者合同约定，滥用地役权；有偿利用供役地，约定的付款期间届满后在合理期限内经两次催告未支付费用。已经登记的地役权变更、转让或者消灭的，应当及时办理变更登记或者注销登记。

任务五　担保物权

一、担保物权概述

（一）担保物权的概念和特征

担保物权，是指以确保债务清偿为目的，在债务人或者第三人的特定物或者财产权利上设立的优先受偿的权利。担保物权作为一种他物权、定限物权，以确保特定债权实现为目的，以支配、取得担保物的交换价值为内容，为价值权。比如，A工厂破产，经过法院清算，共欠甲、乙、丙三人各5万元，工厂留下的只有价值6万元的厂房。其中甲在工厂的厂房上设定了担保物权。此时，甲作为担保物权人，基于物权优先于债权的原则，其5万元的债权可以优先于乙、丙一般的债权而优先实现，而乙、丙只可以就余下的1万元的财产中在清偿其他债务后按照比例清偿。

担保物权具有以下三个主要特征：

1. 从属性

根据《物权法》第172条规定，设立担保物权，应当依照本法和其他法律的规定订立担保合同。担保合同是主债权债务合同的从合同。主债权债务合同无效，则担保合同无效，但法律另有规定的除外。担保合同被确认无效后，债务人、担保人、债权人有过错的，应当根据其过错各自承担相应的民事责任。由此说明，担保物权作为主债权的从物权，其设立、转移、发生效力和消灭均受到主债权的影响。

2. 不可分性

在债权完全清偿之前，担保物权人即债权人有权就担保物的全部主张清偿。一方面，可能因为担保债权部分清偿、免除、转让等原因导致最后债权数额发生变化，但不管最后有多少债权，担保物权人都可以就全部的担保物行使担保物权。另一方面，担保物因为分割或者转让导致部分灭失的，担保物权人对担保物的剩余部分行使权利。担保物权的不可分性目的在于增加担保物权的担保效力。

3. 物上代位性

当担保物发生毁损灭失而由其他物或者权利替代时，因该物或者权利很明确是被毁损的担保物的替代物，替代物依然具有特定性，担保物权人仍然可以对替代物行使担保物权。根据《物权法》第174条规定，担保期间，担保财产毁损、灭失或者被征收等，担保物权人可以就获得的保险金、赔偿金或者补偿金等优先受偿。被担保债权的履行期未届满的，也可以提存该保险金、赔偿金或者补偿金等。比如，赵某向李某借款10万元，赵某将自己的汽车作价5万元抵押给李某，未约定担保数额，并依法进行了抵押登记。后一次事故使汽车报废，保险公司赔偿8万元。二者之间的抵押关系继续有效，赵某应以全部保险赔偿金8万元继续担保赵某对李某的债务。

（二）担保物权和用益物权的区别

担保物权和用益物权同为他物权和定限物权，其不同点有：第一，设权目的不同。担保物权旨在以担保物的交换价值确保主债权的实现，而用益物权则旨在标的物的使用价值的实现。第二，权利内容不同。受设权目的的影响，担保物权内容主要包括对担保物的法律上的处分，确保债权的实现，而用益物权主要在于对标的物的占有使用和收益，强调对标的物的利用。第三，占有的定位不同。担保物权重在以担保物的交换价值确保自己债权的实现，故不需要有占有的事实，而用益物权强调对标的物的利用，所以其客体通常是有体物，重在对其使用价值的占有使用，通常需要有占有的事实。第四，性质不同。担保物权是从属物权，受到主债权的成立、消灭、转移、效力等影响，而用益物权除地役权外为独立物权，根据法律规定或者合同约定而产生，不以权利人享有其他权利为前提。

（三）担保物权的消灭

担保物权消灭的原因有：主债权消灭；担保物权实现；债权人放弃担保物权；法律规定担保物权消灭的其他情形。

二、抵押权概述

（一）抵押权的概念和特征

1. 抵押权的概念

抵押权，是指债权人以确保债权实现为目的，在债务人不履行到期债务或者发生当事人约定的实现抵押权的情形时,对债务人或者第三人提供的不转移占有的财产享有优先受偿的担保物权。在抵押权法律关系中,债权人是享有抵押权的人,即抵押权人。提供抵押财产的债务人或者第三人为抵押人。债务人或第三人提供的财产为抵押财产。抵押财产可以为有体物或财产权利,原则上,法律、行政法规没有禁止抵押的都可以充当抵押财产。

2. 抵押权的特征

抵押权作为一种担保物权,不仅具有物权的支配性、排他性、对世性、绝对性,还具有担保物权的从属性、不可分性、物上代位性,除此外在和其他担保物权对比中还具有以下特征:第一,抵押权是设立在债务人或者第三人的财产上的权利。第二,抵押权是不转移抵押物占有的权利。抵押权的成立以登记为必要,而不以占有为要件。这是抵押权优于质权的地方。抵押人在不转移占有的情况下设立抵押担保融资,就满足了自己使用的需要,以此观之,抵押权确实为优秀的担保物权。第三,抵押权是对抵押物交换价值享有优先受偿的权利。抵押权人不需要转移占有,从其内容来看,仅是在债务人不履行债务时,或发生约定的情形下,对抵押财产的交换价值就其债权享有优先受偿的权利。

(二) 抵押权的取得

抵押权的取得方式包括基于法律规定而取得,基于受让和继承而取得等。其中通过抵押合同创设抵押权,是抵押权基于法律行为取得的主要方式。

在债务担保法律关系中,债务人为了担保主债务的履行,而以债务人的或者第三人的物和债权人设立抵押担保合同。所以,抵押合同是主合同的债务人或者第三人与债权人订立的,不转移抵押物的占有,而以该抵押物作为担保主合同履行的协议。抵押合同要采取书面形式,其效力受到主合同效力的影响。其内容一般包括被担保债权的种类和数额;债务人履行债务的期限;抵押财产的名称、数量、质量、状况、所在地、所有权归属或者使用权归属;担保的范围等。能够充当抵押物的财产应该具备可处分性、不易损耗性、确属明晰等特征。凡是法律行政法规没有规定禁止抵押的财产,都可以充当抵押物。根据《物权法》第180条规定,债务人或者第三人有权处分的下列财产可以抵押:建筑物和其他土地附着物;建设用地使用权;以招标、拍卖、公开协商等方式取得的荒地等土地承包经营权;生产设备、原材料、半成品、产品;正在建造的建筑物、船舶、航空器;交通运输工具;法律、行政法规未禁止抵押的其他财产。《物权法》第184条规定,下列财产不得抵押:土地所有权;耕地、宅基地、自留地、自留山等集体所有的土地使用权,但法律规定可以抵押的除外;学校、幼儿园、医院等以公益为目的的事业单位、社会团体的教育设施、医疗卫生设施和其他社会公益设施;所有权、使用权不明或者有争议的财产;依法被查封、扣押、监管的财产;法律、行政法规规定不得抵押的其他财产。抵押权人在债务履行期届满前,不得与抵押人约定债务人不履行到期债务时抵押财产归债权人所有。抵押财产有不动产和动产之分,对上述不动产和正在建造的建筑物抵押的,应当办理抵押登记。抵押权自登记时设立。以上述动产和正在建造的船舶、航空器抵押的,抵押权自抵押合同生效时设立;未经登记,不得对抗善意第三人。其中企业、个体工商户、农业生产经营者以企业所有的生产设备、原材料、半成品、产品等动产抵押的,称为浮动抵押,应当向抵押人住所地的工商行政管理部门办理登记。抵押权自抵押合同生效时设立;未经登记,不得对抗善意第三人,也不得对抗正常经营活动中已支付合理价款并取得抵押财产的买受人。例如,个体工商户甲将其现有的以及将有的生产设备、原材料、半成品、产品一并抵押给乙银行，但未办理抵押登记。抵押期间，甲未经乙同意以合理价格将一台生产设备出卖给丙。后甲不能向乙履行到期债务。本案中，该抵押权虽已成立但不能对抗善意第三人，即不得对抗正常经营活动中已支付合理价款并取得抵押财产的买受人丙。

（三）抵押权的效力

1. 抵押权所担保的债权范围

根据《物权法》第173条规定，作为抵押权的担保物权的担保范围包括主债权及其利息、违约金、损害赔偿金、实现担保物权的费用。当事人另有约定的，按照约定。

2. 抵押权标的物范围

抵押权以抵押财产的交换价值为支配对象，以确保债权的实现。抵押权的标的物范围：主物、从物、附合物、从权利、孳息、赔偿金、补偿金、保险金。一般来说，抵押权人对抵押财产不转移占有，所以对其中抵押物的孳息自然不享有抵押权，但在抵押财产被人民法院扣押时，根据《物权法》第197条规定，债务人不履行到期债务或者发生当事人约定的实现抵押权的情形，致使抵押财产被人民法院依法扣押的，自扣押之日起抵押权人有权收取该抵押财产的天然孳息或者法定孳息，但抵押权人未通知应当清偿法定孳息的义务人的除外。前述孳息应当先充抵收取孳息的费用。

3. 抵押权人的权利

（1）对抵押人处分抵押财产的同意权。根据《物权法》第191条规定，抵押期间，抵押人经抵押权人同意转让抵押财产的，应当将转让所得的价款向抵押权人提前清偿债务或者提存。转让的价款超过债权数额的部分归抵押人所有，不足部分由债务人清偿。抵押期间，抵押人未经抵押权人同意，不得转让抵押财产，但受让人代为清偿债务消灭抵押权的除外。由此观之，抵押期间，抵押人基于对抵押物的所有权仍然可以对抵押物进行处分，但其处分行为可能损害到抵押权人的权利，影响到抵押权的目的实现，所以，法律赋予抵押权人对抵押人处分抵押物的同意权。

（2）恢复原状或提供相当担保的请求权或者提前清偿债务的请求权（保全权）。《物权法》第193条规定，抵押人的行为足以使抵押财产价值减少的，抵押权人有权要求抵押人停止其行为。抵押财产价值减少的，抵押权人有权要求恢复抵押财产的价值，或者提供与减少的价值相应的担保。抵押人不恢复抵押财产的价值也不提供担保的，抵押权人有权要求债务人提前清偿债务。抵押物的交换价值保全是抵押权实现的关键。在抵押人的行为造成抵押物价值减少的场合，法律赋予抵押权人的保全权利，可以向抵押人主张恢复原状请求权、增加担保请求权或者向债务人主张提前清偿债务请求权。但如果不是抵押人的行为，而是市场风险或者第三人的过错行为造成抵押物价值减少的，则不可以主张保全权利。

除此外，抵押权的效力还包括抵押人的权利：抵押人对抵押物的处分权、在抵押物价值范围内再次抵押权、出租权等。

（四）抵押权的实现

抵押权作为一种物权，抵押权人的意思自治是抵押权实现的基本原则。抵押权就是否实现、如何实现、何时实现，抵押权人有权排除他人干涉，除非法律有特殊规定。《物权法》第195条规定，债务人不履行到期债务或者发生当事人约定的实现抵押权的情形，抵押权人可以与抵押人协议以抵押财产折价或者以拍卖、变卖该抵押财产所得的价款优先受偿。协议损害其他债权人利益的，其他债权人可以在知道或者应当知道撤销事由之日起1年内请求人民法院撤销该协议。抵押权人与抵押人未就抵押权实现方式达成协议的，抵押权人可以请求人民法院拍卖、变卖抵押财产。由此观之，抵押权的实现条件有二：第一，债务人不履行债务；第二，约定情形成就。抵押权实现方式包括：与抵押人就抵押财产协议折价、委托人民法院拍卖抵押财产、变卖抵押财产或者其他方式。抵押权的实现要按照法定的顺序清偿。同一财产向两个以上债权人抵押的，拍卖、变卖抵押财产所得的价款依照下列规定清偿：抵押权已登记的，按照登记的先后顺序清偿；顺序相同的，按照债权比例清偿；抵押权已登记的先于未登记的受偿；抵押权未登记的，按照债权比例清偿。同时，抵押权人应当在主债权诉讼时效期间行使抵押权；未行使的，人民法院不予保护。在抵押权实现过程中，如果抵押物的价值超过担保债权的，则超过的部分属于抵押人，如果抵押物的价值不足以清偿抵押权的债权的，则债务人对不足清偿的部分负有继续清偿的义务。在抵押权人实现其债权后，如果抵押权为第三人的，则第三人即取得对债务人的追偿权，有权要求债务人清偿其代为清偿的债务。

（五）特殊抵押权

《物权法》规定的特殊抵押权主要有最高额抵押权、共同抵押权等。

1. 最高额抵押权

最高额抵押权，是指抵押权人和抵押人达成合意，在约定的一定债权额度内，以抵押物对一定时期内将要连续发生的债权提供担保，当债务人不履行到期债务或者发生当事人约定的实现抵押权的情形时，抵押权人有权在最高债权额限度内就抵押财产优先受偿的权利。相对于普通抵押权而言，其主要特征是：对约定期限将要发生的不特定债权在其债权最高限额内进行的担保。具体而言，最高额抵押权担保的债权不是特定债权，而是在约定的将来的一定期限内连续发生的一系列债权，其担保的债权数额也是不确定的，而是规定了最高限额，凡是在最高限度内发生的都属于担保债权，超过限额的债权，则不属于担保债权。

最高额抵押权往往针对如银行和企业连续借款，批发商和零售商、零售商和消费者之间基于连续性交易关系不断发生的债权而设立，以此避免频繁设立普通抵押权的低效和繁琐，在追求交易便捷和安全的现代市场经济中有其积极意义。

最高额抵押权设立前已经存在的债权，经当事人同意，可以转入最高额抵押担保的债权范围。最高额抵押担保的债权确定前，部分债权转让的，最高额抵押权不得转让，但当事人另有约定的除外。最高额抵押担保的债权确定前，抵押权人与抵押人可以通过协议变更债权确定的期间、债权范围以及最高债权额，但变更的内容不得对其他抵押权人产生不利影响。有下列情形之一的，抵押权人的债权确定：约定的债权确定期间届满；没有约定债权确定期间或者约定不明确，抵押权人或者抵押人自最高额抵押权设立之日起满2年后请求确定债权；新的债权不可能发生；抵押财产被查封、扣押；债务人、抵押人被宣告破产或者被撤销；法律规定债权确定的其他情形。抵押权人的债权一旦确定，最高额抵押权即转换为普通抵押权，从而按照普通抵押权的规则处理。

2. 共同抵押权

共同抵押权，又称为连带抵押权，是指为了担保同一个债权的实现而在数个财产上设立的抵押权。其特征有：数个抵押权设立的目的在于担保同一债权，抵押权标的物为多个,彼此独立。而一般抵押权仅及于一物。共同抵押权人可以就各个抵押物变价获得的价金优先受偿。《物权法》第 176 条规定,被担保的债权既有物的担保又有人的担保的,债务人不履行到期债务或者发生当事人约定的实现担保物权的情形,债权人应当按照约定实现债权;没有约定或者约定不明确,债务人自己提供物的担保的,债权人应当先就该物的担保实现债权;第三人提供物的担保的,债权人可以就物的担保实现债权,也可以要求保证人承担保证责任。提供担保的第三人承担担保责任后,有权向债务人追偿。由此观之,共同抵押权中的抵押人为债务人和第三人的,共同抵押权的行使可以按照债务人、抵押人、抵押权人的约定实现行使,如果没有约定或者约定不明确的,债务人自己提供财产抵押的,债权人应该先就该物行使抵押权,然后再就第三人提供的财产行使抵押权。

三、质权概述

(一)质权的概念和特征

质权,是指债权人为了担保其债权的实现,在债务人不履行到期债务或者发生当事人约定的实现质权的情形时,将已经占有的债务人或者第三人提供的质押财产或者财产权利凭证进行处分并获得优先受偿的权利。享有质权担保优先受偿权的债权人为质权人,提供质押财产或者财产权利的债务人或者第三人为出质人,债务人或者第三人为担保债权提交的财产或财产权利为质押财产,包括动产或者债权、股权、知识产权中的财产权等。根据质押财产的不同,质权包括动产质权和权利质权。

质权作为一种担保物权,和其他担保物权相比,其特征有:质权的标的为动产和法律规定的财产权利;出质人将其提供的质押动产交付给质权人,以占有为特点;涉及无形财产权利时,则需要财产权利凭证的交付或者登记。

(二)动产质权

1. 动产质权的概念和特征

动产质权,是指为了担保债权的实现,在债务人不履行到期债务或者出现约定的情形时,占有债务人或第三人的动产的债权人有权就该动产进行变价、折价或拍卖,并对所获价金优先受偿的权利。动产质权法律关系当事人有:出质人、质权人。质押财产为动产。其特征有:抵押财产是债务人或第三人享有所有权的财产,质权人占有作为标的物的动产。

2. 动产质权的设立

动产质权取得有基于法律行为(比如质押合同)取得和基于法律行为以外的原因(比如善意取得、继承等)取得。基于质押合同创设质权的情形为动产质权设立的主要情形。

设立质权,当事人应当采取书面形式订立质权合同。质权合同一般包括下列条款:被担保债权的种类和数额;债务人履行债务的期限;质押财产的名称、数量、质量、状况;担保的范围;质押财产交付的时间。质权人在债务履行期届满前,不得与出质人约定债务人不履行到期债务时质押财产归债权人所有。质权合同不得约定流质契约条款。质权自出质人交付质押财产时设立。

3. 动产质权的效力

动产质权的效力包括担保债权的范围、质押财产的范围、质权人的权利义务和出质人的权利义务等内容。就担保债权的范围而言,出质人和质权人可以约定,包括主债权、利息、违约金和赔偿金、保管质押财产的费用、实现质押权的费用等。就质押财产的范围而言,主要包括主物、从物、孳息、附合物、从权利、赔偿金、补偿金、保险金等。其中的孳息,质权人仅仅享有孳息的收取权,而不享有所有权。孳息首先冲抵收取孳息的费用。

质权人享有的权利包括:对质押财产的占有权、对孳息的收取权、对质押财产价值转质权、保管费用偿还请求权、优先受偿权等。转质权是指质权人在质权存续期间,对占有的质押财产再次出质的权利。对于未经出质人同意的转质行为,造成质押财产毁损、灭失的,质权人应当向出质人承担赔偿责任。质权人承担的义务有:妥善保管质押财产,不得擅自使用和处分质押财产,在债务人履行债务的情况下,要及时返还质押财产等。

(三) 权利质权

1. 权利质权的概念和特征

权利质权,是对债务人或者第三人的财产权利设立的质权。与动产质权相对,其特征有:质权的标的为具有让与性的除所有权之外的财产权利;必须经交付财产权利凭证或者登记公示而发生效力。

2. 权利质权的设立

权利质权的设立通常要通过书面的质押合同。其中债务人或者第三人有权处分的下列权利可以出质:汇票、支票、本票;债券、存款单;仓单、提单;可以转让的基金份额、股权;可以转让的注册商标专用权、专利权、著作权等知识产权中的财产权;应收账款;法律、行政法规规定可以出质的其他财产权利。以汇票、支票、本票、债券、存款单、仓单、提单出质的,质权自权利凭证交付质权人时设立;没有权利凭证的,质权自有关部门办理出质登记时设立。以基金份额、证券登记结算机构登记的股权出质的,质权自证券登记结算机构办理出质登记时设立;以其他股权出质的,质权自工商行政管理部门办理出质登记时设立;以注册商标专用权、专利权、著作权等知识产权中的财产权出质的,质权自有关主管部门办理出质登记时设立;以应收账款出质的,质权自信贷征信机构办理出质登记时设立。

3. 权利质权的效力

权利质权的核心效力是对被质押的财产权利的交换价值具有支配力。当债务人不履行到期债务时,质权人可以通过质押财产的交换价值优先获得受偿。就债权的权利凭证(汇票、支票、本票、债券、存款单、仓单、提单、应收账款等权利质权,本质上均为债权质权)而言,鉴于持有权利凭证就意味着有权行使该权利凭证上所载明的财产权利,因此,除非当事人另有约定,否则该财产权利的权利凭证上所载明的债权及其利息、违约金、赔偿金以及债权的担保利益,均为质权担保的债权范围。就基金份额、股权而言,其质权效力及于基金份额,公司股权所获得的股息、红利和分配的盈余。就知识产权中的财产权而言,质权的效力及于因知识产权的使用而获得的合法收益,包括知识产权的许可收益、转让金等。

4. 权利质权的实现

在债务人不履行到期债务时,质权人对设质的财产权利进行处分以获得价金,并就获得的价金优先受偿以保证债权的实现。权利质权的实现,以债权已届清偿期而未获得清偿为条件,但债权的到期并不是权利质权行使的绝对条件。当质权人因保全质权的需要而提前对质权进行处分,也属于权利质权实现的范围。汇票、支票、本票、债券、存款单、仓单、提单的兑现日期或者提货日期先于主债权到期的,质权人可以兑现或者提货,并与出质人协议将兑现的价款或者提取的货物提前清偿债务或者提存。基金份额、股权出质后,不得转让,但经出质人与质权人协商同意的除外。出质人转让基金份额、股权所得的价款,应当向质权人提前清偿债务或者提存。知识产权中的财产权出质后,出质人不得转让或者许可他人使用,但经出质人与质权人协商同意的除外。出质人转让或者许可他人使用出质的知识产权中的财产权所得的价款,应当向质权人提前清偿债务或者提存。应收账款出质后,不得转让,但经出质人与质权人协商同意的除外。出质人转让应收账款所得的价款,应当向质权人提前清偿债务或者提存。

四、留置权概述

(一) 留置权的概念和特征

留置权,是指债权人已经合法占有债务人的动产,在债务人不履行到期债务时,将该动产留置并就该动产优先受偿的法定担保物权。其中债权人为留置权人,占有的动产为留置财产。留置权作为一种法定担保物权,和抵押权质权等约定担保物权不同,其特征有:留置权仅以债务人合法占有的动产为标的物,留置权产生的依据是法律的直接规定;其主要效力在于对动产的留置。留置权不同于融资性担保,其核心功能在于保全特定劳务性债权的实现。

(二) 留置权的构成要件

留置权作为一种法定担保物权,由法律明确规定留置权产生条件。第一,作为留置权产生的前提,要求债权人已经合法占有了债务人的动产,该行为应该是公开的,有合同依据或者法律依据。如基于保管合同、承揽合同、运输合同或者无因管理等而占有债务人提交的用于保管、运送、加工甚至无因管理等而占有的动产。但是债权人基于侵权行为而占有债务人的动产,则不产生留置权,单纯的持有如受雇人持有雇主的动产也不产生留置权。第二,自债务人不履行到期债务时进行留置。第三,留置的动产应当与被担保的债权是同一法律关系。除非双方都是企业,否则留置的动产应该与被担保的债权是同一法律关系。第四,不违背法律的禁止性规范,对于法律规定或者当事人约定不得留置的动产,不得留置。如被禁止流通的动产毒品之类,或者留置残疾人的假肢之类违背善良风俗,或者违反合同约定义务的等,则不可以留置。

(三) 留置权的效力

留置权的效力包括留置权的效力范围、留置权人的权利义务。由于留置权为法定担保物权,留置权所担保的债权范围为法律规定的范围。根据《物权法》第173条规定,留置权所担保的债权有:主债权、利息、违约金、损害赔偿金、保管留置物的费用、实现留置权的费用。留置权所及标的物通常为主物、从物、孳息、赔偿金、保险金、补偿金等。留置权人享有的权利有:占有留置财产的权利、对留置财产孳息的收取权、对留置物必要的保管费用、对留置财产变价后的优先受偿权。留置权人应承担的义务有:对留置财产妥善保管义务、给予债务履行期的义务、及时行使留置权的义务、在留置权消灭时对留置权的返还义务。

(四) 留置权的实现

留置权人与债务人应当约定留置财产后的债务履行期间；没有约定或者约定不明确的，留置权人应当给债务人两个月以上履行债务的期间，但鲜活易腐等不易保管的动产除外。债务人逾期未履行的，留置权人可以与债务人协议以留置财产折价，也可以就拍卖、变卖留置财产所得的价款优先受偿。留置财产折价或者变卖的，应当参照市场价格。债务人可以请求留置权人在债务履行期届满后行使留置权；留置权人不行使的，债务人可以请求人民法院拍卖、变卖留置财产。留置财产折价或者拍卖、变卖后，其价款超过债权数额的部分归债务人所有，不足部分由债务人清偿。同一动产上已设立抵押权或者质权，该动产又被留置的，留置权人优先受偿。

留置权人对留置财产丧失占有或者留置权人接受债务人另行提供担保的，留置权消灭。

任务六　占有

一、占有概述

占有，是指占有人对物的事实上的控制和支配。占有的主体不限于完全民事行为能力人，占有的客体包括不动产和动产，其内容是对物在事实上的控制和支配。占有作为一种事实，无论是否存在权利基础，甚至对于偷来的物也不妨碍占有的成立。占有不同于持有，持有是人对物单纯的事实上的接触和控制。占有不同于基于所有权的占有权能。对占有的保护，主要是出于维护社会经济秩序的需要。

二、占有的分类

1. 有权占有和无权占有

基于占有人是否具有本权，占有可分为有权占有和无权占有。有权占有可以基于所有权进行的占有，也可以基于债权、基于身份权发生的占有。无权占有是本权的占有，如承租人在租赁关系消灭后对租赁物的占有。

2. 善意占有和恶意占有

基于占有人的主观心理状态的不同，占有可以进一步分为善意占有和恶意占有。善意占有，是指无权占有人不知道，也不应知道自己的占有为无权占有的占有。恶意占有，是指无权占有人知道或应当知道自己的占有为无权占有的占有。前者如不知情人对遗失物买卖而发生的占有，后者如对遗失物的侵占等。二者的区分意义主要在于：第一，只有善意占有才可依照善意取得制度取得所有权或者他物权，而恶意取得则不可；第二，占有人因使用占有物致使该物受到损害的，恶意占有人应承担损害赔偿责任，而善意占有人则不必；第三，无权占有人包括善意占有和恶意占有都应当向权利人返还原物和孳息，善意占有人还可以向权利人主张因维护占有物支出的必要费用，而恶意占有人则不可；第四，占有物毁损、灭失的，善意占有人仅需以取得的保险金、赔偿金、补偿金等返还权利人，权利人的损害未得到足够弥补的，恶意占有人还需要赔偿损失。

3. 自主占有和他主占有

根据占有人的心态不同，占有可分为自主占有和他主占有。自主占有，是指占有人以所有的意思对物进行的占有。他主占有，是指占有人非以所有的意思对物进行的占有。前者如所有权人对自己物的占有，侵占人对他人之物的占有，后者如承租人对租赁物的占有。区分意义在于先占和时效取得均以自主占有为成立要件。

4. 直接占有和间接占有

根据占有人是否直接占有物，占有可以分为直接占有和间接占有。直接占有，是指占有人直接对物的控制和支配。间接占有，是指占有人并未直接占有物，而是基于一定的法律关系，对于直接占有人享有占有物返还请求权。前者如建设用地使用权人对土地的占有，后者如租赁关系中出租人的占有。二者的区分意义在于，直接占有可以独立存在，而间接占有不能独立存在。

5. 自己占有和占有辅助

根据占有人是否亲自占有，占有可分为自己占有和占有辅助。自己占有，是指占有人自己对物进行事实上的支配和控制。占有辅助，是指受占有人的指示而对物进行事实上的支配和控制。如雇佣法律关系中雇主的占有为自己占有，雇员的占有为占有辅助。二者的区分意义在于，占有辅助不是真正的占有，不享有或者承担占有的权利义务。

三、占有的取得、变更和消灭

（一）占有的取得

占有的取得包括原始取得和继受取得。前者基于事实行为、违法行为或其他法律事实而取得，如遗失物的拾得，无主物的先占，强占他人房屋，无主物的拾得等；后者基于创设行为取得和移转取得，如出质人创设质权，创设质权人的直接占有，占有的让与和继承等。

（二）占有的变更

占有的变更，是指占有从一种类型转向另一种类型。如有权占有变更为无权占有，善意占有变更为恶意占有，他主占有变更为自主占有等。

（三）占有的消灭

直接占有的消灭可以以占有人的意思而消灭，如让与，也可以基于占有人意志之外的原因而消灭，如占有物被盗、毁损灭失等。间接占有的消灭原因可能有：直接占有人丧失占有，直接占有人拒绝承认间接占有，返还请求权的消灭等。

四、占有的效力和保护

（一）占有的效力

占有的效力包括权利推定效力、保护效力。占有的权利推定效力，是指基于占有之背后真实权利存在的盖然性。即基于占有人对于占有物的占有，推定其具有真实权利。受权利推定的占有人，免于举证责任，而由第三人就反证负举证责任；占有人自己可以推定其占有，第三人也可以推定占有人占有，一般而言，此推定是为占有人的利益而设，但对其产生不利时，也可适用。但权利推定仅仅在于表彰权利的存在，而不在于使占有人在法律上创设权利。

占有的事实状态推定效力，是指法律为了保护占有人的利益，在无相反证明的情况下，推定占有人之占有为无瑕疵占有，即有权占有、善意占有、和平占有、自主占有、公开占有、继续占有等。

占有人的权利和义务主要有：占有人对占有物的使用权、收益权，善意占有人对占有物支出必要费用的返还请求权；原物和孳息的返还义务、损害赔偿的义务等。

（二）占有的保护

在占有人之占有受到侵害时，占有人有权依其占有进行自力救济，包括自力防御和取回。占有人的自力防御，是指占有人对于侵夺或者妨害其占有的行为，有权以自己的力量进行防御，以排除侵害。占有人的自力取回，是指占有人对于占有物被侵夺时，有自行取回其物的权利，但以即时就地或者追踪为取回条件，否则，只能借助于公力救济。

在占有被侵害时，占有人享有占有保护请求权，包括占有物返还请求权、排除妨害请求权和消除危险请求权。根据《物权法》第245条规定，占有人返还原物的请求权，自侵占发生之日起1年内未行使的，该请求权消灭；在占有物被毁损灭失时，还可以主张损害赔偿请求权。

【思考题】

一、简答题

1. 简要论述物权法的基本原则。
2. 简要论述善意取得。
3. 简要论述共同共有和按份共有的不同。
4. 简要论述不动产相邻关系的类型及相关法律规定。
5. 简要论述用益物权的类型和体系。
6. 简要论述建设用地使用权的取得。
7. 简要论述抵押权的概念和特征。
8. 简要论述质押的效力。
9. 简要论述留置权和质押权的不同。
10. 简要论述善意占有和恶意占有的不同。

二、案例分析

案例1：

吴某和李某共有一套房屋，所有权登记在吴某名下。2010年2月1日，法院判决吴某和李某离婚，并且判决房屋归李某所有，但是并未办理房屋所有权变更登记。2月10日该判决生效。3月1日，李某将该房屋出卖给张某，张某基于对判决书的信赖支付了50万元价款，并入住了该房屋。4月1日，吴某又就该房屋和王某签订了买卖合同，王某在查阅了房屋登记簿确认房屋仍归吴某所有后，支付了50万元价款，并于5月10日办理了所有权变更登记手续。

问题：

(1) 2月10日至5月10日，该房屋的所有权人是吴某还是李某？为什么？

(2) 5月10日之后，该房屋的所有权人是张某还是王某？为什么？

案例 2：

同升公司以一套价值 100 万元的设备作为抵押，向甲借款 10 万元，未办理抵押登记手续。同升公司又向乙借款 80 万元，以该套设备作为抵押，并办理了抵押登记手续。同升公司欠丙货款 20 万元，将该套设备出质给丙。丙不小心损坏了该套设备送丁修理，因欠丁 5 万元修理费，该套设备被丁留置。

问题：

（1）同升公司和甲之间的抵押合同、抵押权是否有效？为什么？

（2）同升公司分别和乙、丙、丁之间形成什么法律关系？如果甲、乙、丙、丁都要对同升公司主张其债权实现，请列出其债权清偿顺序，并详细说明理由。

项目十一 税法

【导入案例】

演员王某8月份领取工资收入3300元,某次演出取得收入40000元,另取得借给某演出公司的借款利息收入5000元。上述所得除工资已由单位扣缴税额外,其余均未申报纳税。

思考:(1)根据个人所得税法及税收征收管理法有关规定,计算王某应补缴的个人所得税额。(2)王某未申报纳税的行为是否构成犯罪,为什么?

任务一 税法概述

一、税收和税法

(一)税收的概念

税收是国家为了实现其职能,凭借政治上的权力,按照法律规定的标准,由政府专门机构向居民和非居民就其财产和特定行为所实施的强制、无偿地取得财政收入的特殊分配活动。税收不仅是国家取得财政收入的主要形式,也是国家调节经济生活的重要杠杆之一。

对税收的概念可以从以下六个方面来理解:

第一,税收的目的。国家征税的目的是为了实现国家的各种职能。现代国家的各种职能,包括经济调控职能等的实现都离不开赋税的支持。税收是国家取得财政收入的一种重要工具,国家征税的主要目的是维持一定的公共支出,所以,税收具有"取之于民、用之于民"的特点。

第二,税收的政治前提和法律依据。国家征税凭借的是政治权力和宪法、法律的规定。

第三,税收主体。税收主体包括征税主体和纳税主体。征税主体是国家授权的专门机关,一般为国家税务机关、财政机关和海关。纳税主体可以分为居民和非居民。所谓居民,从税法的角度而言,是指按照一国税法确定的住所、居所、居住期、管理机构或主要办事处所在地等标准认定的在该国负有无限纳税义务的人,包括自然人和组织。凡不符合一国居民条件的自然人和组织则为非居民。非居民作为有限纳税义务人,仅对其来源于该国的所得纳税。

第四,税收的特征。税收作为国家调节经济生活的重要杠杆之一,具有强制性、无偿性和固定性。强制性主要是指国家以社会管理者的身份,用法律法规等形式对征收税款加以规定,并依照法律强制征税;无偿性主要是指国家征税后,税款即成为财政收入,不再归还给纳税人,也不支付任何代价和报酬;固定性主要是指国家在征税之前,以法律的形式规定了征税对象的征收比例或者征收数额以及课税方法等。

第五，税收的作用。税收是国家取得财政收入的重要工具；是国家调控经济的重要杠杆；还具有维护国家政权稳定的作用。

第六，税收不具有惩罚性。由此将罚款、罚金以及其他一切罚没行为排除在税收行为之外。

（二）税法的概念

税法是收税的法律依据，是国家制定并由国家强制力保证实施的调整税收关系的法。它以确认和保护国家税收利益、维护纳税人权益为根本任务。在税收过程中形成的社会关系，主要包括税收分配关系和税收征纳程序关系，这是税法调整的对象。因此，税法相应地包括实体税法和程序税法两部分。税收作为社会经济关系，是税法的实质内容，税法作为法律行为规范，是税收的法律形式。税收活动必须以税法为依据。

二、税法构成要素

税法构成是税收法律规范的内部构成。税法规范与其他法律规范一样，也是由条件、行为模式、法律后果三部分构成。条件是指适用税法的条件或情形，如纳税人的范围、课税客体的情形等；行为模式是指征税主体或纳税主体的权利、义务范围，如纳税人就何客体交税、交多少、怎么交、什么时间交等；法律后果是指税收主体为一定行为的法律后果，如对合法行为的保护和奖励、对违法行为的制裁等。

税法的构成要素，是构成税法的必要因素，是税法必不可少的内容。税法的构成要素是指构成一个完整的税种应包含的要素，一般包括税收主体、征税对象、税率、纳税环节、纳税期限、纳税地点、税收优惠和违法处理等八项，其中，税收主体、征税对象和税率是税收制度的三个最基本要素。

1. 税收主体

税收主体是指按税法规定在税收法律关系中享有权利和承担义务的当事人，即税法权利义务关系的承担者，包括征税主体和纳税主体。根据《税收征收管理法》第 4 条、第 5 条的规定，税收的一方主体是代表国家行使税收管理权的各级征税机关；另一方是依法负有纳税义务的纳税人和依法负有代扣代缴、代收代缴税款义务的扣缴义务人，即纳税主体。其中纳税人又称纳税义务人，是纳税的主体，即税法规定的直接负有纳税义务的单位和个人，包括自然人和法人；负人是指税款的实际承担者，而纳税人是指负担税款的法律主体；扣缴义务人是指虽不承担纳税义务，但在向纳税人支付收入、结算货款、收取费用时有义务代扣代缴其应纳税款的单位和个人；代收代缴义务人是指虽不承担纳税义务，但依照有关规定，在向纳税人收取商品或劳务收入时，有义务代收代缴其应纳税款的单位和个人。

2. 征税对象和税目

征税对象，又称课税客体、纳税客体，是指征纳税双方权利义务所共同指向的客体或标的物（包括物和行为），是区分不同税种的主要标志，是税法最基本的要素。征税对象体现着征税的最基本界限，决定着某一种税的基本征税范围。它表明征税主体对什么征税的问题，也是引起税法权利义务产生的根据。在税法上明确征税对象，关系到某种税的征税界限、税源的开发和税收负担的调节等问题。税法必须对每一种税的征税对象作出明确、具体的规定。

税目是税法中对征税对象分类规定的具体征税项目,是征税对象的具体化,是对征税对象质的界定,反映具体的征税范围,因此,税目一般不作为税法构成的一个独立要素。

3. 税率

税率是指税法规定的每一纳税人的课税客体数额与应纳税额之间的比例。它是法定的计算税额的尺度,是衡量税负高低的重要指标,是税法的核心要素。

税法规定的法定税率基本形式主要有三种:

(1) 比例税率。比例税率是指对同一征税对象,不论数额大小,均按同一比例计征的税率。这种税率不因课税客体数量的多少而变化,应纳税额与课税客体数量之间表现为一种等比关系。

(2) 累进税率。所谓累进税率是指随着征税对象的数额由低到高逐级累进,所适用的税率也随之逐级提高的税率。累进税率根据划分级距的标准不同和累进方式不同可分为全额累进税率、超额累进税率和超率累进税率三种。全额累进税率是对课税客体的全部数额都按照与之相适应的等级税率征税。我国现行税法不采用这种税率。超额累进税率是根据课税客体数额的不同级距规定不同的税率对同一纳税人按照不同的等级税率征税。如我国的个人所得税即采用这种税率。其合理性在于对收入差别的调节,体现了合理负担的原则,因而被大多数国家所采纳。超率累进税率是把课税客体的一定数额作为一个计税基数,以这个基数为一倍,按不同超倍数额采用不同的累进税率计征。我国的土地增值税采用了这种税率。

(3) 定额税率。定额税率又称固定税额,是指按征税对象的一定计量单位直接规定固定的税额的一种税率形式,一般适用于从量计征的税种,如车船使用税、资源税等。

4. 纳税环节

纳税环节是指在商品生产和流转过程中应当缴纳税款的环节,可以分为全部流转环节征税和特定流转环节征税。一般来说,一种税具体确定在某个或某几个环节征税,不仅关系到税制结构和税负平衡问题,而且对于保证国家财政收入,便于纳税人缴纳税款,促进企业加强经济核算等方面,都具有重要意义。因此,纳税环节也须由税法作明确规定。例如:流转税在生产和流通环节纳税,所得税在分配环节纳税。

5. 纳税期限

纳税期限是指纳税人发生纳税义务后,向国家征税机关申报缴纳税款的期限。税法规定每种税的纳税期限,是为了保证税收的稳定性和及时性。纳税人按纳税期限缴纳税款,是税法规定的纳税人必须履行的义务,违者将受到加收滞纳金等处罚。

6. 纳税地点

纳税地点是指纳税人依照税法规定向征税机关申报缴纳税款的场所。税法规定纳税地点的目的在于两个方面的考虑:一方面是为了避免对统一应税收入、应税行为重复征税或漏征税款;另一方面是为了保证各地方财政能够明确地域范围内取得的收入。

7. 税收优惠

税收优惠是指国家为了体现鼓励和扶持政策,在税收方面采取的激励和照顾措施,是对某些纳税人和征税对象给予鼓励或者照顾的一种特殊规定,是税法的原则性和必要的灵活性相结合的具体体现。我国税法规定的税收优惠形式主要有减税、免税、退税、投资抵免、快速折旧、亏损结转抵补和延期纳税等。

8. 法律责任

法律责任是税法规定的纳税人和征税工作人员违反税法规范应当承担的法律后果，主要是规定对纳税人和征税工作人员违反税法的行为采取的惩罚措施。它是税收的强制性在法律上的集中表现，是税法规范构成不可缺少的部分。如我国《税收征收管理法》规定，纳税人伪造、变造、隐匿、擅自销毁账簿、记账凭证，或者在账簿上多列支出或者不列、少列收入，或者经税务机关通知申报而拒不申报或者进行虚假的纳税申报，不缴或者少缴应纳税款的，是偷税。对纳税人偷税的，由税务机关追缴其不缴或者少缴的税款、滞纳金，并处不缴或者少缴的税款50%以上5倍以下的罚款；构成犯罪的，依法追究刑事责任，就是对纳税人违反税法的行为而规定的违法处理措施。

任务二　实体税法

实体税法即税收实体法，是指主要规定国家征税主体和纳税主体纳税的实体权利义务的法。中国现行实体税法结构体系包括流转税法、所得税法、财产税法、行为税法、资源税法和其他实体税法。

中国现行实体税法体系按税收的征收权限和收入支配权限分为中央税（消费税、关税）、地方税（屠宰税、城市维护建设税、房产税、车船使用税）、中央和地方共享税（增值税）；根据课税对象的不同，实体税法分为：流转税法、所得税法、行为税法、财产和资源税法五大类。

一、流转税法

流转税法是调整以流转额为征税对象的税收关系的法。所谓流转额，是指在商品流转中商品销售收入额和经营活动所取得的劳务或业务收入额。以流转额作为征税对象的一类税收称为流转税，如增值税、消费税、营业税、关税等。流转税与商品生产和流通密切相关，多按货币流转额计征。它是一种间接税，纳税人往往不是税收的实际负担者。

（一）增值税法

增值税是以商品（含应税劳务）在流转过程中产生的增值额为计税依据征收的一种流转税，其特点是：①价外税；②道道征收；③税款抵扣制度；④不管企业是否盈利，只要有营业额，均要缴纳增值税。《中华人民共和国增值税暂行条例》（2008）和财政部、国家税务总局制定的《中华人民共和国增值税暂行条例实施细则》（2011）（下称《实施细则》），规定了我国增值税法的主要内容。

1. 纳税主体

凡在中华人民共和国境内销售货物或者提供加工、修理修配劳务以及进口货物的单位和个人，为增值税的纳税义务人（即纳税主体）。根据规模不同，增值税纳税人划分为一般纳税人和小规模纳税人。一般纳税人可以抵扣进项税，小规模纳税人不能抵扣进项税。《实施细则》（2011）第28条规定小规模纳税人的标准是：①从事货物生产或者提供应税劳务的纳税人，以及以从事货物生产或者提供应税劳务为主，并兼营货物批发或者零售的纳税人，年应征增值税销售额（以下简称应税销售额）在50万元以下（含本数，下同）

的；②除第①项规定以外的纳税人，年应税销售额在80万元以下的。

《实施细则》第29条规定"年应税销售额超过小规模纳税人标准的其他个人按小规模纳税人纳税；非企业性单位、不经常发生应税行为的企业可选择按小规模纳税人纳税。"第30条还规定"小规模纳税人的销售额不包括其应纳税额。小规模纳税人销售货物或者应税劳务采用销售额和应纳税额合并定价方法的，按下列公式计算销售额：销售额=含税销售额/（1+征收率）。"

2. 征税范围

增值税的征税范围是销售货物和提供应税劳务，即加工、修理修配劳务和进口货物。其中，销售货物包括：①一般销售，即销售有形动产，包括电力、热力和气体；②视同销售，如将自产或购买的货物用于非应税项目；③混合销售，即一项销售行为既涉及货物，又涉及非应税劳务的行为。提供应税劳务，是指提供应当征收增值税的劳务，包括提供加工、修理修配劳务，不包括交通运输业、建筑业、金融保险业、邮电通信业、文化体育业、娱乐业、服务业等其他劳务。进口货物，实际上是货物销售的一个特殊环节，在货物进口报关时，同样要征收进口环节增值税。

3. 税率

我国增值税法规定了17%、13%和零税率三档税率。其中，17%为基本税率，13%为低税率，对出口产品一般实行零税率。17%的基本税率适用于一般情况下的销售货物、提供应税劳务和进口货物。

从2016年5月1日起，我国全面实施"营改增"改革。纳入"营改增"试点的范围是：交通运输业，包括陆路运输（暂不包括铁路运输）、水路运输、航空运输和管道运输；部分现代服务业。在现行增值税17%标准税率和13%低税率基础上，新增11%和6%两档低税率。新增税率是按照改革试点行业总体税负不增加或略有下降的原则，依据试点行业营业税实际税负测算的。有形动产租赁适用17%税率，交通运输业适用11%税率，其他部分现代服务业适用6%税率。此外，对于小规模纳税人，增值税征收率为3%。

4. 销项税额与进项税额

销项税额是纳税人销售货物或提供应税劳务时，计算的应向购买方收取的增值税额；进项税额是纳税人购进货物或接受应税劳务时，所支付或负担的增值税额。

销项税额=不含税销售额×税率，不含税销售额=含税销售额/（1+税率或征收率）。

进项税额一般为取得的增值税专用发票上注明的增值税额或从海关取得的完税凭证上注明的增值税额。

5. 增值税应纳税额计算

一般纳税人增值税应纳税额的计算公式是：应纳税额=当期销项税额-当期进项税额。因当期销项税额小于当期进项税额不足抵扣时，其不足部分可以结转下期继续抵扣。

小规模纳税人的应纳税额=销售额×征收率。

例如：某商场（一般纳税人）1999年某月外购货物的增值税发票注明税款合计300000元（货款已经支付，注：商业企业进项税抵扣的条件是货款已支付），本月销售货物情况如下：（1）批发专柜批发给"一般纳税人"货物1200000元（不含税）；（2）批发给"小规模纳税人"货物300000元，价税混合收取；（3）零售专柜零售收入4500000

元,价税混合收取。根据资料计算该商场本月应交增值税。

分析:

(1) 销售额=含税销售额/(1+增值税税率)=(300000+4500000)/(1+17%)=4102564.10元

(2) 本月销项税额=本月不含税销售额×增值税税率=(1200000+4102564.10)×17%=901435.90元

(3) 月进项税额=300000元

(4) 本月应纳增值税额=901435.90-300000=601435.90元

6. 增值税专用发票

增值税专用发票是由国家税务总局监制设计印制的,只限于增值税一般纳税人领购使用的,既作为纳税人反映经济活动中的重要会计凭证又是兼记销货方纳税义务和购货方进项税额的合法证明;是增值税计算和管理中重要的决定性的合法的专用发票。

实行增值税专用发票是增值税改革中很关键的一步,它与普通发票不同,不仅具有商事凭证的作用,由于实行凭发票注明税款扣税,购货方要向销货方支付增值税。它具有完税凭证的作用。更重要的是,增值税专用发票将一个产品的最初生产到最终的消费之间各环节联系起来,保持了税赋的完整,体现了增值税的作用。

增值税专用发票是缴纳增值税的纳税人抵扣增值税款的重要凭证,只限于一般纳税人领购使用。增值税专用发票按样式可分四联:存根联、发票联、抵扣联、记账联;按金额可分为:万元版、十万元版、百万元版。

7. 纳税期限

增值税的纳税期限分别为1日、3日、5日、10日、15日、1个月或者1个季度。纳税人的具体纳税期限,由主管税务机关根据纳税人应纳税额的大小分别核定;不能按照期限纳税的,可以按次纳税。纳税人以1个月或者1个季度为1个纳税期的,自期满之日起15日内申报纳税;以1日、3日、5日、10日或者15日为1个纳税期的,自期满之日起5日内预缴税款,于次月1日起15日内申报纳税并结清上月应纳税款。纳税人进口货物,自海关填发税款缴纳证的次日起15日内缴纳税款。

8. 纳税地点

固定业户向其机构所在地主管税务机关申报纳税;固定业户到外县(市)销售货物的,向其机构所在地主管税务机关申报纳税。未持有其机构所在地主管税务机关核发的外出经营活动税收管理证明,到外县(市)销售货物或者应税劳务的,向销售地主管税务机关申报纳税;非固定业户销售货物或者应税劳务,向销售地主管税务机关申报纳税;进口货物,由进口人或其代理人向报送地海关申报纳税。

(二) 消费税法

消费税是对我国境内从事生产委托加工及进口应税消费品的单位和个人,就其消费品的销售额或销售数量征收的一种税。消费税属价内税。《消费税暂行条例》以及财政部和国家税务总局颁布的《中华人民共和国消费税暂行条例实施细则》(2008),规定了我国消费税法的主要内容。

1. 纳税人

消费税的纳税人是在中华人民共和国境内生产、委托加工和进口消费品的单位和个人。

2. 征税对象和税目

消费税征税对象是生产、委托加工和进口的应税消费品的销售额或销售数量。《消费税暂行条例》附有一个税目税率（税额）表，将消费税分为 14 个税目，含烟、酒及酒精、化妆品、贵重首饰及珠宝玉石、成品油、汽车轮胎、小汽车、高尔夫球及球具、高档手表、游艇、木制一次性筷子、实木地板等商品。

3. 税率

消费税税率采用比例税率和定额税率两种。比例税率共设 10 档税率，最低税率为 3%（小排气量的小汽车），最高税率为 45%（甲类卷烟）。对黄酒、啤酒、成品油等实行定额税率。

4. 应纳税额计算

实行从价定额办法计算的应纳税额 = 销售额 × 比例税率

实行从量定额办法计算的应纳税额 = 销售额 × 定额税率

自产自用应税消费品的应纳税额 = 按纳税人生产的同类消费品的销售价确定的销售额 × 税率（或销售数量 × 单位税额）

进口应税消费品的应纳税额 = 组成计税价格 × 税率

5. 纳税环节

消费税的纳税环节是结合纳税义务发生和计税依据等相关规定，从有利于征纳双方具体实施而确定的。对应税工业品的纳税环节确定在销售环节；对自产自用消费品确定在移送环节；对委托加工应税消费品的，确定在提货环节；进口的应税产品确定在报送进口环节，由海关代缴。

6. 纳税期限

消费税的纳税期限分别为 1 日、3 日、5 日、10 日、15 日、1 个月或者 1 个季度。纳税人的具体纳税期限，由主管税务机关根据纳税人应纳税额的大小分别核定；不能按照固定期限纳税的，可以按次纳税。纳税人以 1 个月或者 1 个季度为 1 个纳税期的，自期满之日起 15 日内申报纳税；以 1 日、3 日、5 日、10 日或者 15 日为 1 个纳税期的，自期满之日起 5 日内预缴税款，于次月 1 日起 15 日内申报纳税并结清上月应纳税款。

进口应税消费品的，自海关填发海关进口消费税专用缴款书的次日起 15 日内缴纳税款。

7. 纳税地点

消费税的纳税地点，基本上是按纳税人的所在地确定的，与纳税环节相一致。

（三）营业税法

营业税是对在我国境内提供应税劳务、转让无形资产和销售不动产的单位和个人，就其取得的营业收入额（销售额）征收的一种税。《营业税暂行条例》和财政部制定的《实施细则》，规定了我国营业税法的主要内容。

1. 纳税人

凡在中华人民共和国境内提供应税劳务、转让无形资产或销售不动产的单位和个人，均为营业税的纳税人。

2. 税目和税率

营业税按行业设计税目，共设 9 个税目：交通运输业、建筑业、金融保险业、邮电通信业、文化体育业、娱乐业、服务业、转让无形资产和销售不动产。营业税的税率为比例税率，税率低，档次较少，计税简便，全部 9 个税目只有 3 档税率。对娱乐业适用 5%～20% 的税率，由省、市、自治区人民政府在该幅度范围内具体确定；金融保险业、转让无形资产、销售不动产和服务业的税率为 5%；其他税率为 3%。为公平税负，鼓励社会福利、医疗、农牧业、文教科研等事业的发展，对《营业税暂行条例》规定的相关项目免征营业税。

3. 应纳税额计算

营业税的计税依据为提供劳务或销售商品的收入，其计算公式为：

应纳税额 = 销售额 × 税率

4. 纳税义务发生时间

营业税的纳税义务发生时间，为纳税人收讫营业收入款项或者取得索取营业收入款项凭据的当天。

5. 纳税期限

营业税的纳税期限为 5 日、10 日、15 日、1 个月或者 1 个季度。纳税人的具体纳税期限，由主管税务机关根据纳税人应纳税额的大小分别核定；不能按照固定期限纳税的，可以按次纳税。

6. 纳税地点

纳税人提供应税劳务应当向其机构所在地或者居住地的主管税务机关申报纳税。但是，纳税人提供的建筑业劳务以及国务院财政、税务主管部门规定的其他应税劳务，应当向应税劳务发生地的主管税务机关申报纳税；纳税人转让无形资产应当向其机构所在地或者居住地的主管税务机关申报纳税。但是，纳税人转让、出租土地使用权，应当向土地所在地的主管税务机关申报纳税；纳税人销售、出租不动产应当向不动产所在地的主管税务机关申报纳税。

扣缴义务人应当向其机构所在地或者居住地的主管税务机关申报缴纳其扣缴的税款。

（四）关税法

关税是以进出国境的货物或物品的完税价格为征税对象的一种税。《海关法》、国务院 1985 年发布的《中华人民共和国进出口关税条例》（1987 年、1992 年、2003 年、2011 年和 2013 年修订，下称《进出口关税条例》）和《中华人民共和国海关进出口税则》（1999 年、2000 年、2002 年、2016 年调整，下称《海关进出口税则》），规定了我国关税法的主要内容。

1. 纳税人

关税的纳税义务人是进口货物的收货人、出口货物的发货人和进出境物品的所有人。

2. 征税客体和税目

关税的征税客体是进出国境的货物或物品。所谓货物是指贸易性物品；物品是指入境旅客随身携带的行李和物品、个人邮递物品、各种运输工具上的服务人员携带进口和自用的物品、馈赠物和以其他方式进出我国关境的个人物品。依 2016 年《海关进出口税则》，我国进出口税则共计有 8294 个税目。

3. 税率

关税税率分为进口税率和出口税率两类。在进口税率中,分别设置最惠国税率、协定税率、特惠税率、普通税率、关税配额税率、报复性税率等税率。对进出口的货物,在一定期限内可以实行暂定税率。

4. 应纳税额计算

关税的计税依据是完税价格。进口货物以海关审定的成交价格为基础的到岸价格为完税价格。出口货物以海关审定的货物离岸价格、扣除出口关税后为完税价格。进出口货物的成交价格不能确定的,由海关与纳税义务人磋商后,估定该货物的完税价格。

进出口货物关税,以从价计征、从量计征或者国家规定的其他方式征收:

从价计征的应纳税额 = 完税价格 × 关税税率

从量计征的应纳税额 = 货物数量 × 单位税额

海关征收关税、滞纳金等,应当按人民币计征。

5. 纳税期限和地点

进口货物的纳税义务人应当自运输工具申报进境之日起14日内,出口货物的纳税义务人除海关特准的外,应当在货物运抵海关监管区后、装货的24小时以前,向货物进出境的海关申报纳税。纳税义务人应当自海关填发税款缴款书之日起15日内向指定银行缴纳税款。纳税义务人未按期缴纳税款的,从滞纳税款之日起,按日加收滞纳税款万分之五的滞纳金。

6. 减免税

对下列进出口货物,免征关税:

(1) 关税税额在人民币50元以下的一票货物。

(2) 无商业价值的广告品和货样。

(3) 外国政府、国际组织无偿赠送的物资。

(4) 在海关放行前损失的货物。

(5) 进出境运输工具装载的途中必需的燃料、物料和饮食用品。

在海关放行前遭受损坏的货物,可以根据海关认定的受损程度减征关税。

法律规定的其他免征或者减征关税的货物,海关根据规定予以免征或者减征。

特定地区、特定企业或者有特定用途的进出口货物,可以减征或者免征关税,特定减税或者免税的范围和办法由国务院规定。

二、所得税法

所得税是以所得为征税对象,向获得应税所得的主体征收的一类税。所得税法是调整以纳税人的所得或收益额为征税对象的税收关系的法。所得税属于直接税,纳税人与税负的实际负担者是一致的。它按纳税人的负担能力来确定税收负担,体现了国家对社会成员收入水平的调节。我国现行所得税法主要由《个人所得税法》《企业所得税法》构成。

(一) 企业所得税法

现行企业所得税法对内资企业和外商投资企业、外国企业的所得税已经并轨,所以,企业所得税是以居民企业和非居民企业为纳税对象的一种税。《企业所得税法》第1条规定:"在中华人民共和国境内,企业和其他取得收入的组织(以下统称企业)为企业所得税的纳税人，依照本法的规定缴纳企业所得税。"

1. 纳税义务人

企业所得税的纳税义务人为在中华人民共和国境内的企业和其他取得收入的组织。个人独资企业、合伙企业不适用本法。企业分为居民企业和非居民企业。所谓居民企业，是指依法在中国境内成立，或者依照外国（地区）法律成立但实际管理机构在中国境内的企业。所谓非居民企业，是指依照外国（地区）法律成立且实际管理机构不在中国境内，但在中国境内设立机构、场所的，或者在中国境内未设立机构、场所，但有来源于中国境内所得的企业。

2. 征税对象

企业所得税的征税对象是生产、经营所得和其他所得。"其他所得"是指股息、利息、租金、转让各类资产收益、特许权使用费和营业外收益等所得。《企业所得税法》规定，居民企业应当就其来源于中国境内、境外的所得缴纳企业所得税。非居民企业在中国境内设立机构、场所的，应当就其所设机构、场所取得的来源于中国境内的所得，以及发生在中国境外但与其所设机构、场所有实际联系的所得，缴纳企业所得税；非居民企业在中国境内未设立机构、场所的，或者虽设立机构、场所但取得的所得与其所设机构、场所没有实际联系的，应当就其来源于中国境内的所得缴纳企业所得税。

3. 税率

企业所得税的税率为25%。非居民企业在中国境内未设立机构、场所的，或者虽设立机构、场所但取得的所得与其所设机构、场所没有实际联系的，就其来源于中国境内的所得缴纳企业所得税，适用税率为20%。

4. 应纳税额计算

企业所得税应纳税额＝应纳税所得额×税率。而应纳税所得额＝收入总额－税法准予扣除项目金额。准予扣除项目为与纳税人取得收入有关的成本、费用和损失。企业每一纳税年度的收入总额，减除不征税收入、免税收入、各项扣除以及允许弥补的以前年度亏损后的余额，为应纳税所得额。

企业以货币形式和非货币形式从各种来源取得的收入，为收入总额。包括：①销售货物收入；②提供劳务收入；③转让财产收入；④股息、红利等权益性投资收益；⑤利息收入；⑥租金收入；⑦特许权使用费收入；⑧接受捐赠收入；⑨其他收入。收入总额中的下列收入为不征税收入：①财政拨款；②依法收取并纳入财政管理的行政事业性收费、政府性基金；③国务院规定的其他不征税收入。

税法准予扣除项目金额主要是企业实际发生的与取得收入有关的、合理的支出，包括成本、费用、税金、损失和其他支出。《企业所得税法》第9条规定："企业发生的公益性捐赠支出，在年度利润总额12%以内的部分，准予在计算应纳税所得额时扣除。"第11条规定："在计算应纳税所得额时，企业按照规定计算的固定资产折旧，准予扣除。"第12条规定："在计算应纳税所得额时，企业按照规定计算的无形资产摊销费用，准予扣除。"企业发生的下列支出作为长期待摊费用，按照规定摊销的，准予扣除：①已足额提取折旧的固定资产的改建支出；②租入固定资产的改建支出；③固定资产的大修理支出；④其他应当作为长期待摊费用的支出。第15条规定："企业使用或者销售存货，按照规定计算的存货成本，准予在计算应纳税所得额时扣除。"第16条规定："企业转让资产，该项资产的净值，准予在计算应纳税所得额时扣除。"第31条规定："创业投资企业从事国家需要重点扶持和鼓励的创业投资，可以按投资额的一定比例抵扣应纳税所得额。"第33条规定："企业综合利用资源，生产符合国家产业政策规定的产品所取得的收入，可以在计算应纳税所得额时减计收入。"第34条规定："企业购置用于环境保护、节能节水、安全生产等专用设备的投资额，可以按一定比例实行税额抵免。"另外，第30条规定："企业的下列支出，可以在计算应纳税所得额时加计扣除：①开发新技术、新产品、新工艺发生的研究开发费用；②安置残疾人员及国家鼓励安置的其他就业人员所支付的工资。"

同时《企业所得税法》也规定了不得扣除的项目。第14条规定："企业对外投资期间，投资资产的成本在计算应纳税所得额时不得扣除。"第17条规定："企业在汇总计算缴纳企业所得税时，其境外营业机构的亏损不得抵减境内营业机构的盈利。"《企业所得税法》同时规定了税收抵免。

5. 税款缴纳

企业所得税分月或者分季预缴。企业应当自月份或者季度终了之日起15日内，向税务机关报送预缴企业所得税纳税申报表，预缴税款。企业应当自年度终了之日起5个月内，向税务机关报送年度企业所得税纳税申报表，并汇算清缴，结清应缴应退税款。企业在报送企业所得税纳税申报表时，应当按照规定附送财务会计报告和其他有关资料。企业在年度中间终止经营活动的，应当自实际经营终止之日起60日内，向税务机关办理当期企业所得税汇算清缴。企业应当在办理注销登记前，就其清算所得向税务机关申报并依法缴纳企业所得税。

《企业所得税法》第18条规定，企业纳税年度发生的亏损，准予向以后年度结转，用以后年度的所得弥补，但结转年限最长不得超过5年。

6. 税收优惠

企业的下列收入为免税收入：①国债利息收入；②符合条件的居民企业之间的股息、红利等权益性投资收益；③在中国境内设立机构、场所的非居民企业从居民企业取得与该机构、场所有实际联系的股息、红利等权益性投资收益；④符合条件的非营利组织的收入。

企业的下列所得，可以免征、减征企业所得税：①从事农、林、牧、渔业项目的所得；②从事国家重点扶持的公共基础设施项目投资经营的所得；③从事符合条件的环境保护、节能节水项目的所得；④符合条件的技术转让所得；⑤非居民企业在中国境内未设立机构、场所的，或者虽设立机构、场所但取得的所得与其所设机构、场所没有实际联系的，应当就其来源于中国境内的所得缴纳企业所得税。

目前，我国企业所得税的税收优惠从"区域优惠为主"转为"产业优惠为主，区域优惠为辅"的政策。《企业所得税法》中的税收优惠政策基本都集中在高新技术产业上。例如：国家对重点扶持和鼓励发展的产业和项目，给予企业所得税优惠。《企业所得税法》第28条规定："符合条件的小型微利企业，减按20%的税率征收企业所得税。国家需要重点扶持的高新技术企业，减按15%的税率征收企业所得税。"第29条规定："民族自治地方的自治机关对本民族自治地方的企业应缴纳的企业所得税中属于地方分享的部分，可以决定减征或者免征。自治州、自治县决定减征或者免征的，须报省、自治区、直辖市人民政府批准。"

（二）个人所得税法

个人所得税是以个人（自然人）收入或所得为征税对象的一种税。现行个人所得税法律制度是改革开放以后逐步建立的。1993年第八届全国人民代表大会常务委员会第四次会议修改《个人所得税法》，将《中华人民共和国个人收入调节税暂行条例》（国务院1986年发布）和《城乡个体工商业户所得税暂行条例》（国务院1986年发布）并入该法，统一了个人所得税法制；国务院并于1994年颁布了《中华人民共和国个人所得税法实施条例》（下称《个人所得税法实施条例》）。此后我国个人所得税法又经过了1999年第九届全国人民代表大会常务委员会第十一次会议、2005年第十届全国人民代表大会常务委员会第十八次会议、2007年第十届全国人民代表大会常务委员会第二十八次会议、2007年第十届全国人民代表大会常务委员会第三十一次会议、2011年第十一届全国人民代表大会常务委员会第二十一次会议修正。2011年对个人工资、薪金所得应缴税的扣除额又作了修改，由2007年规定的2000元提高到3500元。

1. 纳税义务人

对个人所得税的纳税义务人，《个人所得税法》按住所和居住时间两个标准来界定居民和非居民。居民是指在中国境内有住所，或者无住所而在境内居住满1年的个人，需就其在中华人民共和国境内和境外所得缴纳个人所得税；非居民是指在中国境内无住所又不居住，或者无住所而在境内居住不满1年的个人，仅需就其在中华人民共和国境内所得缴纳个人所得税。

个人所得税以所得人为纳税义务人，以支付所得的单位或者个人为扣缴义务人。为加强对高收入者的征管力度，改变只有扣缴义务人承担责任的情况，2005年《个人所得税法》修订时，修改了高收入者依法自行申报的规定。该法第8条规定，个人所得超过国务院规定数额的，在两处以上取得工资、薪金所得或者没有扣缴义务人的，以及具有国务院规定的其他情形，纳税义务人应当按照国家规定办理纳税申报。扣缴义务人应当按照国家规定办理全员全额扣缴申报。

2. 征税对象

作为个人所得税征税对象的所得共有11项：工资、薪金所得；个体工商户的生产、经营所得；对企事业单位的承包经营、承租经营所得；劳务报酬所得；稿酬所得；特许权使用费所得；利息、股息、红利所得；财产租赁所得；财产转让所得；偶然所得；国务院财政部门确定征税的其他所得。

我国曾对个人独资企业和合伙企业既征收企业所得税，又对其出资者征收个人所得税，这是一种不合理的重复征税。为此，国务院决定自2000年1月1日起，对个人独资企业和合伙企业停止征收企业所得税，其投资者的生产经营所得，比照个体工商户的生产、经营所得征收个人所得税。

3. 税率

个人所得税设置了超额累进税率和比例税率两种税率。《个人所得税法》规定，工资、薪金所得适用超额累进税率，分为7级超额累进税率，第1级所得额不超过1500元的税率为3%，到第7级所得额超过8万元的税率为45%，具体见表1。

个体工商户的生产、经营所得和对企事业单位的承包、承租经营所得，为5级超额累进税率,从第 1 级所得额不超过 15000 元的税率为 5%,到第 5 级所得额超过 10 万元的税率为 35%,具体见表 2。对其他所得,包括稿酬、劳务报酬、特许权使用费、利息、股息、红利、财产租赁、财产转让、偶然所得等,均适用 20% 的比例税率,其中稿酬所得按应纳税额减征 30%,对劳务报酬所得一次收入畸高的,可以实行加成征收,具体办法由国务院规定。

4. 应纳税额计算

自 2011 年 6 月起,工资、薪金所得以每月收入额减除费用 3500 元以及附加减除费用后的余额为应纳税所得额,按级乘以各级适用的税率为应纳税额;个体工商户的生产、经营所得和对企事业承包经营、承租经营所得,以每一纳税年度的收入总额减除成本、费用和损失后的余额为应纳税所得额,将其各部分乘以相应级别的税率为应纳税额。

对劳务报酬所得、稿酬所得、特许权使用费所得、财产租赁所得,每次收入不超过 4000 元的减除 800 元费用,4000 元以上的减除 20% 的费用,其余额为应纳税所得额,适用 20% 的比例税率。劳务报酬一次收入畸高的,可以加成征收,具体办法由国务院规定。

5. 减免税

《个人所得税法》第 4 条规定,下列各项个人所得,免纳个人所得税:省级人民政府、国务院部委和中国人民解放军军以上单位,以及外国组织、国际组织颁发的科学、教育、技术、文化、卫生、体育、环境保护等方面的奖金;国债和国家发行的金融债券利息;按照国家统一规定发给的补贴、津贴;福利费、抚恤金、救济金;保险赔款;军人的转业费、复员费;按照国家统一规定发给干部、职工的安家费、退职费、退休工资、离休工资、离休生活补助费;依照我国有关法律规定应予免税的各国驻华使馆、领事馆的外交代表、领事官员和其他人员的所得;中国政府参加的国际公约、签订的协议中规定免税的所得;经国务院财政部门批准免税的所得。

《个人所得税法》第 5 条规定,对残疾、孤老人员和烈属的所得,因严重自然灾害造成重大损失和其他经国务院财政部门批准减税等情形,经批准可以减征个人所得税。

表 1　个人所得税税率表(1)

(工资、薪金所得适用)

级数	全月就纳税所得额	税率(%)
1	不超过 1500 元	3
2	超过 1500 元至 4500 元的部分	10
3	超过 4500 元至 9000 元的部分	20
4	超过 9000 元至 35000 元的部分	25
5	超过 35000 元至 55000 元的部分	30
6	超过 55000 元至 80000 元的部分	35
7	超过 80000 元的部分	45

注:本表所称月应纳税所得额是指依照《个人所得税法》第 6 条的规定,以每月收入额减除费用 3500 元后的余额以及减除附加减除费用后的余额。

表2 个人所得税税率表（2）
（个体工商户的生产、经营所得和对企事业单位的承包经营、承租经营所得适用）

级数	全年应纳税所得额	税率（%）
1	不超过15000元	5
2	超过15000元至30000元部分	10
3	超过30000元至60000元部分	20
4	超过60000元至100000元部分	30
5	超过100000元的部分	35

注：本表所称全年应纳税所得额是指依照《个人所得税法》第6条的规定，以每一纳税年度的收入总额减除成本、费用以及损失后的余额。

三、财产税法

财产税法是调整以纳税人的某些特定财产的数量或价值额为征税对象的税收关系的法。财产税也属于直接税范畴，但它不是对纳税人的财产普遍征收，税法限定其客体范围，以弥补流转税和所得税只能对投入生产经营的财产进行调节之不足。我国现行财产税法主要有《中华人民共和国房产税暂行条例》（国务院1986年发布）和《中华人民共和国契税暂行条例》（国务院1997年发布，以下简称《契税暂行条例》），遗产税和赠与税尚未立法开征。

（一）房产税法

房产税是以纳税义务人拥有的房产的价值或收益为征税对象的一种税。房产税的征收范围限于城市、县城、建制镇和工矿区。纳税义务人是此税开征地区除外商投资企业和外籍人员外的房屋产权所有人。房产税的纳税义务人不包括外商投资企业和外籍人员。房产税的计税依据是房产余值或房租收入。房产税的税率，依照房产余值计算缴纳的为1.2%，依照房产租金收入计算缴纳的为12%。

（二）契税法

契税是指在中华人民共和国境内转移土地、房屋权属，以其价值或交换差价为征税对象，对承受该权属的单位和个人所征收的一种税。《契税暂行条例》规定，契税税率为3%～5%，由省级人民政府在此幅度内按照本地区的实际情况确定，报财政部和国家税务总局备案。

四、行为税法

行为税法是调整以某种特定行为为征税对象的税收关系的法。主要包括印花税法、车船使用税法、屠宰税法、固定资产投资方向调节税、耕地占用税等。印花税是以书立、领受应税凭证的行为为征税对象的一种税。其特点是征税面广，轻税重罚。车船使用税是以在中华人民共和国境内拥有及使用车船的行为为征税对象的一种税。屠宰税是以屠宰法定牲畜的行为为征税对象、按定额征收的一种税。屠宰税属于地方税，各省、市、自治区人民政府可以根据本地区经济发展的实际情况，自行决定征收或不征收。耕地占用税是国家对占用耕地建房或者从事其他非农业建设的单位和个人，依据实际占用耕地面积、按照规定税额一次性征收的一种税。耕地占用税属行为税范畴。行为税法主要有《中华人民共和国印花税暂行条例》（国务院 1988 年发布）、《中华人民共和国车船使用税暂行条例》（国务院 1986 年发布，下称《车船使用税暂行条例》）、《屠宰税暂行条例》（政务院 1950 年发布，自 2006 年 2 月 17 日起废止）、《中华人民共和国固定资产投资方向调节税暂行条例》（国务院 1991 年颁布）、《中华人民共和国耕地占用税暂行条例》（国务院 1987 年发布）。

五、资源税法

资源税法是调整以从事资源开发、因资源条件差异形成的级差收入为征税对象的税收关系的法。我国现行资源税法主要有《资源税暂行条例》《中华人民共和国城镇土地使用税暂行条例》（国务院 1988 年发布），分别对资源税、城镇土地使用税作了规定。

（一）资源税法

资源税是对在中华人民共和国境内开采矿产和盐资源，以其级差收入为征税对象的一种税。该税与按征税对象划分的资源税类同名，是一种典型的资源税。

列入《资源税暂行条例》所附"资源税税目税额幅度表"的税收客体为：原油、天然气、煤炭、其他非金属矿原矿、黑色金属矿原矿、有色金属矿原矿、盐。2016 年 5 月 10 日，财政部和国家税务总局联合发布《关于全面推进资源税改革的通知》，自 2016 年 7 月 1 日起全面推进资源税改革。目的在于通过全面实施清费立税、从价计征改革，理顺资源税费关系，建立规范公平、调控合理、征管高效的资源税制度，有效发挥其组织收入、调控经济、促进资源节约集约利用和生态环境保护的作用。资源税率依照销售额的 5%～10% 不等。

（二）城镇土地使用税法

城镇土地使用税是对在城市、县城、建制镇和工矿区使用土地的单位和个人，以其占用土地的级差收入为征税对象的一种税。

六、其他实体税法

以上是以征税对象为标准划分的实体税法规定的主要税种，我国还有其他一些实体税法，如土地增值税法、城市维护建设税法、教育费附加法等，按征税对象很难截然归入上述某一类税法中，它们也是我国税法体系的重要组成部分，相关法规有《土地增值税暂行条例》（国务院 1993 年发布）、《中华人民共和国城市维护建设税暂行条例》（国务院 1985 年发布）和《征收教育费附加的暂行规定》（国务院 1986 年发布）等。

任务三　税收征收管理法

税收征管法是指调整税收征收与管理过程中所发生的社会关系的法律规范的总称，包括国家权力机关制定的税收征管法律、国家权力机关授权行政机关制定的税收征管行政法规和有关税收征管的规章制度等。税收征管法属于税收程序法，它是以规定税收实体法中所确定的权利义务的履行程序为主要内容的法律规范，是税法的有机组成部分。税收征管法不仅是纳税人全面履行纳税义务必须遵守的法律准则，也是税务机关履行征税职责的法律依据。税收征管法主要内容包括总则、税务登记、账簿和凭证管理、纳税鉴定、纳税申报、税款征收、税务检查、法律责任和附则。《税收征收管理法》适用于依法由税务机关征收的各种税收的征收管理，耕地占用税、契税、农业税、牧业税征收管理的具体办法由国务院另行制定，关税及海关代征税收的征收管理依照法律、法规的有关规定执行。

一、税务管理

（一）税务登记

税务登记是纳税人向税务机关办理书面登记的法定手续。税务登记是纳税人应当履行的义务。企业，企业在外地设立的分支机构和从事生产、经营的场所，个体工商户和从事生产、经营的事业单位（以下统称从事生产、经营的纳税人）自领取营业执照之日起30日内，持有关证件，向税务机关申报办理税务登记。税务机关应当于收到申报的当日办理登记并发给税务登记证件。

纳税人如发生转业、改组、分设、合并、联营、迁移、歇业、停业、破产以及其他需要改变税务登记的情形时，应当在有关部门批准或者宣告之日起30日内，向主管税务机关申报办理变更登记、重新登记或者注销税务登记。

（二）账簿、凭证管理

账簿、凭证是纳税人进行生产经营活动必不可少的原始凭证，也是税务机关进行税务监督的主要依据。纳税人必须按照国家财务会计法规和税务机关的要求，建立健全财务会计制度，办理纳税事项，按规定完整地保存账簿、记账凭证、完税凭证等纳税资料。发票由税务机关统一印制和管理，未经县级或县级以上税务机关批准，任何单位、个人不得自行印制、出售或承印发票。单位、个人在购销商品、提供或者接受经营服务以及从事其他经营活动中，应当按照规定开具、使用、取得发票。

（三）纳税申报

纳税申报是纳税人履行纳税义务的法定手续，也是基层税务机关办理征收业务、核定应收税款、开具纳税凭证的主要依据。纳税人依法申报，向主管税务机关如实报送纳税申请表、财务会计报表和有关纳税资料。纳税人、扣缴义务人可以直接到税务机关办理纳税申报或者报送代扣代缴、代收代缴税款报表，也可以按照规定采取邮寄、数据电文或者其他方式办理申报、报送事项。遇有特殊情况不能按期办理纳税申报时，必须报告主管税务机关，酌情延期申报并由主管部门税务机关重新核定纳税额；延期办理纳税申报的，应当在纳税期内按照上期实际缴纳的税额或者税务机关核定的税额预缴税款，并在核定的延期内办理税款结算。

二、税款征收

税款征收是税务机关按照税收规定将纳税人应纳的税款收缴入库。它是征收管理的归宿，是保证国家财政收入及时足额入库的关键环节。税款征收的法定方式主要有查账征收、查验征收、定期定额征收以及代征、代扣、代缴等。

根据《税收征收管理法》的规定，税款征收应当依照有关法律、法规进行，税务机关不得违反法律、法规的规定开征、停征、少征、提前征收、延缓征收或者摊派税收。纳税人未按期缴纳税款、扣缴义务人未按照规定解缴税款的，税务机关除责令限期缴纳外，从滞纳税款之日起，按日加收滞纳税款万分之五的滞纳金。主管税务机关有证据认为生产、经营的纳税人有逃避纳税义务的，可以在规定的纳税期前，责令限期缴纳应纳税款；在期限内发现纳税人有明显的转移、隐匿其应纳税的商品、货物以及其他财产或者应纳税的收入的迹象的，主管税务机关可依法责成纳税人提供纳税担保，以保证其履行纳税义务。纳税担保人包括人的担保和财产担保。如果纳税人不能提供纳税担保，税务机关可以采取相应的税收保全措施，即书面通知纳税人的开户银行或其他金融机构冻结纳税人相当于其应纳税款的存款金额；扣押、查封纳税人相当于其应纳税银行款价值的商品、货物或者其他财产。在限期届满仍未缴纳税款的，税务机关可以书面通知纳税人的开户银行或其他金融机构从冻结的存款中扣缴税款，或者依法拍卖或者变卖所扣押、查封的商品、货物或者其他财产，以拍卖、变卖所得抵缴税款。纳税人在限期内缴纳税款的，税务机关应当立即解除税收保全措施，未立即解除而使纳税人的合法利益遭受损失的，税务机关应当承担赔偿责任。纳税人超过应纳税额缴纳的税款，税务机关发现后应当立即退还，纳税人自结算纳税款之日起 3 年内发现的，可以向税务机关要求退还多缴的税款并加算银行同期存款利息，税务机关查实后应当立即退还。因税务机关责任，致使纳税人、扣缴义务人未缴或少缴税款的，税务机关在 3 年内可以要求纳税人、扣缴义务人补缴税款，但是不得加收滞纳金；因纳税人、扣缴义务人计算等失误，未缴或少缴税款的，税务机关在 3 年内可以追征税款、滞纳金，有特殊情况的，追期可以延长到 5 年。对于偷税、漏税、骗税的，税务机关追征其未缴的税款、滞纳金或者骗取的税款，不受此追征期的限制。

三、税务检查

税务检查是税务机关依法对纳税人履行纳税义务和代征、代扣、代缴税款义务的情况进行的监督检查。通过税务检查，可以了解税法实施情况，发现违反税法和财务会计法规的问题，有利于严肃税收法纪，纠正错漏，也有利于端正纳税人的行为。税务机关派员对纳税人进行检查时，应当出示证件，并负责保密。纳税人必须接受税务机关的检查，据实报告情况和提供有关资料，并为查验盘点实物提供方便，不得隐瞒、阻挠、刁难。

四、税收征收管理机关

我国的税收征收管理机关包括税务机关、地方财政局和海关。

根据《税务征收管理法》的规定，国务院税务主管部门主管全国税收征收管理工作。

（1）国家税务总局是国务院主管国家税收工作的职能机构。

（2）根据分税制财政管理体制的需要，省级税务机构分为国家税务局和地方税务局两个系统。各级国税局、地税局负责除由地方财政局和海关负责征收以外的各种税收的征收管理。

（3）地方财政局主要负责农业税、牧业税、耕地占用税、契税的征收管理。

（4）海关主要负责关税和海关代征收的征收管理。

税务机关依法执行职务，任何单位和个人不得阻挠。

任务四　税务代理制度

税务代理制度是指通过会计师事务所、律师事务所、税务咨询机构等社会中介机构代理纳税人办税的一种制度。税务代理制度是随着市场经济发展和多层次征税制度的形成而逐步建立发展起来的，是发达国家已较普遍实行的一种市场化、社会化的办税形式。其中，建立较早、专业化程度较高、较规范完善的，首推日本的税理士制度。

从我国的实际情况看，随着市场化改革的稳步推进，社会分工日益明确、完善，企业间的竞争激烈，税法也逐渐规范、健全，使得纳税人希望通过专业的中介机构，来为其纳税服务，这就为我国实行税务代理制度奠定了基础。基于此，为发挥税务代理人在税收活动中的作用，保证国家税收法律法规的贯彻执行，维护纳税人、扣缴义务人的合法权益，根据《税收征收管理法》的规定，国家税务总局制定了《税务代理试行办法》，这标志着我国税务代理制的诞生。

一、税务代理和税务代理人

税务代理是指税务代理人在税务代理业务范围内，受纳税人、扣缴义务人的委托，代为办理税务事宜的各项行为的总称。税务代理人是经国家税务总局或省、市、自治区国家税务局批准，从事税务代理的专门人员及其工作机构。税务代理人以其税收、会计、法律等专业基础，提供商业性服务。县以上国税局、地税局负责对税务代理人的开业和执业进行监督、指导。

税务代理涉及委托人和税务代理人的切身利益，并直接影响税款能否及时足额入国库，因此税务代理必须遵循自愿原则、公平原则、合法原则。

二、税务代理业务范围

税务代理人可以接受纳税人、扣缴义务人的委托，进行全面代理、单项代理、临时代理或常年代理。税务师承办代理业务，由其所在的税务代理机构统一受理，并与被代理人签订委托代理协议书。税务代理关系一经成立，税务代理人就可以在代理范围内从事代理工作。税务代理人可以接受委托办理的业务包括：①办理税务登记、变更税务登记和注销税务登记；②办理纳税申报或扣缴税款报告；③办理缴纳纳税和申请退税；④办理缴纳税款和申请退税；⑤制作涉税文书；⑥审查纳税情况；⑦建账建制，办理账务；⑧税务咨询，受聘税务顾问；⑨申请税务行政复议或税务行政诉讼；⑩国家税务总局规定的其他业务。

三、税务代理人的权利和义务

(一) 税务代理人的权利

(1) 依法办理纳税人、扣缴义务人委托的税务事宜。
(2) 依法履行职责，受国家法律保护，任何机关、团体、单位都不得非法干预。

（3）有权根据代理业务需要，查阅被代理人的有关财务会计资料和文件，查看业务现场和设施。被代理人应向代理人提供真实的经营情况和财务会计资料。

（4）可以向当地税务机关订购或者查询税收政策、法律、法规和有关资料。

（5）对税务机关的行政决定不服的，可依法向税务机关申请行政复议或者向人民法院提起诉讼。

（二）税务代理人的义务

（1）税务代理人在办理代理业务时，必须向税务机关出示税务执业证书，如实提供有关资料，不隐瞒、谎报，并在税务文书上署名。

（2）对被代理人偷税、骗取减税、免税的行为给予制止，并及时报告税务机关。

（3）税务代理人在从事代理业务期间和停止代理业务后，都不得泄露因代理业务而得知的秘密。

（4）应当建立税务代理档案，代理档案至少保存5年。

四、税务代理关系的确立和终止

税务师承办代理业务，由其所在的税务代理机构统一受理，并与被代理人签订委托代理协议书。委托代理协议书应当载明代理人和被代理人的名称、代理事项、代理权限、代理期限和其他应明确的内容，并由税务师及其所在的税务代理机构和被代理人签名盖章。税务代理协议书订阅后，税务代理人应按委托书约定的代理内容和代理权限、期限进行代理。超出协议书约定范围的业务需要代理时，必须先修订协议书。

税务代理关系的终止分为自然终止和单方终止。税务代理时间届满，委托协议书届时失效，税务代理关系自然终止。

有下列情况之一的，被代理人在代理期限内可单方终止代理行为：①税务师已死亡；②税务代理人被注销其资格；③税务代理人未按委托代理协议书的规定办理代理业务；④税务代理机构已破产、解体或被解散。

有下列情形之一的，税务代理人在委托期限内可单方面终止代理行为：①被代理人死亡或者解体；②被代理人授意税务代理人实施违反国家法律、行政法规的行为，经劝告仍不停止其违法活动的；③被代理人提供虚假的生产、经营情况和财务会计报表，造成代理错误或被代理人自己违反国家法律、行政法规的行为。被代理人或税务代理人按规定单方终止委托代理关系的，终止方应及时通知另一方，并向当地税务机关报告，同时公布终止决定。

任务五 违反税法的法律责任

法律责任是违法主体因其违法行为所应承担的法律后果。在税收法律关系中，当事人应当承担的违法责任主要是行政法律责任和刑事法律责任。

一、纳税人、扣缴义务人违反税法的法律责任

（一）违反税务管理的法律责任

纳税人有下列行为之一，由税务机关责令限期改正，逾期不改正的，可处2000元以下的罚款；情节严重的，处2000元以上1万元以下的罚款：

(1) 未按照规定期限办理开业税务登记、变更或注销登记的。

(2) 未按照规定设置、报告账簿或者保管记账凭证和有关资料的。

(3) 未按照规定将财务、会计制度或者财务、会计处理办法和会计核算软件报送税务机关备查的。

(4) 未按照规定将其全部银行账号向税务机关报告的。

(5) 未按照规定安装、使用税务装置，或者损毁或者擅自改动税控装置的。

扣缴义务人未按照规定设置、保管代扣代缴、代收代缴税款账簿或者保管代扣代缴、代收代缴税款记账凭证及有关资料的，由税务机关责令限期改正，可处2000元以下罚款；情节严重的，处2000元以上5000元以下罚款。

（二）违反纳税申报规定的法律责任

纳税人未按照规定的期限办理纳税申报和报送纳税资料的，或者扣缴义务人未按照规定的期限向税务机关报送代扣代缴、代收代缴税款报告表和有关资料的，由税务机关责令限期改正，可处2000元以下的罚款；情节严重的，处2000元以上1万元以下的罚款。

（三）偷税的法律责任

偷税是指纳税人采取伪造、变造、隐匿、擅自销毁账簿、记账凭证，在账簿上多列支出或者不列、少列收入，或者虚假纳税申报等手段，不缴或者少缴应纳税款的行为。纳税人偷税的，由税务机关追缴其不缴或者少缴的税款、滞纳金，并处不缴或者少缴的50%以上5倍以下的罚款；构成犯罪的，依法追究刑事责任。扣缴义务人采取偷税手段不缴或者少缴已扣、已收税款的，由税务机关追缴其不缴或者少缴的税款、滞纳金，并处不缴或者少缴的税款50%以上的5倍以下的罚款；构成犯罪的，依法追究刑事责任。

依据我国刑法规定，偷税额在1万元以上，且偷税额占应纳税额的10%以上的，或者因偷税被税务机关给予2次行政处罚又偷税的，处3年以下有期徒刑或者拘役，并处偷税额1倍以上5倍以下罚金。

【典型案例评析】

某歌星一次外出演出被查出偷税27万元，其应纳税额为302万元，试分析该歌星偷税行为是否构成犯罪？为什么？

评析：

该歌星的偷税行为并未构成犯罪。该歌星的偷税额虽然超过1万元，但偷税额并未达到应纳税额的10%（$27 \div 302 = 8.9\%$）以上。应对该歌星给予偷税的行政处罚。

（四）逃税的法律责任

纳税人不进行纳税申报，不缴或者少缴应缴纳税款的，由税务机关追缴其不缴或者少

缴的税款、滞纳金，并处不缴或者少缴的税款50%以上5倍以下的罚款；纳税人、扣缴义务人编造虚假计税依据的，由税务机关责令限期改正，并处5万元以下的罚款。

扣缴义务人应扣未扣、应收而不收税的，由税务机关向纳税人追缴税款，对扣缴义务人处应扣未扣、应收未收税款50%以上3倍以下的罚款。

（五）拖欠税款的法律责任

纳税人、扣缴义务人在规定期限内不缴或者少缴应纳或者应解缴的税款，经税务机关责令限期缴纳，逾期仍未缴纳的，税务机关处依法采取强制措施追缴其不缴或者少缴的税款外，可处不缴或者少缴税款50%以上5倍以下的罚款。

（六）逃避追缴欠税的法律责任

纳税人欠缴应纳税款，采取转移或者隐匿财产的手段，妨碍税务机关追缴欠缴税款的，由税务机关追缴欠缴的税款、滞纳金，处欠缴税款50%以上5倍以下的罚款；构成犯罪的，依法追究刑事责任。

（七）骗取出口退税的法律责任

以假报出口或者其他欺骗手段，骗取国家出口退税款的，税务机关可以在规定期间停止为其办理出口退税，由税务机关追缴其骗取的退税款，并处以骗取税款1倍以上5倍以下的罚款；构成犯罪的，依法追究刑事责任。

（八）抗税的法律责任

抗税是指以暴力、威胁方法拒不缴纳税款的行为。对抗税行为人，由税务机关追缴其拒缴的税款、滞纳金，并处拒缴税款1倍以上5倍以下的罚款；构成犯罪的，依法追究刑事责任。

（九）阻挠税务检查的法律责任

纳税人、扣缴义务人逃避、拒绝或者以其他方式阻挠税务机关检查的，由税务机关责令改正，可处1万元以下的罚款；情节严重的，处1万元以上5万元以下的罚款。

二、税务人员违反税法的法律责任

税务人员征收税款或者查处税收违法案件未依法回避的，对直接负责的主管人员和其他直接责任人员，给予行政处分。

税务人员查封、扣押纳税人个人及其所扶养家属维持生活必需的住房和用品的，责令退还，依法给予行政处分；构成犯罪的，依法追究刑事责任。

税务人员与纳税人、扣缴义务人勾结唆使或者协助纳税人、扣缴义务人为偷税、逃避追缴欠税、骗税行为，构成犯罪的，依法追究刑事责任；尚不构成犯罪的，依法给予行政处分。

税务人员滥用职权，故意刁难纳税人、扣缴义务人的，调离税收岗位，并依法给予行政处分。

税务人员对控告、检举税收违法乱纪行为的纳税人、扣缴义务人以及其他检举人进行打击报复的，依法给予行政处分；构成犯罪的，依法追究刑事责任。未依法为纳税人、扣缴义务人、检举人保密的，对直接负责的主管人员和其他直接责任人员，由所在单位或者有关单位依法给予行政处分。

此外，违反法律、行政法规的规定提前征收、延缓征收或者摊派税款的，由其上级机关或者行政监督机关责令改正，对直接负责的主管人员和其他直接责任人员依法给予行政处分。违反法律、行政法规的规定，擅自决定税收的开征、停征或者减税、免税、退税、补税以及作出其他同税收法律、行政法规相抵触的决定的，除依照《税收征收管理法》撤销其擅自作出决定外，补征应征未征的税款，退还不应征收而征收的税款，并由上级机关追究直接负责的主管人员和其他直接责任人员的行政责任；构成犯罪的，依法追究刑事责任。

【思考题】

一、简答题

1. 何为税收和税法？
2. 税法有哪些构成要素？
3. 简要论述我国实体税法的体系结构。
4. 一般纳税人和小规模纳税人的划分标准是什么？二者有什么不同？
5. 什么是销项税额和进项税额？如何计算应纳税额？
6. 增值税的税率分为几档，分别是什么？营业税和增值税在课税对象上有什么区别？
7. 企业所得税法有哪些基本内容？
8. 简要论述我国的税务代理制度。

二、案例分析

案例1：

某内资企业2007年度取得收入6000万元，其他业务收入2000万元，发生各项成本费用支出6300万元，尚有未弥补完的2003年度发生的亏损12万元。企业当年申报纳税情况如下：

应纳所得税额＝（6000＋2000－6300－12）×33％＝557.04（万元）

税务机关核查发现该企业在成本费用中列支了以下几项支出：

（1）工资总额250万元（该企业职工总数100人，计税工资标准每月人均2000元）。

（2）直接赞助"城市运动会"50万元。

问题：

请根据我国税法的相关规定，分析该企业纳税的错误之处，并计算企业应补缴的企业所得税额。

案例2：

中国公民周某系一自由撰稿人，2016年收入情况如下：

（1）国债利息收入1200元；

（2）储蓄存款利息收入2000元；

（3）保险赔款所得200000元；

(4) 将拥有的两套住房中的一套出售，获得2000000元，该房已使用6年，实际造价120000元，出售时支付交易费用等相关费用50000元；

(5) 发表文章5篇，取得稿酬收入分别为1200元、2000元、2800元、1900元和2500元；

(6) 在我国出版图书，取得稿酬收入250000元；

(7) 年底一篇小说在一家报纸上连载，至下一年2月结束，年前获得部分稿酬30000元；

(8) 一作品在某市一文化组织举办的优秀作品评比活动中获一等奖，同时获奖金10000元；

(9) 福利彩票中奖取得奖金50000元，当场通过社会团体向教育机构捐赠30000元。

请根据上述资料计算周某当年应纳个人所得税税额。

项目十二 劳动和社会保障法

任务一 劳动法概述

【导入案例】

2013年4月12日,叶某通过他人介绍到一家汽车运输公司工作,该汽车运输公司分配叶某驾驶一辆东风汽车进行运输工作。叶某每天要到公司签到,并接受公司的调度安排,但双方一直没有签订劳动合同。2014年3月18日,叶某驾驶该货车承运货物途中,发生交通事故受重伤。叶某认为,自己受伤属于工伤,要求享受工伤待遇,但是单位则认为自己仅仅是雇用了叶某,两者之间不是劳动关系。双方发生争议,叶某诉至劳动争议仲裁委员会,请求确认自己与汽车运输公司之间存在劳动关系。

问题:叶某与运输公司之间是劳务关系还是事实劳动关系?

一、劳动法的概念和调整对象

(一) 劳动法的概念

劳动法是调整劳动关系及与劳动关系密切联系的其他社会关系的法律规范的总和。制定劳动法的目的在于保护劳动者的合法权益,构建和谐稳定的劳动关系,维护社会稳定,促进经济发展和社会进步。劳动法是典型的社会法,因为劳动法在其特殊的调整对象、法律原则、价值观念、制度体系及法律责任等方面与社会法具有一致性。

劳动法有广义和狭义之分。狭义的劳动法是指我国最高立法机关制定并颁布施行的全国性的、综合性的劳动法,即《中华人民共和国劳动法》(下称《劳动法》),《劳动法》由第八届全国人民代表大会常务委员会第八次会议于1994年7月5日通过,1995年1月1日起施行。广义的劳动法是指调整劳动关系及与劳动关系有密切关系的其他社会关系的法律规范的总称。其既包括狭义上的《劳动法》,又涵盖《劳动合同法》等相关调整劳动关系的其他法律法规。广义的劳动法体系所包括的制度有:促进就业制度、劳动合同制度、集体合同制度、工作时间和休息休假制度、工资制度、劳动安全与卫生制度、特殊劳动保护制度、职业技能培训制度、社会保险制度、劳动争议处理制度、劳动监察制度等。

(二) 国际劳动法的产生

首倡国际劳动法的思想家,主要是英国空想社会主义者欧文和法国社会活动家大卫·李格兰。瑞士是最先同意制定国际劳动法的国家。1890年3月召开的柏林会议是第一次由各国政府正式派代表讨论国际劳动立法的会议,共有15个国家参加。1900年国际劳动法协会在巴黎正式成立。(其宗旨是:①联合一切相信国际劳动法是必要的人;②组织国际劳动机关;③赞助各国研究劳动法,传播有关劳动法的消息;④提倡制定关于劳动状况的公约;⑤召开国际大会讨论劳动法。)1905年正式起草并提交由瑞士政府发起召开的伯尔尼国际会议讨论通过了两份公约：《关于禁止工厂女工做夜工的公约》和《关于使用白磷的公约》，这是世界上最早的两份国际劳动公约，它们标志着国际劳动立法的正式开始。

（三）劳动法的调整对象

从劳动法的概念中可以知道，劳动法的调整对象是劳动关系和与劳动关系密切联系的其他社会关系。其中，劳动关系是劳动法最主要、最基本的调整对象。

1. 劳动关系

劳动关系是指劳动者与用人单位在实现社会劳动过程中所建立的关系，是劳动者让渡劳动力（包括脑力和体力），用人单位使用劳动力并提供劳动条件、安全卫生保障、社会保障等生产资料，让劳动力和生产资料进行有效结合为用人单位创造经济利益，而用人单位为劳动者支付一定报酬的过程。

劳动关系包括以下特征：

（1）特定当事人为主体。劳动者与用人单位，劳动者只能是达到法定的劳动年龄并具有劳动能力的自然人。我国《劳动合同法》第2条第一款规定用人单位的主体是"企业、个体经济组织、民办非企业单位等经济组织"。2008年9月18日，时任总理温家宝签署第535号国务院令，公布了《中华人民共和国劳动合同法实施条例》（下称《条例》），该《条例》自公布之日起施行。新法颁布后，明确了"依法成立的会计师事务所，律师事务所等合伙组织和基金会，属于劳动合同法规定的用人单位"。

作为《劳动合同法》规定的用人单位主体的组织，最基本的特征有两个：一是合法成立，二是有一定的组织机构和财产。

（2）劳动关系产生于劳动过程。劳动过程是活劳动与物化劳动的交换过程。

（3）劳动关系兼有人身关系和财产关系的双重属性。人身关系是指具有人身属性的社会关系，是与公民的人身密切联系的社会关系。劳动者附属于用人单位。财产关系是指人们在物质资料生产、分配、交换和消费过程中形成的社会关系。

（4）劳动关系具有纵向关系和横向关系相互交错的特征。纵向关系是指按命令服从原则建立起来的用人单位与劳动者之间形成的一种职责上的隶属关系；横向关系是指在经济组织内部按平等协商原则建立起来的经济协作的平等关系。

2. 与劳动关系密切联系的其他社会关系

与劳动关系密切联系的其他社会关系有：劳动力管理方面的关系、劳动力配置服务方面的关系、社会保险方面的关系、工会活动方面的关系、监督劳动法律执行方面的关系、处理劳动争议方面的关系。

（四）劳动法的适用范围

（1）依我国劳动法律法规的规定，《劳动法》适用于下列情形：①中华人民共和国境内的企业、个体经济组织、民办非企业单位等组织与劳动者建立劳动关系，订立、履行、变更、解除或终止劳动合同的；②国家机关、事业单位、社会团体和与其建立劳动关系的劳动者，订立、履行、变更、解除或终止劳动合同的；③事业单位与实行聘用制的工作人员订立、履行、变更、解除或者终止劳动合同，法律、行政法规或国务院未作特别规定的。

（2）依我国劳动法律法规的规定，《劳动法》不适用下列情形：①公务员、比照执行公务员制度的劳动者；②现役军人；③从事农业生产的农村劳动者（乡镇企业职工和进城务工、经商的农民除外）；④家庭聘用关系的劳动者，如保姆。

二、劳动法律关系

劳动法律关系是指劳动者与用人单位之间，在实现劳动过程中依据劳动法律规范而形成的劳动权利与劳动义务关系（是劳动关系在法律上的表现，是劳动关系为劳动法调整的结果）。

（一）劳动法律关系与劳动关系的联系

劳动关系是劳动法律关系产生的基础，劳动法律关系是劳动关系在法律上的表现形式；劳动法律关系不仅仅反映劳动关系，其形成后，便给具体劳动关系以积极的影响，即现实的劳动关系唯有取得劳动法律关系的形式，其运行过程才有法律保障。

劳动法律关系与劳动关系的区别如下。

（1）劳动关系是生产关系的组成部分，属于经济基础的范畴；劳动法律关系则是思想意志关系的组成部分，属于上层建筑的范畴。

（2）劳动关系的形成以劳动为前提，发生在现实社会劳动过程之中；劳动法律关系的形成则是以劳动法律规范的存在为前提，发生在劳动法律规范调整劳动关系的范围之内。

（3）劳动关系的内容是劳动，而劳动法律关系的内容则是法定的权利义务，双方当事人必须依法享有权利并承担义务。

（二）劳动法律关系的法律特征

（1）劳动法律关系的主体之间具有平等性（劳动法律关系建立时）和隶属性（劳动法律关系确立后）交错共存的特点。

（2）劳动法律关系的内容体现了国家与当事人的双重意志（因为劳动法律关系是双方当事人在平等、自愿的基础上缔结的或双方协商议定的，且意志不能违背国家法律、法规）。

（3）劳动法律关系的客体表现为兼有人身性与财产性关系的一定的劳动行为和财物。

（三）劳动法律关系的内容

1. 劳动法律关系的主体

劳动法律关系的主体是指参与劳动法律关系享受劳动权利和承担劳动义务的当事人，包括劳动者和用人单位。

（1）劳动者是指达到法定年龄、具有劳动能力，以从事某种社会劳动获取收入为主要生活来源的自然人，包括本国人、外国人和无国籍人，不具备法定资格的自然人不能成为劳动关系中的合法当事人。

所谓的法定资格即公民的劳动权利能力和劳动行为能力。

劳动权利能力是指公民依法享受劳动权利和承担劳动义务的资格，是公民参与劳动法律关系成为主体的前提条件（注：劳动权利能力是抽象的权利，客观上的权利，是公民实际取得劳动权利的一种资格；而劳动权利是具体的权利，是主观上的权利，如报酬权、享受物质帮助权、参加民主管理权等）。

劳动行为能力是指公民能以自己的行为参与劳动法律关系，实际享受权利和履行义务的能力，是公民作为劳动法律关系主体的基本条件。

我国法律赋予公民的劳动权利能力和劳动行为能力也和世界上的劳动法律一样，从两个方面入手。①法定年龄。就业年龄为 16 周岁，禁止招用未满 16 周岁的未成年人。某些特殊职业（如文艺、体育和特种工艺单位）确需招用未满 16 周岁的人时，须报县级以上劳动行政部门批准。②具有劳动能力。劳动能力有 3 种情况：无劳动能力（身有残疾根本不能劳动的）；部分劳动能力（身有残疾不能提供正常劳动，但又没有完全丧失劳动能力的）；完全劳动能力（身体健康、智力健全的人）。只有达到法定年龄，具有完全劳动能力或部分劳动能力的公民，法律才赋予其劳动权利能力和劳动行为能力。

（2）用人单位是指依法招用和管理劳动者，并按法律规定或合同约定向劳动者提供劳动条件、劳动保护和支付劳动报酬的劳动组织。用人单位包括：企业（是以一定数量的生产资料和劳动者的结合为前提，以营利为目的，从事生产经营活动的经济组织，是最基本的劳动法用人单位主体），事业单位，社会团体（是直接从事为国家创造和改善生产条件，为社会物质文化生活需要服务，不以为国家积累资金为直接目的，不以盈利为生存、发展条件的单位），国家机关（是依法设立的行使国家管理职能的机构，国家机关的干部统一实行公务员制度，不在管理岗位上的办事人员和后勤服务人员的招用和管理，统一按照劳动法规范进行），个体经济组织（是依法经工商行政管理部门核准登记，并领取营业执照从事工商业生产、经营活动的个体单位，也称个体工商户）。

2. 劳动法律关系的内容

劳动法律关系的内容是指劳动法主体依法享有的劳动权利和承担的劳动义务，即劳动者与用人单位之间的相互权利和义务。

劳动权利即劳动法主体依法能够为一定行为和不为一定行为或要求他人为一定行为或不为一定行为，以实现其意志或利益的可能性。劳动义务即劳动法主体根据法律的规定，为满足权利主体的要求，劳动过程中履行某种行为的必要性。

（1）劳动者的劳动基本权利包括：劳动权、劳动报酬权、劳动保护权、接受职业技能培训权、生活保障权和合法权益保护权。

（2）用人单位的用人权包括：招收录用职工权、合理组织调配权、劳动报酬分配权、劳动奖惩权和辞退职工权。

3. 劳动法律关系的客体

劳动法律关系的客体是指劳动法律关系中主体的劳动权利和劳动义务所共同指向的对象，具体表现为一定的劳动行为（指劳动者和用人单位在实现劳动过程中所实施的行为，如劳动行为、完成任务行为、进行管理行为等）和财物（指劳动法律关系中体现双方当事人物质利益的实物与货币，如劳动报酬、劳动保护、劳动保险及福利等）。

（四）劳动法律关系的产生、变更和消灭

劳动法律关系的产生是指劳动法主体之间为实现一定的劳动过程，依照劳动法规，通过签订劳动合同而设立劳动权利与劳动义务关系。劳动法律关系的变更是指劳动法主体之间已经形成的劳动法律关系，由于一定的客观情况的出现而引起法律关系中某些要素的变化。劳动法律关系的消灭是指劳动法主体之间的劳动法律关系依法解除或终止，即劳动权利和劳动义务的消灭。

法律事实是指劳动法规定的能够引起劳动法律关系产生、变更或消灭的一切客观情况。法律事实包括行为和事件，行为是指劳动法规定的，能够引起劳动法律关系产生、变更和消灭的人的意志活动，包括作为与不作为；事件是指不以当事人意志为转移的客观现象，如自然灾害、人体伤残、疾病、死亡、破产等。

产生劳动法律关系的法律事实，只能是双方当事人一致的合法意思表示的劳动法律行为，即合法行为。变更、消灭劳动法律关系的法律事实，既可以是双方或单方的合法行为，也可以是违法行为或事件。

任务二　劳动合同法

一、劳动合同概述

（一）劳动合同的概念及特征

劳动合同是指劳动者与用人单位确立劳动关系、明确双方权利和义务的协议，建立劳动关系应当订立劳动合同，劳动合同是确立劳动关系的普遍性法律形式，是用人单位与劳动者享有权利和履行义务的重要依据。

劳动合同具有以下特征：①劳动合同的当事人一方是用人单位，另一方是劳动者；②劳动合同的双方当事人具有职责上的从属关系；③劳动合同的目的在于劳动过程的实现，而不单纯是劳动成果的给付；④劳动合同条款具有较强的法定性，即劳动合同的订立是在双方当事人平等、自愿的基础上缔结的，但其意愿不得违反法律、行政法规。

（二）劳动合同的分类

依照《劳动合同法》第12条规定，劳动合同分为固定期限劳动合同、无固定期限劳动合同和以完成一定工作任务为期限的劳动合同，共三种。但理论上，依照不同的标准，劳动合同存在多种不同的种类。

1. 按签订合同期限的不同进行划分

按签订合同期限的不同进行划分，劳动合同可分为固定期限的劳动合同、无固定期限的劳动合同、以完成一定工作为期限的劳动合同。

（1）固定期限劳动合同。固定期限劳动合同是指用人单位与劳动者约定合同终止时间的劳动合同。即合同双方当事人在劳动合同中约定一个明确的合同有效期限，期限届满可以依法续订，否则就终止双方的权利义务关系的劳动合同种类。

（2）无固定期限劳动合同。无固定期限劳动合同是指用人单位与劳动者约定无确定终止时间的劳动合同。即合同双方当事人在合同中没有明确约定合同的有效期限，劳动关系可以在劳动者的法定劳动年龄和用人单位的存在期限内持续存在，只有在法定或约定的条件出现时才终止双方的权利义务关系的劳动合同种类（不定期劳动合同关系比定期合同关系更稳定）。

我国《劳动合同法》第14条第二款规定：用人单位与劳动者协商一致，可以订立无固定期限劳动合同。有下列情形之一，劳动者提出或同意续订、订立劳动合同的，除劳动者提出订立固定期限劳动合同外，应当订立无固定期限劳动合同：①劳动者在该用人单位连续工作满10年的；②用人单位初次实行劳动合同制度或国有企业改制重新订立劳动合同时，劳动者在该用人单位连续工作满10年且距法定退休年龄不足10年的；③连续订立二次固定期限劳动合同，且劳动者没有本法第39条和第40条第一款、第二款规定的情形，续订劳动合同的。用人单位自用工之日起满1年不与劳动者订立书面劳动合同的，视为用人单位与劳动者已订立无固定期限劳动合同。

（3）以完成一定工作为期限的劳动合同。以完成一定工作任务为期限的劳动合同是指用人单位与劳动者约定以某项工作的完成为合同期限的劳动合同。即合同双方当事人把完成某一项工作或劳动任务作为劳动关系的存续期间，约定任务完成后合同即自行终止的劳动合同（其本质上是固定期限的合同，一般适用于铁路、公路、桥梁、水利、建筑及工作无连续性的特定项目）。

2. 依用工方式的不同进行划分

依用工方式的不同进行划分，劳动合同分为全日制劳动合同和非全日制劳动合同。

全日制劳动合同是依据国家法定劳动时间的规定，从事全时工作的合同。

非全日制劳动合同是指劳动者与用人单位约定的以小时作为工作时间单位确立劳动关系的合同。

3. 按用人单位的所有制性质进行划分

按用人单位的所有制性质进行划分，劳动合同可以分为国有单位劳动合同、集体单位劳动合同、私营企业劳动合同、外商投资企业劳动合同、个体经济组织劳动合同。

（三）劳动合同的内容

劳动合同的内容即劳动合同条款，是劳动合同中当事人双方的权利和义务的具体规定，其内容包括法定条款与约定条款两大部分。

1. 法定条款

法定条款是指依照法律规定劳动合同应当具备的条款。依照《劳动合同法》第17条规定，劳动合同应当具备以下条款：

（1）用人单位的名称、住所和法定代表人或主要负责人。

（2）劳动者的姓名、住址和居民身份证或其他有效身份证件号码。

（3）劳动合同期限。

（4）工作内容和工作地点。

（5）工作时间和休息休假。

（6）劳动报酬。

（7）社会保险。

（8）劳动保护、劳动条件和职业危害防护。

（9）法律、法规规定应当纳入劳动合同的其他事项。

2. 约定条款

约定条款是指双方当事人在劳动合同中协商议定的条款，但这些条款不得违反法律、法规的规定，主要包括以下几点。

（1）试用期。试用期是用人单位和劳动者为相互了解、选择而依法约定的考察期。劳动合同期限3个月以上不满1年的，试用期不得超过1个月；劳动合同期限1年以上不满3年的，试用期不得超过2个月；3年以上固定期限和无固定期限的劳动合同，试用期不得超过6个月。以完成一定工作任务为期限的劳动合同或劳动合同期限不满3个月的，不得约定试用期。

同一用人单位与同一劳动者只能约定一次试用期。试用期包含在劳动合同期限内。劳动合同仅约定试用期的，试用期不成立，该期限为劳动合同期限。

劳动者在试用期的工资不得低于本单位相同岗位最低档工资或劳动合同约定工资的80%，并不得低于用人单位所在地的最低工资标准。

另《劳动合同法》第21条规定，在试用期中，除劳动者有本法第39条和第40条第一款、第二款规定的情形外，用人单位不得解除劳动合同。用人单位在试用期解除劳动合同的，应当向劳动者说明理由。劳动者在试用期内提前3日通知用人单位，可以解除劳动合同。

（2）培训条款。用人单位为劳动者提供专项培训费用，对其进行专业技术培训的，可以与该劳动者订立协议，约定服务期，劳动者违反服务期约定的，应当按照约定向用人单位支付违约金，违约金的数额不得超过用人单位提供的培训费用。用人单位要求劳动者支付的违约金不得超过服务期尚未履行部分所应分摊的培训费用。用人单位与劳动者约定服务期的，不影响按照正常的工资调整机制提高劳动者在服务期间的劳动报酬。

（3）补充保险和福利待遇。补充保险是指除了基本社会保险以外，用人单位根据自己的实际情况为劳动者建立的一种社会保险。其由用人单位自愿实行，国家不作强制的统一规定。福利待遇是指单位自愿给予劳动者的住房补贴、通信补贴、交通补贴、子女教育费等。

（4）保密事项条款和竞业限制条款。用人单位与劳动者可以在劳动合同中约定保守用人单位的商业秘密和与知识产权相关的保密事项。对负有保密义务的劳动者，用人单位可以在劳动合同或保密协议中与劳动者约定竞业限制条款，并约定在解除或终止劳动合同后，在竞业限制期限内按月给予劳动者经济补偿，劳动者违反竞业限制约定的，应当按照约定向用人单位支付违约金。

竞业限制的人员限于用人单位的高级管理人员、高级技术人员和其他负有保密义务的人员。竞业限制的范围、地域、期限由用人单位与劳动者约定，竞业限制的约定不得违反法律、法规的规定。在解除或终止劳动合同后，前款规定的人员到与本单位生产或经营同类产品、从事同类业务的有竞争关系的其他用人单位，或者自己开业生产或经营同类产品、从事同类业务的竞业限制期限，不得超过2年。

（5）违约金条款。除服务期、保密事项条款、竞业限制条款的情形外，用人单位不得与劳动者约定由劳动者承担违约金。

二、劳动合同的订立、履行、变更、解除与终止

（一）劳动合同的订立

1. 劳动合同应当采用书面形式

《劳动合同法》第10条明确规定："建立劳动关系，应当订立书面劳动合同。"除非全日制用工的双方可以口头订立劳动合同外，用人单位与劳动者之间建立劳动关系均应订立书面劳动合同。事实上已形成了劳动关系但未同时订立书面劳动合同的依下列规则处理：

（1）用人单位自用工之日起即与劳动者建立劳动关系。

（2）用工时未订劳动合同，只要在自用工之日起1个月内订立了书面劳动合同，其

行为即不违法。

（3）用工时未订劳动合同，且劳动报酬的约定不明确，则应按企业的或行业的集体合同规定的标准执行；没有集体合同的或集体合同未作规定的，则用人单位应当对劳动者实行同工同酬。

（4）用人单位自用工之日起超过1个月不满1年未与劳动者订立合同，应当向劳动者每月支付双倍的工资。

（5）用人单位自用工之日起满1年仍未与劳动者订立书面劳动合同，除按规定支付双倍的工资外，还应当视为用人单位与劳动者已订立无固定期限劳动合同。

2. 订立劳动合同的原则

（1）劳动合同依法订立原则。首先，订立合同的双方当事人须具备主体资格即主体合法，劳动者必须是达到法定年龄及具备劳动行为能力和权利能力的，用人单位必须是在我国依法成立的企业、个体经济组织、民办非企业等；其次，订立合同的内容必须合法，不得违背法律、法规的规定；再次，订立劳动合同的程序须合法，当事人平等自愿且双方都要诚实信用，不以欺诈、胁迫、乘人之危等手段使对方在违背真实意志下订立合同。

（2）平等自愿原则。当事人双方在建立劳动关系过程中地位是平等的，在自愿的基础上签订劳动合同。但是一旦合同订立，劳动者成为用人单位中的一员后，劳动者要遵守用人单位的规章制度，接受用人单位的监督和管理。

（二）劳动合同的履行

劳动合同的履行是指劳动合同的双方当事人按照合同约定完成各自义务的行为。劳动合同的履行必须坚持以下3项原则。

（1）实际履行原则。双方当事人都必须亲自履行合同义务，而不能由第三人代替履行。在完成劳动过程中，要使劳动力与生产资料的结合达到最佳状态。

（2）全面履行原则。即按合同的规定和要求双方当事人全面地履行劳动合同约定的内容。

（3）合作履行原则。合同双方当事人相互配合、友好合作、互相理解和帮助，目的在于更好地维护和发展稳定的劳动关系，促进经济发展和社会进步。

（三）劳动合同的变更

《劳动合同法》第35条对劳动合同的变更进行了规定，是指劳动合同双方当事人就已经订立的合同条款达成修改或补充协议的法律行为。此变更仅限合同内容的变化，另外变更应当提前通知对方，并须取得对方当事人的同意，且应形成书面协议，按原签订劳动合同的程序办理手续后，变更方为生效。

（四）劳动合同的终止和解除

1. 劳动合同的终止

劳动合同的终止是指劳动合同的自行失效，不再执行。我国《劳动合同法》中的合同终止是指狭义的合同终止，即不包括合同的解除。

劳动合同终止的具体表现形式为：劳动合同期满的；劳动者已经开始依法享受基本养老保险待遇的；劳动者死亡，或者被人民法院宣告死亡或宣告失踪的；用人单位被依法宣告破产的；用人单位被吊销营业执照、责令关闭、撤销或用人单位决定提前解散的；法律、行政法规规定的其他情形。

2. 劳动合同的解除

劳动合同的解除是指劳动合同签订以后，尚未履行完毕之前，由于一定事由的出现，提前终止劳动合同的法律行为。劳动合同解除是劳动合同的提前终止。

劳动合同解除按合同解除的方式不同分为双方解除和单方解除，双方解除也称协议解除，是指双方当事人在平等自愿的基础上，通过诚信协商，从而达成解除劳动合同的协议。单方解除也称法定解除，是指一方在享有单方解除权的条件下依照法定程序对合同进行的解除。按导致合同解除的原因是否含有当事人的过错分为过错解除和无过错解除。过错解除是指由于对方当事人的过错行为而导致劳动合同解除。无过错解除是指在对方当事人无重大过错行为的情况下单方解除劳动合同，如用人单位非过错性辞退、经济性裁员和劳动者的预告辞职、试用期内的即时辞职。

3. 劳动合同解除的条件和程序

劳动合同的双方解除，只要双方当事人协商一致即可，不问解除的理由或原因。如果用人单位首先向劳动者提出解除劳动合同的协议，应给予劳动者经济补偿。

劳动合同的单方解除可以分为以下几种情形。

（1）用人单位单方解除劳动合同。《劳动合同法》第39条规定的用人单位可以解除劳动合同的情形，也称为过错性解除。劳动者有下列情形之一的，用人单位可以解除劳动合同：①在试用期间被证明不符合录用条件的；②严重违反用人单位的规章制度的；③严重失职、营私舞弊，给用人单位造成重大损害的；④劳动者同时与其他用人单位建立劳动关系，对完成本单位的工作任务造成严重影响，或经用人单位提出，拒不改正的；⑤由本法第26条第一款第一项规定以欺诈、胁迫的手段或乘人之危，使对方在违背真实意思的情况下订立或变更劳动合同的情形致使劳动合同无效的；⑥被依法追究刑事责任的。

《劳动合同法》第40条规定的用人单位可以解除劳动合同的情形，也称为非过错性辞退，即预告解除。有下列情形之一的，用人单位提前30日以书面形式通知劳动者本人或额外支付劳动者一个月工资，可以解除劳动合同：①劳动者患病或非因工负伤，在规定的医疗期满后不能从事原工作，也不能从事由用人单位另行安排的工作的（此处的医疗期是用人单位不得解除劳动合同的时限）；②劳动者不能胜任工作，经过培训或调整工作岗位后，仍不能胜任工作的（不能胜任工作是指不能按要求完成劳动合同中约定的任务或者同工种、同岗位人员的正常工作）；③劳动合同订立时所依据的客观情况发生重大变化，致使劳动合同无法履行，经用人单位与劳动者协商，未能就变更劳动合同内容达成协议的（此处的客观情况是指发生不可抗力或出现了致使劳动合同全部或部分无法履行的其他情况，但不包括企业发生经营困难的情况）。

《劳动合同法》第41条规定的是单位经济性裁员的情形，即因经济性原因通过裁员从而达到增效目的。但经济性裁员的程序性规定比较严格，用人单位出现下列情形之一，需要裁减人员20人以上或裁减不足20人但占企业职工总数10%以上的，用人单位应提前30日向工会或全体职工说明情况，听取工会或职工的意见后，裁减人员方案经向劳动行政部门报告，方可以裁减人员：①依照《企业破产法》规定进行重整的；②生产经营发生严重困难的；③企业转产、重大技术革新或经营方式调整，经变更劳动合同后，仍需裁减人员的；④其他因劳动合同订立时所依据的客观经济情况发生重大变化，致使劳动合同无法履行的。

裁减人员时，应当优先留用下列人员：①与本单位订立较长期限的固定期限劳动合同的；②与本单位订立无固定期限劳动合同的；③家庭无其他就业人员，有需要扶养的老人或者未成年人的。用人单位依照本条第一款规定裁减人员，在6个月内重新招用人员的，应当通知被裁减的人员，并在同等条件下优先招用被裁减的人员。

《劳动合同法》第42条规定劳动者有下列情形之一的，用人单位不得依照本法第40条、第41条的规定解除劳动合同：①从事接触职业病危害作业的劳动者未进行离岗前职业健康检查，或者疑似职业病病人在诊断或医学观察期间的；②在本单位患职业病或因工负伤并被确认丧失或部分丧失劳动能力的；③患病或非因工负伤，在规定的医疗期内的；④女职工在孕期、产期、哺乳期的；⑤在本单位连续工作满15年，且距法定退休年龄不足5年的；⑥法律、行政法规规定的其他情形。《中华人民共和国工会法》（下称《工会法》）第52条规定，用人单位不得因为劳动者参加工会活动而与之解除劳动合同，或者因为工会工作人员履行职责而与之解除劳动合同。

（2）劳动者单方解除劳动合同。《劳动合同法》第37条规定，劳动者提前30日以书面形式通知用人单位，可以解除劳动合同。劳动者在试用期内提前3日通知用人单位，可以解除劳动合同。此类解除方式也被称为劳动者预告辞职。

《劳动合同法》第38条规定的劳动者单方解除劳动合同的情形，也称即时辞职。用人单位有下列情形之一的，劳动者可以解除劳动合同：①未按照劳动合同约定提供劳动保护或劳动条件的；②未及时足额支付劳动报酬的；③未依法为劳动者缴纳社会保险费的；④用人单位的规章制度违反法律、法规的规定，损害劳动者权益的；⑤由本法第26条第一款规定以欺诈、胁迫的手段或乘人之危，使对方在违背真实意思的情况下订立或变更劳动合同的情形致使劳动合同无效的；⑥法律、行政法规规定劳动者可以解除劳动合同的其他情形。

用人单位以暴力、威胁或非法限制人身自由的手段强迫劳动者劳动的，或者用人单位违章指挥、强令冒险作业危及劳动者人身安全的，劳动者可以立即解除劳动合同，不需事先告知用人单位。

发生本法第38条规定的情况，劳动者不仅享有解除劳动合同的权利，而且可以依法要求用人单位承担赔偿责任和其他形式的法律责任。

4. 劳动合同解除的法律后果

（1）用人单位的义务。第一，支付经济补偿金。《劳动合同法》第46条规定支付经济补偿金的具体情形包括：①劳动者依第38条的情形即时辞职的；②用人单位依第36条规定向劳动者提出解除劳动合同并与劳动者协商一致解除劳动合同的；③用人单位依第40条的情形预告解除劳动合同的；④用人单位依第41条第一款的情形进行经济性裁员的（法定第41条的情形）；⑤除用人单位维持或提高劳动合同约定条件续订劳动合同，劳动者不同意续订的情形外，劳动合同期满终止固定期限劳动合同的；⑥依第44条第四项、第五项的规定用人单位被依法宣告破产的，用人单位被吊销营业执照、责令关闭、撤销或用人单位决定提前解散的；⑦法律、行政法规规定的其他情形。

支付经济补偿金按劳动者在本单位工作的年限，每满1年支付1个月工资的标准向劳动者支付。6个月以上不满1年的，按1年计算；不满6个月的，向劳动者支付半个月工资的经济补偿。

劳动者月工资高于用人单位所在直辖市、设区的市级人民政府公布的本地区上年度职工月平均工资3倍的，向其支付经济补偿的标准按职工月平均工资3倍的数额支付，向其支付经济补偿的年限最高不超过12年。本条所称月工资是指劳动者在劳动合同解除或终止前12个月的平均工资。

第二，劳动合同解除的经济赔偿金。经济赔偿金是指劳动合同当事人违反法律、法规的规定，而给受损害方的赔偿金，《劳动合同法》第85条规定，用人单位有下列情形之一的，由劳动行政部门责令限期支付劳动报酬、加班费或经济补偿；劳动报酬低于当地最低工资标准的，应当支付其差额部分，逾期不支付的，责令用人单位按应付金额50%以上100%以下的标准向劳动者加付赔偿金：①未按照劳动合同的约定或国家规定及时足额支付劳动者劳动报酬的；②低于当地最低工资标准支付劳动者工资的；③安排加班不支付加班费的；④解除或终止劳动合同，未依照本法规定向劳动者支付经济补偿的。

另《劳动合同法》第87条规定，用人单位违反本法规定解除或终止劳动合同的，应当依照本法第47条规定的经济补偿标准的2倍向劳动者支付赔偿金。

（2）劳动者的义务。结束并移交工作事务。《劳动合同法》第90条规定："劳动者违反本法规定解除劳动合同，或者违反劳动合同中约定的保密义务或竞业限制，给用人单位造成损失的，应当承担赔偿责任。"

三、无效劳动合同

无效劳动合同是指当事人违反法律、法规或违背平等、自愿原则签订的对当事人全部或部分不产生法律约束力的劳动合同。依据《劳动合同法》第26条的规定，劳动合同无效或部分无效的情形包括：①以欺诈、胁迫的手段或乘人之危，使对方在违背真实意思的情况下订立或变更劳动合同的；②用人单位免除自己的法定责任、排除劳动者权利的；③违反法律、行政法规强制性规定的。

对劳动合同的无效或部分无效有争议的，由劳动争议仲裁机构或人民法院确认。无效劳动合同，从订立的时候起，就没有法律约束力；劳动合同部分无效，不影响其他部分效力的，其他部分仍然有效。

劳动合同被确认无效，劳动者已付出劳动的，用人单位应当向劳动者支付劳动报酬，劳动报酬的数额，参照本单位相同或相近岗位劳动者的劳动报酬确定，劳动合同被确认无效，给对方造成损失的，有过错的一方应当承担赔偿责任。

四、集体合同、劳务派遣与非全日制用工

（一）集体合同

集体合同实际上是一种特殊的劳动合同，又称团体协约、集体协议等，是指工会或职工推举的职工代表代表职工与用人单位依照法律法规的规定就劳动报酬、工作条件、工作时间、休息休假、劳动安全卫生、社会保险福利等事项，在平等协商的基础上进行协商谈判所缔结的书面协议。《劳动合同法》第51条规定，企业职工一方与用人单位通过平等协商，可以就劳动报酬、工作时间、休息休假、劳动安全卫生、保险福利等事项订立集体合同，集体合同草案应当提交职工代表大会或全体职工讨论通过。集体合同由工会代表企业职工一方与用人单位订立；尚未建立工会的用人单位，由上级工会指导劳动者推举的代

表与用人单位订立。可见，作为一种契约关系，集体合同是集体协商的结果。

1. 集体合同的基本特征

集体合同首先具有一般合同的共同特征，即是平等主体基于平等、自愿协商而订立的规范双方权利和义务的协议。除此以外，集体合同还具有其自身特征。

（1）集体合同是特定的当事人之间订立的协议，在集体合同中当事人一方是代表职工的工会组织或职工代表；另一方是用人单位。当事人中至少有一方是由多数人组成的团体，特别是职工方，必须由工会或职工代表参加，集体合同才能成立。

（2）集体合同内容包括劳动报酬、工作时间、休息休假、劳动安全卫生、保险福利等事项。在集体合同中，劳动标准是集体合同的核心内容，对个人劳动合同起制约作用。

（3）集体合同的双方当事人的权利义务不均衡，其基本上都是强调用人单位的义务，如为劳动者提供合法的劳动设施和劳动条件。

（4）集体合同采取要式合同的形式，需要报送劳动行政部门登记、审查、备案方为有效。

（5）集体合同受到国家宏观调控计划的制约，就效力来说，集体合同效力高于劳动合同，劳动合同规定的职工个人劳动条件和劳动报酬标准，不得低于集体合同的规定。

（6）集体合同是一项劳动法律制度。

（7）集体合同适用于各类不同所有制企业。

（8）集体合同的订立，主要通过劳动关系双方的代表或双方的代表组织自行交涉解决。

（9）集体合同制度的运作十分灵活，没有固定模式，并且经法定程序订立的集体合同对劳动关系双方具有约束力。

（10）集体合同制度必须遵循的一项重要原则就是劳动关系双方在平等自愿的基础上相互理解和相互信任。

2. 集体合同的订立程序

（1）制定集体合同草案。集体合同应由工会代表职工与企业签订，没有建立工会的企业，由职工推举的代表与企业签订，一般情况下，各个企业应当成立集体合同起草委员会或起草小组，主持起草集体合同，起草委员会或起草小组由企业行政部门和工会各派代表若干人，推行工会和企业行政代表各一人为主席或组长和副主席或副组长，起草委员会或起草小组应当进行深入调查研究，广泛征求各方面的意见和要求，提出集体合同的初步草案。

（2）审议。劳动和社会保障部于2004年颁布的《集体合同规定》第36条规定，经双方代表协商一致的集体合同草案或专项集体合同草案应当提交职工代表大会或全体职工讨论，职工代表大会或全体职工讨论集体合同草案或专项集体合同草案，应当有2/3以上职工代表或职工出席，且须经全体职工代表半数以上或全体职工半数以上同意，集体合同草案或专项集体合同草案方获通过。

（3）签章。集体合同草案经职工大会或职工代表大会审议通过后，由双方首席代表签字或盖章。

（4）登记备案。集体合同签订后，应将集体合同的文本及其各部分附件一式三份提请县级以上劳动行政主管部门登记备案，劳动行政部门有审查集体合同内容是否合法的责任，如果发现集体合同中的项目与条款有违法、失实等情况，可不予登记或暂缓登记，发回至企业对集体合同进行修正。如果劳动行政部门在收到集体合同文本之日起15日内未提出异议的，集体合同即行生效，企业行政、工会组织和职工个人均应切实履行。

(5) 公布。集体合同一经生效，企业应及时向全体职工公布。

3．集体合同的法律效力

集体合同的法律效力是指集体合同的法律约束力。《劳动法》第35条规定，依法签订的集体合同对企业和企业全体职工具有约束力，职工个人与企业订立的劳动合同中劳动条件和劳动报酬等标准不得低于集体合同的规定。《劳动合同法》第54条第二款规定，依法订立的集体合同对用人单位和劳动者具有约束力。行业性、区域性集体合同对当地本行业、本区域的用人单位和劳动者，具有约束力。

4．集体合同的变更、解除

集体合同的变更是指双方当事人在集体合同没有履行或虽已开始履行但尚未完全履行之前，因订立集体合同的主客观条件发生了变化，依照法律规定的条件与程序，对原合同中的部分条款进行修改、补充的法律行为。所谓集体合同的解除是指集体合同依法签订后，未履行完前，由于某种原因导致当事人一方或双方提前终止集体合同的法律效力，停止履行双方劳动权利义务关系的法律行为。

根据劳动和社会保障部于2004年颁布的《集体合同规定》第39条的规定，只需要双方意思表示一致即可以变更或解除集体合同。本规定第40条规定，有下列情形之一的，可以变更或解除集体合同或专项集体合同：①用人单位因被兼并、解散、破产等原因，致使集体合同或专项集体合同无法履行的；②因不可抗力等原因致使集体合同或专项集体合同无法履行或部分无法履行的；③集体合同或专项集体合同约定的变更或解除条件出现的；④法律、法规、规章规定的其他情形。

此外，该规定第41条规定，变更或解除集体合同或专项集体合同适用本规定的集体协商程序。

集体合同的终止是指双方当事人约定的集体合同期满或集体合同终止条件出现，以及集体合同一方当事人不存在，无法继续履行劳动合同时，立即终止劳动合同的法律效力。劳动和社会保障部于2004年颁布的《集体合同规定》第38条规定，集体合同或专项集体合同期限为1~3年，期满或双方约定的终止条件出现，即行终止。集体合同或专项集体合同期满前3个月内，任何一方均可向对方提出重新签订或续订的要求。

(二) 劳务派遣

劳动派遣是由派遣单位通过与用工单位订立劳动派遣协议，将和自己签订劳动合同的劳动者派往用工单位从事劳动的一种用工方式。

随着我国改革开放的不断深化、社会劳动保障制度的完善及新一代求职者就业观念的变化，劳务派遣开始在不同层次的劳动力市场、人才市场得到发展，并顺应着这种国际化的趋势成为今后劳动力市场不断成熟完善的用工模式。劳动派遣制度的意义在于，在尊重企业用人自主权和个人择业自主权的基础上，由人力资源公司直接对企业及其人员提供人事管理和系列化服务。人力资源承担的人力资源派遣服务能够使企业从具体琐碎的人事管理业务中脱身出来，全身心投入企业经营和市场竞争中，也使企业内部人力资源部门人员可以将更多精力关注在人力资源乃至人力资本管理当中。

劳务派遣单位应当依照《公司法》的有关规定设立，注册资本不得少于200万元。劳务派遣一般在临时性、辅助性或替代性的工作岗位上实施，劳务派遣单位是本法所称用人单位，应当履行用人单位对劳动者的义务，与被派遣劳动者应当订立2年以上的固定期限劳动合同，按月支付劳动报酬；派遣劳动者前应当与接受以劳务派遣形式用工的单位（以下称用工单位）订立劳务派遣协议；跨地区派遣劳动者的，被派遣劳动者享有的劳动报酬和劳动条件，按照用工单位所在地的标准执行；用工单位不得将被派遣劳动者再派遣到其他用人单位，也不得自己设立劳务派遣单位向本单位或者所属单位派遣劳动者。

劳务派遣单位不得克扣用工单位按照劳务派遣协议支付给被派遣劳动者的劳动报酬。被派遣劳动者享有与用工单位的劳动者同工同酬的权利。

（三）非全日制用工

近年来，以小时工为主要形式的非全日制用工发展较快。这一用工形式突破了传统的全日制用工模式，适应了用人单位灵活用工和劳动者自主择业的需要，已成为促进就业的重要途径。为规范用工单位非全日制用工行为，保障劳动者的合法权益，促进非全日制就业健康发展，《劳动合同法》对非全日制用工制度作出非常详细的规定。

1. 非全日制用工的概念

非全日制用工是指以小时计酬、劳动者在同一用人单位平均每日工作时间不超过4小时，累计每周工作时间不超过24小时的用工形式。

从事非全日制工作的劳动者。可以与1个或1个以上用人单位建立劳动关系，用人单位与非全日制劳动者建立劳动关系，应订立劳动合同，劳动合同一般以书面形式订立。劳动合同期限在1个月以下的，经双方协商同意，可以订立口头劳动合同，但劳动者提出订立书面劳动合同的，应当以书面形式订立。

2. 非全日制用工的工资支付

用人单位应当按时足额支付非全日制劳动者的工资。用人单位支付非全日制劳动者的小时工资不得低于当地政府颁布的小时最低工资标准。非全日制用工的工资支付可以按小时、日、周为单位结算。《劳动合同法》第72条规定："非全日制用工劳动报酬结算支付周期最长不得超过15日。"

3. 非全日制用工中的试用期禁止性条款

《劳动合同法》第70条规定："非全日制用工双方当事人不得约定试用期。"用人单位违反本法规定与劳动者约定试用期的，由劳动行政部门责令改正；违法约定的试用期已经履行的，由用人单位以劳动者试用期满月工资为标准，按已经履行的超过法定试用期的期间向劳动者支付赔偿金。

4. 非全日制用工的社会保险

从事非全日制工作的劳动者可以以个人身份参加基本医疗保险，并按照待遇水平与缴费水平相挂钩的原则，享受相应的基本医疗保险待遇。参加基本医疗保险的具体办法由各地劳动保障部门研究制定。从事非全日制工作的劳动者发生工伤，依法享受工伤保险待遇；被鉴定为伤残5～10级的，经劳动者与用人单位协商一致，可以一次性结算伤残待遇及有关费用。

5. 劳动合同解除及补偿

《劳动合同法》第71条规定："非全日制用工双方当事人任何一方都可以随时通知对

方终止用工。终止用工，用人单位不向劳动者支付经济补偿。"

任务三　劳动基准制度

一、劳动基准制度概述

劳动基准法是有关劳动报酬和劳动条件最低标准的法律规范的总称。我国的劳动基准法主要由规定劳动标准的各项法律制度构成，包括工时标准、工资标准、职业安全卫生标准等。

二、工作时间和休息、休假

（一）工作时间

工作时间是指职工在用人单位用于完成本职工作的时间。劳动时间具有法定性，是劳动者履行劳动义务和用人单位计发劳动报酬的时间，是实际工作时间与从事相关活动时间的总和的特征。

工作时间立法的意义重大，它保护劳动者身体健康和实现其休息权，可以加强用人单位的劳动管理，提高工时利用率，同时还能促进充分就业，促进经济发展，进而促进社会进步和社会文明。

根据工作时间的长短可以把工作时间划分为工作时、工作日、工作周、工作月，其中工作日是企业适用的最基本形式，那么，就有必要对工作日再进行分类。

1. 标准工作日

标准工作日是指由国家法律规定在一般情况下劳动者从事职业劳动的工作时间。1995年5月1日起我国实行标准工作日，每日标准工作时间为8小时，每周标准工作时间为40小时。用人单位应当保证劳动者每周至少休息1日。

2. 缩短工作日

缩短工作日是指工作时间短于标准工作日的工作时间。主要适用于特殊条件下从事劳动和有特殊情况的职工，需要在每周工作40小时的基础上再适当缩短工作时间的，应在保证完成生产和工作任务的前提下，根据《劳动法》第36条的规定，由企业根据实际情况决定。主要适用于下列人员：①从事矿山井下、高山、有毒有害、特别繁重或过度紧张等作业的劳动者；②从事夜班工作的职工；③哺乳期内及怀孕7个月以上的女职工；④未成年职工。

3. 延长工作日

延长工作日是指长于标准工作日的工作时间，即所谓的加班加点。加点是指在正常工作日基础上延长工作时间，加班是指用人单位安排劳动者在法定节假日和公休假日进行工作。《劳动法》第41条规定："用人单位由于生产经营需要，经与工会和劳动者协商后可以延长工作时间，在保障劳动者身体健康的条件下延长工作时间每日不得超过3小时；每月不得超过36小时。"且在延长工作日的情况下，用人单位应依法向劳动者多支付工资。

4. 不定时工作日

不定时工作日是指每日工作时间不能确定，实行非固定工作时间的工作日。它适用于工作性质和职责范围不能受固定工作时数限制的劳动者。不定时工作日制度主要适用于高级管理人员、外勤人员、推销人员、部分值班人员和其他因工作无法按标准工作时间衡量的职工，如长途运输工人、出租汽车司机和铁路、港口、仓库的分、装、卸人员及因工作性质特殊，需机动作业的职工等。

5. 综合计算工作时间

综合计算工作时间是指分别以周、月、季、年等为周期综合计算工作时间，但其平均日工作时间和平均周工作时间应与法定标准工作时间基本相同的工时制度。它主要适用于从事受自然条件和技术条件影响或限制的季节性或特殊性的工种。实行综合计算工时工作制的企业，在综合计算周期内，如果劳动者的实际工作时间总数超过该周期的法定标准工作时间总数，超过部分应视为延长工作时间。

实行综合计算工作时间的应履行审批手续。例如，中央直属企业实行不定时工作制和综合计算工作制，须经国务院行业主管部门审核，报国务院劳动行政部门批准；地方企业实行不定时工作制和综合计算工作制的审批办法由各省、自治区、直辖市人民政府劳动行政部门制定，报国务院劳动行政部门备案。

（二）休息、休假

1. 休息时间的概念

休息时间是指劳动者按法律规定不必从事生产和工作，而由自己自行支配的时间。休息时间是劳动者休息权的体现，工作日内的间歇休息时间，劳动者应在工作4小时后有一次间歇休息时间，最短不得少于半小时。每个工作日之间的休息时间不得少于16小时。

2. 休息、休假的种类

（1）公休假日。是指劳动者工作满一个工作周以后的休息时间。《劳动法》规定，每周的休息时间为2天，用人单位应当保证劳动者每周至少休息1天。

（2）法定节日休假时间。法定节日是指由国家法律统一规定的用以开展纪念、庆祝活动的休息时间。

法定节日包括：①属于全体公民的法定节日有11天。其中元旦，1月1日放假1天；春节，正月初一、初二、初三放假3天；国际劳动节，5月1日放假1天；国庆节，10月1日、2日、3日放假3天；清明节、端午节、中秋节各1天。②属于部分公民的节日有：妇女节3月8日；青年节5月4日；儿童节6月1日；建军节8月1日。③少数民族习惯的节日，如彝族每年农历六月二十四日的火把节。④其他纪念日，用于纪念不放假。

属于全体公民的假日，适逢星期六、星期日时，应当在工作日补假；属于部分公民的假日，适逢星期六、星期日的，不补假。

（3）探亲假。探亲假是指与父母或配偶分居两地而无法在公休日团聚的职工，在一定期限内所享受的带薪假期。探亲假的假期因探视对象不同而有不同的规定，职工探望配偶的每年1次，假期为30天；未婚职工探望父母的，原则上每年1次，假期为20天；已婚职工探望父母的每4年1次，假期为20天。

（4）年休假。年休假是指国家根据劳动者工作年限和劳动的繁重紧张程度每年给予的一定期间的带薪连续休假。享受年休假的对象要满足连续工作1年以上的劳动者的条件。但是也有例外的情况，如有寒暑假的教师就不享有年休假。

（5）婚丧假。婚丧是每个劳动者都会遇到的情况。婚假是指劳动者本人结婚依法享受的假期。劳动者结婚期间,给予一定的假期,并由用人单位如数支付工资。职工本人结婚,可以根据具体情况,由本单位行政领导批准,酌情给予1～3天的婚假。丧假是指职工本人的直系亲属(父母、配偶和子女)死亡时,可以根据具体情况,由本单位行政领导批准,酌情给予1～3天的休假。

职工结婚时双方不在一地工作而休婚假的、职工在外地的直系亲属死亡时需要职工本人去外地料理丧事的,都可以根据路程远近,另给予路程假,职工在休婚丧假和路程假期间,企业均应当照常发放职工的工资。

以上规定只是针对国有企业职工,对非国有企业职工的婚丧假国家没有统一规定,各省、自治区、直辖市一般都有较为详细的规定。

三、工资制度

工资即劳动报酬,是指基于劳动关系,用人单位根据劳动者提供的劳动数量和质量,按照法律规定或劳动合同约定,以货币形式直接支付给劳动者的劳动报酬。

(一) 分配原则

1. 按劳分配原则

按劳分配是指把劳动量作为个人消费品分配的主要标准和形式,按照劳动者的劳动数量和质量分配个人消费品,多劳多得、少劳少得。

2. 同工同酬原则

同工同酬是指用人单位对于技术和劳动熟练程度相同的劳动者在从事同种工作时,不分性别、年龄、民族、区域等差别,只要提供相同的劳动量,就获得相同的劳动报酬。同工同酬体现一种价值取向:确保贯彻按劳分配这个大原则,即付出了同等的劳动应得到同等的劳动报酬。

(二) 工资形式

1. 基本形式

(1) 计时工资。计时工资是指按照劳动者的工作时间来计算工资的一种方式,是工资的基本形式之一。劳动者按一定时间出卖劳动力,工资就要按一定时间来计量和支付,表现为日工资、周工资、月工资等。计时工资实际上是按照劳动时间支付的劳动力价值的转化形式。

(2) 计件工资。计件工资是按照劳动者生产合格产品的数量和预先规定的计件单价计量和支付劳动报酬的一种形式。

2. 辅助形式

(1) 奖金。奖金是对超额劳动的补贴,以现金方式给予的物质鼓励。奖金作为一种工资形式,其作用是对与生产或工作直接相关的超额劳动给予报酬,是对劳动者在创造超过正常劳动定额以外的社会所需要的劳动成果时,所给予的物质补偿。

(2) 津贴。津贴是对劳动者在特殊条件下的额外劳动消耗或额外费用支出给予补偿的一种工资形式,主要有以下几种形式:地区津贴;野外作业津贴;井下津贴;夜班津贴;流动施工津贴;冬季取暖津贴;粮、煤、副食品补贴;高温津贴;职务津贴;放射性物质或有毒气体津贴。

(3) 补贴。补贴是为了保障劳动者的工资水平不受特殊因素的影响而支付给劳动者的工资形式,如物价补贴、边远地区的生活补贴等。

3. 特殊情况下的工资

(1) 加班工资。凡有固定工作时间的职工,在法定节日或公休假日,因生产和工作的需要,在法定的正常工作时间以外延长工作时间进行工作的,《劳动法》规定,安排劳动者延长时间的,支付不低于工资的150%的工资报酬;休息日安排劳动者工作又不能安排补休的,支付不低于工资的200%的工资报酬;法定休假日安排劳动者工作的,支付不低于工资的300%的工资报酬。

(2) 履行国家和社会义务期间的工资。职工在工作时间内履行下列国家义务和社会义务时,工资照发。具体情形包括:行使选举权时;当选代表出席区以上的代表会议时;当选为人民法庭的人民陪审员、证明人及辩护人进行该项业务活动时;出席劳动模范、先进工作者大会时;不脱离生产的工会基层委员,因工会活动每月占用生产时间不超过2个工作日的;企业行政指定参加会议或群众性活动时。

履行上述义务超过12个工作日的,按照本人前3个月的平均工资计发工资,不足12个工作日的,按照本人前1个月的平均工资计发工资。

4. 最低工资保障制度

最低工资是指劳动者在法定工作时间内提供了正常劳动的前提下,其用人单位应当支付的最低劳动报酬。最低工资不包括加班工资,特殊工作环境、特殊条件下的津贴,也不包括劳动者保险、福利待遇和各种非货币的收入。最低工资标准一般采取月最低工资标准和小时最低工资标准两种形式。月最低工资标准适用于全日制就业劳动者,小时最低工资标准适用于非全日制就业劳动者。一般包括奖金和其他补贴,但下列项目不作为最低工资的组成部分,单位应按规定另行支付:①个人依法缴纳的社会保险费和住房公积金;②延长法定工作时间的工资;③中班、夜班、高温、低温、井下、有毒有害等特殊工作环境、条件下的津贴;④伙食补贴(饭贴)、上下班交通费补贴、住房补贴。

最低工资标准每两年至少调整一次。继2012年8月9日,我国有17个省上调最低工资标准后,2013年有18个省市上调最低工资标准。北京市最低工资标准由每月1260元调整为1400元,浙江省最低工资标准由1310元涨到1470元,河南省一类行政区域月最低工资标准为1240元,陕西省一类工资区月最低工资标准为1150元,贵州一类地区月最低工资标准为1030元,广州市也公布最低工资由1300元调整至1550元,两年间,深圳最低工资标准上调幅度为21%。截至2013年4月,上海、广东、天津、浙江、北京、山东、山西、河南、江西、广西、深圳、甘肃、陕西、贵州14个省市上调了最低工资标准。

2013年一季度,共有8个省市调整了最低工资标准;而4月当月,调整的地区就达到5个。2013年4月1日,上海月最低工资标准从1450元调整至1620元。山西省月最低标准分为4档,最高档由1125元提高到1290元。甘肃省一类地区标准从980元提高到1200元。江西省一类区域最低工资标准也达到1230元。

2013年7月起,江苏、四川和辽宁分别上调日最低工资标准。其中,江苏一类地区月最低工资标准从1320元调整到1480元;四川月最低工资标准分为4档,最高档提高到1200元;辽宁一类地区月最低工资标准从1100元调整到1300元。

四、劳动保护制度

(一) 劳动安全卫生制度

劳动安全卫生是指劳动者在劳动中安全和健康的法律保障，包括劳动安全技术规程、卫生规程、企业安全卫生管理制度等。该制度能有效地防止和减少伤亡事故，避免和降低职业危害，保证职工在劳动过程中的安全和健康；改善劳动条件，保护劳动力；促进生产率的提高和技术的进步；有利于保护女职工和未成年职工的合法权益。

劳动者在劳动安全卫生中享有知情权，劳动者有权了解工作内容、相关劳动安全信息、职业病可能性、用人单位的具体劳动安全保障措施等。当劳动内容违反合同约定或违反国家法律规定，不能达到相关安全保障的标准时，劳动者有权利拒绝劳动作业。

劳动者在劳动安全卫生中享有劳动卫生保障权，劳动者享受劳动保险的保障权利，当权益受损时有获得相应救济的权利。

劳动者在劳动安全卫生中享有批评、检举和控告权。同时，劳动者在劳动安全卫生中也要履行相应的义务。例如，遵守安全操作规程、规章制度，正确使用劳动防护用品，听从指挥、报告等义务。

(二) 特殊的劳动保护制度

特殊保护主要是针对女职工和未成年职工的一些特别规定，女职工是指一切以工资收入为主要生活来源的女性劳动者。未成年职工是指年满16周岁未满18周岁的劳动者。女职工和未成年职工特殊保护是指针对女职工和未成年职工的身体结构、生理特点及其各自的特殊需要，在劳动方面对他们的特殊权益的法律保障。

1. 女职工的特殊劳动保护

针对女职工的自身生理特点，女职工的保护主要体现在工作内容及女职工特殊生理期间的相关规定。

女职工禁忌劳动范围包括：矿山井下作业；森林业伐木、归楞及流放作业；达到第四级以上体力劳动强度的作业；建筑业脚手架的组装和拆除作业以及电力、电信行业的高处架线作业；连续负重每次负重超过20千克，间断负重每次负重超过25千克的作业。

女职工"四期"保护是指对妇女生理机能变化过程中的保护，一般指女职工的经期、孕期、产期、哺乳期的保护。这种保护，不仅是对女职工本身的保护，同时也是对下一代安全和健康的保护。

女职工在月经期间，不得安排其从事高空、低温、冷水和国家规定的第三级以上体力劳动强度的劳动，如食品冷库内及冷水等低温作业；已婚待孕女职工禁忌从事铅、汞、苯、镉等属于《有毒作业分级》国家标准中的三、四级的作业。女职工生育享受98天产假，其中产前可以休假15天；难产的，应增加产假15天；生育多胞胎的，每多生育1个婴儿，可增加产假15天。女职工怀孕未满4个月流产的，享受15天产假；女职工怀孕满4个月流产的，享受42天产假。女职工产假期间工资照发。关于哺乳期保护，有不满1周岁婴儿的女职工，其所在单位应当在每班劳动时间内给予两次哺乳（含人工喂养）时间，每次30分钟。女职工在哺乳期内，所在单位不得安排其从事国家规定的第三级体力劳动强度的劳动和哺乳期禁忌从事的劳动，不得安排其延长工作时间和夜班劳动。

2. 未成年职工的特殊保护

针对未成年人的特殊性，劳动法从工作内容和工作时间等方面做了特殊规定。不得安排未成年职工从事矿山井下、有毒有害、国家规定的第四级以上体力劳动强度的劳动和其他禁忌从事的劳动。国家规定未成年职工应缩短工作时间。用人单位应安排到工作岗位之前、工作满一年及年满18周岁，距前一次的体检时间已超过半年的未成年职工定期进行健康检查。

任务四　劳动争议解决

一、劳动争议的概念

劳动争议又称劳动纠纷，是指劳动关系双方当事人之间因劳动的权利与义务发生分歧而引起的争议。劳动争议发生在用人单位与劳动者之间，根据我国《劳动争议调解仲裁法》的规定，劳动争议的范围包括：①因确认劳动关系发生的争议；②因订立、履行、变更、解除和终止劳动合同发生的争议；③因除名、辞退和辞职、离职发生的争议；④因工作时间、休息休假、社会保险、福利、培训及劳动保护发生的争议；⑤因劳动报酬、工伤医疗费、经济补偿或赔偿金等发生的争议；⑥法律、法规规定的其他劳动争议。

二、劳动争议解决机构

在我国，劳动争议解决机构主要有企业内设的劳动争议调解委员会和基层人民调解组织、劳动争议仲裁委员会及人民法院。其中，劳动争议仲裁委员会比较特殊，是指县、市、市辖区设立的裁处企业与职工之间发生的劳动争议的组织机构，不按行政区划层层设立。劳动争议仲裁委员会是劳动争议的法定前置受理和处理机构。

劳动争议仲裁委员会由劳动行政部门代表、同级工会代表、用人单位方面的代表组成，成员数量为单数。劳动争议仲裁委员会设主任一人，副主任一至三人，委员若干人。主任由同级人民政府分管领导或人力资源社会保障行政部门主要负责人担任，副主任由仲裁委员会委员产生。仲裁委员会主任、副主任、委员由同级人民政府任命。仲裁委员会委员的确认或更换，须报同级人民政府批准。

根据《劳动争议调解仲裁法》的规定，劳动争议处理机构处理劳动争议案件应当遵循合法、公正、及时处理的原则，注重调解。在处理劳动争议的过程中，应当注重运用调解方式解决劳动争议，不仅基层调解机构应当疏导当事人达成调解协议，而且仲裁机构在裁决前、人民法院在判决前，也应当先行调解，调解不成才进入下一道程序。

三、劳动争议解决的方式与程序

发生劳动争议，劳动者可以与用人单位协商，也可以请工会或第三方共同与用人单位协商，达成和解协议。当事人不愿协商、协商不成或达成和解协议后不履行的，可以向调解组织申请调解；不愿调解、调解不成或达成调解协议后不履行的，可以向劳动争议仲裁委员会申请仲裁；对仲裁裁决不服的，除法律另有规定外，可以向人民法院提起诉讼。

（一）协商

协商是指发生劳动争议的双方当事人在没有第三人参与的情况下，通过双方平等对话、互谅互让并做出必要的妥协而达成和解的劳动争议处理方式。协商不是劳动争议处理的必经程序。

（二）调解

调解是指在第三人的参与下，通过说服、劝导促成争议双方达成和解。劳动争议调解一般是指在企业调解委员会的主持下，当事人双方自愿进行的调解。此外，当事人可以向依法设立的基层人民调解组织或乡镇、街道设立的具有劳动争议调解职能的组织申请调解。调解不是劳动争议处理的必经程序。

《劳动争议调解仲裁法》规定，发生劳动争议时当事人可以到下列调解组织申请调解，所谓的第三人就是调解组织：①企业劳动争议调解委员会。②依法设立的基层人民调解组织。③在乡镇、街道设立的具有劳动争议调解职能的组织。其中，企业劳动争议调解委员会是主要的调解组织。

调解达成协议的，应当制作调解协议书。调解协议书由双方当事人签名或盖章，经调解员签名并加盖调解组织印章后生效，对双方当事人具有约束力，当事人应当履行。

自劳动争议调解组织收到调解申请之日起15日内未达成调解协议的，当事人可以依法申请仲裁。达成调解协议后，一方当事人在协议约定期限内不履行调解协议的，另一方当事人可以依法申请仲裁。

（三）仲裁

劳动争议仲裁委员会是依法设立的，经国家授权依法独立仲裁处理劳动争议案件的专门机构。仲裁庭是劳动争议仲裁委员会处理劳动争议案件的基本组织形式。仲裁委员会处理劳动争议案件实行仲裁庭制度，依照"一案一庭"的原则组成仲裁庭，受理劳动争议案件。

劳动争议仲裁的参加人包括：①当事人，即发生劳动争议的劳动者和用人单位。劳务派遣单位或用工单位与劳动者发生劳动争议的，劳务派遣单位和用工单位为共同当事人。②第三人，即与劳动争议案件的处理结果有利害关系的第三人，可以申请参加仲裁活动或由劳动争议仲裁委员会通知其参加仲裁活动。③代理人，当事人可以委托代理人参加仲裁活动，委托他人参加仲裁活动，应当向劳动争议仲裁委员会提交有委托人签名或盖章的委托书，委托书应当载明委托事项和权限。

劳动争议由劳动合同履行地或用人单位所在地的劳动争议仲裁委员会管辖。双方当事人分别向劳动合同履行地和用人单位所在地的劳动争议仲裁委员会申请仲裁的，由劳动合同履行地的劳动争议仲裁委员会管辖。

《劳动争议调解仲裁法》规定，劳动争议申请仲裁的时效期间为一年。仲裁时效期间从当事人知道或应当知道其权利被侵害之日起计算。

当事人向仲裁委员会申请仲裁，应当提交书面仲裁申请，并按照被申请人人数提交副本。书写仲裁申请确有困难的，可以口头申请，由劳动争议仲裁委员会记入笔录，并告知对方当事人。劳动争议仲裁委员会收到仲裁申请之日起5日内，认为符合受理条件的，应当受理，并通知申请人；认为不符合受理条件的，应当书面通知申请人不予受理，并说明理由。劳动争议仲裁委员会受理仲裁申请后，应当在5日内将仲裁申请书副本送达被申请人。被申请人收到仲裁申请书副本后,应当在10日内向劳动争议仲裁委员会提交答辩书。劳动争议仲裁委员会收到答辩书后,应当在5日内将答辩书副本送达申请人。被申请人未提交答辩书的,不影响仲裁程序的进行。

仲裁庭在作出裁决前,应当先行调解。调解达成协议的,仲裁庭应当制作调解书。调解书应当写明仲裁请求和当事人协议的结果。调解书由仲裁员签名,加盖劳动争议仲裁委员会印章,送达双方当事人。调解书经双方当事人签收后,发生法律效力。

在调解不成或者调解书送达前,如果一方当事人反悔,仲裁庭应当及时作出裁决。一般的劳动争议案件,劳动争议仲裁委员会应自受理仲裁申请之日起45日内作出裁决。案情复杂需要延期的,经劳动争议仲裁委员会主任批准,可以延期并书面通知当事人,但是,延长期限不得超过15日。

仲裁是指由公正的第三人居中裁决纠纷。劳动争议的仲裁是指由依法设立的劳动争议仲裁委员会按照法定程序对劳动争议所从事的仲裁活动,仲裁是劳动争议处理的必经程序。"必经程序"是相对于诉讼程序而言的,即不经仲裁程序不能进入诉讼程序。按照《劳动争议调解仲裁法》的规定,部分劳动争议案件实行有条件的"一裁终局"。

(四)诉讼

诉讼是人民法院通过审判程序解决劳动争议纠纷的活动。协商和调解不是仲裁和诉讼的必经程序,仲裁是诉讼的必经程序,仲裁前置有两种例外情况,一是劳动者以用人单位的工资欠条为证据直接向人民法院起诉,诉讼请求不涉及劳动关系其他争议的,视为拖欠劳动报酬争议,按照普通民事纠纷受理,不必经过仲裁程序;二是根据《劳动争议调解仲裁法》规定,部分劳动争议实行有条件的"一裁终局"。例如,因追索劳动报酬、工伤医疗费、经济补偿或赔偿金,不超过当地月最低工资标准12个月金额的争议,以及因执行国家劳动标准在工作时间、休息休假、社会保险等方面发生的争议等案件的裁决,劳动者在法定期限内不向法院提起诉讼、用人单位向法院提起撤销仲裁裁决的申请被驳回的情况下,仲裁裁决为终局裁决,裁决书自作出之日起发生法律效力。

当事人对上述"一裁终局"的劳动争议裁决以外的其他劳动争议案件的仲裁裁决不服的,可以自收到仲裁裁决书之日起15日内向人民法院提起诉讼;期满不起诉的,裁决书发生法律效力。诉讼是解决劳动争议的最终程序。人民法院审理劳动争议案件适用《民事诉讼法》规定的诉讼程序。

劳动争议诉讼是指人民法院在劳动争议双方当事人和其他诉讼参与人的参加下,依法审理和解决劳动争议案件的活动。

任务五 社会保险概述

一、社会保险的概念

社会保险是一种为丧失劳动能力、暂时失去劳动岗位或因健康原因造成损失的人提供收入或补偿的一种社会和经济制度。

社会保险计划由政府举办,强制某一群体将其收入的一部分作为社会保险税(费)形成社会保险基金,在满足一定条件的情况下,被保险人可从基金获得固定的收入或损失的补偿，它是一种再分配制度，它的目标是保证物质及劳动力的再生产和社会的稳定。社会保险的主要项目包括养老社会保险、医疗社会保险、失业保险、工伤保险、生育保险等。

社会保险与商业保险的区别：

(1) 实施目的不同。社会保险是为社会成员提供必要时的基本保障，不以赢利为目的；商业保险则是保险公司的商业化运作，以利润最大化为目的。

(2) 实施方式不同。社会保险是根据国家立法强制实施，商业保险是遵循"契约自由"原则，由企业和个人自愿投保。

(3) 实施主体和对象不同。社会保险由国家成立的专门性机构进行基金的筹集、管理及发放，其对象是法定范围内的社会成员；商业保险是保险公司来经营管理的，被保险人可以是符合承保条件的任何人。

(4) 保障水平不同。社会保险为被保险人提供的保障是最基本的，其水平高于社会贫困线，低于社会平均工资的50%，保障程度较低；商业保险提供的保障水平完全取决于保险双方当事人的约定和投保人所缴纳保费的多少，只要符合投保条件并有一定的缴费能力，被保险人可以获得高水平的保障。

二、社会保障制度的历史

社会保障制度是以国家或政府为主体，依据法律规定，通过国民收入再分配，对公民在暂时或永久失去劳动能力以及由于各种原因生活发生困难时给予物质帮助，保障其基本生活的制度。

社会保障制度是社会经济政治发展到一定阶段的产物，是社会化生产、市场经济正常运行的客观需要。在市场经济运行中，存在着多种风险，如人的生、老、病、死、失业、伤残等，这些风险集中到社会上会成为社会问题，整个社会因此可能发生动荡和冲突。建立社会保障制度，对人们遇到风险、遭受困难以及由此引起的社会矛盾可以起到某种化解作用。社会保障制度是市场经济社会的"减震器"和"安全网"。

（一）社会保障制度的萌芽（1601—1882年）

社会保障最初的萌芽形态是社会救济。它以1834年英国新济贫法的建立和德国工人互助组织的广泛发展为标志。英国早在1601年就颁布了伊丽莎白《济贫法》（旧《济贫法》），1834年颁布新的《济贫法》。

就英国来说，这一历史时期由于英国的圈地运动和工业化，大量农民流入城镇沦为贫民和乞丐。圈地运动改革了英国的土地制度，同时也促进了英国资本主义经济的发展。旧《济贫法》主张：建立地方行政和征税机构；为有劳动能力的人提供劳动场所；资助老人、盲人等丧失劳动能力的人，为他们建立收容场所；组织穷人和儿童学艺；提倡父母和子女的社会责任；从比较富裕的地区征税补贴贫困地区。新的《济贫法》明确政府有保障公民生存的义务，认为救济不是消极行动，而是一项积极的福利措施，并由经过专门训练的社会工作人员从事此类工作。

就德国而言，这一历史时期如火如荼的工人运动，迫使德国统治者不得不出台缓和资产阶级和工人阶级矛盾、维持社会安定的社会保障政策。

（二）社会保障制度的建立（1883—1934 年）

真正意义上的社会保障制度是从社会保险制度的建立开始的。德国是世界上第一个实行社会保险制度的国家。19 世纪 80 年代，当时执政的俾斯麦政府相继颁布了一系列法令：1883 年颁布了《残疾社会保险法》；1884 年颁布了《工伤事故保险法》；1889 年颁布了《老年和残障社会保险法》。上述法令的颁布，标志着世界上第一个最完整的社会保险体系的建立。继德国之后，许多欧洲国家先后实施了单项或几个项目的社会保险制度。

1935 年，在罗斯福总统的领导和主持下，美国通过了历史上第一部《社会保障法》。第二次世界大战后，社会保障制度进入了以高福利为特征的全面发展阶段，但社会保障制度由于"成熟过度"而弊端丛生，必须进入改革和发展的新阶段。

（三）社会保障制度的模式

当前世界存在多种社会保障模式。按资金筹集和费用分担方式可划分为四种类型："投保资助"型、"福利国家"型、"国家保险"型、"储蓄保险"型。它们的主要区别在于国家、单位（企业、事业等）和个人三者的权利、义务关系不同，即三者在资金供给和费用分担方面的责任不同。一个国家采取哪种模式，应该根据本国国情而定。

三、社会保险的功能

社会保险主要有以下几方面的功能：

1. 防范风险功能

风险主要分为人身风险与工作风险两大类。这些风险具有不可避免的特性，当风险来临时，个人往往难以凭自力救济的方式应对风险，因而对生活造成重大损失。社会保险制度最基本的作用，是在风险发生时对个人提供收入损失补偿，保证个人在暂时或者永久失去劳动能力以及暂时失去工作岗位从而造成收入中断或者减少时，仍然能够继续享有基本生活保障，保障社会成员的基本生活，免除后顾之忧。个人风险转化为社会风险，让社会为个人买单，可避免个人因独木难支而陷入困境，使其在风险来临时仍能维护家庭及个人的生存尊严。

2. 社会稳定功能

社会稳定是一个国家发展的前提。社会保险是社会稳定的"调节器"。一方面，能使社会成员产生安全感，对未来生活有良好的心理预期，安居乐业；另一方面，能缓解社会矛盾，构建和谐的社会环境来实现整个社会的稳定。

3. 有利于实现社会公平

社会保险可以通过强制征收保险费，聚集成保险基金，对收入较低或失去收入来源的个人给予补助，提高其生活水平，在一定程度上实现社会的公平分配。

4. 有利于保证社会劳动力再生产顺利进行

市场经济需要劳动力的正常再生产，而市场竞争所形成的优胜劣汰，必然造成部分劳动者暂时退出劳动岗位，这就使部分劳动者及其家庭失去收入而陷入生存危机，而社会保险则确保了这部分成员的基本生活需要，使劳动力的供给和正常再生产成为可能，为维持市场经济正常运行提供劳动力后备军。

5. 促进社会文明进步

社会保险是一种社会互助共济的经济形式，体现了互助合作、同舟共济的思想。公民参加社会保险，遵循的是权利与义务基本对等的原则，体现了公民先尽义务，后享权利的关系，有利于处理好个人利益与社会利益、眼前利益与长远利益之间的关系，这对于增强公民的责任感具有积极的意义。社会保险还为发扬敬老爱幼、扶贫济困、友爱互助精神创造了良好的社会物质条件，这些都表明社会保险具有促进社会文明发展的作用。

任务六　社会保险制度的运行

一、社会保险费收入

社会保险费收入来源于个人、企业和国家，首先要求被保险人在从事有收入劳动期间，从工资收入中拿出一部分投保，年老退休或发生其他意外时才有资格享有社会保险待遇。同时，企业也要承担部分费用。企业缴费一般是以职工工资总额或工资总额加退休费总额两项之和为基数，按照社会保险主管部门统一确定的比例提取，列入企业的生产成本或营业外支出。对于职工来讲，这是一种福利，而从企业角度来看，为职工缴纳的保险费是作为对劳动力价格的扣除计入成本的。这笔费用最终要转移到消费者身上，它既是人工成本的一个组成部分，也是利润、产品服务价格、收益和税收的一部分。因此，实际上这部分资金是由全社会负担的，国家在保险资金的来源上也负有一定责任。国家财政向保险基金拨款，用来弥补个人和企业缴纳保险费与实际开支之间的差距，或者直接承担部分保险费开支，或者弥补行政管理费开支。国家的主要资金来源是税收，也有少数来自专门指定用途的应税货物（如烟草、汽油和酒精饮料等）。

此外，还有其他经营收入，如利息、利润以及社会捐赠等也可进入社会保险费收入。

二、社会保险费分担方式

社会保险费的分担主体是国家、企业和个人。这三个主体的不同组合就产生了许多费用的分担方式，即使同一国家，在不同的社会保险项目中也可能使用不同的保险费用分担方式，其中以雇主雇员双方供款，政府负最后责任的方法中，又细分为几种情况。

1. 费率等比分担制

费率等比分担制即按被保险人工资总额的一定比例确定应缴保险费总额，由被保险人和企业（或雇主）各分担该保险费总额的一半。

2. 费率差别分担制

费率差别分担制即按被保险人工资总额的一定比例确定应缴保险费总额，由被保险人和企业（或雇主）按比例分担，一般是企业（或雇主）分担比例高于个人分担比例。

3. 费率等比累进制

将被保险人的工资收入划分为不同档次，档次越高，费率也越高，保险费分档计算然后加总确定。

三、社会保险的财务制度

1. 随收即付制

随收即付制度是指当期所收保险费用于当期的给付，使保险财务收支保持大概平衡的一种财务制度。除养老保险项目外，一般社会保障项目都是采用这种财务制度。

养老保险采用这一制度有利有弊，随收即付制度最大的优点是费率计算简单，同时因为没有巨额基金，不会有保值增值的压力，不会受到货币贬值的不利影响。但这一制度的缺点也是明显的，由于人口结构趋于老龄化、福利水平的刚性等原因，费率一般是日益提高的，必须经常重估财务结构，调整费率。同时，从分配关系看，在退休金保险方面，随收即付制度实质上是代际间的再分配关系，日益上升的费率，会加深代际矛盾，造成政治问题。

2. 完全积累制

这种制度是在对影响费率的相关因素进行长期测算后，确定一个可以保证在相当长的时期内收支平衡的平均费率，并将所收保险费（税）全部形成社会保险基金的一种财务制度。企业年金制度中及社会保险制度框架下的养老保险个人账户计划下较多采用这种财务制度。这一制度最明显的长处是由于有基金的积累，在人口老龄化的情况下能保持保险费率的相对稳定。但这一优点是以基金收益率高于工资增长率为前提的。这一制度的缺陷也是明显的，一是在制度运行初始就要求较高的费率；二是基金受通货膨胀的压力较大，如果基金运用得当，不但社会保险制度能从中受益，而且整个经济将由于基金的有效配置而受益，反之，如果基金不能保值增值，这一制度比随收即付制度的成本更高。

3. 部分累积制

这种制度是随收即付制度和完全积累制度的混合物。在初始时，它的费率高于随收即付制度而又低于完全积累制度，在准备金方面，它会高于随收即付制度而低于完全积累制度。这一制度是要在迎接人口老龄化和初始的高保费制度中寻找一条中间道路。通常的做法是将原来随收即付制度所交的保费中的一小部分积累于个人账户制度，或在原来制度之上提高费率，并将增量部分全部积累于个人账户制度。这一制度也同样面临基金的管理和保值增值问题。

我国1997年建立的社会养老保险制度就采用了这种混合财务制度，称之社会统筹与个人账户制度相结合的社会养老保险制度。

四、社会保险基金的管理

（一）社会保险基金管理的内涵

社会保险基金管理是为了实现社会保险的基本目标和制度的稳定运行，对社会保险基金的运行条件、管理模式、投资运营、监督管理进行全面规划和系统管理的总称，是社会保险基金制度运行的核心环节。

（二）社会保险基金运作中的主要问题

1. 管理体系

社会保险基金的运作是一项复杂而精细的工作，需要有先进的管理手段和精通专业的工作人员，特别是要有一个高效的管理体系。

2. 基金的独立性

社会保险基金要绝对保证专款专用，基金不宜列入国家财政预算，要避免政府收支计划的干预，避免用社会保险基金去平衡财政收支。

3. 银行利率问题

为使基金不受物价上涨的影响或尽量减少贬值损失，理想的状态是利率水平不能低于物价增长幅度，且随物价同步增长，即实行保值储蓄方式。

4. 投资方向与范围

社会保险不同于其他经济活动，要求始终具有稳定的保障实力。因此积累基金用于投资，必须"没有风险"，且收益要高于物价增长幅度，这是一种极高的投资要求。

（三）社会保险基金投资的原则

1. 安全性原则

社会保险基金是一种专项基金，关系到社会劳动者及其家庭基本生活的保障，所以必须以安全为首要原则。当然，安全是相对而言的，任何一种投资方式都有风险，只是风险的程度和大小不同而已。必须通过科学、全面的分析预测及调查研究，确定可以接受的风险标准，同时注意在投资时将风险控制在最小的限度内。

2. 收益性原则

社会保险基金投资的最终目的是为了增值，使投资收入成为保险基金的重要来源，增强给付能力，降低保险费率。但在投资中，收益与风险是正相关的，收益率高，风险也大，这就要求保险投资把风险控制在一定限度内，实现收益最大化。

3. 社会效益原则

社会保险基金的投资既要考虑经济效益，还要考虑对全社会的宏观效益，这样，社会保险投资才有生命力。在投资中，如购买市政建设债券和发放不动产抵押贷款等，都能体现投资的社会性原则。贯彻这个原则，可增进公众福利，扩大社会保险的社会影响。

4. 变现性原则

所谓变现性，是指将投资变成现金的难易程度。由于社会保险基金有其特设的用途，它必须保证劳动者在因各种劳动风险而失去生活收入时获得物质帮助。而社会保险基金中可用于投资营运的基金通常有三部分：第一部分是预留的储备金；第二部分是结算前因时间差所形成的临时性周转资金；第三部分是在较长时间内不必动用的基金。其中，第一、第二部分基金变现性要求较高，而投资收益率较低，第三部分基金对变现性要求不高，其投资收益率较高，由此决定了基金投资的多样性。第一部分基金宜投资于中期项目，一般 1～3 年；第二部分基金是利用时间差，故只适用于投资短期项目，一般 1 年以下；第三部分基金可以投资于长期项目中，一般 3～5 年，这种投资的多样性实际上也起到了分散风险的作用。

任务七　中国社会保险制度的主要内容

一、中国社会保险制度的沿革

（一）中华人民共和国社会保险制度的建立

中华人民共和国成立以后，中国政府非常重视社会保险制度的建设。1950 年，政务院发出《关于退休人员处理办法的通知》，承认在中华人民共和国成立之前就已建立了退休金制度的有关行业已有养老金制度。1951 年，政务院颁布《中华人民共和国劳动保险条例》，建立综合性劳动保险制度，该条例的实施范围是正式职工100人以上的国营、公私合营及合作经营的企业、铁路、航运、邮电部门；1953年，劳动保险扩大到工、矿、交通、基本建设单位与国营建筑公司；1956年，又扩大到商业、外贸、粮食、供销、合作、金融、民航、石油、地质、水利、水产、国营农场与林场。

1952年，政务院发布《关于全国各级人民政府、党派、团体及所属事业单位的国家工作人员实行公费医疗预防的指示》和《国家工作人员公费医疗预防实施办法》，决定实行公费医疗制度。公费医疗制度的适用范围包括全国各级人民政府、党派、工青妇女团体，各种工作队及文化、教育、卫生、科研、经济建设等事业单位的国家工作人员及革命残废军人。1953年，公费医疗制度适用范围扩大到高等学校在校生及乡干部。1956年，又扩大到各国在华工作专家、国家机关工作退休人员与高等学校退休工作人员等。至此，中国社会主义国家保险制度基本建立。

1955年，国务院公布《国家机关工作人员退休处理暂行办法》和《国家机关工作人员退职处理暂行办法》，开始建立机关、事业单位工作人员养老金制度。机关、事业单位人员养老金制度独立实行，有别于企业职工养老保险制度。1958年，国务院公布《关于工人、职员退休处理的暂行规定》，我国养老金制度开始出现统一化趋势。同年，国务院公布《关于现役军官退休处理的暂行规定》，建立起由民政部与军队政治机关共同负责的军官退休制度。1964年，财政部等发布《关于解决企业职工退休后生活困难救济经费问题的通知》，建立起退休人员生活困难救助制度。1966年，第二轻工业部等发布《关于轻、手工业集体所有制企业职工、社员退休统筹暂定办法》和《关于轻、手工业集体所有制企业职工、社员退职处理暂行办法》，建立起集体企业职工养老保险制度。

（二）当代中国社会保险制度改革

20世纪80年代，中国社会保险制度改革全面展开。改变单位保险模式，实行社会保险模式成为社会保险改革的主要内容。1986年颁布的《国营企业实行劳动合同制暂行规定》，结束了计划经济用工制度，开始实行市场化用工制度。同年实施的《国营企业职工待业保险暂行规定》，重新提出实行社会保险制度，拉开了中国社会保险制度改革的序幕。

20世纪90年代，中国社会保险制度改革步伐加快。1991年颁布《国务院关于企业职工养老保险制度改革的决定》，正式提出实行养老保险制度。1992年颁布的《县级农村社会养老保险基本方案（试行）》推动了农村社会养老保险制度的出现。1993年颁布《中共中央关于建立社会主义市场经济体制若干问题的决定》，将建立多层次社会保险体系作为目标，城镇职工养老和医疗保险金由单位与个人共同负担，实行社会统筹与个人账户相结合的原则。同年颁布《国有企业职工待业保险规定》，开始建立失业保险制度，还颁布了《国有企业富余职工安置规定》，建立起下岗职工就业安置制度。1994年颁布《关于职工医疗制度改革的试点意见》，开始了医疗保险制度改革。1995年颁布的《关于深化企业职工养老保险制度改革的通知》推进了养老保险制度改革的步伐。1997年颁布的《关于建立统一的企业职工基本养老保险制度的决定》提出了统账结合养老金模式。

1998年以来，我国进一步加快了社会保险制度的改革步伐，各种重要的社会保险政策相继出台。1998年颁布《关于建立城镇职工基本医疗保险制度的决定》，开始建立统一的基本医疗保险制度。1999年颁布《失业保险条例》，推进了失业保险制度的完善和发展；同年开始实施的《城市居民最低生活保障条例》，进一步规范和完善了最低生活保障制度。2000年颁布《关于完善城镇社会保障体系的试点方案》，加快了以统账结合为主要特点的社会保障制度的建设步伐。2003年颁布《工伤保险条例》，使工伤保险制度开始规范化发展；同年发布《关于建立新型农村合作医疗制度意见的通知》，推动了农村公共医疗卫生事业的发展。2009年颁布《关于开展新型农村社会养老保险试点的指导意见》，推动农村社会养老保险进入一个新时期。

二、中国社会保险制度

（一）养老保险制度

1. 养老保险的概念

养老保险是国家按照法律规定，在劳动者年老退休之后，为他们提供维持基本生活的物质帮助的一种社会保险制度。

养老保险是社会保险的主要项目之一，也是整个社会保障制度的极其重要的组成内容。建立并完善养老保险制度，是国家和社会应尽的义务。这项制度的建立和完善，有利于切实保障老年人安度晚年的合法权利，保证老年人能够老有所养、老有所医、老有所乐；同时也有利于消除在业人员的后顾之忧，调动其生产积极性，为社会创造更多更好的物质财富，从而为包括养老保险在内的整个社会保障制度的巩固和实施准备雄厚的物质基础。

养老保险是社会保险制度中覆盖面最广的重要项目之一。在政府立法确定的范围内，对达到法定年龄的社会劳动者，当其按照规定正式退出劳动领域后，皆由国家或用人单位为其提供经济补偿，以保障基本生活需要。在世界上大多数国家中，养老保险主要表现为职工或雇员的退休制度。在我国，这项社会保险一般称为职工养老制度。

2. 养老保险的特点

第一，养老保险是一种最普遍而重要的险种。几乎所有实行社会保险的国家，都设置了养老保险。这是因为，妥善解决老年职工的老有所养问题，不仅是劳动力再生产的需要，而且对于社会安定极其重要。因此，许多国家都把发展养老保险作为建立社会保险制度的重要突破口。

养老保险是社会保险子系统中最重要的项目，也是整个社会保障制度中最为重要的项目。在绝大多数国家，养老保险金支出均占整个社会保险支出的很大比重。

第二，养老保险保障的对象广泛。因为年老退休几乎是每个劳动者都无法回避的事实，实际上，养老保险所保障的是全体劳动者。这一点明显区别于社会保险的其他险种。养老保险中，参加保险的人数与享受保险待遇的人数从长远看几乎是一致的，凡参加养老保险的人，最终都会享受到养老保险待遇，而其他社会保险在这二者之间都存在差额，均为多数人分担少数人的风险损失。

第三，养老保险待遇水平相对较高。尽管每个国家的养老保险制度所规定的退休待遇不一致，而且在一个国家中，不同劳动者的退休待遇也有差别，但从总体上说，养老保险待遇水平较高。它不仅要求补偿基本生活需要，而且还应尽可能维持较高的生活水平。因为，一个社会不能要求老年人的生活水平比其他人低。另外，保障期限上，养老保险的保障期是从退休至死亡，时间也比较长。

第四，养老保险的开支大，负担重。养老保险开支是社会保险总开支的主体，特别是在人口老龄化高峰期，这种比重更大，为了合理分担养老保险的开支，多数国家采取国家、企业和雇主、劳动者个人三方负担养老保险费用的形式，其中企业雇主承担大部分，国家财政给予一定的补贴，个人在不影响其生活水平的条件下也承担一定的比例。

3. 城镇职工的养老保险制度

（1）城镇职工养老保险的对象。按照《社会保险费征缴暂行条例》的规定，国有企业、城镇集体企业、外商投资企业、城镇私营企业和其他城镇企业，实行企业化管理的事业单位及其职工，都是养老保险的覆盖对象范围，都要按照规定的缴费基数和缴费比例缴纳养老保险费，而这些单位的职工，只要符合养老保险的有关条件，都可以享受养老保险的待遇。此外，为了适应各地的经济发展水平，还规定省、自治区、直辖市人民政府可以根据本地的实际情况，将城镇个体工商户纳入基本养老保险的范围。

（2）城镇职工养老保险的资格条件。由于养老保险主要是针对养老保险覆盖范围内的企业职工，在其退休后向其提供物质帮助和补偿，因此，养老保险的资格条件主要是指退休年龄的规定。按现行制度规定，男工人和男干部年满60周岁，女工人年满50周岁，女干部年满55周岁，连续工龄满10年的，可以退休养老；井下矿工或从事低温、高温、高空、特别繁重体力劳动，以及从事其他有害身体健康工作的，男工人与男职工年满55周岁，女工人和女职工年满45周岁，连续工龄满10年，均可以退休养老。省部级正职或其他相当职务的高级干部，其退休年龄可以延长至65周岁；副教授以及相当职称的高级知识分子、高级专家，若工作需要，其退休年龄经所在单位报经上一级主管机关批准，可以适当延长到65周岁；教授以及相当职称的高级知识分子、高级专家，经所在单位报请省级政府或中央、国家机关部委批准，其退休年龄可以延长，但最长不得超过70周岁。凡是不具备退休条件的男女工人与干部，如果由医院开具有效证明，并经劳动鉴定委员会确认，已经丧失劳动或工作能力的，可以而且应该退职。

此外，按照1997年7月16日国务院发布的《关于建立统一的企业职工基本养老保险制度的决定》的规定，在该文件实施后新参加工作的职工，个人缴费年限累计满15年的，退休后按月发给基本养老金；个人缴费年限累计不满15年的，退休后不享受基础养老金待遇，其个人账户储存额一次支付给本人。对于城镇个体工商户等自谋职业者以及采取各种灵活方式就业的人员，在其参加养老保险后，在男性年龄满60周岁、女性年龄满55周岁时，如果累计缴费年限满15年的，可按规定领取基本养老金，累计缴费年限不满15年的，其个人账户储存额一次性支付给本人，同时终止养老保险关系。

（3）城镇职工养老保险基金的筹集。养老保险基金主要来源于企业和企业职工缴纳的养老保险费、养老保险基金的利息收入和财政补贴。其中企业和企业职工缴纳的养老保险费是养老保险基金的主要来源。我国的养老保险基金采用"以支定收，略有节余，留有部分积累"的筹资原则，主要是以现收现付方式解决已退休职工的养老保险待遇给付，积累部分主要来自近几年新参加工作的劳动合同制工人以及原有职工的个人缴费。基本养老保险实行社会统筹和个人账户相结合的"部分积累"模式，即企业缴纳的养老保险费中的一部分用于现收现付，承担已退休无个人账户人员的退休金开支，以及有个人账户但不够支出需要者的平衡调剂。企业缴费中的另一部分和个人缴费的全部均记入个人账户，形成积累，用于有个人账户职工退休后的养老金支付，由此形成我国养老保险费的"社会统筹"加"个人账户"的筹集方式。

(4) 缴费基数。职工个人以本人的工资收入为基数,以当地的社会平均工资为基准,个人月平均工资超过当地职工平均工资的300%以上的部分,不计入个人缴费工资基数;个人月平均工资低于当地职工平均工资60%的,以当地职工平均工资的60%为基数。对于个体工商户本人、私营企业主等非工薪收入者,可以以当地上一年职工的平均工资为基准,以不高于当地职工平均工资的300%、不低于当地职工平均工资的60%作为缴费基数。

国有企业下岗职工的基本养老保险缴费,包括单位缴费和个人缴费,以当地上年度社会平均工资的60%为基数,由企业再就业服务中心缴纳。

同时,直辖市和设区的市可以在全市范围内统筹养老保险基金;其他地区的统筹层次由省、自治区人民政府规定。

(5) 缴费比例。国务院在《关于建立统一的企业职工基本养老保险制度的决定》中规定,企业缴纳基本养老保险费的比例,一般不得超过企业工资总额的20%(包括划入个人账户的部分),具体的缴费比例由省、自治区、直辖市人民政府的实际情况确定。对于少数离退休人数较多的、养老保险负担过重的省、市、自治区、直辖市,确需超过企业工资总额20%的,应报劳动部、财政部审批。个人缴纳基本养老保险费的比例,1997年不得低于本人缴费工资的4%,1998起每两年提高1个百分点,最终达到本人缴费工资的8%,有条件的地区和工资增长较快的年份,个人缴费比例提高的速度应适当加快。

该决定同时还规定,按本人缴费工资11%的数额为职工建立基本养老保险个人账户,个人缴纳的养老保险费全部记入个人账户,其余部分由企业缴纳的养老保险费补足。随着个人缴费比例的提高,企业划入的部分要逐步降至3%。

(6) 缴纳养老保险的程序。《社会保险费征缴暂行条例》规定,用人单位应当在成立之日起30日内,持营业执照或者登记证书等有关证件,到当地社会保险经办机构申请办理社会保险登记。社会保险经办机构审核后,发给社会保险登记证件。用人单位的社会保险登记事项发生变更或者用人单位依法终止的,应当自变更或者终止之日起30日内,到社会保险经办机构办理变更或者注销社会保险登记手续。用人单位必须按月向社会保险经办机构申报应缴纳的社会保险费数额,经社会保险经办机构审核后,在规定的期限内缴纳社会保险费。职工个人应当缴纳的社会保险费,由所在单位从其本人工资中代扣代缴。社会保险经办机构应当按规定建立和记录个人账户。

【典型案例评析】

养老金应由谁缴?

陈爱民系某供销社1985年4月招收的亦农亦商的临时工,1994年11月成为农民合同制工人。在陈爱民1985年4月至1996年12月用工期间,供销社按月收取陈爱民工资总额的3%作为离职返家的补助费,并纳入专户管理。自1996年12月起,供销社开始为陈爱民缴纳社会养老保证金。

1997年初陈爱民遂要求供销社为其补缴做临时工期间的养老保险金。供销社认为:陈爱民于1996年12月与供销社正式建立劳动合同关系,期限为5年,劳动合同签订后,单位已经为其缴纳了养老保险金；在 1985 年 4 月至 1996 年 12 月期间，陈爱民是亦农亦商人员，整个供销社系统与他同样身份的人都未纳入社会保险范围，其间对其所扣的工资总额 3% 的返家补助费可以退还，供销社不具有补缴养老保险金义务。因此，供销社拒绝为其补缴养老金。双方争执不下，陈爱民向区人民法院提起诉讼。1997 年 4 月，法院对当地首起养老保险民事诉讼案进行了公开审理，判决供销社为陈爱民补缴从 1985 年 4 月起未缴的社会养老保险金。

问题：供销社拒绝为陈爱民补缴养老金的主张是否于法有据？

评析：

本案涉及的法律问题是供销社该不该为陈爱民缴纳养老保险金。陈爱民于 1985 年 4 月成为供销社的职工，尽管双方未签订正式的劳动合同，但双方已形成了事实上的劳动关系。事实上，供销社所扣的每月工资总额的 3%，便是陈爱民个人缴纳的养老保险金，对于单位应缴纳的其余 15%，供销社依法必须缴纳，否则违反了《国营企业劳动合同制暂行规定》第 26 条之规定。

4. 农村养老保险制度

（1）农村养老保险对象及资格条件。

按照规定，属于非城镇户口、不由国家供应商品粮的农村人口，不分性别、职业，年龄在 20 周岁至 60 周岁的，都可以参加农村养老保险。一般以村为单位确认（包括村办企业职工、私营企业、个体户、外出人员等），组织投保。乡镇企业职工、民办教师、乡镇招聘干部、职工等，可以以乡镇或企业为单位确认，组织投保。少数乡镇因经济或地域等原因，也可以先统筹乡镇企业职工的养老保险。外来劳务人员，原则上在其户口所在地参加养老保险。一般在 60 周岁以后，就可以领取养老保险金。

（2）农村养老保险基金的筹集。①筹集方式。农村养老保险基金的筹集以个人缴纳为主、集体补助为辅、国家给予政策支持为原则。个人缴纳一定比例；集体补助主要从乡镇企业利润和集体积累中支付；国家通过税收、让利等手段予以政策扶持。在以个人缴纳为主的基础上，集体可根据其经济状况予以适当补助（含国家让利部分），具体方法可由县或乡（镇）、村、企业制定。个人的缴费和集体的补助（含国家让利）分别记账在个人名下，建立职工个人账户。企业补助的比例可由地方或企业根据情况确定。企业对职工及其他人员集体补助，应予按工资总额的一定比例税前列支，具体办法由地方政府制定。②缴纳标准。根据农村的具体情况，设立多档次缴费，月缴费标准设 2、4、6、8、10、12、14、16、18、20 元十个档次，各地可根据本地的实际情况选择缴费标准以及按月缴费还是按年缴费。可以补缴和预缴养老保险费，但补缴后，总缴费年数不得超过 40 年。预缴年数一般不超过 3 年。另外，针对农村居民的收入变化比较大，并且受自然灾害影响较大的特点规定：第一，个人或集体根据收入的提高或下降，经社会养老保险管理部门批准，可按规定调整缴纳档次；第二，当遇到各种自然灾害或其他原因，个人或集体无能力缴纳养老保险金，经社会养老保险管理部门批准，在规定的时间内可暂时停缴保费。恢复缴费后，对于停缴期的保费，有条件也可以自愿补缴。服刑者停缴保险费，刑满回原籍者，原保险关系可以恢复，继续投保。

（3）养老金的给付。投保人在缴费期间身亡者，个人缴纳全部本息，退给其法定继承人或指定受益人。领取养老金从 60 周岁以后开始，根据缴费的标准、年限，确定支付标准（具体标准，另行下发）。调整缴费标准或中断缴费者，其领取养老金标准，需待缴费终止时，将各档次、各时期积累的保险金额合并，重新计算。投保人领取养老金，保证期为10年。领取养老金不足10年身亡者，保证期内的养老金余额可以继承。无继承人或指定受益人者，按农村社会养老保险管理机构的有关规定支付丧葬费用。领取养老金超过10年的长寿者，支付养老金直至身亡为止。投保对象从本县（市）迁往外地，若迁入地已建立农村社会养老保险制度，需将其保险关系（含资金）转入迁入地农村社会养老保险管理机构。若迁入地尚未建立养老保险制度，可将其个人缴纳全部本息退发本人。投保人招工、提干、考学等农转非，可将保险关系（含资金）转入新的保险轨道，或将个人缴纳全部本息退还本人。为了明确养老金的给付标准，1994年民政部印发了《农村社会养老保险养老金计发办法》，对养老金的计发作出了详细的规定。

（二）医疗社会保险

生、老、病、死是人类不可抗拒的自然规律。在人的一生中，因疾病发生并造成损失是必然的，但疾病发生的时间及造成损失的程度又具有偶然性与不确定性。正是这种必然性与偶然性的对立统一形成了疾病风险。医疗保险是专门处理疾病风险的一种社会保险，是国家和社会为社会劳动者的健康和疾病医疗提供费用和服务的一种社会保险制度。

1. 医疗保险的含义

医疗保险是指社会劳动者因为疾病、受伤等原因需要诊断、检查和治疗时，由国家和社会为其提供必要的医疗服务和物质帮助的一种社会保险制度。在这里，"疾病"是指这样一种现象：在某种致命因素影响下，人体生理机能失调，致使身体由健康状态转为不健康状态，表现为抵抗力的减弱、劳动能力的丧失，并伴随着出现一系列的临床症状，它的发展可导致残废或死亡。医疗保险承担的责任，正是这种疾病风险所可能产生的经济损失。

需要指出，这里的"受伤"不包括因工负伤，因工负伤属于工伤保险的范畴。

医疗保险主要是保障劳动者的身体健康，对于在职劳动者来说，用于医疗方面的开支，属于"劳动力的修理费用"，因此它的支付方式和原则与其他社会保险不同，有着显著的特点。企业或雇主支付医疗保险费用并不仅仅是出于"道义"上的原因，而主要是其自身生产和经营的需要。职工患病，必然影响到生产过程，企业和雇主支付必要的医疗费用，目的在于使劳动者恢复健康，重新上岗。

医疗保险是一种比较复杂的保险形式，对于患者来说，医疗费用仅仅是一种手段，其目的在于通过它换来医疗服务，或者说医疗费用必须通过第三者——医疗机构才能发挥作用。不同的疾病需要不同的医疗费用；相同的疾病若由不同的医疗机构诊治，其费用也不一定相同。因此，医疗机构成为医疗保险制度的一个重要要素。

2. 医疗保险的特征

作为一个独立的社会保险项目，医疗保险具有区别于其他社会保险的特点。

第一，保障内容的特殊性。一般的社会保险项目提供对社会成员的收入或生活方面的保障，而医疗保险却以社会劳动者的身体健康和疾病医疗作为特定的保障内容。

第二，保障过程的特殊性。医疗保险的主要手段是提供医疗技术服务。其他社会保险项目一般以提供现金补助为实施手段，而医疗保险却必须为社会劳动者提供医疗服务。这种服务是专门且复杂的技术性服务，实施过程需要医疗方及医药方的直接介入。在其他社会保险中，各项目的实施是在社会保险机构与收益方之间进行的，即使有些社会保险项目如养老保险可以委托银行等中介机构实施保险金发放，但这些服务机构只能按由社会保险供给方掌握和规定的标准开展工作，其对社会保险项目的实施并无更多的影响；而医疗保险却必须有医疗方及医药方的直接介入才能实施，国家和社会必须设立医疗机构和医药机构，对需要治疗或医疗帮助的社会成员实行收费或免费、低费服务。不仅如此，医疗方或医药方的诊治还直接决定着医疗保险的费用或成本高低。

第三，关联性强。医疗保险既是社会保险的一个独立项目，同时又与其他社会保险子系统相互交织在一起。各项社会保险，除了现金补助外，被保险人也都有医疗服务的需求。如失业者除需要获得失业期间的收入损失补偿外，还需要得到医疗卫生服务。退休者除需要定期获得退休金外，还需要获得老年保健服务。

第四，服务频度高。从服务对象和次数看，社会保险的对象即工资劳动者，不分性别，也不分年龄，一生中都需要经常与医疗保险"打交道"，可以说，医疗保险服务与一切劳动者的关系最为密切。一个人在一生中，可能不会发生诸如生育、失业、工伤、残疾等风险，但绝对避不开疾病这种风险。由于疾病风险发生率较高，因而医疗保险的服务频度高。

第五，待遇的均等性。其他险种的待遇享受一般都与工资有关，如退休金高低与退休者在业时工资高低有关，生育保险金高低与妇女工作时的工资有关，失业保险待遇与失业者在业时的工资有关，但在医疗保险中，劳动者只要取得享受医疗保险的资格条件，则享受规定的医疗服务待遇，这种待遇水平一般与劳动者的工资水平无关，而是与实际需要有关，即与病情有关。

3. 城镇基本医疗保险

（1）城镇基本医疗保险的对象。由于我国的医疗保险坚持低水平、广覆盖的原则，按照国务院相关文件规定，城镇所有用人单位，包括企业（国有企业、集体企业、外商投资企业、私营企业等）、机关、事业单位、社会团体、民办非企业单位及其职工，都要参加基本医疗保险。乡镇企业及其职工、城镇个体经济组织业主及其从业人员是否参加基本医疗保险，由各省、自治区、直辖市人民政府决定。由于坚持与生产力发展水平相适应的原则，所以对基本医疗保险也采取医疗保险基金实行社会统筹和个人账户相结合的方式，按照规定：基本医疗保险原则上以地级以上行政区（包括地、市、州、盟）为统筹单位，也可以县（市）为统筹单位，北京、天津、上海、重庆4个直辖市原则上在全市范围内实行统筹（以下简称统筹地区）。所有用人单位及其职工都要按照属地管理原则参加所在统筹地区的基本医疗保险，执行统一政策，实行基本医疗保险基金的统一筹集、使用和管理。铁路、电力、远洋运输等跨地区、生产流动性较大的企业及其职工，可以相对集中的方式异地参加统筹地区的基本医疗保险。对于一些非基本的医疗服务，则通过补充医疗保险和商业医疗保险等途径来弥补。

（2）城镇基本医疗保险基金的筹集。从我国国情和财政、企业及个人的承受能力出发，医疗保险基金实行社会统筹和个人账户相结合的方式，基金来源主要包括单位缴费、个人缴费、基金的利息收入、财政补贴等。

①缴费基数。用人单位以本单位国家规定的职工工资的总额为基数缴费。职工个人以本人的工资收入为基数，以当地的社会平均工资为基准，个人月平均工资超过当地职工平

均工资 300% 以上的部分，不计入个人缴费工资基数；个人月平均工资低于当地职工平均工资 60% 的，以当地职工平均工资的 60% 为基数。对于个体工商户本人、私营企业主等非工薪收入者，可以以当地上一年职工的平均工资为基准，以不高于当地职工平均工资的 300%、不低于当地职工平均工资的 60% 作为缴费基数。

对于国有企业下岗职工的基本医疗保险缴费，包括单位缴费和个人缴费，以当地上年度社会平均工资的 60% 为基数，由企业再就业服务中心缴纳。

②缴费比例。基本医疗保险费由用人单位和职工共同缴纳。用人单位缴费率应控制在职工工资总额的 6% 左右，职工缴费率为本人工资收入的 2%，随着经济发展，用人单位和职工缴费率可作相应调整。规定职工缴费率为本人工资收入的 2%，一方面是为了明确职工个人在基本医疗保险中的责任和义务，有效制约医疗服务中的浪费现象，另一方面是为了拓宽基本医疗保险的基金来源。而且，设置 2% 的缴费率，对于职工个人来说，在心理上和经济上都可以承受。6% 左右是一个全国性的宏观指标，不是各地都必须达到的、统一的缴费率。这一指标是在考虑我国现阶段国情的基础上，按照财政和企业的负担能力测算出来的。各地在实际执行的过程中，可以高于这一指标，也可以略低于这一指标。各地要对相关的医疗费支出按照国家的规定和口径进行测算，测算出的缴费水平低于 6% 的，按测算的实际比例缴费；高于 6%，原则上按 6% 的比例缴费。对于少数医疗消费水平较高、财政和企业的负担能力也较高的地区，确须超过 6%，须经省、自治区、直辖市劳动和社会保障部门和财政部门审核后，报省、自治区、直辖市人民政府批准，并报劳动和社会保障部、财政部备案。基本养老保险实行社会统筹和个人账户相结合的方式，所以需要建立基本医疗保险统筹基金和个人账户。职工个人缴纳的基本医疗保险费，全部计入个人账户。用人单位缴纳的基本医疗保险费分为两部分，一部分用于建立统筹基金，一部分划入个人账户。划入个人账户的比例一般为用人单位缴费的 20% 左右，具体比例由统筹地区根据个人账户的支付范围和职工年龄等因素确定。

③缴费方式。按照《社会保险费征缴暂行条例》的规定，社会保险费实行三项（基本养老保险、基本医疗保险和失业保险）集中、统一征收。因此，基本医疗保险费的征缴方式与基本养老保险费的征缴方式一样。

【典型案例评析】

陈某是山西省晋中市的一位退休工人，2006 年 10 月 3 日骑车出门办事时，在途经城区的晋华中学路段时，与林某驾驶的出租车发生碰撞，受伤严重。

当天，陈某被送往医院急救并住院治疗，林某预付了陈某医疗费用 6000 元。经交警部门认定，本起事故的全部责任应由林某承担。

陈某认为，林某应对自己的损失承担全部的民事赔偿责任；出租汽车公司是肇事车辆的法定车主，依法应对本起交通肇事事故承担连带赔偿责任，遂将两被告上法院。陈某请求法院判林某赔偿自己医疗费、住院伙食补助费等合计人民币 61267.21 元，扣除被告已支付的抢救医疗费 6000 元，还应赔偿 55267.21 元，出租汽车公司对原告的上述经济损失承担连带赔偿责任。

在法庭上，林某对交警部门关于事故责任的认定没有异议。但他不同意赔偿陈某的医疗费中由医保统筹基金支付的那部分医疗费。

问题：责任人能否免除医保报销部分的费用？为什么？

评析：

不能（见下：本案二级法院的判决）。

法院一审判决：林某应赔偿原告陈某医疗费 41949.91 元、住院伙食补助费 690 元、护理费 1840 元、交通费 300 元、营养费 700 元，合计人民币 45479.91 元；扣除被告林某已预付的部分款项 6000 元后，应实付原告陈某各项赔偿金人民币 39479.91 元；被告出租汽车公司对上述赔偿金承担连带偿付责任；驳回原告陈某的其他诉讼请求。

一审判决后，林某不服，上诉至晋中市中级人民法院。

二审法院判决：不因医保免责。法院认为参加工伤保险统筹的用人单位的劳动者，因工伤事故遭受人身损害的，通过社会保障系统获得赔偿，但因用人单位以外的第三人侵权造成人身损害的，第三人仍应承担民事赔偿责任。故上诉人不能因为被上诉人获得医保统筹基金赔偿而免责，其上诉请求没有法律依据，不予采纳。

4. 新型农村合作医疗制度

（1）制度的建立与发展。2003 年 1 月，国务院办公厅转发了卫生部、财政部、农业部联合发布的《关于建立新型农村合作医疗制度的意见》，要求从 2003 年起，各省、自治区、直辖市至少要选择 2～3 个县（市）先行试点，取得经验后逐步推行，到 2010 年实现在全国建立基本覆盖农村居民的新型农村合作制度的目标。2004 年 4 月，国务院办公厅又转发了卫生部等 11 部委《关于进一步做好新型农村合作医疗试点工作的指导意见》，要求各地要切实加强组织管理工作，保证试点工作顺利进行。

据卫生部公布的统计数据显示，至 2004 年 6 月底，全国已有 30 个省、自治区、直辖市在 310 个县（市）开展了新型农村合作医疗试点，覆盖农业人口 9504 万，实际参合农村居民 6899 万人，参合率为 72.6%。2007 年，经国务院研究部署决定新型农村合作医疗从试行阶段转为全面推进阶段，明确各地区各部门的目标和任务，要求新型农村合作医疗制度年内覆盖全国 80% 以上的县（市）的农村人口。

（2）制度的实施原则。新型农村合作医疗制度是由政府组织、引导、支持，农民自愿参加，个人、集体和政府多方集资，以大病统筹为主的农民医疗互助共济制度。建立新型农村合作医疗制度要遵循以下原则。

第一，自愿参加，多方筹资。农民以家庭为单位，自愿参加新型农村合作医疗。根据有关规章制度，参与人要按时足额缴纳合作医疗经费，乡（镇）、村集体要给予资金支持，中央和地方各级财政每年要安排一定的专项资金给予支持。

第二，以收定支，保障适度。新型农村合作医疗制度要坚持以收定支，保障适度的原则，既要保证这项制度持续有效运行，又使农民能够享有最基本的医疗服务。

第三，先行试点，逐步推广。建立新型农村合作医疗制度必须从实际出发，通过试点总结经验，不断完善，稳步发展。要随着农村社会经济发展和农民收入的增加，逐步提高新型农村合作医疗制度的社会化程度和抗风险能力。

（3）制度的主要内容。新型农村合作医疗制度的主要内容如下：

①组织管理。新型农村合作医疗一般采取以县（市）为单位进行统筹，条件不具备的地方，在起步阶段也可以采取乡（镇）为单位进行统筹，逐步向县（市）过渡。省、地级人民政府成立由卫生、财政、农业、民政、审计、扶贫等部门组成的农村合作医疗协

调小组。各级卫生行政部门内设专门的农村合作医疗管理机构，原则上不增加编制。县级人民政府成立由有关部门和参加合作医疗的农民代表组成农村合作医疗管理委员会，负责有关组织、协调、管理指导工作。委员会下设经办机构，负责具体业务工作，人员由县级人民政府调剂解决。根据需要在乡（镇）可设立派出机构（人员）或委托有关机构管理。经办机构的人员和工作经费列入同级财政预算，不得从农村合作医疗基金中提取。

②筹资标准。新型农村合作医疗制度实行个人缴费，集体扶持和政府资助相结合的筹资机制。其中农民个人每年每人缴费不低于10元，经济发达地区可在农民自愿的基础上，根据农民收入水平及实际需要相应提高缴费标准。鼓励有条件的乡村集体经济组织对本地新型农村合作医疗给予适当支持，但集体出资部分不得向农民摊派。中央财政对中西部地区除市区以外参合农民每年每人补助10元，中西部地区各级财政对参合农民的资助总额不低于每年每人10元，东部地区各级地方财政对参合农民的资助总额应争取达到每年每人20元。此外，政府鼓励社会团体和个人资助新型农村合作医疗制度。

③基金管理。农村合作医疗基金由农民自愿缴纳、集体支持、政府资助的民办公助的社会性基金，要按照以收定支、收支平衡和公开、公平、公正的原则进行管理，必须专款专用，专户储存，不得挤占和挪用。农村合作医疗基金由农村合作医疗管理委员会及其经办机构负责进行管理。农村合作医疗经办机构应在管理委员会认定的国有商业银行设立农村合作医疗基金专用账户，确保基金的安全和完整。农民个人缴费及集体组织的支持资金，原则上按年由乡（镇）派出机构（人员）或委托有关机构收缴，存入农村合作医疗基金专用账户；地方财政支持资金，划拨到农村合作医疗基金专用账户；中央财政补助中西部地区的专项资金，由财政部向省级财政划拨。农村合作医疗基金主要补助参合农民的大额医疗费用或住院医疗费用，不得挤占或者挪作他用。

（三）失业保险制度

1. 失业保险的概念

失业保险是指国家通过立法强制实行的，由社会集中建立基金，对劳动年龄人口中有劳动能力并有就业意愿的成员，当其因非自身原因暂时失去劳动机会、无法获得维持生活所必需的工资收入时，由国家或社会为其提供基本生活保障并促进其重新就业的制度。

失业保险制度是由国家法律确定的一种社会保险制度，其目的是通过建立社会保险基金的方法，使劳动者在失业期间获得必要的经济帮助，保证其基本生活，并通过转业训练、职业介绍等手段为其重新就业创造条件。因此，一个国家的失业保险是与其就业制度直接相关并为其服务的，有什么样的就业制度，就需要什么样的失业保险制度，二者相辅相成，缺一不可。

由于就业的目标是多方面的，故失业保险制度追求的目标也是多方面的。总体上讲，失业保险制度的目标包括社会目标和经济目标两类，社会目标就是缩小劳动者之间的收入差距，维持失业人员及其家庭的基本生活，从而维持社会安定；经济目标是保护劳动力资源，保证劳动力的合理流动，促进经济发展。

2. 失业保险与其他社会保险的区别

失业保险作为整个社会保险制度的重要组成部分，与其他社会保险项目一道，起着保障劳动者基本生活需求、维护经济秩序和社会安定的作用。但是，由于其特定的实施目标，决定了其自身的特征。这种特征体现在失业保险与其他社会保险项目的区别上。

第一,劳动风险事故不同。其他社会保险项目的劳动风险事故都是暂时或永久丧失劳动能力,如年老、生病、负伤或死亡等;而失业保险却是失去劳动机会,失业保险是对有劳动能力但没有劳动机会的人提供的经济保障。

第二,实施的对象范围不同。其他社会保险项目的保障对象可能包括未进入劳动年龄的人和已经超过劳动年龄因而退出了社会劳动领域的人(例如对供养直系亲属的保险和退休保险等);而失业保险是以劳动年龄之内的社会劳动者为主要对象,不包括已经超过劳动年龄的老年人。当然,也有部分国家规定对失业劳动者的无业妻子和未成年子女提供定额的附加救济金。

第三,劳动风险事故形成的原因不同。其他社会保险项目劳动风险事故的形成均属自然原因,主要是身体健康的损害和工作中疏忽大意或无法预料的外界自然力的打击所致;而失业保险中的失业现象却是一种由于社会经济方面的原因所致的劳动风险事故。人口、劳动力资源与经济增长的比例失调,产业结构的调整以及就业政策的变化等都可能成为失业的原因。这和其他社会保险项目中的劳动风险事故的成因有着明显的区别。失业对以劳动获取工资收入并作为生活来源的劳动者来说,意味着失去了保障。毫无疑问,这是一种劳动风险事故,它所造成的经济收入损失正是失业保险补偿和保障的对象。

第四,具体职能不同。其他社会保险的具体职能,在于对因遭受某种风险事故而丧失劳动能力的劳动者提供基本生活保障,以维持劳动力的一般再生产。其保险金和生活服务的提供,主要是使被保险人恢复健康或继续生存有一定的经济保障。但是这种经济保障对劳动能力的恢复并不起到直接的、决定性的作用,因而可以称之为"被动式"的保险制度。而失业保险除了为失业劳动者提供基本生活保障外,还负有积极促进其尽快再就业的责任,如转业训练、生产自救和重新就业介绍等。失业保险制度与就业制度相配套,共同担负着对劳动力资源进行合理配置,促进社会化大生产和经济协调发展的重大职责。因此,失业保险可以说是一种"主动式"的保险制度。

在中华人民共和国成立以后的30多年时间里,我国政府在国有企业中逐步建立了比较完善、齐全的社会保险制度。但是,由于受当时的意识形态的影响,认为失业是资本主义社会特有的现象,在我国这样的社会主义国家不存在失业问题,所以没有建立失业保险制度。这样做的结果就是,国家统包城市就业,不考虑企业的实际需要,把所有的进入劳动年龄的劳动力都安置到国家控制下的企业中去。同时,采取户籍制度,限制农村劳动力涌入城市中,这也促成了具有中国特色的城乡二元经济结构的形成与发展。

3. 失业保险的对象

按照《失业保险条例》的规定,只要是城镇企事业单位的职工,并符合下列条件,那么按照规定,就可以享受失业保险待遇。

(1) 按照规定参加失业保险,所在单位和本人已按照规定履行缴费义务满1年的。

(2) 非因本人意愿中断就业的。按照《失业保险金申领发放办法》的规定,非因本人意愿中断就业指的是下列人员:①终止劳动合同的;②被用人单位解除劳动合同的;③被用人单位开除、除名和辞退的;④根据《中华人民共和国劳动法》第32条第二、第三项与用人单位解除劳动合同的;⑤法律、行政法规另有规定的。

(3) 已办理失业登记,并有求职要求的。

上述条件必须同时满足,才可以领取失业保险金。只要有一个条件不满足,就不能领取失业保险金，这实际上对失业保险对象作出了严格的限制，其目的主要是为了防止被保险人的逆向选择行为。同时还规定，有下列情形之一的，停发失业保险金及其他费用：重新就业的；应征服兵役的；移居境外的；享受基本养老保险待遇的；被判刑收监执行或者被劳动教养的；无正当理由，拒不接受当地人民政府指定的部门或者机构介绍的工作的；有法律、行政法规规定的其他情形的。

4. 失业保险的覆盖范围

目前的失业保险覆盖全部的城镇企事业单位。按照《失业保险条例》的规定，城镇企事业单位，包括国有企业、城镇集体企业、外商投资企业、城镇私营企业和其他城镇企业，都应该按照规定的比例缴纳失业保险费。城镇企事业单位招收的农民合同制个人，本人不缴纳失业保险费。《社会保险费征缴暂行条例》规定，省、自治区、直辖市人民政府可以根据本地的实际情况，确定是否将社会团体及其编制内人员、民办非企业单位及其职工、有雇员的个体工商户及其雇员纳入失业保险的范围。

5. 失业保险基金的筹集

按照《失业保险条例》的规定，失业保险基金主要来源于企业和企业职工缴纳的失业保险费、失业保险基金的利息收入和财政补贴。筹集方式是，城镇企事业单位以本单位职工工资的总额为基数，按2%的比例缴纳失业保险费。按照国家统计局发布的《关于工资总额组成的规定》中对工资总额的解释，工资总额是指各单位在一定时期内直接支付给本单位全部职工的劳动报酬总额。其主要包括计时工资、计件工资、奖金、津贴和补贴、加班加点工资以及特殊情况下支付的工资六大部分。职工个人以本人的工资收入为基数，按1%的比例缴纳失业保险费。省、自治区、直辖市人民政府根据本行政区域失业人员数量和失业保险基金数额，报经国务院批准，可以适当调整本行政区域失业保险费的费率。

《失业保险条例》还规定，直辖市和设区的市可以在全市范围内统筹失业保险基金；其他地区的统筹层次由省、自治区人民政府规定。为了保证社会保险金的给付，《失业保险条例》规定省、自治区可以统筹地区依法应当征收的失业保险费为基数，按照省、自治区人民政府规定的比例筹集。在失业保险基金不能满足支付需要时，可以由失业保险调剂金调剂、地方财政补贴。将失业保险调剂金的筹集、调剂使用以及地方财政补贴的具体办法的立法权下放到省、自治区。

6. 失业保险金的给付

《失业保险条例》规定失业保险基金的开支项目包括：①失业保险金；②领取失业保险金期间的医疗补助金；③领取失业保险金期间死亡的失业人员的丧葬补助金和其供养的配偶、直系亲属的抚恤金；④领取失业保险金期间接受职业培训、职业介绍的补贴，补贴的办法和标准由省、自治区、直辖市人民政府规定；⑤国家规定或者批准的与失业保险有关的其他费用。

除了可以得到货币形式的保险金外，失业人员还可以在求职、参加转业培训等方面获得必要的帮助或资助。对于失业保险金的给付标准，按照《失业保险条例》的规定，以低于当地最低工资标准、高于城市居民最低生活标准的水平发放，具体由省、自治区、直辖市人民政府确定。

7. 职工领取失业救济金的期限

为了防止失业人员的逆向选择行为，《失业保险条例》对失业人员领取失业保险金的期限作出了严格的规定。领取失业保险金的期限，根据失业职工失业前所在单位和职工的累计缴费年限确定。失业人员失业前所在单位和本人按照规定累计缴费时间满1年不足5年的，领取失业保险金的期限最长为12个月；累计缴费时间满5年不足10年的，领取失业保险金的期限最长为18个月；累计缴费时间10年以上的，领取失业保险金的期限最长为24个月。重新就业后，再次失业的，缴费时间重新计算，领取失业保险金的期限可以与前次失业应领取而尚未领取的失业保险金的期限合并计算，但是最长不得超过24个月。

8. 失业保险的组织管理

按照《失业保险条例》和《社会保险费征缴暂行条例》的有关规定，失业保险基金实行收支两条线管理，由财政部门依法进行监督；劳动和社会保障部负责全国的失业保险的管理工作；县级以上劳动保障行政部门的社会保险经办机构主管社会保险登记和失业保险金的发放工作。对于社会保险的登记和社会保险金的发放以及失业人员的转业和再就业工作，都作出了详细而又明确的规定。为规范城镇企事业单位及其职工参加失业保险和履行缴费义务的行为及经办机构的管理服务程序，劳动和社会保障部又出台了《关于建立失业保险个人缴费记录的通知》，要求对个人缴费进行记录，这对于规范失业保险、加强监督起到了重要作用。

【思考题】

一、简答题

1. 简要论述劳动合同的分类。
2. 简要论述事实劳动关系的处理规则。
3. 简要论述我国特殊的劳动保护制度。
4. 简要论述我国养老保险的特点。
5. 简要论述我国失业保险的救济对象。
6. 简要论述我国的保险利益原则。
7. 简要论述劳动合同的主要条款。
8. 简要论述财产保险的分类。

二、案例分析

案例1：

黄某与某宾馆签订了为期5年的劳动合同，合同中有一条款："基于宾馆服务行业本身的特殊要求，凡在宾馆工作的女性服务员，合同期内不得结婚，否则企业有权解除劳动合同。"黄某还依照宾馆内部规定，向宾馆交纳了2000元抵押金。合同履行约1年后，黄某的男友单位筹建家属楼，为能分到房，黄某与男友结婚并在不久后怀孕了。宾馆得知后，以黄某违反合同条款为由作出与黄某解除劳动合同的决定，并没收了黄某交纳的抵押金。

问题：

宾馆违反了我国《劳动法》哪些规定？宾馆能否单方解除劳动合同？

案例 2：

杨某于 2013 年 4 月来到畅顺服装厂务工，当时签订了 1 年的劳动合同。杨某在畅顺服装厂的 1 年间，因该厂服装销路较好，所以加班较多。对于加班费，厂方说等到合同期满时与他一次算清。2014 年 4 月，杨某与服装厂的劳动合同到期，厂方如约给他结算加班费，支付标准为每加班 1 小时 5 元，每加班 1 天 40 元。杨某认为加班费标准过低，多次与厂方交涉但没有结果。另查，合同约定杨某每月工资为 4000 元，杨某 1 年中加班时间总计为正常工作日加班 200 小时，休息日加班 24 天，法定节日加班 4 天。2014 年 7 月，申诉人杨某来到该市劳动争议仲裁委员会申请仲裁，请求仲裁委员会裁决畅顺服装厂按法律规定的标准向其支付加班费。

问题：

请为杨某计算出其工作的一年中共可以要求畅顺服装厂支付多少加班费。

案例 3：

某国有企业设立了劳动争议调解委员会，由 5 名调解员组成，由该企业人事处副处长担任调解委员会主任。2014 年 2 月 5 日，职工张某因工作表现不佳被企业扣发了部分工资，张某不服，与企业发生争执。企业提出必须在本企业设立的劳动争议调解委员会先行调解。张某不同意调解，劳动争议仲裁委员会在企业提交申请后宣布维持企业的处理决定，而张某在争议发生后 1 个月内直接向人民法院提起诉讼。

问题：

请指出本案的违法之处有哪些？为什么？

案例 4：

某市一外商投资企业在与员工签订的劳动合同中规定员工领取货币工资，社会保险费包括在工资之中，由员工自行参加社会保险。该市劳动保障监察大队在劳动保障年检中发现这一劳动保障违法行为后，责令该外商独资企业限期办理社会保险登记、申报，补缴社会保险费。

问题：

该外商投资企业的做法违反了社会保险法律法规的哪些规定？

案例 5：

镇江市社会保险基金支付中心反映，经过核查，去年共发现冒领社保待遇人员 440 人，涉及社保基金金额 117.46 万元，追回 102.9 万元。其中，冒领企业养老保险待遇涉及 437 人，金额 109.95 万元，追回 100.51 万元；冒领机关事业退休待遇涉及 3 人，金额 7.51 万元，追回 2.39 万元。社保基金是老百姓的养老钱、治伤看病钱。目前该市的离退休职工已超过 11 万人，养老金发放数额很大。如何保证基金安全、防止冒领是个难题。市社会保险基金支付中心建立"防冒领机制"，努力筑起安全网，但从根本上杜绝还有难度。

问题：

上述案例反映了什么问题？解决方案有哪些？

案例 6：

某外商独资公司高薪聘用了一位博士毕业生赵某担任副总经理。当时，在谈到工资待遇时，公司说："董事会给你定的工资为 1.2 万元。不过，我们是一家外资公司，之所以工资定得这么高，是因为除了工资以外，再没有其他福利待遇了。像什么医药费报销、养老等问题都得自己解决，公司概不负责。"听了这话，赵博士心里盘算开了："这个公司给我的工资的确是够多的，可就是将来万一得了什么大病，或者老了怎么办呢？"但他转念又一想："我才30多岁，一般也不会有什么大病，至于养老问题，现在考虑还为时过早。倒不如趁年轻多挣些钱，实惠。"工作以后，赵博士为了解除自己的后顾之忧，每月从工资中拿出1000元，向保险公司投了一份养老保险。这样一来，他在这家公司工作，也觉得踏实多了。几个月后，由于赵博士与董事长在公司的经营管理等重大问题上产生了分歧，被董事长炒了"鱿鱼"。赵博士不服，双方为此打到了劳动争议仲裁委员会。在劳动争议仲裁委员会，赵博士提出公司未给他缴纳养老保险的问题，他认为，这是侵犯他合法权益的行为。但公司认为不为你缴纳养老保险，是事先跟你讲好的，你既然干了，就说明咱们的协议已经达成，你现在无权反悔。再说，你不是自己已经向保险公司投了养老保险吗？

问题：

该外商公司以高薪来取代职工的养老保险，违反法律规定吗？

项目十三 破产法

【导入案例】

甲公司由于经营管理不善导致不能清偿到期债务，于2015年3月20日被其债权人乙公司申请破产，人民法院于同年4月15日裁定受理该破产申请。在破产程序进行过程中，乙公司向管理人举报称：甲公司在2014年6月对其控股公司丙公司的50万元债务予以清偿。

问题：(1) 甲公司对丙公司的清偿行为是什么性质的行为？是否合法？(2) 管理人是否可以请求人民法院撤销该行为？

任务一 破产及破产法概述

一、破产概述

(一) 破产的概念及特征

1. 破产的概念

破产是指因债务人不能清偿到期债务，债务人或债权人向人民法院提出申请，经人民法院审查受理，将债务人的财产公平分给债权人的特殊审理程序。另外，依照破产法及相关法律的规定，破产申请人除债务人和债权人外，还包括清算责任人。

2. 破产的特征

破产具有以下法律特征：①破产是一种清偿债务，是结束债权债务关系的特殊手段；②破产是通过法律程序使债权公平受偿的手段；③破产从法律上宣布债务人主体资格的消灭。

(二) 破产制度的性质

当债务人不能清偿到期债务时，人民法院基于当事人的申请，受理破产案件，审理并宣告债务人破产，把债务人的全部财产公平分配给全体债权人，以了结债权债务关系，这就是破产制度，它是一种独立的程序制度。就破产程序的开始阶段而言，它类似于诉讼程序；就认定债务人不能清偿到期债务而言，是认定无争议的客观事实，类似非诉讼程序；而在清算和分配阶段，又类似强制执行程序。因此，从这些特点来看，破产制度是一种独立的程序制度。

二、破产法概述

(一) 破产法的概念及特征

破产法是规定在企业法人不能清偿到期债务，且其资产不足以清偿全部债务或明显缺乏清偿能力时，人民法院强制对其全部财产清算分配、公平清偿债权人，或通过和解、重整延缓清偿债务，避免企业法人破产的法律规范的总称。破产法有广义与狭义之分：狭义的破产法特指《中华人民共和国企业破产法》（下称《破产法》）；广义的破产法还包括其他有关破产的法律、法规、行政规章、司法解释，以及散见于其他立法中的调整破产关系的法律规范，如《公司法》《合伙企业法》《商业银行法》《保险法》等立法中有关破产的规定。现代意义上的破产法均由破产清算制度与挽救债务人的和解、重整制度两方面的法律构成。

破产法的法律特征有：

（1）破产法从广义上讲是债务清偿法。从破产法的角度分析，所谓债务清偿法，就是在债务人无力清偿到期债务的情况下，依法在债务人现有财产的范围内，实现多数债权人之间的公平清偿，换句话说，破产法的首要任务是在债务人无力清偿的特殊情况下建立实现债权和了结债务的公平秩序。

（2）破产法是实体法与程序法紧密结合的法律规范。破产法不仅规定了诸如债权人与债务人的权利与义务，也规定了管理人的权利与义务，还对清算组的职权与职责以及相关义务进行了实体规范。同时，它又建立了如破产的申请与受理，破产的重整与和解，以及破产清算等特别的程序规范。所以，这些内容都非常鲜明地说明了破产法兼有实体法与程序法的特征。

（3）破产法具有公法和私法的内容。按照大陆法系的传统分类，程序法属于公法，商事实体法属于私法。破产法对需要由人民法院裁定的事项和需要由债权人会议决定的事项作出了明确的规定，人民法院的裁定是国家司法权力的体现，具有公法的性质。同时，破产法又规定了债权人意思自治原则，并不强行规定必须通过司法程序处理无力偿债事件，这些从某种程度上都体现了债权人意思自治精神，具有私法的性质。所以，从以上内容可以看出：破产法是公法与私法结合在一起的法律规范。

（二）破产法的渊源

在我国，破产法的渊源主要有：

（1）普通法规范。当前我国人民法院处理破产案件适用的普通法主要程序规范有：2006年颁布的《破产法》、1991年颁布的《民事诉讼法》第19章"企业法人破产还债程序"，以及相关的司法解释。

（2）特别法规范。主要是指除上述两个大法之外的其他部门法对破产及其相关制度的特别规定。例如《商业银行法》第71条、《保险法》第118条对商业银行、保险公司的破产所作的特别规定，以及其他的部门法对破产及其相关制度的特别规定。

（三）《破产法》的适用范围

1. 《破产法》的适用范围

《破产法》第2条规定，其主体适用范围是所有的企业法人。该法第135条规定：其他法律规定企业法人以外组织的清算，属于破产清算的，参照适用本法规定的程序。也就是说，《破产法》适用于：①所有企业法人；②企业法人以外组织的破产清算。

2. 域外效力

《破产法》第5条规定，依照本法开始的破产程序，对债务人在中华人民共和国领域外的财产发生效力。对外国法院作出的发生法律效力的破产案件的判决、裁定，涉及债务人在中华人民共和国领域内的财产，申请或请求人民法院承认和执行的人民法院依照中华人民共和国缔结或者参加的国际条约，或者按照互惠原则进行审查，认为不违反中华人民共和国法律的基本原则，不损害国家主权、安全和社会公共利益，不损害中华人民共和国领域内债权人的合法权益的，裁定承认和执行。

3.《破产法》的时间效力

《破产法》自2007年6月1日起施行。

任务二　破产申请的提出和受理

一、破产原因

破产原因，又称破产界限，是指企业适用破产程序的必要条件，也是人民法院受理破产申请和实施破产宣告的根据，具体表现为法律规定的特别法律事实。

我国《破产法》第2条规定，"企业法人不能清偿到期债务，并且资产不足以清偿全部债务或者明显缺乏清偿能力的，依照本法规定清偿债务。"根据该条规定，破产界限有两个原因：一是企业法人的债务已到期；二是企业法人已资不抵债，以其全部财产都无法清偿到期债务或明显缺乏清偿能力。

"企业法人不能清偿到期债务并且资产不足以清偿全部债务"在法律上的着眼点是债务关系能否正常维系。其要点有：①债务人丧失清偿能力，不能以财产或信用等任何方法清偿债务；②债务人不能清偿的是已到期的、债权人提出偿还要求的、无争议或已有确定名义（指已经生效的判决、裁定确定）的债务；③债务人对全部或主要债务长期连续不能偿还，而不是因资金周转困难等暂时延期支付。

所谓"明显缺乏清偿能力"，最高人民法院《破产法司法解释（一）》第4条对其作出了界定：①因资金严重不足或者财产不能变现等原因，无法清偿债务；②法定代表人下落不明且无其他人员负责管理财产，无法清偿债务；③经人民法院强制执行，无法清偿债务；④长期亏损且经营扭亏困难，无法清偿债务；⑤导致债务人丧失清偿能力的其他情形。

二、破产申请的提出

（一）破产申请的概念

破产申请是指债务人或债权人向人民法院提出的宣告债务人破产的请求。破产申请是破产程序开始的必要条件和必经程序，但不是破产程序开始的标志，破产申请只有经人民法院审查受理后，才标志着破产程序的开始。

（二）破产申请人

破产申请人是与破产案件有利害关系，依法具有破产申请资格的民事主体。依据我国法律规定，只有债权人和债务人才是合格的破产申请人。因此，破产案件的申请人分为两类：一是债权人申请；二是债务人申请。

1. 债权人申请

债权人的申请资格。债务人不能清偿到期债务，债权人可以向人民法院提出对债务人进行重整或者破产清算的申请。依照《破产法》规定的精神，提出破产申请的债权人的请求权必须具备以下条件：①须为具有给付内容的请求权；②须为法律上可强制执行的请求权；③须为已到期的请求权。但是，以下几种情况下当事人不能申请债务人破产：①基于物权或人身权提出的无给付内容的请求；②已超过诉讼时效期间的债权；③丧失了申请执行权的债权；④未到期的债权。债权人申请债务人破产，债务人对债权人的债权提出异议，人民法院认为异议成立的，应当告知债权人先行提起民事诉讼，在这种情况下，破产申请不予受理。

（2）债权人申请的形式条件。根据最高人民法院《关于审理企业破产案件若干问题的规定》，债权人申请债务人破产，应当向人民法院提交以下材料：①债权发生的事实与证据；②债权性质、数额、有无担保，并附证据；③债务人不能清偿到期债务的证据。

（3）债权人申请的实质条件。《破产法》第7条第二款规定："债务人不能清偿到期债务，债权人可以向人民法院提出对债务人进行重整或者破产清算的申请。"必须强调的是，债权人申请宣告债务人破产必须具备两个条件：一是债权人的债权必须已到清偿期；二是债务人确实有不能清偿到期债务的客观事实。

2. 债务人申请

（1）债务人申请的决定权。根据《破产法》第7条第一款的规定，债务人有该法规定的破产原因的，可以向人民法院提出重整、和解或者破产清算申请。所以，在一般情况下，债务人享有申请破产的自主决定权。对此，司法机关不能采取干涉政策。当然，特殊情况下按照特别法的规定是例外情况。

（2）债务人申请时的提交义务。根据《破产法》第8条规定，债务人向人民法院提出破产申请时，应提供以下材料：①提交破产申请书和有关证据；②提交财产状况说明、债务清册、债权清册、有关财务会计报告；③提交职工安置预案以及职工工资的支付和社会保险费用的缴纳情况。

除此之外，按照最高人民法院的相关司法解释，债务人还应该向人民法院提交下列材料：①企业主体资格证明；②企业法定代表人与主要负责人名单；③企业亏损情况的书面说明，并附审计报告；④企业至破产申请日的资产状况明细表；⑤企业在金融机构开设账户的详细情况；⑥企业债权情况表；⑦企业债务情况表；⑧企业已发生的诉讼情况；⑨人民法院认为应当提交的其他材料。

3. 清算责任人申请

《破产法》第7条第三款规定，企业法人已解散但未清算或者未清算完毕，资产不足以清偿债务的，依法负有清算责任的人应当向人民法院申请破产清算。其中，"依法负有清算责任的人"，依照相关的法律确定。这就规定了依法负有清算责任的人在《破产法》上的一项特别申请义务，也使得清算责任人在特定情况下可以行使破产申请权。

（三）破产案件的管辖

破产申请应该向有司法管辖权的人民法院提出。企业破产案件由债务人住所地人民法院管辖。债务人住所地是指债务人的主要办事机构所在地，债务人主要办事机构所在地不明确的，由其注册地人民法院管辖。基层人民法院一般管辖县、县级市或者区的工商行政管理机关核准登记企业的破产案件；中级人民法院一般管辖地区、地级市（含本级）以上的工商行政管理机关核准登记企业的破产案件；纳入国家计划调整的企业破产案件，由中级人民法院管辖。

(四) 破产申请的形式

根据《破产法》第 8 条规定,提出破产申请,应当采取书面形式,即"提交破产申请书和有关证据",破产申请书采用人民法院规定的统一格式。

(五) 破产申请的效果

1. 申请的撤回

申请人提出破产申请后,可以在人民法院受理前请求撤回。是否准许,由人民法院决定。在人民法院受理破产案件后,申请人请求撤回破产申请的,应予驳回。

2. 诉讼的时效中断

债权人提出破产申请,具有请求人民法院保护其民事权利的性质。债务人提出破产申请,具有承认一般债务的性质。因此,破产申请具有中断诉讼时效的效力。但是,在债权人申请的场合,诉讼时效中断的效力仅及于申请人的请求权;在债务人申请的场合,诉讼时效中断的效力及于申请人在当时已有的所有债权人的请求权。

三、破产案件的受理

(一) 受理的概念

受理又称立案,是指人民法院在收到破产申请后,认为申请符合法定条件而予以接受,并由此开始破产程序的司法行为。

(二) 破产案件的审查

人民法院接到破产申请后,应当对申请破产是否合法从形式上和实质上进行审查。其审查的内容包括:①审查申请人的申请是否向有管辖权的法院提出;②审查申请人是否为被申请宣告破产企业法人或其债权人;③审查申请人所提出的申请是否符合应具备的条件;④由代理人申请债务人破产的,是否有申请人的授权委托书,没有授权委托或者手续不完备的,不予受理;⑤申请由债权人提出的,审查债权人是否向法院提出了债权,是有财产担保的债权,还是无财产担保的债权,以及债务人已达到了破产界限的证据;⑥申请由债务人提出的,债务人应向人民法院说明企业法人亏损情况、不能清偿到期债务的事实,提交有关会计报表、债务清册等材料。

人民法院经审查,认为申请人的申请不具备形式要件的,裁定不予受理;不具备实质条件的,裁定驳回申请;认为申请人的申请具备条件的,裁定立案受理。

债权人提出破产申请的,人民法院应当自收到申请之日起 5 日内通知债务人。债务人对申请有异议的,应当自收到人民法院的通知之日起 7 日内向人民法院提出。人民法院应当自异议期满之日起 10 日内裁定是否受理。有特殊情况需要延长前两款规定的裁定受理期限的,经上一级人民法院批准,可以延长 15 日。

人民法院受理破产申请后,应当自裁定作出之日起 5 日内送达申请人。

债权人提出申请的,人民法院应当自裁定之日起 5 日内送达债务人。债务人应当自裁定送达之日起 15 日内,向人民法院提交相关文件。

(三) 破产申请的驳回

1. 裁定不受理破产申请

人民法院在收到破产申请书以及相关的证据材料后,通过审查,认为不符合破产条件的,应该依法作出不受理的裁定。比如,债务人有隐匿、转移财产行为,为了逃避债务而申请破产的；债权人借破产申请毁损债务人商业信誉，意图损害公平竞争的；等等。

根据《破产法》第12条规定，人民法院不予受理破产申请的，可以在补足证据后重新提出破产申请。

2. 受理驳回破产申请

根据《破产法》第12条第二款规定，在受理破产申请后，裁定破产宣告前，人民法院发现债务人不具备该法第2条规定的破产原因时，可以驳回该申请，终结破产程序。比如，不符合法律规定的受理条件的；属于应当不予受理情形的；债务人巨额财产下落不明且不能合理解释财产去向的，均可以驳回破产申请。

申请人对裁定不服的，可以自裁定送达之日起10日内向上一级人民法院提起上诉。

（四）受理裁定的送达

1. 受理裁定的送达时限和送达对象

《破产法》第11条规定，人民法院受理破产申请的，应当自裁定作出之日起5日内送达受理破产申请的裁定书。如果是债务人或者清算责任人提出申请的，送达对象为申请人；如果是债权人提出申请的，送达对象为申请人和债务人。通常情况下，应直接送达受送达人，如有困难，可以按《民事诉讼法》的规定采取其他方式送达。

2. 债务人在送达后的提交义务

无论破产申请由谁提出，受理破产申请的裁定都应当及时送达债务人，以便债务人能够就履行《破产法》第15条规定的义务做好相应的准备。

（五）受理通知与公告

1. 通知和公告的对象和方式

人民法院受理企业破产案件后，应当组成合议庭，在10日内完成下列工作：将合议庭组成人员情况书面通知破产申请人和被申请人，并在人民法院公告栏张贴企业破产受理公告，并于25日内在国家、地方有影响的报纸上刊登相同内容的公告。

2. 通知和公告的内容

依《破产法》第14条第二款规定，通知和公告的内容如下：申请人、被申请人的名称或者姓名；人民法院受理破产申请的时间；申报债权的期限、地点和注意事项；管理人的名称或者姓名及其处理事务的地址；债务人的债务人或者财产持有人应当向管理人清偿债务或者交付财产的要求；第一次债权人会议召开的时间和地点；人民法院认为应当通知和公告的其他事项。

（六）案件受理的效力

法院受理案件后，破产程序随即开始。受理破产案件的效力主要体现在如下几个方面。

1. 对债务人的法律效力

首先，债务人有财产保全义务、说明义务和提交义务。《破产法》第15条规定，自人民法院受理破产申请的裁定送达债务人之日起至破产程序终结之日止，债务人的有关人员承担下列义务：妥善保管其占有和管理的财产、印章和账簿、文书等资料；根据人民法院、管理人的要求进行工作，并如实回答询问；列席债权人会议并如实回答债权人的询问；未经人民法院许可，不得离开住所地；不得新任其他企业的董事、监事、高级管理人员。

其次，不准个别清偿。破产程序开始后，未经人民法院许可，债务人不得对个别债权清偿，也不得以其财产设立新的担保。并且，人民法院受理破产申请后，债务人的债务人或者财产持有人应当向管理人清偿债务或者交付财产。债务人的债务人或者财产持有人故意违反上述规定，使债权人受到损失的，不免除其清偿债务或者交付财产的义务。

最后，对相关合同的处理。人民法院受理破产申请后，管理人对破产申请受理前成立而债务人和对方当事人均未履行完毕的合同有权决定解除或者继续履行，并通知对方当事人。管理人决定继续履行合同，对方当事人应当履行，但是，对方当事人有权要求管理人提供担保。管理人不提供担保的，视为解除合同。

2. 对债权人的效力

破产程序开始的一个重要效力，是自动冻结债权人的个别追索行为，主要表现为以下三个方面：首先，破产案件受理后，债权人只能通过破产程序行使权利；其次，有财产担保的债权人，在破产案件受理后至破产宣告前的期间，未经人民法院准许，不得行使优先权；最后，债务人的开户银行，不得扣划债务人的存款和汇入款抵还贷款，违反此规定的，扣划无效，应当退还扣划的款项。

3. 对其他人的法律效力

破产程序开始后对其他人的效力，主要体现在两个方面：一方面是债务人开户银行应当遵照人民法院的通知，履行协助义务；另一方面是指债务人企业职工负有保护企业财产的义务。

（七）债权申报

1. 债权申报的概念及其特征

债权申报是债权人在破产案件受理后依照法定程序主张并证明其债权，以使其参加破产程序的法律行为。其法律特征如下：①债权申报是债权人的单方意思表示；②债权申报以主张并证明债权为内容；③债权申报是债权人参加破产程序的必要条件；④申报债权，必须符合法定的程序规范。

2. 债权申报的程序规则

（1）申报期限。人民法院受理破产申请后，应当确定债权人申报债权的期限。债权申报期限自人民法院发布受理破产申请公告之日起计算，最短30日，最长3个月。债权人应当在人民法院确定的债权申报期限内向管理人申报债权，否则不得依照《破产法》规定的程序行使权利。

（2）补报。在申报期限内债权人未申报的，可以在破产财产最后分配前补充申报；但此前已经进行的分配，不再对其补充分配。为审查和确认补充申报债权的费用，由补充申报人承担。

（3）编制债权表。管理人收到债权申报材料后，应当登记造册，对申报的债权进行审查，并编制债权表。债权表和申报材料由管理人保存，供利害关系人查阅。

（4）核查确认。依规定编制的债权表，应当提交第一次债权人会议核查。债务人、债权人对债权表记载的债权无异议的，由人民法院裁定确认。

（5）异议。债务人、债权人查阅债权表记载的债权后，如有异议，可以向受理破产申请的人民法院提起诉讼。依《破产法》规定，有关债务人财产的保全措施应当解除，执行程序应当中止；已经开始而尚未终结的有关债务人的民事诉讼或者仲裁应当中止；在管理人接管债务人的财产后，该诉讼或者仲裁继续进行。有关债务人的民事诉讼，只能向受理破产申请的人民法院提起。其中，以债务人为被告的其他债务纠纷案件，根据以下情况处理：如果已经审结但未执行完毕的，应当中止执行，由债权人向受理破产的人民法院申报债权；如果未审结且无其他被告和无独立请求权的第三人的，应当中止诉讼，由债权人向受理破产案件的人民法院申报债权。在企业宣告破产后，终结诉讼；如果未审结并有其他被告和无独立请求权的第三人的，应当中止诉讼，由债权人向受理破产案件的人民法院申报债权，在企业宣告破产后，恢复审理。债务人与其他债务人的债务纠纷案件继续审理。

【典型案例评析】

乙市的 A 企业欠 B 企业 100 万元的货款，逾期不还。B 企业向合同履行地甲市的人民法院提起诉讼，法院判决 A 企业向 B 企业支付所欠的货款、违约金及利息共计 105 万元。判决书生效后，甲市人民法院应 B 企业的请求，将 A 企业的存货封存。与此同时，乙市人民法院受理了 A 企业的破产申请。

试分析：（1）甲法院对 B 企业的财产保全行为应如何处理？（2）B 企业在乙市人民法院受理了 A 企业的破产申请后应采取何种措施保护其合法权益？

评析：

甲人民法院应当解除对 A 企业财产的保全措施，终止强制执行程序。依《破产法》规定，人民法院受理破产案件后，有关债务人财产的保全措施应当解除，民事执行程序应当中止。在乙市人民法院受理了 A 企业的破产申请后，B 企业应尽快向乙市人民法院申报债权，以保护其合法权益。

任务三　管理人

一、管理人的概念

所谓管理人，就是由人民法院指定的，可以由有关部门、机构的人员组成的清算组或者依法成立的律师事务所、会计师事务所、破产清算事务所等社会中介机构担任的，在整个破产程序中替代行使破产企业的民事行为能力的接管主体。

二、管理人的产生

（一）管理人的任命方式

关于管理人的任命方式，依《破产法》第 22 条规定，管理人由人民法院指定。

（二）管理人的指定时间

管理人应当在人民法院裁定受理破产申请的同时指定。这一规定可以防止原企业转移、私分或者浪费企业财产，以及隐匿、销毁或篡改企业账目以掩盖其不法行为。

（三）管理人的费用和报酬

管理人的报酬由人民法院确定。如债权人会议对此有异议，有权向人民法院提出。管理人执行职务的费用、报酬和聘用工作人员的费用，作为破产费用由债务人财产随时清偿。关于指定破产管理人和确定管理人报酬的具体办法，由最高人民法院规定。

三、管理人的资格

(一) 管理人的积极资格

(1) 由机构担任管理人。对于规模大的企业法人进入破产程序后，由个人担任管理人往往难以处理各种复杂的关系。对此，《破产法》第24条规定，管理人可以由有关部门、机构的人员组成清算组或者依法设立的律师事务所、会计师事务所、破产清算事务所等社会中介机构担任。这时，相关的社会中介机构应当具备相关司法解释所规定的条件，其成员应具有法律和财务知识，以及企业管理、金融、贸易等相关专业知识。如果是清算组担任管理人，必须是在破产程序开始前已经依照其他法律成立的清算组。

(2) 由个人担任管理人。对于规模较小、债权债务关系比较清晰的破产案件，人民法院根据债务人的实际情况，可以在征询有关社会中介机构的意见后，指定该机构具备相关专业知识并取得执业资格的人员担任管理人。

(二) 管理人的消极资格

依《破产法》规定，存在下列四种不能担任管理人的情形：①因故意犯罪受过刑事处罚的；②曾被吊销相关专业执业资格证书的；③与本案有利害关系的；④人民法院认为不宜担任管理人的其他情况。此外，个人担任破产管理人的，应当参加执业责任保险。

四、管理人的职责

依《破产法》第25条规定，管理人履行下列职责：①接管债务人的财产、印章、账簿、文书等资料；②调查债务人财产状况，制作财产状况报告；③决定债务人的内部管理事务；④决定债务人的日常开支和其他必要开支；⑤在第一次债权人会议召开之前，决定继续或者停止债务人的营业；⑥管理和处分债务人的财产；⑦代表债务人参加诉讼、仲裁或其他法律程序；⑧提议召开债权人会议；⑨人民法院认为管理人应当履行的其他职责。

五、管理人的义务

(1) 忠实义务和勤勉义务。管理人在执行义务时，必须尽可能地在最大限度内维护债务人财产和全体债权人的合法权益，不得欺诈隐瞒，不得谋取私利。同时，应当以善意的心态，认真、谨慎、合理、高效地处理事务，不得疏忽、不能懈怠。

(2) 报告义务。《破产法》第23条规定，管理人有向人民法院报告工作和列席债权人会议并报告职务执行情况和回答询问的义务。同时，《破产法》第69条规定了10种重大的财产处分行为应当及时报告债权人委员会：①涉及土地、房屋等不动产权益的转让；②探矿权、采矿权、知识产权等产权的转让；③全部库存或者营业的转让；④借款；⑤设定财产担保；⑥债权和有价证券的转让；⑦履行债务人和对方当事人均未履行完毕的合同；⑧放弃权利；⑨担保物的取回；⑩对债权人利益有重大影响的其他财产处分行为。第一次债权人会议尚未召开，或者债权人会议未设立债权人委员会的，应当报告人民法院。

(3) 不得辞任义务。《破产法》第29条规定，管理人没有正当理由不得辞去职务。管理人辞去职务应当经人民法院许可。

任务四　债务人财产

一、债务人财产的范围

（一）债务人财产的概念

债务人财产是指在破产程序中被破产管理人依法管理的为债务人所拥有的全部财产，不同于破产财产。破产财产是指在破产过程中扣押的，由管理人依照破产程序分配给债权人的全部财产。在破产宣告前，债务人的财产管理都服从于债务清理和企业拯救这两个目的。只有在破产宣告以后，债务人财产才成为以清算分配为目的的破产财产。

管理人接管的财产通常不等同于债务人的财产，管理人接管的财产可能因为管理人行使撤销权或追回权而增加，也可能因为利害关系人向管理人主张别除权、取回权或抵消权而减少。

（二）债务人财产的范围

我国《破产法》第30条规定："破产申请受理时属于债务人的全部财产，以及破产申请受理后至破产程序终结前债务人取得的财产，为债务人财产。"据此，债务人财产范围包括：①宣告破产时，破产企业经营管理的全部财产。②破产企业在破产宣告后至破产程序终结前所取得的财产。③应当由破产企业行使的其他财产权利。

宣告破产时，破产企业经营管理的全部财产包括：①有形财产、无形财产、货币和有价证券、投资权益和债权。其中，无形财产包括土地使用权、知识产权、专有技术、特许经营权等。②未成为担保物的财产和已成为担保物的财产。③位于我国境内的财产和位于我国境外的财产。

破产企业在破产宣告后至破产程序终结前所取得的财产包括：①程序开始后债务人财产的增值，包括孳息、经营收益和其他所得，如租金、利息、销售利润、股票红利、不动产升值、新投资、退税等。②程序开始后收回的财产，如追收的债款、追回的被侵占财产、接受返还的财产、因错误执行而获得的执行回转的财产等。③债务人的出资人在尚未完成履行出资义务的情况下补交的出资。

债务人的董事、监事和高级管理人员利用职权从企业获取的非正常收入和侵占的企业财产，管理人应当追回。

（三）不属于债务人财产的范围

我国《破产法》规定：下列财产不属于债务人财产的范围：①债务人基于仓储、保管等法律关系占有、使用的他人财产。②抵押物、出质物、留置物，但权利人放弃优先受偿权的或者优先偿付被担保债务剩余的部分除外。③担保物灭失后产生的保险金、补偿金、赔偿金等代价物。④依照法律规定存在优先权的财产，但权利人放弃优先受偿权的或者优先偿付特定债权剩余的部分除外。⑤特定物买卖中，尚未转移占有但相对人已完全支付对价的特定物。⑥尚未办理产权证或者产权过户手续但已向买方交付的财产。⑦债务人在所有权保留买卖中尚未取得所有权的财产。⑧所有权专属于国家且不得转让的财产。⑨破产企业工会所有的财产。

二、与债务人财产相关的权利

(一) 撤销权

1. 撤销权的概念

撤销权是指债务人实施的减少债务人财产的行为危及债权人的债权时,管理人可以请求人民法院撤销该行为的权利。

2. 撤销权的追诉对象

依照《破产法》第31～33条规定,以下三种情况,管理人可以请求人民法院予以撤销:①破产程序中的欺诈破产行为。《破产法》第31条规定,人民法院受理破产申请前1年内,涉及债务人财产的下列行为,管理人有权请求人民法院予以撤销:a. 无偿转让财产的;b. 以明显不合理的价格进行交易的;c. 对没有财产担保的债务提供财产担保的;d. 对未到期的债务提前清偿的;e. 放弃债权的。②破产程序中的无效行为。《破产法》第33条规定,涉及债务人财产的下列行为无效:a. 为逃避债务而隐匿、转移财产的;b. 虚构债务或者承认不真实的债务的。③破产程序前的个别清偿行为。《破产法》第32条规定,人民法院受理破产申请前6个月内,债务人有本法第2条第一款规定的情形,仍对个别债权人进行清偿的,管理人有权请求人民法院予以撤销。但是,个别清偿使债务人财产受益的除外。

(二) 追回权

1. 追回权的概念

追回权是指因债务人或债务人企业的出资人、董事、管理人员的不当行为导致债务人财产遭受损害的,法律赋予管理人依法追回有关财产的权利。追回权既是管理人的权利也是管理人的义务。

2. 关于追回权的特别规定

根据《破产法》的规定,管理人享有以下财产追回权:①因实施被人民法院撤销的行为或破产无效行为而取得的债务人的财产,管理人有权追回。②人民法院受理破产申请后,债务人的出资人尚未完全履行出资义务的,管理人应当要求该出资人缴纳所认缴的出资而不受出资期限的限制。③债务人的董事、监事和高级管理人员利用职权从企业获取的非正常收入和侵占的企业财产,管理人应当追回。

(三) 取回权

1. 取回权的概念及其特征

取回权是指从管理人接管的财产中取回不属于债务人的财产的请求权。取回权具有以下法律特征:①取回权是一种对特定物的返还请求权,这种返还请求权应当具备三个条件:一是以被请求人占有请求人财产的事实为前提;二是以特定物为请求标的物;三是以该物的原物返还为请求内容。三者缺一不可。②取回权是一种以物权为基础的请求权。也就是说,取回权的发生依据不是债的关系而是物权关系。取回权人是以物的所有人的身份提出权利请求的。若无物的所有权(或者由所有权派生出来的其他物权,如国有企业的经营管理权)作为权利基础,则不得主张取回权。③取回权是在破产清算程序中行使的特别请求权。其特殊性在于不参加债权申报和债权人会议,而由权利人个别行使权利。④取回权标的物,在被取回之前,视同债务人财产,由管理人管理和支配。当该财产受到非法侵犯时，管理人有权请求法律保护。

2. 取回权的种类

按照不同的标准，取回权可分为一般取回权和特殊取回权，原物取回权和赔偿取回权。

所谓一般取回权是指《破产法》第38条规定的：人民法院受理破产申请后，债务人占有的不属于债务人的财产，该财产的权利人可以通过管理人取回。但是，《破产法》另有规定的除外。本条所称的"不属于债务人的财产"，实践中可分为以下两种情况：①债务人合法占有的他人财产。例如：共同财产、委托管理财产、租赁财产、借用财产、保管财产、仓储财产、加工承揽财产、委托财产、寄存财产、寄售（代销）财产、托管财产、依所有权保留买卖取得占有但尚未取得所有权的财产、依其他法律关系占有但未取得所有权的财产。②债务人不法占有的他人财产。例如：非法侵占的财产、受领他人基于错误所为之给付而取得的财产、债务人据为己有的他人遗失财产。

所谓特殊取回权又称途中取回权，是指《破产法》第39条规定的出卖人取回权，即"人民法院受理破产申请时，出卖人已经将买卖标的物向作为买受人的债务人发运，债务人尚未收到且未付清全部价款的，出卖人可以取回在运途中的标的物。"其目的在于减少未收取价款而发运货物的一方当事人的风险，以维护交易公平，促进商业流转。

所谓原物取回权是指根据原物返还的民法原理而取得的权利。例如，依据租赁合同、保管合同而由破产人占有的财产，其所有权人有权请求返还原物。

所谓赔偿取回权是指根据损害赔偿的民法原理取得的权利，是在依法律关系移交破产人占有的财产已不能原物返还的情况下以金钱赔偿方式满足的取回权。例如，在清算人已将标的物处分，或者共有物无法分割的情况下的赔偿取回权。

3. 取回权的行使

破产宣告后，破产程序终结前，取回权人随时都可以向管理人请求取回财产。管理人收到取回权人的请求后，经证明属实的，应予以返还。取回权标的物原则上应原物返还。如标的物被处分或者灭失而不能原物返还的，应当折价返还。如果管理人认为请求缺乏依据，拒绝其请求，由此发生争议的，请求人可以向受理破产案件的人民法院提起诉讼。

（四）抵销权

1. 破产抵销权的概念及特征

破产抵销权是指在破产宣告时，破产债权人对破产人负有债务，不论其债权同他所负担的债务是否属于相同的种类，不论这种债权是否到期，债权人享有用其债权抵销其所负担的债务的权利。破产抵销权具有如下特征：①具有主体的特定性。②这种抵销权不受债务种类和履行期限的限制。③债务有时间限制。权利人主张抵销的债务，只能是破产宣告前他对破产人所负担的债务。

2. 破产抵销权的行使

破产抵销权的行使，不仅关系到破产抵销权人的利益，而且关系到破产财产及全体破产债权人的利益，故应当按一定的规则进行：①一般抵销权的行使应当遵守的规则。一般抵销权的行使应当遵守的规则包括：第一，应以管理人为对象，对其发生意思表示；第二，应以破产债权的申报为必要。②附条件破产债权的抵销。附条件破产债权的抵销，根据所附条件性质的不同，按照下列两种办法处理：第一，附停止条件的破产债权，在条件未成熟时，不得主张抵销；第二，附解除条件的破产债权，在条件未成熟时，有权主张抵销。

3. 不适用破产抵销的情形

依照破产法规定，具有如下情形之一的，债权人不得行使破产抵销权：①破产债权人在破产宣告后，对破产财团负有债务的，不得主张抵销。②破产人的债务人在破产宣告后，取得他人破产债权的，不得主张抵销。③破产人的债务人已经得知破产人停止支付或者有破产申请而取得的债权，不得抵销。④破产人的债务人已经得知破产人停止支付或者有破产申请而对破产人所负责的债务，不得抵销。

（五）别除权

1. 别除权的概念及特征

本处所指的别除权是指债权人对破产人的财产享有的担保物权。其法律特征有：①这种权利是以担保物权为前提的。②这种权利的行使以担保标的物为限。③这种权利的行使不依据破产程序。④这种权利是以实现债权为目的的。⑤这种权利的标的物不计入破产财产。

2. 别除权的行使

别除权的行使应具备的条件：①债权和担保物权合法成立和生效。因为别除权产生的根据和基础是债权和担保权，所以只有符合《民法通则》《物权法》《合同法》和《担保法》的有关规定，别除权才能在破产程序中得以实现。②债权和担保权符合《破产法》的规定。具体而言，这种债权和担保权必须指向破产人及其财产，必须成立于破产宣告以前，且其成立不存在《破产法》上的无效或可撤销的事由。③债权已依法申报并获得确认。依《破产法》第44条规定，无论是有财产担保的债权还是无财产担保的债权，均应依照破产法规定的程序行使权利。债权申报是债权人参加破产程序的必经环节，享有别除权的债权人也必须完成债权申报这个环节，否则就不能享受别除权的地位。

债权人在具备别除权利行使条件的情况下，采取什么样的方法行使该权利，会直接关系到其能否真正合法地实现其权利。这里分两种情况进行分析：①如果别除权人占有标的物的，按《担保法》规定，为质押和留置两种担保形式，就是质权人和留置权人以占有标的物为前提的。这时，别除权人可不经管理人同意，按照《担保法》的规定，直接以标的物折价抵清债务，或者将标的物拍卖、变卖后的价款优先受偿。②如果别除权人未占有担保物的，按《担保法》规定，主要是抵押，这时别除权人在行使权利时，必须向管理人主张权利，经其同意，取得对抵押物的占有，然后依《担保法》的规定，以抵押物折价抵偿清理债务，或者以拍卖、变卖后的价款优先受偿。

3. 别除权标的物的回赎

关于这一制度，我国《破产法》中进行了具体的规定，分两种情况。其一，《破产法》第37条规定，人民法院受理破产申请后，管理人可以通过清偿债务或者提供为债权人接受的担保物，取回质物、留置物。其二，《破产法》第110条规定，权利的债权人行使优先受偿权利未能完全受偿的，其未受偿的债权作为普通债权；放弃优先受偿权利的，其债权作为普通债权。

三、破产费用和共益债务

（一）破产费用和共益债务的概念及特征

1. 破产费用

破产费用是指在破产程序中，对破产财产进行管理、估价、清算和变卖、分配所支付的费用。破产费用具有如下特征：①须是在破产程序中所支出的费用；②这种费用的支出须是为了破产债权人的共同利益；③这种费用的支出应当优先于顺位请求权和破产债权。

人民法院受理破产申请后发生的下列费用属于破产费用：①破产案件的诉讼费用；②管理、变价和分配债务人财产的费用；③管理人执行职务的费用、报酬和聘用工作人员的费用。

2. 共益债务

共益债务是指在破产程序中，破产管理人为所有债权人的共同利益、管理、变价和分配破产财产而负担的债务。其法律特征包括：①须从破产财产中优先受偿；②这种债务是在破产宣告后的破产程序中形成的；③这种债务的发生是基于债权人的共同利益。

人民法院受理破产申请后发生的下列债务属于共益债务：①因管理人或者债务人请求对方当事人履行双方均未履行完毕的合同所产生的债务；②债务人财产受无因管理所产生的债务；③因债务人不当得利所产生的债务；④为债务人继续营业而应支付的劳动报酬和社会保险费用以及由此产生的其他债务；⑤管理人或者相关人员执行职务致人损害所产生的债务；⑥债务人财产致人损害所产生的债务。

（二）破产费用和共益债务的清偿

依企业《破产法》第43条的规定，破产费用和共益债务的清偿采用以下原则：①随时清偿原则；②破产费用优先清偿原则；③按比例清偿原则；④不足清偿时终结程序原则。

任务五　债权人会议

一、债权人会议概述

（一）债权人会议的概念及性质

债权人会议是全体债权人参加破产程序并集体行使权利的决议机构。从其性质上讲，它是债权人团体在破产程序中的意思发表机关。债权人会议是代表全体债权人表达共同意思，维护共同利益，协调各债权人之间的利益差异，适当满足各债权人各自独立利益的组织形式。

（二）债权人的意思自治原则

债权人意思自治是指全体债权人通过债权人会议，对破产程序进行中涉及债权人利益的各重大事项作出决定，并监督破产财产管理和分配的一系列权利，以及保障这些权利实现的有关程序制度。它是破产法的一项重要的原则，也体现了破产法私法性质的一面。

二、债权人会议的议事规则

（一）债权人会议的组成及表决权

债权人会议由依法申报债权的所有债权人组成，除已经由担保财产优先受偿并获得足额清偿和已经由债务人的保证人或者其他连带债务人足额清偿的债权人外，其他所有的债权人均享有出席会议的权利。

如果以是否具有表决权来划分债权人的种类，债权人会议的成员可分为有表决权的债权人和无表决权的债权人。有表决权债权人是指有权出席债权人会议和发表意见，并有权对债权人会议决议事项投票，表达个人意志的债权人。除法律特别规定外，只要是依法申报债权的债权人，都享有表决权。相反，无表决权的债权人是指有权出席债权人会议和发表意见，但无权对债权会议事项投票表达意志的债权人。

（二）债权人会议主席及其产生

债权人会议主席为债权人会议的召集人，由人民法院从有表决权的债权人中指定。

（三）职工代表参加债权人会议

《破产法》规定，债权人会议应当有债务人的职工和工会的代表参加，对有关事项发表意见。

三、债权人会议的职权

《破产法》第61条规定，债权人会议行使下列职权：①核查债权；②申请人民法院更换管理人，审查管理人的费用和报酬；③监督管理人；④选任或更换债权人委员会成员；⑤决定继续或者停止债务人的营业；⑥通过重整计划；⑦通过和解协议；⑧通过债务人财产的管理方案；⑨通过破产财产的变价方案；⑩通过破产财产的分配方案；⑪人民法院认为应当由债权人会议行使的其他职权。

四、债权人会议的召开

（一）会议的召集

第一次债权人会议，在债权申报期满后15日内由人民法院召开。此后的债权人会议在人民法院认为必须时召开，或者在管理人、债权人委员会占债权总额1/4以上的债权人向债权人会议主席提议时召开。在时间上，召开债权人会议，管理人应当提前15日通知已知的债权人。

（二）会议的基本内容

1. 决议的方式、效力和异议

《破产法》第64条第一款规定："债权人会议的决议，由出席会议的有表决权的债权人过半数通过，并且其所代表的债权额占无财产担保债权总额的1/2以上。但是，本法另有规定的除外。"关于决议的效力问题，债权人会议的决议具有"扩张性"，对全体债权人均有法律上的约束力。关于债权人会议决议的异议，依照规定，如果债权人认为决议违反法律规定，损害了其利益，可以自决议作出之日起15日内，请求人民法院裁定，撤销该决议，并责令债权人会议依法重新作出。

2. 会议的记录

依照《破产法》规定，债权人会议应当对所议事项的决议形成会议记录。

五、债权人委员会

（一）债权人委员会的成员

债权人委员会是由债权人会议决定设立的非常设机构，一般不经常性召集和作出决定。按照《破产法》的规定，它由债权人会议选任的债权人代表和一名债务人的职工代表或者工会代表组成，且人数不得超过9人。

（二）债权人委员会的权利

债权人委员会的权利主要体现在监督方面，依《破产法》的规定，债权人委员会可行使下列职权：①监督债务人财产的管理和处分；②监督破产财产分配；③提议召开债权人会议；④债权人会议委托的其他职权。

同时，管理人实施下列行为，应当及时报告债权人委员会：①涉及土地、房屋等不动产权益的转让；②探矿权、采矿权、知识产权等财产的转让；③全部库存或者营业的转让；④借款；⑤设定财产担保；⑥债权和有价证券的转让；⑦履行债务人和对方当事人均未履行完毕的合同；⑧放弃权利；⑨担保物的取回；⑩对债权人利益有重大影响的其他财产处分行为。

除此之外，债权人委员会还有知情权。当然，债权人委员会在享受权利的同时，也应该依《破产法》的规定履行相应的义务。

任务六　重整与和解

一、重整概述

（一）重整的概念及其意义

重整是指企业在无力清偿债务的情况下，依法定程序，为保护企业能继续经营，实现企业的债务整理和企业整顿，从而使之摆脱困境，走向复兴的债务清理的一种制度。

我国新《破产法》对重整制度进行了详细的规定，并且设立了专章专节进行阐述，足见其重要性。那么，重整制度到底有何意义？我们可以从以下几个方面来说明：一是重整对陷入经济困境的企业，进行从产权、资本、结构到内部管理、经营战略等多方面的调整和变更，使企业获得了恢复重生的机会。二是重整在一定的程度上限制了债权人主宰债务人命运的权力，能较好地处理好私权本位和社会本位的关系，既考虑到债权人的合法权益，又照顾了企业在社会经济生活中的地位以及企业的兴衰存亡对社会生活的影响。三是重整可以从实体上和程序上两方面保证债务清理的公平和效率，这样就可以实现多重目标和多重价值。四是重整可以从程序上保证企业能进行符合企业振兴的方略，从而实现预期的目标，最终使债权人的利益能尽可能得以满足。

（二）重整与其他破产程序的关系

重整与其他破产程序的关系，可以从以下两方面分析和比较：

1. 重整程序与破产清算程序

重整程序的建立并不是对破产清算程序的否定。我们知道，在现实的企业破产实践中，有一部分企业是"无可求药"的，无论怎样扶持，怎样"抢救"，如何给它机会，都不能"起死回生"，对这部分企业只能适用一种程序——破产清算。但与此同时，我们也应该看到，有些值得"治疗"，有机会"翻身"的企业，不能简单地适用破产清算程序，可以借助另外一种程序给它求生的机会。对这类企业适用重整程序无疑比简单适用破产清算程序更有积极意义。无论是重整程序，还是破产清算程序，其目的都是要保护资源和充分地利用资源，二者是市场经济优胜劣汰机制的充分体现。

2. 重整程序与和解程序

重整程序与和解程序是两种独立的程序，二者有各自的优点。重整程序主要适用那些规模较大、困境较严重的企业，是公权力介入比较多，国家权力干预比较大的程序，主要体现了公法性质的一面。和解程序则主要是针对规模较小、拯救难度较小的企业，主要是当事人进行意思自治，是破产意思自治原则在程序上的体现，体现了《破产法》具有私法性质的一面。

（三）重整期间

1. 重整原因

重整是一个重要的选择性程序，目的是使面临困境但有挽救希望的企业特别是大中型企业避免破产清算，恢复生机。

依照我国《破产法》第 2 条的规定："企业法人不能清偿到期债务，并且资产不足以清偿全部债务或者明显缺乏清偿能力的，依照本法规定清理债务。企业法人有前款规定情形，或者有明显丧失清偿能力可能的，可以依照本法规定进行重整。"重整程序可适用于两种情形：①债务人不能清偿到期债务并且资产不足以清偿全部债务的。②债务人将要出现破产原因，即有明显丧失清偿能力可能的。

2. 申请与受理

按照《破产法》规定，债务人或债权人均可以直接向人民法院申请债务人进行重整。人民法院经过查证认为重整申请符合破产法规定的应当裁定许可债务人进行重整并予以公告。

3. 重整期间的经营

所谓重整期间指重整程序开始后，债务人按重整计划对企业进行整理，对债务进行清理，以恢复企业经营能力的一个法定期间。

我国《破产法》第 72 条规定："自人民法院裁定债务人重整之日起至重整程序终止，为重整期间"。一般来说，重整期间有重整计划制备阶段和重整计划通过阶段两部分，至于具体时间，可以由债务人或管理人向人民法院和债权人会议商量确定。

自动停止是指重整期间为保护债务人在重整过程中营运有效有序地进行，保证债权人的权益得到公平合理的清偿，从而制止债权人的一切个别追讨及相关行为的制度。在《破产法》中主要体现在以下几个方面：①相关民事程序停止。②对担保物权的影响。《破产法》第 75 条规定："在重整期间，对债务人的特定财产享有的担保权暂停行使。但是，担保物有损坏或者价值明显减少的可能，足以危害担保权人权利的，担保权人可以向人民法院请求恢复行使担保权。"③对取回权的影响。对于这点，《破产法》第 76 条规定:"债务人合法占有的他人财产,该财产的权利人在重整期间要求取回的,应当符合事先约定的条件"。④对出资人和管理层的影响。《破产法》第77条规定:"在重整期间,债务人的出资人不得请求投资收益分配,债务人的董事、监事、高级管理人员不得向第三人转让其持有的债务人的股权"。但是,如果股权转让不会对重整产生消极影响,反而对其有积极作用的,经人民法院同意是许可的。

4. 重整程序的终止

《破产法》第78条规定:在重整期间,有下列情形之一的,经管理人或者利害关系人请求,人民法院应当裁定终止重整程序,并宣告债务人破产:①债务人的经营状况和财产状况继续恶化,缺乏挽救的可能性。②债务人有欺诈、恶意减少债务人财产或者其他显著不利于债权人的行为。③由于债务人的行为致使管理人无法执行职务。

(四) 重整计划

1. 重整计划的概念和特征

重整计划是指债务人、债权人和其他利害关系人在协商基础上,就债务清偿和企业拯救作出的具体的安排。它具有以下特征:①重整计划是以企业拯救和债务清理为目的。②重整计划由管理人或者自行营业的债务人负责制备。③重整计划包括债务清偿、融资方案等内容。④重整计划原则上需征得债权人会议的同意。⑤重整计划经法院批准后生效。⑥重整计划由债务人负责执行。

2. 重整计划的制定和批准

重整计划的制定是指重整计划初步设想及其相关文件的准备。我国《破产法》第80条规定,债务人自行管理财产和营业事务的,由债务人制作重整计划草案;有管理人负责管理财产和营业事务的,由管理人制作重整计划草案。

根据我国《破产法》规定,批准重整计划大概分两个步骤:

(1) 表决程序。按照《破产法》的规定,债务人或管理人应当在破产法规定的6个月期限内或者在人民法院批准延长后的延长期内,同时向人民法院和债权人会议提交重整计划草案,人民法院自收到重整计划草案之日起30日内召开债权人会议,对重整计划草案进行表决。债权人会议负责对重整计划进行审议,听取债务人或者管理人的说明,也可以对之询问,债务人应当回答询问。如果认为对重整计划草案的内容有修改的必要,就可以在征求各方意见的基础上进行改动。然后,债权人会议对重整计划进行分组表决。其表决规则是:出席的同一表决组的债权人过半数同意重整计划草案,并且所代表的债权额占该组债权总额的2/3以上的,即为该组通过重整计划草案。各表决组均通过重整计划草案时,重整计划即为通过。债权人参加讨论重整计划草案时,依照下列债权性质,分组进行表决:①对债务人的特定财产享有担保权的债权。②债务人所欠职工的工资和医疗、伤残补助、抚恤费用,所欠的应当划入职工个人账户的基本养老保险、基本医疗保险,以及法律、行政法规规定应当支付给职工的补偿金。③债务人所欠税款。④普通债权。重整计划不得规定减免债务人欠缴的上述第②项规定以外社会保险费用,该项费用的债权不参加重整计划草案的表决。

(2) 批准程序。自重整计划通过之日起10日内,债务人或者管理人应当向人民法院提出批准重整计划的申请。人民法院经过审查,认为重整计划草案符合《破产法》规定的,应当自收到申请之日起30日内裁定批准,并予以公告。债权人对债务人的保证人和其他连带债务人所享有的权利,不受重整计划的影响。重整计划草案未获通过且未依照《破产法》第87条的规定获得批准,或者已通过的重整计划未获得批准的,人民法院应当裁定终止重整程序,并宣告债务人的破产。

3. 重整计划的执行

(1) 重整计划的执行人和监督人。重整计划的执行人为债务人,即债务人负责执行经批准通过的重整计划,接受重整期间的企业财产和相关的营业事务的管理。

重整计划的监督人为管理人。在监督期间,作为执行的债务人,应该向管理人报告相关执行情况,以使管理人了解执行情况,履行监督职能,避免出现违反重整计划的情况。如果执行人在执行重整计划时出现严重违反重整计划的行为,并发生严重后果时,管理人有权请求人民法院裁定终止重整计划的执行,并宣告债务人破产。

管理人的监督期满,应当向人民法院提交监督报告,重整计划的利害关系人有权查阅此报告。

(2) 重整计划的效力。首先,经人民法院裁定批准的重整计划,对债务人和全体债权人均有约束力;其次,债权人未按期申报债权的,在重整期间不得行使权利,当然,在重整计划执行完毕后,可以按照重整计划规定的同类债权的清偿条件行使权利;最后,依《破产法》规定,债权人对债务人的保证人和其他连带债务人所享有的权利,无论其是否参加重整计划的清偿,均可就其未获清偿部分向债务人的保证人或者其他连带债务人要求清偿。

(3) 重整计划的终止。人民法院裁定终止重整计划与重整计划执行完毕而终止,是重整计划终止的两种方式。这时,债权人在重整计划中作出的债权调整的承诺失去效力,但债权人因执行重整计划所受的清偿仍然有效,债权未受清偿的部分作为破产债权。同时,已经为重整计划执行提供的担保继续有效,管理人有权依据担保协议,请求担保人履行担保义务。当然,按重整计划减负的债务,自重整计划执行完毕时,债务人不再承担清偿责任,即原来的减负承诺有效。

二、和解概述

(一) 和解的概念和特征

和解是指人民法院受理破产案件后,债权人和债务人在互相谅解的基础上,就债务人延期还债、减少债务,或企业法人整顿等问题达成协议,以中止破产程序,防止企业破产的双方法律行为。其法律特征如下:①提出和解请求的人为债务人;②提出和解请求时,债务人已具备破产的理由;③提出和解请求的目的是避免进入破产清算程序;④和解协议的达成,以债权人会议通过和解协议草案的形式表现出来;⑤和解协议必须接受监督,即必须经人民法院裁定认可,和解方可成立;⑥和解是债权人和债务人互相让步的结果。

(二) 和解的申请

债务人提出和解申请时,应当按照相关的法律规定,提交相关的证据和文件给人民法院。依新《破产法》规定,提出和解申请必须具备以下条件:①债务人在申请和解时必须提交和解协议草案;②债务人在提出申请时必须在《破产法》规定的法定期间以内;③债务人必须是在企业确有破产理由时方能提出和解申请。当然,其他特别法律法规对提出和解申请有规定的,从其规定。

（三）和解的成立与生效

1. 和解的成立

按照《破产法》规定，债务人提出和解申请，提交和解协议草案，并不是和解马上成立。只有在债权人会议上，由出席会议的有表决权的债权人过半数同意，并且所代表的债权额占无财产担保债权总额的2/3以上的条件，即为达成和解协议。

2. 和解的生效

成立与生效是两个不同的概念，债权人与债务人达成的和解协议，除双方达成合意外，还必须经人民法院裁定认可方能生效。人民法院只有从协议内容和会议程序进行审查，认可了和解协议，方可发布公告，从而终止破产程序，此时和解协议才开始具有法律效力。

（四）和解协议生效的法律效果

人民法院裁定认可和解协议后，就会产生以下法律效果：①破产程序终结，债务人从法律上恢复其对财产的支配和管理的权利；②相关债权人受和解协议的约束，和解协议对他们产生法律上的拘束力；③债务人必须按照和解协议的内容进行营业；④履行和解协议中规定的义务，不能违反和解协议的约定。

（五）和解完毕的法律效果

（1）成功的和解产生的法律效果：和解成功后，即和解协议的内容被完整有效地实施，债务人比较好地履行了清偿债务的义务，债权人也表示认可。这时，和解完毕产生的最明显的法律效果就是债务人的剩余债务自动免除。正如我国《破产法》第106条规定，按照和解协议减负的债务，自和解协议进行完毕时起，债权人和债务人应当承担和解协议中真实意思表示的法律后果，所以二者都必须考虑债务上的共同合意。

（2）失效的和解产生的法律效果：①当和解协议不成立或者不生效时，人民法院应当裁定终止和解程序，同时宣告债务人破产；②当和解协议无效时，即由于债务人的不诚信，使和解协议从法律上是无效的，或者由于债务人的违法行为而导致无效，一旦被发现，无论任何时候，法院都应当裁定其无效，并宣告债务人破产；③当和解协议不能执行时，人民法院应当经和解债权人的请求，裁定终止和解协议的执行，并宣告债务人破产。总之，无论何种情况下，只要和解协议出现不符合其目的，或者没有必要执行的，相关的债权人或人民法院都可以通过法定程序使其产生相应的法律后果。

任务七　破产清算

一、破产宣告

（一）破产宣告概述

破产宣告是指当债务人出现破产事由的事实时，人民法院依据当事人的申请或法定职权以及《破产法》的规定，作出宣布债务人破产以清偿债务的，具有法律效力的司法活动和裁定。

有下列情形之一的，人民法院应当以书面裁定宣告债务人企业破产：①企业不能清偿到期债务，又不具备法律规定不予宣告破产条件的；②企业被人民法院依法裁定终止重整程序的;③人民法院依法裁定终止和解协议执行的。

一般说来,一旦债务人具有破产原因,就有可能进入破产宣告程序。但是,根据《破产法》第108条规定,只要具备下例情形之一,人民法院就应当裁定终结破产程序,并予以公告:①第三人为债务人提供足额担保或为债务人清偿全部到期债务的;②债务人已清偿全部到期债务的。

由于破产宣告关系到债务人与债权人方方面面的利益,其作为《破产法》当中非常重要的一种制度,必须按照法定程序进行。我国《破产法》第107条规定"人民法院依照本法规定宣告债务人破产的,应当自裁定作出之日起5日内送达债务人和管理人,自裁定作出之日起10日内通知已知债权人,并予以公告"。同时,根据相关司法解释,在宣告破产后,债权人或者债务人对破产宣告有异议的,可以在人民法院宣告企业破产之日起10日内向上一级人民法院申诉,上一级人民法院应当组成合议庭进行审理,并在30日内作出裁定。

(二)破产宣告的效果

破产宣告一旦被公告,从程序上来说,就意味着破产案件转入破产清算程序。由此,就会产生下列法律效果:

(1)对债务人的效果。首先,在称谓上,债务人就成了破产人,债务人企业就成了破产企业。其次,破产宣告一经裁定,债务人的财产就成了破产财产,这时就只能由管理人支配处分以及分配。但必须注意的是,这时的破产财产是受《破产法》及相关法律法规规定保护的。最后,破产宣告一经公告,债务人就丧失了对财产和事务的管理权,因为这时管理人已经介入,破产企业的相关事务必须提交给管理人。

(2)对债权人的效果。在破产宣告被裁定公告前,债权人的请求权处于一种静止状态,只有进入破产程序,债权人才能通过这种特殊的强制程序,使自己的请求权得以实现,使实体债权得到公平合理的满足。具体而言,《破产法》作出了如下规定:首先,根据担保物权的法理,有财产担保的债权人可以由担保物获得优先清偿。正因为如此,我国《破产法》第109条规定,自破产宣告之日起,对破产人特定财产享有担保权的权利人可以随时由担保物获得优先清偿。其次,无担保债权人可依破产分配方案获得清偿。因为无财产担保的债权人是普通债权人,这些债权人的地位是平等的,只能通过法定程序,由破产财产合理地得到清偿。

二、破产财产的变价和分配

(一)破产财产的变价

破产财产的变价是指在破产程序中,管理人依法定条件和法定程序,将非货币形式的破产财产出让于他人,从而转化为货币形态的过程。

按《破产法》规定,破产财产在变价前,必须对其进行评估。在评估时,必须考虑折旧、用途、市场供求等因素,尽可能地做到接近其真正的价值。根据《破产法》第111条规定,管理人进行破产变价,应当拟订破产变价方案,并提交债权人会议讨论和表决。变价方案经表决通过后,可以采取拍卖、招标出售和标价出售的方式公开进行。而且,按照《破产法》第112条的规定,除债权人会议决议采取的方法外,一般情况下变价出售破产财产应当采用拍卖的方式进行。同时,《破产法》第112条还规定:"破产企业可以全部或者部分变价出售,企业变价出售时,可以将其中的无形资产和其他财产单独变价出售。""按照国家规定不能拍卖或者限制转让的财产,应当按照国家规定的方法处理"。

(二) 破产财产分配

1. 破产财产分配的概念

破产财产分配是指管理人将破产财产中的非货币财产变为货币财产后,按照法定的清偿顺序,以一定比例公平地清偿破产债权的一种还债程序。

2. 破产分配的顺序

根据《破产法》第 113 条规定,破产财产在优先清偿破产费用和共益债务后,依照下列顺序清偿:①破产人所欠职工的工资和医疗、伤残补助、抚恤费用,所欠的应当划入职工个人账户的基本养老保险、基本医疗保险费用,以及法律、行政法规规定应当支付给职工的补偿金。②破产人欠缴的除前项规定以外的社会保险费用和破产人所欠税款。③普通破产债权。

3. 破产财产分配中应当注意的事项

①在前一顺序的债权得到全额清偿之前,后一顺序的债权不予分配。②破产财产不足以清偿同一顺序的清偿要求的,按照比例分配。破产企业的董事、监事和高级管理人员的工资不能完全按照破产人破产前其实际工资清偿,而是按照该破产企业职工的平均工资计算。③下列不属于破产债权的不予清偿:a. 行政、司法机关对破产企业的罚款、罚金以及其他有关费用;b. 人民法院受理破产申请后,债务人未支付应付款项的滞纳金、债务利息;c. 债权人个人参加破产程序所支付的费用;d. 超过诉讼时效和强制执行期的债权。

(三) 破产财产分配方案

1. 破产财产分配方案的制定

破产财产分配方案的制定,由管理人负责进行。根据《破产法》的规定,方案中应载明下列内容:①参加破产分配的债权人名称或者姓名、住所。②参加破产分配的债权额。③可供分配的破产数额。④破产分配的顺序、比例及数额。⑤实施破产分配的方法。

此外,管理人在制定破产财产分配方案时应考虑下列因素:①分配的破产财产,必须是在清偿别除权、抵销权、破产费用后剩余的破产财产。②按照法定的清偿顺序,以一定的比例进行清偿。③坚持公正原则,不能在分配上有失公正。

2. 破产财产分配方案的通过

管理人制定破产财产分配方案后,应提交给债权人会议讨论。如果出席债权人会议的有表决权的债权人过半数,且所代表的债权额占无财产担保债权总额的 1/2 以上通过,则该破产财产分配方案被通过。然后,债权人会议将分配方案报请人民法院裁定认可,该破产财产分配方案方能开始执行。当然,如果债权人认为债权人会议的决议违反规定,可以自决议作出之日起 15 日内,请求人民法院裁定撤销决议,并责令债权人会议依法重新作出决议。

3. 破产财产分配方案的执行

破产财产分配方案由管理人执行。执行过程中,可以采取一次分配或多次分配方式进行。同时,对附条件债权、未受领分配额和诉讼未决债权可以采取提存的方式,分配给相关的债权人。

（四）破产财产的追加分配

破产财产的追加分配是指在破产财产分配完毕或者破产程序终结后，如果又发现了可供分配的财产，经法院许可所进行的破产分配。《破产法》第 123 条规定，自破产程序依照本法第 43 条第四款或者第 120 条的规定终结之日起 2 年内，有下列情形之一的，债权人可以请求人民法院按照破产财产分配方案进行追加分配：①发现有依照本法第 31 条、第 32 条、第 33 条、第 36 条规定应当追回的财产的；②发现破产人有应当供分配的其他财产的。有前款规定情形，但财产数量不足以支付分配费用的，不再进行追加分配，由人民法院将其上交国库。

三、破产程序的终结

（一）破产程序终结的概念和事由

破产程序的终结，是指破产程序因破产预期目标的实现或者因特殊预期目标未能实现或者因其他原因不可逆转地归于结束。

依据《破产法》的规定，有下列情形之一的，应当终结破产程序：①重整计划执行完毕；②人民法院裁定认可和解协议；③债务人有不予宣告破产的法定事由；④债务人财产不足以清偿破产费用；⑤破产人无财产可供分配；⑥破产财产分配完毕。

（二）与破产程序终结有关的事项

破产程序终结由人民法院依职权裁定。人民法院自收到管理人终结破产程序的请求之日起 15 日内作出是否终结破产程序的裁定。

破产程序终结后，管理人应当在 10 日内到工商行政管理机关办理破产企业注销登记，使破产企业的法人资格消灭。与此同时，除法律有特别规定外，管理人的职务也宣告终止。除此之外，其他有关事项依法应该同时办理。

破产人的保证人和其他连带债务人，破产程序终结后，对债务人依照破产清算程序未受清偿的债权，依法继续承担清偿责任。

【思考题】

一、简答题

1. 简要论述破产的主要法律特征。
2. 简要论述破产案件受理的法律效力。
3. 简要论述管理人的职责和义务。
4. 简要论述破产别除权的行使应具备的条件。
5. 简要论述破产费用和共益债务，二者有什么区别？
6. 简要论述破产和解的法律效果。
7. 如何界定企业破产财产和破产债权？
8. 如何理解破产财产的清偿顺序？

二、案例分析

案例 1：

甲有限责任公司负债 150 万元，到 2001 年 7 月 20 日其债务全部到期，该公司对外地的债权人乙、丙分别偿还其各享有的债权的40%和50%即20万元和30万元。其余部分直到2002年10月该公司分文未还。于是，债权人乙向自己所在地的A法院申请甲公司破产。甲公司对乙的破产申请提出异议，但是承认自己对余下的债务未偿还过。后丙又向甲公司所在地的B法院提出破产申请。B法院于2002年10月20日受理破产申请后，发现之前甲公司诉其债务人至C法院，C法院受理后正在一审中，又发现之前甲公司的债权人之一丁就自己所享有的10万元债权诉甲至D法院，D法院也在审理中，对甲公司的10万元债务由戊作为保证人。甲公司的银行账户被D法院冻结，部分财产被C法院查封。B法院审理发现，甲公司有挽救的希望，遂建议甲公司与债权人会议和解。和解后在整顿期间因故终结，破产程序恢复，甲公司宣告破产。

清算组接管甲公司后，经清算确认的破产财产现金加实物共120万元，欠工资和劳动保险费15万元，欠税3万元，欠债权人已25万元，欠庚30万元，欠辛35万元。同时，辛欠甲公司8万元债务。甲公司对庚的30万元债务在2002年6月18日重新提供了财产担保。清算费用8万元。在清算过程中，因清算组的原因造成甲公司租用方宏公司的一辆重型卡车丢失。

问题：

(1) 甲对乙的异议内容是什么？丙提出破产申请的理由是否充分？
(2) B、C、D法院应如何处理自己手中的案件？
(3) 哪些人可以申报债权？为什么？
(4) 甲公司被终结整顿的原因可能有哪些？
(5) 庚、辛的债权应如何处理？辛能分得多少财产？方宏公司怎样行使权利？

案例2：

某国有企业被人民法院宣告破产，有关清算情况如下：企业资产总额为500万元，其中，已经作为债务担保的厂房可变现价值为80万元，该厂房所担保的债务金额为50万元。企业负债总额为700万元，其中，应交税金15万元，应付职工工资15万元、社会保险费5万元，应缴工商行政管理机关罚款5万元。破产费用共计20万元。

问题：

(1) 该企业的破产财产是多少？
(2) 该企业的破产债权是多少？
(3) 应该如何对破产财产进行分配？

案例3：

2002年3月1日，A人民法院收到了甲公司就自己不能支付到期债务而提出的破产申请，2002年3月28日人民法院裁定受理该案，同时于3月30日指定G公司为管理人接管了甲公司。其后，A人民法院于2002年4月25日通知已知的债权人并发布公告。该公告要求债权人必须在公告发布之日起至2002年5月20日到该院申报债权。同年6月15日A法院依公告安排的时间主持召开了第一次债权人会议。在整个破产程序中，相关的当事人并未提出重整或和解的要求，于是A人民法院依法于同年10月10日宣告甲公司破产。经管理人对甲公司债权债务的清理，有关清理情况如下：

(1) 甲公司资产总额为1800万元（变现价值），负债总额为3100万元，其中负债的情况为：①应付职工工资等劳动债权为80万元，未交税金220万元；②短期借款500万元（无财产担保）；③应付账款 640 万元；④其他流动负债合计 1660 万元。

（2）甲公司在破产程序中支付的破产费用和共益债务为 100 万元。

请根据案情，结合我国企业《破产法》的规定，分别回答下列问题：

（1）本案中，A 人民法院的上述哪些做法不符合法律的规定？请将其列举出来并简要说明。

（2）请结合本案案情，制定出破产财产的分配方案并最终计算出普通破产债权的清偿率。